Building Basic
Therapeutic Skills

상담 및 심리치료의
기본기법

Jeanne Albronda Heaton 저
김창대 역

A Practical Guide for
Current Mental
Health Practice

학지사

WILEY

Building Basic Therapeutic Skills:
A Practical Guide For Current Mental Health Practice
by Jeanne Albronda Heaton

Korean Translation Copyright © 2006 by Hakjisa Publisher

역자 서문

　역자의 경험에 비추어 볼 때, 상담자의 전문성을 높이는 데 도움이 되는 교재에는 크게 세 가지 종류가 있다. 첫 번째 종류는 상담이론을 다루는 교재다. 이 교재에서는 상담이론에 대한 지식을 제공하는데, 구체적으로는 각 이론별로 인간을 이해하는 관점, 인간의 발달과정, 문제의 원인과 발생과정, 인간 변화를 촉진하는 조건, 구체적인 방법과 기법 등이 소개된다. 상담자는 이 교재에서 얻은 지식과 통찰로 내담자가 자신과 타인, 일과 환경, 과거와 미래 등에 대해 경험하는 방식을 깊이 이해할 수 있다. 또한 그들이 가진 문제의 원인과 전개과정을 개념화하고, 변화의 지렛대로 활용할 수 있는 틈새가 어디인지, 변화를 촉진하기 위해서 어떤 조건과 경험이 필요한지, 우선적으로 개입할 영역이 어디인지 등을 이해할 수 있다.

　두 번째 종류는 상담자의 미세한 반응기술을 다루는 교재다. 이러한 종류의 교재에서는 경청, 공감, 질문, 반영 등 미세하고도 다양한 반응기술을 열거하고 그것의 의미를 기술한다. 또한 구체적인 적용사례를 제공하고 각 반응기술의 효과에 대한 연구결과를 제시한다. 상담자는 이를 통해 각자의 미세한 반응기술을 발달시킬 수 있다.

세 번째 종류는 사례의 운영에 관련된 교재다. 이러한 교재는 내담자를 처음 만나 상담관계를 형성할 때부터 종결할 때까지 상담을 운영하는 방법과 태도, 위기상황과 같은 특별한 상황에서 상담자가 취해야 할 행동 등을 제시한다. 이러한 점에서 세 번째 종류의 교재는 상담자가 첫 번째 종류의 교재에서 습득한 내담자를 이해하는 관점 및 내담자 문제의 개념화에 대한 지식을 적용하고 두 번째 종류의 교재를 통해 습득한 미세한 반응방법을 실제적이고 구체적으로 구현시킬 맥락과 타이밍에 대한 감각을 개발하도록 돕는다.

히튼의 『상담 및 심리치료의 기본기법(*Building basic therapeutic skills*)』은 세 번째 종류의 교재에 해당한다. 따라서 상담에서 배우기 어려운 점 중 하나인 맥락과 타이밍에 대한 감각을 습득하기에 매우 훌륭한 교재라는 판단하에 번역 출간을 결정하게 되었다.

특히 이 책은 다른 유사 교재와 비교해 볼 때 다음과 같은 중요한 장점을 가지고 있다. 우선, 보통 교재는 방대한 지식을 제공하긴 하지만 그것이 경험 속에 통합되지 않아 결국 상담자의 태도와 상담방법을 변화시키는 데는 미흡한 경우가 많다. 하지만 히튼의 책은 자신의 풍부한 상담경험에서 우러난 이야기로서 공감할 수 있는 경험에 통합된 내용으로 구성되어 있다. 또한 이 책은 많은 사례를 제시하여 구체적인 상황을 통해 이해의 깊이를 더해 주고 있다.

그리고 역자가 읽고 번역하면서 인상적이었던 것은 저자가 위기상황에 접한 상담자에게 아주 구체적이면서도 실제적인 조언을 제공하고 있다는 점이다. 상담에서 위기상황에 대한 대처방법을 다룬 책은 보통 일반적이거나 막연한 원칙만 제시하는 경우가 많은데, 이 책의 저자는 자신의 풍부한 경험을 바탕으로 하여 구체적이면서 실제적인 방안을 제시하고 있다. 그 밖에도 윤리적인 문제가 될 만한 상황에서 판단기준으로 중요하게 생각되는 '자기 자신을 상담에 활용한다.'는 말의 의미를 되새기는 데 큰 도움이 될 만한 내용을 포함하고 있다. 그리고 마지막 장에서 슈퍼비전을 받기 위해 슈퍼바이저를 만나야 하는 수련생이 가져야 할 태도와 접근방법까지 제시하고 있어 저자의 전문적이면서도 실제적인 상담자로서의 역량을 엿보게 한다.

중요한 내용을 이해하기 쉽게 한 권에 모두 담고 있는 이 책은, 상담을 공부하기 시작하는 학생에게 매우 실제적이고 큰 도움이 될 것이다. 상담이 어느 정도 몸에 익기 전까지 일정 기간 동안 상담할 때마다 옆에 두고 읽어 보길 권한다. 그 행간의 의미를 생각하면서 자신의 상담방법과 태도를 점검하는 데 이 책을 사용한다면 유능한 상담가가 되는 데 한 걸음 더 나아갈 수 있을 것이다.

2006년 1월

김 창 대

저자 서문

　나는 다음과 같은 기본적인 질문에 답하기 위해 이 책을 저술했다. 어떻게
하면 내게 주어진 과제를 수행하면서 내담자와 좋은 치료 관계를 유지할 수
있을까? 우리는 도움을 제공하는 관계에 대해 공부하는 학생으로서, 우리의
일들을 온정적이면서도 효율적이고 또 효과적으로 수행하는 데 공통적인 관
심을 가지고 있다. 이 책은 학생, 지도감독자, 교수 등이 치료적인 방법으로
상담하는 데 도움을 주기 위해 쓰였다.

　우리는 효과적이고 온정적인 관계를 유지하면서도 동시에 치료적인 과제
를 성공적으로 수행하는 것 사이에서 종종 혼란을 겪는다. 이 책은 그러한 목
표를 달성하는 방법을 기술하고 있다. 이 책은 무엇을 해야 하고 어떤 말을
해야 하는지 등의 현재 정신건강의 실제에서 공통적으로 요구하는 것들을 관
리하고 다루는 방법에 대한 많은 지침을 제시한다. 이러한 지침은 절대적인
형태로 제시된 것은 아니다. 오히려 그 반대다. 여기에 제시된 많은 아이디어
가 어려움을 겪는 사람들에게 서비스를 제공할 수 있는 더 좋은 방법에 대한
토론을 촉진하는 시작점으로 사용되기를 바란다. 따라서 이 책은 정신건강의
전문적 분야에서 실제 상담을 하거나 기초적인 강좌나 실습 준비를 위한 강

좌 또는 실습 강좌에 참여한 사람들에게 유용할 것이다. 더욱이 이 책은 사례
관리자(case managers), 사회복지사, 또래상담자 그리고 정신건강 문제와 관
련 주제를 다루는 정신건강 관련 전문가에게도 유용할 것이다.

1998년 2월 오하이오, 애선스에서

Jeanne Albronda Heaton

들어가는 글

　다른 사람들의 가장 깊은 마음속의 내밀한 생각과 비밀에 다가갈 수 있는
것은 하나의 특권이다. 그러나 그 특권은 동시에 상당한 정도의 책임을 수반
한다. 상담자가 이와 같은 특권과 책임을 동시에 감당하기 위해 우리는 내담
자에 대한 존중, 건전한 상식, 애정을 가져야 하고, 그중에서도 치료적 기법은
가장 중요한 요소다. 그러한 기법은 상담자가 다음과 같은 내담자를 도우려
할 때 분명하게 드러난다.

- 어린 시절 엄마가 술에 취할 때마다 자신의 인형과 함께 벽장 속에 숨곤
  했다는 26세의 여성 내담자
- 근본주의 기독교 신앙을 가진 어머니에게 자신이 동성애자임을 알려야
  할지 고민하는 젊은 남성 내담자
- 가게에서 물건을 훔치는 습관을 버릴 수 없는 것에 대해 스스로도 알 수
  없어 혼란스러워하는 여성
- 지난 45년간 단 한 번도 만나지 못했던 친구에게서 편지를 받고 울음을
  그칠 수 없었던 70세 남성

각각의 치료적 만남은 고통을 위로하는 동시에 변화를 촉진할 수 있는 기회를 제공한다. 단, 이러한 기회는 상담자가 내담자의 개인적인 어려움을 드러내고 고통스러운 감정을 경험하며 그들의 문제를 해결하는 과정에 필요한 위험을 감수하는 방법을 찾을 수 있는 조건에서만 얻을 수 있다.[1] 이와 같은 도전적인 과제를 수행할 수 있도록 상담자를 돕는 것이 이 책의 목적이다.

상담효과를 보이는 증거가 많다는 사실은 모든 상담자에게 다행스러운 일이다. 대부분의 내담자는 상담이 의미 있고 지속적인 효과가 있는 것으로 보고하고 있다.[2] 자신을 도운 사람이 상담자, 심리학자, 사회사업가, 정신과 의사 중 누구인지는 크게 중요한 것 같지 않다. 자신을 도운 사람이 충분한 기술을 가졌다면 상담은 증상을 완화시키고 자연적인 치유과정을 촉진시킬 뿐 아니라 앞으로 닥쳐올 문제에 대한 대응전략을 제공한다.[3]

전통적으로 대부분의 상담자는 기본적인 기술을 개발하는 데 필요한 지침을 상담이론에서 찾았다. 이론을 엄격하게 따름으로써 상담자는 증상의 발달을 이해하고 상담적 개입방법에 대한 지침을 얻으며 상담결과를 평가하는 방법을 습득했다. 뿐만 아니라 이론적이고 개념적인 틀은 직업에 대한 정체성을 제공함으로써 상담자의 자신감을 고양시키는 면도 있었다.[4] 상담자는 자신에게 '나는 …… 행동주의자, 정신분석가, 인간중심이론가' 등등의 이름을 붙임으로써 자신이 누구인지를 밝히곤 했다.

이러한 전통에 대해 거슬리는 점은 심리치료 또는 상담이라고 명명되는 모든 절차, 기법, 개입은 서로 다를 뿐 아니라 대부분 자신의 접근방법이 다른 접근에 비해 우수하다고 주장한다는 점이다. 그러나 어떤 '대화를 통한 치유방법'이 우수한가에 대해 수십 년간 이루어진 논쟁 끝에 연구자들은 서로 다른 상담접근과 그들이 작용하는 과정에 다음과 같은 결론을 내렸다. 그리고 이러한 결론은 이론적인 접근에 지나치게 의존하는 전통의 타당성에 다음과 같은 의문을 제기한다.

(1) 서로 다른 상담적 접근은 치료적으로 유사한 효과와 이득을 제공한다.[5]
    (그러나 여기에서 우리는 대부분의 심리학적 연구가 상담적 접근 중에서 주류
    에 해당하는 접근—정신역동, 인지, 행동, 가족, 절충적 접근 등—을 다루었지
    전생치료나 '아동기 감정표현(primal scream)[역자주: 이전에 겪었던 외상적 사
    건을 내담자에게 재경험하게 하고, 울부짖음이나 공격적 언어 또는 과격한 신
    체활동을 통해 감정을 표현하게 함으로써 내담자의 정서적 문제를 해결하는 심
    리치료 방법]'과 같은 접근은 포함시키지 않았다.)

(2) '실제 상담'에서 대부분의 상담자는 한 가지 이론이나 접근방법만을 사
    용하지 않는다. 절충적 접근을 따르는 상담자는 네 가지 정도의 접근방
    법의 조합을 사용하는데, 거기에는 정신역동적 접근, 인지행동적 접근,
    인간중심적 접근, 체계적 접근 등이 주로 포함된다.[6]

(3) 긍정적인 상담결과를 설명하는 공통요인—다양한 이론이나 상담기법
    에 공통적으로 포함되는 요인—이 있다. 유능한 상담자는 내담자와 라
    포를 형성하고 그들에게 희망을 주며 그들이 경험하는 문제의 원인과
    발달과정을 설명할 뿐 아니라 내담자에게 지금과는 달리 생각하고 느끼
    며 행동할 수 있는 방법을 학습할 기회를 제공한다는 점은 우리에게 잘
    알려진 사실이다.[7]

(4) 연구에서는 다루어지지 않았지만 내담자의 변화를 촉진하는 요인이 분
    명히 있다. 이러한 요인에는 소위 상담자의 '카리스마', 상담장면의 '신
    비성', 뭔가를 가르치기에 가장 적합한 순간의 '마술적'인 조합 등을 포
    함해서 상담이론이나 기법에서 다루어지지 않지만 내담자의 통찰과 긍
    정적인 변화를 꾀하는 요인이 있다.

(5) 불행하게도 상담을 통해 내담자가 피해를 입을 수도 있는 개연성이 항
    상 존재한다. 미숙하게 개입하는 상담자 또는 공감능력이 부족하고 비
    윤리적이며, 지배성이 지나치게 강한 상담자 때문에 내담자는 심각한
    피해를 입을 수 있다.[8]

이와 같은 결과는 상담자가 이론뿐만 아니라 상담의 기본기술 또한 습득해야 함을 분명하게 보여 준다. 그러나 그것만으로 충분하지 않으며 상담자는 그러한 기본기술을 실제 임상장면의 여러 가지 실제적 요구와 통합할 수 있는 방법을 습득해야 한다. 그런데 그러한 실제적 요구는 급격하게 변화하고 있다.

상담에 대한 일반인의 인식이나 상담의 실제는 상담자와 내담자 측면 모두에서 변화하고 있다. 상담은 더 이상 심각한 장애를 가진 입원치료나 언어 구사력이 뛰어난 엘리트를 위해 장기적으로 분석하는 것만을 중시하지 않는다. 상담은 대중화되었다. 즉, 상담은 사람들이 문제가 있다면 그 누구도 받을 수 있는 것이 되었다. 또한 상담은 더 이상 수치스럽거나 낙인찍힐 만한 것이 아니며, 대체로 단기로 이루어지며 문제를 해결하는 데 그 초점이 있다. 일반인에게 이제 상담은 이가 아프면 치과에 가는 것처럼 자연스러운 일이 되었다.

뿐만 아니라 대중화를 통해 상담은 다양한 문화를 고려해야 하는 사회 요구도 충족시킬 수 있어야 한다. 정신건강 산업에 종사하는 전문가 대부분이 백인이라는 사실을 고려할 때 다양한 문화적 배경을 가진 내담자에 대한 이해를 넓히는 것은 모든 상담자에게 필수적이다.[9] 상담자는 문화적 차이에 대해 민감해야 할 뿐 아니라 문화적인 영향과 개인적인 정신 병리를 변별할 수 있어야 하고 그것을 고려하여 (필요하다면) 접근방법을 수정할 수 있어야 한다.[10]

위에서 열거한 전반적인 변화의 맥락에서 발견할 수 있는 또 다른 중요한 측면은 정신건강에 대한 서비스의 50% 이상이 제3자가 비용을 지불하는 형태로 운영되며, 그 수치는 매일 변화한다는 것이다. 아마도 이 책이 발간되는 시점에서는 70% 정도에 이를지도 모른다. 건강보험이 없다면 대부분의 사람은 정신건강 서비스를 제공받기 어렵고 건강보험은 정신건강 서비스에 비용을 지불하는 데 있어서 엄격한 제한을 두고 있다.

결과적으로 책무성과 비용 효과성은 상담이 하나의 전문영역으로 성장할 것인지 여부를 결정하는 중요한 열쇠가 되었다. 보험회사, 건강관리 담당기업, 건강증진을 추구하는 기업과 조직, 정부기관 모두 가능하며 저렴한 비용으로 가능한 한 많은 문제영역을 포괄할 것을 요구한다. 측정 가능한 목표 및 효과는 물론 구체적인 상담계획을 포함하는 효율적이고 효과적인 상담을 해야 한다는 압박이 매우 강해졌다.

이와 같은 문제는 다음과 같은 질문을 제기한다. '이와 같은 상황에서 일하기 위해 우리는 무엇을 해야 하는가?' 우리는 핵심적인 상담기술이 소비자의 요구와 건강관리를 담당하는 다양한 사회조직의 요구에 맞출 수 있는 방법을 알아야 한다. 상담의 기본기술은 예술적 측면과 과학적 측면을 반드시 포괄해야 한다. 예술적 측면은 실험적 시도와 통찰을 통해 길러지고 과학적 측면은 연습과 연구를 통해 길러진다. 그리고 훈련을 통해서 이 두 가지가 통합된다.

훈련은 이론에 의해 의미가 부여되고 연구에 의해 그 방향이 잡히며 상식에 의해 조정되어야 한다. 그리고 훈련은 복잡한 실제 상담상황을 잘 견딜 수 있을 정도로 충분히 현실적이어야 한다. 이 책은 다음과 같은 과제를 성취하기 위해 상담자가 노력해야 할 중요한 과제들을 통합적이면서 구체적으로 제시하고 있다.

- 효과적 관찰자 되기
- 라포 형성
- 초기면접
- 주요 정보 수집
- 상담계약 수립
- 위기 상황 다루기
- 개인적 반응과 전문가적 책무 간의 균형
- 사례지도자와의 효과적 의사소통

이와 같은 핵심적 기술을 학습할 때 유의할 점은, 이에 대한 해석은 다양성을 인정하는 입장에서 생각해야 한다는 점이다. 이러한 기술을 습득하는 것은 평생에 걸쳐 지속적으로 이루어져야 하는 일이며, 이 책은 그러한 오랜 과정의 첫걸음에 해당한다.

1) Strupp, H. H. (1986). Psychotherapy: Research, practice, and public policy (how to avoid dead ends.) *American Psychologist, 41*, 120−130.

2) Seligman, M. E. (1995). The effectiveness of psychotherapy: The Consumer Reports study. *American Psychologist, 50*, 965−974.

3) Lambert, M. J., & Bergin, A. E. (1994). The effectiveness of psychotherapy. In A. E. Bergin & S. L. Garfield (Eds.), *Handbook of psychotherapy and behavior change* (4th ed., pp. 143−190). New York: Wiley.

4) Garske, J. P., & Lynn, S. J. Toward a general scheme for psychotherapy: Effectiveness, common factors and integration. In S. J. Lynn & J. P. Garske (Eds.), *Contemporary psychotherapies: Models and methods* (pp. 497−516). Columbus, OH: Charles E. Merril.

5) Luborsky, L., Singer, B., & Luborsky, L. (1975). Comparative studies of psychotherapies: "Is it true that everybody has won and all must have prizes?" *Archives of General Psychiatry, 32*, 995−1008; Smith, M. L., & Glass, G. V. (1977). Meta−analysis of psychotherapy outcome studies. *American Psychologist, 32*, 752−760; Stiles, W. B., Shapiro, D., & Elliot, R. (1986). Are all psychotherapies equivalent? *American Psychologist, 41*, 165−180.

6) 주 3), pp. 143−144.

7) 주 3), p. 181.

8) 주 3), pp. 176−180.

9) Vargas, L. A., & Willis, D. J. (1994). New Directions in the treatment of ethnic minority children and adolescents. *Journal of Clinical Child Psychology, 23*, 2−4.

10) Rogler, L. H., Malgady, R. G., Costantino, G., & Blumenthal, R. (1987). What do culturally sensitive mental health services mean? The case of Hispanics. *American Psychologist, 42*, 565−570.

차 례

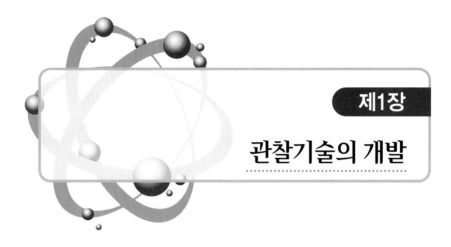

제1장

관찰기술의 개발

첫 번째 상담면접에서 마지막까지 다른 모든 상담기술이 효과를 발휘하도록 기반을 제공하는 포괄적인 기술이 하나 있는데 그것이 바로 관찰이다. 이 기술을 통해 상담자는 내담자나 그들의 문제는 물론 그 문제 해결을 위한 방법에 대한 정보를 얻을 수 있다.

첫 회기 시작부터 상담자는 관찰을 하는데, 이를 통해 상담과정에서 벌어지는 일들을 이해하는 데 도움이 되는 정보를 얻는다. 예컨대, 내담자가 두려워하는지, 술에 취했는지 또는 지나치게 많은 위험을 감수하려고 하는지 등의 정보를 획득한다. 더 나아가 초기 관찰을 통해 상담자는 내담자와 라포를 형성하고 상담에서의 작업을 위한 협조관계를 형성하는 데 필요한 자료를 얻을 수 있다. 또한 사례발표나 슈퍼비전, 내담자에 대한 지속적인 관리에 필요한 자료를 제공해 주는 것도 역시 관찰이다. 결국 이상과 같은 여러 작업의 성패는 대부분 상담자가 듣고 보는 것을 얼마나 효과적으로 처리하는가에 의해 우선적으로 좌우된다.

어려서부터 우리는 모든 종류의 정보를 거의 의식하지 않은 채로 처리해 오고 있다. 우리는 우리가 만나는 사람이 다정한 사람인지 혹은 위험한 사람인지에 대해 알려 주는 여러 단서를 취한다. 그리고 이런 단서를 통해 여러 사회적 상황의 대처 방법을 배우는데, 여기에서 대처방법이란 상대방과 두어야 하는 거리, 대화할 때 음성의 크기 또는 사용할 말의 수준 등도 포함된다. 사람들은 이러한 점에 대해 깊이 생각하지 않고도 유아, 사례지도감독자, 애인 등 다양한 사람과 이야기할 때 그들의 음성, 어휘, 말하는 방식 등을 조절한다. 일상생활과 상담의 유일한 차이라면 그것은 다른 상황이라면 당연하게 받아들일 행동을 상담가의 경우 좀 더 심사숙고하여 의식적으로 관찰한다는 점이다.

관찰을 하면서 상담자는 여러 가지 가정을 하게 된다. 그러한 가정이 상담자에게 도움이 될 수 있으나 동시에 그러한 가정 때문에 상담자의 시야가 좁아져 결과적으로 상담자의 실수를 초래하기도 한다. 치료적 관계를 관찰하는 법을 배움으로써 얻게 되는 주요한 이점은 상담 진행 중에 벌어지는 일들에 대한 가설을 형성하는 과정에서 지속적으로 다른 대안이나 가정에 대해 개방적이고 유연하게 받아들일 수 있다는 점이다. 상담이 지속될수록 내담자에 대해 상담자가 처음 가졌던 인상을 수정하고 재평가하게 되는 것이다. 이를 위해 상담자는 다음과 같은 네 가지 요소에 유의해야 한다.

- 비언어적 단서
- 언어적 표현
- 음성언어와 신체언어 사이의 관계
- 상담자에게서 느껴지는 반응

비언어적 단서 관찰하기

우리는 실제 표현되는 말의 내용보다 비언어적 행위를 관찰하여 더 많은 단서를 얻고 그에 대해 결론을 내리는 경우가 많다. 즉, 의복, 차림새, 눈 맞춤, 자세, 습관적 태도나 언행 등이 내담자에 대해 더 유용한 정보를 제공하기도 한다.

다음 사례를 통해 이를 더 구체적으로 살펴보자.

> 후안은 나의 비서에게 지금 자신의 처지가 매우 급하여 즉시 상담을 하고 싶다며 상담 약속을 했다. 처음 그를 만나 인사를 나눌 당시 그는 대기실을 서성거리고 있었다. 키는 180센티미터 정도로 검은 피부에 검은 머리 그리고 정상체중이었다. 그는 감색 양복, 흰 셔츠에 붉은색 넥타이를 하고 있었으며, 안경을 끼고 있었다.
>
> 내가 무슨 말을 꺼내기도 전에 그는 나에게 다가와 악수를 청하면서 자신을 소개했다. 나는 그가 너무 가깝게 다가서는 것 같았기 때문에 무심코 한 발 뒤로 물러섰다. 나는 내 사무실이 복도 끝 쪽에 있다고 말했다. 후안은 사무실로 가는 도중 내내 날씨나 가구 등에 대해 이야기했다.
>
> 사무실로 들어온 후 그는 창밖을 내다보더니 의자를 돌려 나를 향해 정면으로 앉았다. 그런데 이번에도 너무 가까이 다가와 앉는 것이었다. 그는 의자 끄트머리에 걸터앉아 있었고 가죽 서류 가방에서 파일을 꺼내 열었는데 그 속에는 편지 몇 장과 손으로 쓴 메모가 들어 있었다. 그는 내게 접수서류를 건네주었다. 접수서류에는 후안이 상담하러 온 경위가 쓰여 있었다. 그는 아내와 두 아들을 떠나고 싶지만 실제로는 그럴 수 없는 자신이 불안하고 우울하다고 말했다.

이제부터 이 사례를 바탕으로 하여 우리가 주목해야 할 구체적인 주제를 다뤄 보겠다.

전반적인 외양

성이나 나이는 비교적 분명히 식별할 수 있지만 항상 그런 것은 아니다. 필자는 후안이 35~45세가량 되었을 것이라 추측했지만 실제로 그는 55세였고 젊고 건강해 보였지만 실상은 그렇지 않았다.

후안이 건강할 것이라고 생각한 이유는 키나 체중이 정상 수준이었고 걸을 때 몸 동작이 서로 잘 조응하고 있었으며, 그의 표정이나 눈 상태도 괜찮아 보였기 때문이다. 후안이 당뇨로 고생했다는 점은 관찰로는 알 수 없었다. 그것은 접수서류의 의학적 정보 부분을 읽고서야 알 수 있었다.

이 같은 맥락에서 상담자는 인종, 표정, 키, 체중과 같이 신체적으로 주목할 만한 모든 측면을 관찰해야 한다. 후안의 이름, 검은 피부, 억양 등에 비추어 볼 때 그가 남미계 출신인 듯했다. 필자는 "다른 언어권에서 성장하신 것 같네요. 그렇지 않나요?"라고 말문을 열었다. 그러자 그는 자신의 성장배경에 대해 장황하게 설명하기 시작했다.

"저는 메스티소 족이지요."라고 후안은 자랑스럽게 말했다. 그는 스페인어로 메스티소가 인도 또는 아프리카계와 유럽계의 혼혈을 지칭할 때 사용하는 말이라고 알려 주었다. 그의 어머니는 인도인이었고 아버지는 유럽인이었다. 그리고 그는 자녀를 낳지 못했던 이모에 의해 에콰도르의 에스메랄다스[역자 주: 에콰도르 북서부에 있는 항구도시]에서 자랐으며, 그의 부모는 그가 다섯 살 때 그를 이모에게 양자로 보냈다고 했다. 그는 자신의 이러한 상황을 이미 그때 이해했으며 부모와 형제들은 자주 만날 수 있었다고 말했다. 고등학교까지 에콰도르에서 다닌 후 이모는 그를 미국에 있는 대학으로 보냈고, 이후 가족을 보러 매년 에콰도르를 방문할 때를 제외하고는 줄곧 미국에서 지냈다고 했다. 필자는 그가 잘 숙련된 것처럼 표현방식에서도 무미건조하게 준비된 내용에 대해 얘기하고 있다는 인상을 받았다.

의복이나 차림새

의복이나 차림새는 내담자가 소속한 집단이나 자기관리상태 등에 대한 단서를 제공한다. 후안의 의복은 그가 전문직에 종사한다는 것을 짐작케 했는데, 필자는 곧 실제로 그가 의사임을 알게 되었다. 동시에 차림새로 미루어 보아 그가 자신의 외모에 관심을 많이 기울인다는 것도 알 수 있었다. 후안은 신

발에서 정장에 이르기까지 상당한 고급 제품을 착용하고 있었으며 얼굴은 잡
티 하나 없이 말끔한 상태였다.

　필자는 후안이 자신의 직업을 즐기며 고급의복을 입을 만큼의 경제적 여유
가 있는 것에 만족한다고 생각했다. 하지만 이것은 곧 필자의 투사였음이 드
러났다. 어느 정도 시간이 지난 후에 그가 자신의 직업과 격식을 갖춘 의상 모
두를 불편해한다는 것을 알게 되었다. 후안의 이모는 그에게 의복과 여러 소
지품에 세심한 주의를 기울이도록 요구해 왔으며 정작 후안 자신은 그러한 요
구가 싫었지만 정작 거기서 벗어날 수는 없었던 것이다. 아무리 싫어도 적어
도 표면적으로는 그것을 유지해야 했다. 후안이 의복에 집착한다는 점은 그
집착 때문에 경험하게 된 자기 경멸감을 표출하면서 분명히 드러났다. 그러나
그에 대한 필자의 투사 때문에 뒤늦게서야 이 사실을 이해하게 된 것이다. 그
러나 최초의 관찰 내용은 유용하였으며 이모의 요구에 저항하는 방식을 다루
면서 후안은 자신이 싫어하는 옷을 입지 않게 되었다.

　때로는 겉으로 보이는 것이 더 많은 정보를 주기도 한다. 예를 들어, '꾀죄
죄' 한 모습으로 나타난 내담자는 자신의 모습을 단정히 하는 데 시간을 할애
할 필요가 있다. 한 젊은이는 상담회기마다 파란색, 녹색, 자주색, 붉은색으로
머리색을 바꾸며 나타났다. 나이는 스물한 살에 키는 150센티미터 정도로 몸
매가 가는 편이었고, 아래 입술과 왼쪽 눈썹 위에 고리를 달고 있었다. 하지만
그는 근육질이었는데, 이는 그가 최근에 체력단련을 많이 하였음을 짐작케 하
였다. 이 사람 역시 자신의 외모에 신경을 많이 쓰고 있음이 분명하였다.

　반면에 어떤 내담자는 얼룩진 옷에 단추도 떨어지고 단정치 못한 차림새로
상담에 나타나기도 하는데, 이는 자기관리에 거의 관심이 없음을 드러내는 것
이다. 하지만 이는 동시에 무언가, 즉 우울, 약물남용, 정신병 등으로 정상적
인 자기관리를 못할 수도 있음을 의미한다.

　동시에 의복은 내담자가 어떤 하위문화집단에 속하는지를 드러내기도 한
다. 예를 들어, 스케이트보드족, 미식축구선수집단, 데드헤드족[역자 주:
Grateful Dead라는 록 그룹에 심취한 사람들의 모임], 여성클럽회원, 스킨헤드족[역

자 주: 대머리거나 머리를 바짝 깎아 대머리처럼 하고 다니는 사람들의 모임) 등은 종종 남들과는 구분되는 옷을 입고 다닌다. 옷을 통해 직업과 수입 정도를 가늠할 수 있으며 자신의 외모를 숨기거나 과장하려는 의도 등을 알 수도 있다. 주의해야 할 점은 아무리 상담자가 의복으로 인한 선입견에 좌우되지 않으려 해도 자신이 관찰한 것에 따라 내담자를 평가하려는 경향이 있음을 기억해야 한다.

상담자가 할 일은 추측을 하지만 상담자의 추측을 확인하거나 잘못되었다는 것을 알리는 새로운 증거가 나타날 때 그러한 증거에 대해 개방적이고 유연한 태도를 가져야 한다.

얼굴 표정

대부분 우리는 내면에서 벌어지는 일을 알기 위해 상대방의 얼굴을 살핀다. 우리는 얼굴 표정이 직접 드러나지 않는 생각이나 느낌 등을 담아낸다고 가정한다. 웃음, 찌푸림, 점잔 빼는 듯한 얼굴, 멍한 시선 등이 모두 그 나름의 의미를 지닌다. 많은 내담자는 각각의 표정을 통해서 내면의 상태를 표현하는 반면, 어떤 내담자는 자신의 감정을 표현하지 못한다. 대부분의 경우 내담자는 다른 사람들에게 수용될 만한 것만 표현한다. 그러나 이렇게 표현을 통제하려는 노력 자체가 또 다른 의미를 지닌다.

때때로 내담자가 하는 이야기의 내용을 보면 분명 내담자의 얼굴에 변화가 있을 법한데 실제로는 아무런 변화가 없는 경우가 있다. 예컨대, 누군가 크게 손해를 입었거나 부당한 일을 당했거나 재난을 경험한 이야기를 할 때 우리는 그들의 표정에서 어떤 변화를 기대한다. 그런데 이런 변화가 보이지 않을 경우 당연히 그 이유를 살피게 된다. 어떤 사람은 거의 얼어붙은 것처럼 아무런 표정 변화도 보이지 않는 경우가 있는데 이것 역시 중요한 단서가 된다.

물론 상담자는 내담자가 속한 문화에 따라 표현의 수준과 그 의미가 달라진다는 것을 알아야 한다. 예를 들어, 후안의 경우 일본 남성에 비한다면 무척 자기 표현적이라 할 수 있으나 브라질 여성에 비한다면 전혀 자기 표현적이라 할 수 없다. 하여튼 그러한 표현의 의미에 대한 상담자의 첫인상은 중요한데, 그 이유는 상담자들은 자신이 어떤 반응을 보일지를 결정할 때 이와 같은 정보를 활용하기 때문이다. 만일 후안이 첫 회기에 울음을 터뜨렸다면 당연히 상담자는 그가 매우 흥분했거나 화가 났다는 가정을 할 것이고 그에 따라 자신의 반응을 결정할 것이다.

여기서 중요한 점은 특정 표정과 그 의미를 일대일로 대응시킬 수는 없다는 점이다. 상담이 진행되면서 내담자는 자신의 표정 의미를 상담자가 알아차릴 수 있도록 상담자를 도와줄 것이다. 그리고 상담자는 내담자가 초기에 보여 주는 표현뿐 아니라 상담이 진행되면서 내담자의 표현 방법 변화 과정에도 주목해야 한다. 상담 회기마다 내담자는 매우 많은 표현을 할 것이고 표정 변화는 내면의 변화를 보여 준다. 이런 식의 내담자 표현은 상담자가 더 많은 탐색이 필요한 곳을 알게 하고, 상담자는 각각의 변화 뒤에 숨은 의미를 이해할 수 있다.

후안은 상담에 관심을 보이며 상담받고 싶다는 이야기를 할 때 기대와 열정을 보였고 자주 웃기도 했다. 그러나 그의 정부인 캐런에 대해 얘기할 때는 눈물을 보였다. 그는 마치 자신의 정서적 경험을 내가 알게 되는 것이 두려운 듯 필자의 시선을 피했다.

"그녀 때문에 고통스러운 것을 당신은 내게 숨기고 싶어 하는 것 같습니다."라고 내가 말하자 후안은 더 이상 감정을 숨기지 못하고 그는 자신의 얼굴을 파묻고는 훌쩍거렸다. 그는 손으로 얼굴을 가린 채 "저는 도저히 더 이상 견딜 수 없습니다. 그녀가 왜 그랬는지도 이해할 수 없습니다. 하지만 그녀를 사랑합니다."라고 말했다. 그의 비언어적 행동을 통해 그가 얼마나 고통스러운지 더욱 확실하게 알 수 있었다. 하지만 나는 그가 이러한 감정을 너무 일찍 드러낸 것이 다소 염려스러웠다. 동시에 그의 표현에서 자신의 품위 유지를 위해 애쓰고 있음을 알게 되었다.

후안은 이야기를 계속했다. 그는 3년 전 처음 그의 병원에 고용된 캐런을 알게 된 이후의 일들에 대해 설명하기 시작했다. 캐런이 후안을 쫓아다녔을 때 그는 우쭐해지는 감정도 가졌다고 했다. 그녀는 곧 그의 정부가 되었고 얼마 후 딸을 낳게 되었다. "저는 캐런의 금발머리와 그녀의 피부에서 맡을 수 있는 향기 그리고 내 딸을 사랑합니다. 저는 그 모두를 제 인생의 일부로 삼고 싶습니다. 하지만 저는 가톨릭 신자이기 때문에 이혼할 수가 없습니다."

캐런은 그가 아내를 떠날 수 없다는 이야기를 듣고 분노했다. 그녀는 양육권과 성희롱 항목에 관해 후안을 고소했고 양쪽 건에 대해 모두 승소했다. 하지만 캐런에 대해 이야기하는 동안 후안의 얼굴은 빛났고 누군가를 사랑하고 깊이 생각하는 듯한 표정을 보였다.

캐런의 소송으로 후안의 아내 역시 이러한 사실을 알게 되었으나 그녀는 결혼생활을 그대로 유지하기를 원했다. 후안은 내게 다음과 같이 말했다. "제 아내는 제가 고통받기를 원합니다. 그녀는 제가 떠나지 못한다는 것을 알고 있습니다. 저는 그녀를 증오합니다. 왜냐하면 제가 결혼이라는 감옥에 갇힌 죄수와 같다는 것을 알고 있기 때문입니다. 그녀는 저의 간수나 다름없습니다." 그의 눈빛이나 그의 굳게 다문 입술, 이마의 찡그린 표정에서 후안은 경멸감을 드러내고 있었다. 후안은 여전히 아내와 두 아들과 함께 살고 있지만 그의 이러한 감정과 캐런에 대한 집착으로 고통받고 있었다.

눈 맞춤

시선은 얼굴 표정의 일부로서 종종 관계가 얼마나 편안한지의 정도를 드러내 준다. 너무 잦은 눈 맞춤은 상대를 통제하거나 위협하려는 욕구를 암시한다. 반면 너무 적은 눈 맞춤은 수줍음, 위협에 대한 두려움을 의미하기도 한다. 시선을 맞추는 일은 자기도 모르게 쉬워지지만 이러한 변화는 서로 간에 동시 발생적이다. 즉, 한쪽이 편안하게 느끼면 동시에 그의 상대도 편안해짐을 의미한다.

시선 역시 다분히 문화적으로 결정되며 학습된 행동이라는 점에 유의해야 한다.[1] 도심에서 자란 사람들은 낯선 사람과 시선을 맞추는 것이 위험하다고 배운다. 하지만 그들이 자라서 직장을 구할 때는 한때 그들에게 생존기술(시선 피하기)이었던 것이 오히려 불리한 조건이라는 것을 알게 된다.

후안은 눈을 잘 맞추지 않았다. 그 자체만으로는 문화적 이유 때문인지 아니면 그가 필자를 불편하게 느껴서인지 확인할 수 없었다. 그러나 그가 눈을 맞추지 않는 것이 상담자를 지나치게 의식하지 않으려는 의도로 느껴졌다. 여하튼 눈을 잘 맞추지 못하는 그의 행동을 문화적인 것으로 보기엔 다소 석연치 않았다. 후안은 첫 면접부터 많이 불편해했다. 그는 자신의 긍정적인 면이 부각되는 것에 익숙해 있었지만 동시에 많은 사람이 그가 28세 여성과 가진 부적절한 관계를 이해하지 못할 것이라는 점도 알고 있었다. 그는 자기의 연인에 대해 얘기하고 싶었지만 그의 행동을 필자에게 평가받는 것을 피하고 싶어 했다. 그는 주변의 시선을 의식했고 비난이 두려웠으므로 눈 맞춤을 피했던 것이다.

눈 물

제프리 커틀러(Jeffrey Kottler)가 지적했듯이 우리는 '눈물의 언어'에서 많은 것을 알게 된다. 그는 우리가 눈물에서 많은 것을 배우는 제자가 되라고 촉구하면서 눈물의 숨겨진 의미를 해독하는 것뿐만 아니라 공감적으로 반응하는 법 또한 익혀야 한다고 했다. 그는 또한 눈물과 같이 정서적으로 의미가 큰 상징은 문화, 성 그리고 동기 등과 뗄 수 없는 관계에 있다고 했다.[2] 상담자로서 우리는 내담자가 눈물을 흘릴 것 같은 징후를 민감하게 알아차린 후에 눈물을 흘리는 행위의 의미와 동기를 탐색해야 한다.

내담자의 눈물에는 상담자의 민감성과 인내, 허용적 태도가 필요하다. 따라서 상담실에 화장지 정도는 미리 준비해 두는 것이 좋을 것이다. 때때로 흐르는 눈물에 대한 지나친 간과로 오히려 상담자가 내담자를 이해할 준비가 되었다는 태도를 보일 수 있다.

미쉘은 심호흡을 하거나 긴 숨을 내쉬고 눈물을 닦아 내면서 눈물을 그치려고 했다. 그는 "페퍼(자신의 애견)를 잃었다고 이렇게 우는 제가 제 정신이 아니지요."라고 말했다. 나는 그녀의 반응을 충분히 이해한다고 이야기해 주었다.

눈물을 흘리는 일과 관련하여 성별 간의 차이는 매우 크다. 일반적으로 여성은 울 수 있어도 남성은 울어선 안 된다고 생각한다. 그러나 여성도 회의시간 등에 울어서는 안 되며 남성도 아주 가끔은 눈물을 보일 정도의 감수성을 가져야 한다고 생각한다. 그런데도 우리 모두는 운다. 많은 여성은 슬플 때가 아니라 화가 났을 때 우는데, 그러한 눈물은 표현되지 않은 분노에 대한 좌절감이다. 남성은 오랜 세월 마음속 깊이 품어 두었던 것을 뭔가 부드러운 것이 어루만졌을 때 눈물을 흘린다. 이러한 여러 사회적 통념 때문에 내담자를 이해하는 일이 더욱 어려워진다.

내담자의 반응뿐 아니라 상담자의 반응 역시 사회적 통념에 의해 좌우된다. 이러한 통념을 알아차리는 일이 항상 도움이 되는 것은 아니더라도 상담자는 자신의 반응이 사회적 통념에 의해 좌우될 수 있음을 알아차릴 필요가 있다. 상담자는 남성이고 내담자가 여성일 경우, 내담자는 상담자가 자신을 돌보는 위치에 있기를 바랄 것이다. 어떤 여성은 남성이 자신의 눈물을 거두고 자신을 안심시키거나 '상황이 더 나아지도록 뭔가 해 주기'를 바랄 수 있다. 어떤 남성은 여성이 눈물을 흘릴 때 무언의 압력을 받거나 죄책감을 느끼기 때문에 그러한 상황을 별것 아닌 것으로 치부할 수도 있다. 또한 많은 남성은 여성에 비해 남성 앞에서 눈물을 흘리는 것을 더 수치스럽게 느낀다. 더욱이 많은 남성은 그들이 함께 눈물을 흘릴 때 커다란 위안과 수용을 경험한다. 여성은 대체로 자신이나 다른 사람이 눈물을 흘리는 것에 대해 다소 편안하게 느끼지만 항상 그런 것은 아니다.

눈물에 대한 사회적, 개인적인 통념의 폭은 매우 크다. 상담자는 내담자 자신의 눈물에 대한 개인적 반응뿐 아니라 사회적인 통념을 이해하도록 도와주어야 한다. 사람은 울면서 위안을 경험하기 때문에 눈물은 신호 이상의 기능,

즉 치유를 돕는다. 그러나 내담자가 눈물에 대한 개인적이고 사회적인 통념을 깨뜨릴 때에야 눈물이 가진 긍정적 기능을 경험할 수 있다.

샤론은 울 줄 모르는 내담자였다. 필자는 그녀가 눈물을 흘리지 않는다는 사실에 큰 의미를 두고 있었다. 그녀는 잔혹한 일을 경험했다. 그녀는 조롱당하고 학대도 받았지만 결코 울지 않았다. 심지어 그녀는 울고 싶어도 울 수 없었다. 필자는 그녀가 눈물을 흘림으로써 얻을 수 있는 위안과 치유를 경험하지 못했다는 것을 알 수 있었다. 그녀에게 울어도 된다고 했고, 그러한 상황이 위협적이지 않다는 것을 그녀 역시 알고 있었지만 여전히 울 수 없었다. 만약 그녀가 눈물을 흘린다면 그것은 그녀가 위안을 얻었을 뿐 아니라 더욱 풍부하고 폭넓은 정서적 경험을 자유롭게 하게 되었음을 보여 주는 중요한 신호가 될 것이다. 그러나 불행하게도 상담관계가 제공할 수 있는 안전감은, 그녀가 자랄 때 자신이 울면 부모가 조롱했던 경험 때문에 생긴 개인적 제약을 모두 극복하기에는 부족했다.

눈물은 '날 좀 가만 놔둬. 그건 너무 고통스러워. 그만해!' '도와줘.' 또는 '나는 슬퍼.' 등의 다양한 의미를 가질 수 있다. 거의 대부분 그 의미는 매우 복합적이다. 만약 맥락에서 그 의미가 분명히 드러나지 않을 때 상담자는 눈물의 의미를 내담자에게 물어봐야 할 수도 있다. 왜냐하면 이와 같은 중요한 실마리는 결코 간과되어서는 안 되기 때문이다. 이 주제는 6장에서 다시 한번 언급할 것이다.

몸짓과 동작

외모, 얼굴 표정, 행동, 몸짓, 호흡의 변화, 시선, 이 모든 것은 신체언어, 즉 좀 더 학문적인 언어로는 행위학에 속한다. 우리가 사람을 관찰할 때 눈, 입 등 각각의 외모를 분리해서 보는 일은 거의 없다. 오히려 우리는 전체적인 외양을 통합적으로 관찰한다. 어떤 사람이 몸을 앞뒤로 움직이거나 머리카락으로 장난을 하거나 시계를 보거나 또는 몸을 앞으로 기울인 채 응시하거나 팔짱을 끼고 경멸하는 태도와 시선을 보낼 때 우리는 그런 것을 모두 알아차릴 수 있다. 과학적인 연구들은 이러한 신체언어를 정확하게 해석하는 데 개인적이고 문화적인 편견이 작용할 수 있다는 점을 수차례 강조했는데도 인기 있는 대중잡지들은 친구, 상사, 애인 등이 보내는 이러한 신호의 의미를 해석하는 방법에 대해 여러 가지 조언을 제시하곤 한다.[3]

이와 같은 유의사항에도 상담자는 신체언어가 보이는 여러 가지 의미를 찾으려고 애쓴다. 상담자는 수집 가능한 모든 자료를 활용해야 하며, 따라서 이러한 비언어적인 실마리도 그러한 자료에 포함해야 한다. 상담자는 내담자의 인상적 단서들을 종합해 나간다. 적절할 때 또는 내담자의 비언어적 단서에 의해 혼란스러워질 때, 대부분의 상담자는 여러 과학적 연구의 경고에 주의를 기울이는 동시에 내담자에게 보이는 단서들을 하나의 가설인 것처럼 제시한다. 상담자가 내담자를 제대로 좇고 있는지 확인하기 위해 모호한 부분에 대해서 확인하는 것이 좋다. 예를 들어, 상담자는 '저는 이러이러하게 이해하고 있는데, 이것이 당신이 이해하는 방식과 같은가요?'라고 질문할 수 있다.

후안과 상담하는 것이 즐거웠던 이유 중 하나는 그가 보여 주는 비언어적 신호가 비교적 읽어 내기 쉬웠기 때문이다. 그리고 관찰한 것을 지적했을 때 그는 자신에 대해 더 많이 이해했고 그에 따라 새로운 방식으로 반응했다. 후안은 대기실에서 이리저리 오가고 미간을 찌푸리며 의자 끄트머리에 앉는 등의 행동으로 자신의 불안을 드러냈다. 그의 신체언어는 '저는 두려워요.'라는 말을 하는 것처럼 매우 불안함을 전달했다. "당신은 두려워하는 것처럼 보입니다."라고 말하자 그는 "저는 그렇게 보일 것이라고는 생각하지 못했어요. 하지만 두려워요. 저는 당신이 약간 두렵습니다. 하지만 가장 두려운 것은 여기에 있으면서 제가 알게 될 사실들입니다."라고 대답했다.

개인적 공간의 활용 접근학

접근학 또는 개인적인 공간의 활용은 다음 세 가지 주요 특성, 즉 거리, 상담실에서의 위치, 접촉을 포함한다. 서로 얼마나 가까이 서 있는가, 어디에 앉는 가, 언제 접촉하는가에 따라서도 여러 의미가 전달될 수 있다. 대개 우리는 스 스로 가깝다고 여기는 사람에게만 '개인적 공간' 내에 들어오는 것을 허용한 다. 치료적 상담 장면에서 중산층의 미국인 경우에는 1미터 내외의 거리를 편 안하게 느낀다.[4]

상담가의 경우 큰 책상 뒤에 앉는 것과 그렇지 않은 경우에 주는 의미 차이 가 크다. 내 사무실에는 책상이 없고 대신 둥그런 모양의 긴 의자 하나와 푹신 푹신한 의자 두 개가 있다. 대개의 내담자 역시 올 때마다 자신이 앉는 자리를 정해 놓고 있다. 클레어는 가능한 한 나에게서 멀리 거리를 두고 앉곤 한다. 어떤 자리에 앉든지 눈 맞춤을 하기에 좋은데도 그녀는 나의 정면에 앉아 시 선을 피하곤 했다. 클레어는 그런 식으로 나와 거리를 두었다.

접근학에서 가장 중요한 주제 중 하나는 신체적 접촉이다. 상담전문가의 윤리지침은 그 어떤 형태의 성적인 접촉도 금하고 있다. 그러나 여전히 접촉 의 의미에 대해 달리 해석할 여지가 많이 남아 있다. 만일 내담자가 당신을 향 해 손을 내밀거나 팔을 벌린다면 그것은 신체적 접촉에 대한 초대를 의미한다 고 생각할 수 있다. 이 책의 후반부에 이러한 애매한 상황에 대해 더 설명하게 될 것이다. 여기에서 중요한 것은 내담자의 신호에 주의를 기울여야 한다는 점이다.

후안의 예로 돌아가서 그를 대기실에서 처음 만났을 때 그가 공간을 활용하 는 방식은 주목할 만했다. 그가 내게로 다가와 자신을 소개할 때 그의 신체언 어는 이미 자신의 불편한 마음을 드러내고 있었다. 앞에서도 언급했듯이 불편 했던 사람은 후안만이 아니었다. 그가 너무 가까이 다가섰기 때문에 필자 역 시 불편했다. 후안의 태도가 문화적 차이 때문이라는 것을 알았다면 그가 앉 거나 설 때 선택한 공간적 거리에 대해 나는 더 편안하게 대처할 수 있었을 것 이다. 그러나 이러한 그의 행동을 이해하기 전에 그가 다가오면 먼저 뒷걸음 질을 치고 말았으며 이것은 후안에게 미묘한 거절로 받아들여졌다. 사무실에 들어와서 후안은 의자를 돌려 정면으로 나를 향해 앉았다. 이것은 상대에 대한 주목만이 아니라 통제감을 지니기 위한 것이었다. 또한 후안은 대화 중 불편감을 느낄 때마다 화제를 정하거나 바꿔 가며 대화를 통제하려 했다. 이러한 모든 것을 관찰하면서 이것이 사람들에 대한 후안의 스타일이라는 생각을 갖게 되었다. 이러한 점에 대해 질문했을 때 그는 "물론 제가 주도적이어야지요. 왜냐하면 전 의사니까요."라고 대답했다.

언어적 단서 관찰하기

비언어적 단서는 내담자를 이해하는 데 매우 중요한 실마리를 제공한다. 하지만 언어적 단서 역시 매우 중요하다. 여기서 우리는 실제 얘기되는 내용보다 내담자가 말하는 방식 자체에 더욱 주의를 기울일 것이다.

대개 상담자는 내담자가 하는 말의 의미를 더 깊고 포괄적으로 이해하기 위해 내담자의 말소리 크기, 억양, 속도, 유창성, 웃음, 잠시 말을 멈추는 시기와 길이, 침묵 등에 자주 의존한다. 뿐만 아니라 내담자가 쓰는 사투리, 어휘, 어구 등에 주목하여 내담자의 교육이나 발달 수준 그리고 소속 문화 등에 대해 많은 이해를 하게 된다. 사실 내담자가 하는 말의 내용보다 말하는 방식이 더 많은 것을 알려 주곤 한다.

필자는 후안의 비언어적 단서 외에도 언어적 행동을 관찰했다. 독자들도 이미 알아차렸듯이 후안이 말하는 내용에서 많은 것을 알 수 있었다. 그러나 후안이 말하는 방식에서 알 수 있는 것도 많았다. 두 번째 회기의 중반부에 후안은 1분가량 침묵했다. 그 후 그는 마치 말을 세듯이 천천히 얘기를 시작했다. 음조의 변화 없이 그는 "캐런은 제 딸을 만나지 못하게 할 겁니다. 그녀는 딸에 대한 제 사랑을 단절시켰습니다. 저는 그것을 이해할 수 없습니다." 그의 말소리를 거의 들을 수 없었지만 무슨 일이 일어났는지는 분명했다. 그의 감정은 그가 말하는 방식을 통해 드러났고 화가 나 있었던 것이다.

상담자는 사회언어학적인 것과 언어의 사회문화적 측면에 대한 연구들을 바탕으로 시각적인 단서에 대해 더 깊이 이해할 수 있게 된다. 상담자는 내담자가 하는 말을 충분히 이해하는 것을 중시하고 그들이 말하는 방식에서 보이는 다음과 같은 실마리를 세심하게 관찰하여 그들을 더욱 깊이 이해할 수 있다. 다음은 상담자가 구체적으로 주목해야 하는 항목들이다.

말하는 스타일

어떤 사람은 빨리 말하며 어떤 사람은 천천히 말한다. 어떤 사람은 속삭이듯 말하나 고래고래 소리 높여 말하는 사람도 있다. 상담자는 종종 이러한 말하는 방식을 또 다른 문제를 보여 주는 지표로 활용할 수 있다. 대부분의 경우, 작고 부드러운 음성은 수줍음, 당황, 자기 노출에 대한 불편함, 조롱받을 것에 대한 두려움 등이 표현된 것이다. 마찬가지로 큰 음성은 청각장애나 다른 사람에게 위협을 주려는 시도 혹은 강렬한 감정을 반영하는 것일 수 있다.

말하는 스타일은 때로 더 심각한 정신건강상의 문제를 의미하기도 한다. 예를 들어, 큰 소리로 쉬지 않고 빨리 말하려는 경우는 조증 상태의 신호가 될 수 있다. 반대로 천천히 낮은 톤으로 산만하게 말하는 경우는 우울 증상일 수 있다.

상담자가 내담자와 같은 문화적 배경을 가졌다면 상담자는 이러한 비언어적 단서의 의미를 비교적 정확하게 파악할 수 있다. 하지만 문화적 배경이 다르다면 말하는 스타일에서 뭔가를 추론할 때 세심한 주의를 기울여야 한다.[5] 예를 들어, 미국인은 다른 문화권의 사람들에 비해 큰 소리로 얘기하는 것을 더 편안하게 느낀다.[6] 상담자가 내담자의 말하는 스타일에서 어떤 결정적인 결론을 내리는 것은 조심해야 하지만 그렇다고 분명한 것조차 놓쳐 버리는 실수를 범해서는 안 된다.

앞에서 제시한 예로 돌아가서, 필자는 스스로 문화적 차이에 민감한 사람이 되려 했기 때문에 오히려 분명한 단서들을 놓쳤다. 처음부터 후안의 목소리가 작다는 것을 알아차렸고 그것이 문화적 차이 때문이라 생각했다. 하지만 후안에 대해 좀 더 세심한 주의를 기울였더라면 그가 자신의 비서에 대해 얘기할 때만 말소리가 작아진다는 사실을 알아챘을 것이다. 다른 경우에 후안은 큰 소리로 이야기를 했다.

좀 더 정확히 관찰하면 후안은 자신이 비판받을 수 있는 주제에 대해 이야기할 때 목소리가 작아졌다. 후안의 언어적 행동이 그가 눈 맞춤을 하지 못하는 것과 일치했음에도 이러한 단서들이 알려 주는 것, 즉 그가 필자에게 인정받는 것을 중요하게 여긴다는 사실을 간과했다.

유창성

유창성은 대개 말이 자연스럽고 어휘나 주제 등이 부드럽게 이어지는 것을 의미한다. 사람은 긴장하거나 불안할 때 말실수가 증가하는 경향이 있다.[7] 내담자는 상담에서 불안하기 때문에 자신의 감정을 자극하는 주제에 대해 말할 때 더듬거나 머뭇거리고 특정한 발음 시 실수하는 경향이 있다.

뿐만 아니라 상담자는 내담자가 말하는 이야기의 주제에도 주목할 필요가 있다. 어떤 내담자는 이런저런 주제로 옮겨 가며 이야기를 하여 도대체 무슨 얘기를 하려는지 모를 때도 있기 때문이다. 이럴 경우 왜 그러는지 당연히 짚어 봐야 한다. 연구에 따르면 기억은 대개 주제별로 묶여 있으며, 그 주제 중 하나가 고통스러운 감정과 관련된 것일 수 있다. 어떤 내담자가 화가 나는 사건에 대해 이야기한다면 그 사건은 다른 유사한 기억을 촉발시킬 수 있다.[8] 이럴 경우 내담자는 화가 났던 사건들을 이리저리 건너뛰며 얘기할 수 있는 것이다.

반면, 어떤 내담자는 불편한 감정을 피하기 위해 새로운 화제를 끌어대는 경우도 있는데, 이때 내담자는 덜 불편한 주제로 바꿔 버린다. 후안의 경우가 이에 해당한다. 비록 후안의 말은 유창했지만 화제가 전환되는 과정은 그렇지 못했다. 건강에 대해 얘기하던 중에 그는 갑자기 화제를 바꿨다. 그래서 이에 대해 질문을 하자 그는 최근 발작으로 몇 차례 고생했으며 인슐린과 당분의 불균형으로 시각과 신경에 손상이 오기 시작했다는 사실에 대해 객관적인 어투로 담담하게 얘기했다.

직접적으로 "당신의 주치의는 당뇨병을 치료하기 위해 어떻게 하라고 하던가요?"라고 묻자, 그는 "제가 의사를 만났을 때에도 저는 캐런 생각밖에 없었습니다. 그녀는 제가 이렇게 그녀를 그리워하고 또 필요로 하는지 모를 겁니다."라고 답했다. 어떤 식으로 개입하든 그는 피상적인 답변과 함께 그가 캐런을 얼마나 사랑하는지에 대한 설명만 늘어놓았다.

그가 왜 자신의 병이 초래할 결과를 무시하려는지 이해할 수 있었지만 이러한 그의 회피는 또 다른 문제를 불러일으킬 위험을 내포하고 있었다. 이러한 측면에서 유창성의 결여는 후안이 사용하는 중요한 방어기제였다. 즉, 어떤 고통스러운 일에 직면했을 때 낭만적인 주제로 주의를 돌리는 것이다. 후에 후안의 그러한 방어적 태도가 그동안 어떻게 작용해 왔는지 그가 직면할 수 있는 적절한 시기가 되었을 때, 불편감을 피하고자 화제를 바꾸었던 그의 전략이 잘못되었음을 이해할 수 있게 도와주었다.

단어의 의미와 선택

우리는 대개 우리가 같은 언어를 쓰고 있다고 생각한다. 하지만 쓰는 사람에 따라 같은 말이라도 다른 의미를 지니고 있는 경우가 많다. 사랑, 미움, 성, 야망, 헌신, 데이트, 신뢰, 열심히 일함, 늦음, 더러움, 조심함, 의존적임, 염려함, 게으름 등은 우리가 모두 같은 의미로 사용한다고 가정하지만 실제로는 그렇지 않다. 더욱이 이러한 단어들은 사용자에게 좀 더 비중 있는 의미를 지니는 것들이다. 그 누가 게으르거나 더럽다는 평가를 받고 싶겠는가? 이처럼 우리는 대부분 다른 사람을 사랑하고 배려하며 합리적인 사람으로 타인에게 평가받기를 원한다.

어떤 내담자가 그는 B학점을 받았기 때문에 '실패했다.'라고 하거나 배우자가 외도하는 것에 대해 고통스러워하는 자신에 대해 '의존적'이라고 표현한다면, 상담자는 그 내담자가 각 단어를 사용하는 방식이나 의미에 대해 탐색할 필요가 있을 것이다. 내담자가 사용하는 어휘의 의미가 누가 보아도 분명하거나 반대로 지금 이야기하는 주제와 무관할 때를 제외하고는 상담자는 내담자가 사용하는 어휘의 의미나 의도를 정확하게 파악할 필요가 있다. 이처럼 내담자가 사용하는 어휘의 의미를 정확히 이해하기 위해 상담자는 내담자 자신이 사용하는 어휘와 관련된 행동, 사고, 감정을 구체적으로 기술하도록 요구하는 것이 효과적이다. 예컨대, "제니퍼, 당신이 그를 사랑한다고 말할 때, 그 말의 의미에 대해 제가 좀 더 알고 싶군요. 당신에게 사랑이라는 것이 뭘 의미하는 것인지요? 사랑이라는 것이 당신에게 어떤 느낌으로 다가오는지 이야기해 줄 수 있어요?"라고 할 수 있다.

대중적으로는 널리 받아들여지지만 그 의미가 불분명한 심리학적 용어를 내담자가 사용할 때 혼란이나 오해는 가중될 수 있다. 내담자는 자신의 행동을 설명하기 위해 다음과 같은 용어를 사용한다. '나는 상호 의존적이다.' '나는 성인 아이다.' '나의 내면아이를 잃어버렸다.' '남성은 화성에서 왔다.' 또는 '여성은 잔소리꾼이다.' 대체로 내담자는 이와 같은 어구들을 통해 뭔가를 전달하려고 한다. 그러나 이러한 용어들은 매우 특수한 상황에서 쓰는 것이지 일반적인 상황에서는 적절치 않다. 따라서 상담자는 내담자가 전달하려는 것이 무엇인지 정확하게 이해하고 확인할 필요가 있다.

우리는 모두 내담자가 사용하는 말의 어휘, 문법, 표현 등을 통해 그들의 교육수준, 나이, 심지어 지능까지 짐작하려고 한다. 예컨대, 어떤 내담자가 어휘를 매우 유창하게 구사할 때 그가 정신지체일 가능성은 일단 배제한다. 사용하는 어휘 수준은 학업적 성취와 밀접한 관련이 있기 때문에 상담 초기에 내담자의 사용 어휘도 그의 교육이나 훈련 수준을 추측하는 것은 어느 정도 타당하다.[9]

내담자가 사용하는 단어나 문법은 교육 수준이나 사회적 배경 이외의 것에 대해서도 알려 준다. 선택된 단어는 내담자의 내적인 상태를 드러낸다. 자신의 감정에 대해 상세하게 기술하는 내담자는 관심이 주로 자신의 감정상태에

가 있음을 보여 준다. 다른 내담자가 유사한 상황에서 사실에 대해서만 구체적으로 설명한다면 그는 감정을 회피하는 것이다. 이러한 점은 그 내담자가 감정을 경험하기 불편해서 피하려 한다는 것을 알려 준다.

후안의 예에서, 그가 아내와 이제 10대에 들어선 두 아들에 대해 언급할 때 무미건조하고 간결하게 이야기한다는 점을 알아챘다. 그러나 그의 비서에 대해서 이야기할 때는 "나는 마음속 깊이 그녀를 사랑하고 헌신하고 있습니다." 라는 식의 다채로운 언어를 사용했다. 그는 자신이 캐런에게 썼던 "별이 불이라는 사실을 의심하라. 태양이 움직인다는 사실을 의심하라. 진리조차도 의심하라. 그러나 나의 사랑은 결코 의심하지 마라."라는 셰익스피어에서 인용한 글귀를 보여 주었다.

경우에 따라서는 어휘나 음조의 선택은 내담자가 스스로에게 하는 말을 반영하기도 한다. 즉, 내담자가 스스로에게 하는 말은 상담자에게 하는 이야기를 통해 드러난다. 어떤 내담자가 '나는 정말 바보 같아.' '난 내 생김새가 너무 싫어. 난 너무 못생겼어.' 라는 식의 부정적인 이야기를 한다면, 그 사람은 그런 말을 마음속으로 하는 경우가 많다.

웃음

대개의 경우 웃음은 우스운 일이 있을 때 나온다. 하지만 웃음은 무언가 긴장되고 불안하며, 걱정거리를 숨길 때도 사용된다. 따라서 상담자는 언제, 어떻게 내담자가 웃는지 주목해야 한다. 어떤 내담자는 우스운 일이 전혀 없음에도 웃는데, 그런 웃음은 이상한 느낌을 주며 왜 웃는지도 알 수 없는 경우가 많다.

케이트라는 내담자의 경우, 자신의 두려웠던 경험을 얘기하며 웃곤 했다. 나는 처음에는 별 생각 없이 지나갔지만 나중에는 그녀의 웃음이 그리 정상적으로 보이지 않았고, 오히려 강요되거나 긴장된 느낌을 주었다. 그녀는 이 같은 고통스러운 웃음으로 말을 끝맺곤 했다. 몇 회기가 지난 후 "웃고 있으시군요. 당신은 그리 웃을 만한 상황에 있지 않은데도 말입니다."라고 물었다. 이러한 개입은 도움이 되었다. 그녀는 "이전에도 사람들이 그러더군요. 전 전혀 모르고 있었는데 말이지요. 하지만 전 선생님을 화나게 하거나 당황스럽게 만들고 싶지 않아요. 아마 그래서 제가 웃는 걸 거예요."

이 예는 상담자가 내담자가 보이는 행동이나 말의 의미를 확인하려고 할 때 상담자가 관찰한 단서를 어떻게 활용하는지를 보여 준다. 상담자가 관찰한 것을 내담자에게 지적하고 내담자에게 그 의미를 명료하게 설명하게 하여 그의 행동에 대한 피드백을 주는 동시에 그들의 반응을 설명할 기회를 주는 것이다.

침 묵

물론 어느 정도의 침묵이 지나치게 긴지는 문화나 상황에 따라 다르지만 대부분의 사람은 상당히 불편해한다. 많은 사람은 상담이나 심리치료에서 침묵보다는 말하는 것이 중요하다고 생각한다. 뿐만 아니라 대부분의 초보 상담자는 내담자의 침묵을 불안해하면서도 그 이유를 충분히 이해하지 않고 바로 개입하려고 한다. 실제로 내담자가 말해야 하는 상황인데도 아무 말도 하지 않고 가만히 있을 때에는 다음과 같은 이유를 생각해 볼 수 있다.

- 생각 중이다.
- 감정에 압도되어 있다.
- 심중에 있는 말을 하고 싶지 않다.
- 상담자의 반응을 두려워한다.
- 얘기가 누설될 것을 걱정한다.
- 다른 사람의 신뢰를 저버리는 말을 해야 한다.
- 적당한 말을 찾지 못했다.
- 마음의 평정을 찾으려 한다.

침묵이 발생한 전체적 맥락을 이해하고 관찰함으로써 상담자는 내담자가 침묵하는 이유를 발견할 수 있다. 얼굴 표정, 내담자 눈의 초점, 몸짓, 사소한 동작 등은 침묵의 의미를 이해할 수 있는 단서를 제공한다. 그래도 침묵의 의미를 이해하기 어려우면 상담자는 다음과 같은 질문을 할 수 있다. '무슨 말을 해야 할지 모르는 것처럼 보입니다. 정말 그런가요?' 또는 '지금 피드백을 주실 수 있겠습니까? 침묵하고 계신 이유를 잘 모르겠군요.'

상담 초기부터 나는 후안이 침묵을 매우 불편해한다는 것을 느꼈다. 매 회기마다 그는 자신의 감정이나 문제와는 무관한 사소한 사실을 상세하게 이야기하곤 했다. 몇 회기가 지난 후 그가 침묵을 못 견디는 이유를 물었다. 자신이 그렇다는 것을 스스로도 그동안 깨닫지 못했으며, 나를 통해 자신의 감정 회피를 이해하게 되었다. 다시 말해, 그는 이야기를 계속하면서 자신의 감정을 느끼지 않을 수 있었던 것이다.

요약하면 비언어적 표현이나 언어적 표현은 내담자 행동의 의미와 그 밑에 숨겨진 동기를 이해하는 데 중요한 단서가 된다. 그러한 것을 잘 관찰하면 상담자는 내담자가 염려하고 관심 있어 하는 부분을 깊이 이해할 수 있다.

내담자의 언어적 표현과 비언어적 행동의 상호작용 관찰하기

각 회기 내내 모든 상담자는 내담자의 반응에 대한 단서를 발견하기 위해 언어적 표현과 비언어적 행동 사이의 상호작용을 관찰한다.[10] 예를 들어, 내담자가 '저는 직장을 잃었어요.'라고 말한 후 축 처진 몸으로 눈물을 흘린다면 상담자는 내담자가 슬퍼하고 있다고 가정할 수 있다. 내담자가 '전 이 관계에 질려 버렸어요.'라고 한 후 같은 행동을 보인다면 상담자는 내담자가 깊은 상실과 실망에 빠졌다는 것을 짐작할 수 있다. 그러나 내담자가 '저는 제 결혼생활이 너무 행복해요.'라고 말하면서 위와 같은 태도를 보인다면, 상담자는 이러한 반응에 대해 의아해할 것이다. 이것은 내담자의 양가감정을 보여 주는 것인가? 아니면 기쁨, 슬픔, 불신 아니면 이 모든 것이 복합된 것인가? 상담자는 겉으로 보이는 것 이상을 이해해야 한다. 그리고 내담자의 말과 행동 간의 상호작용을 통해서 상담자는 내담자에게 실제 일어나고 있는 일에 대한 단서를 얻을 수 있다.

결론적으로 상담자는 내담자의 언어적 표현과 신체언어 간의 상호작용을 결정적 정보 제공요인으로 이해하기보다는 상담할 때 어디에 주목해야 하는지를 알려 주는 것으로 이해해야 한다.

언어적 표현과 비언어적 행동 간의 불일치

언어적 표현과 비언어적 행동은 밀접하게 관련되어 있으며 때로는 상호 보완적이다. 즉, 내담자가 깊은 상실의 경험이 있을 때는 눈물을 흘리고 재미있는 이야기를 할 때는 웃음을 터뜨리며 또는 '이제 갈 시간이에요.' 하면서 자리에서 일어서는 것 등은 이의 상호 보완성을 보여 준다. 다른 경우 언어적 표현과 비언어적 표현이 불일치하는 경우도 있다. 예컨대, 내담자가 고개를 가로저으면서 '알았어요.' 라고 한다거나 '이제 갈 시간이에요.' 라고 말하면서 자리에 앉아 새로운 주제를 꺼내는 경우, 또는 화를 내지만 동시에 웃는 경우 등은 불일치하는 경우다. 분명 이런 불일치는 매우 중요하고 주목할 만한 것이며, 이는 내담자가 양가감정을 가지고 있다는 점뿐 아니라 그 지점에서 더 깊은 탐색을 할 필요가 있음을 알려 준다.

상담자가 내담자를 경청함으로써 불일치의 의미가 분명해질 수 있다. 하지만 그 의미가 분명하지 않을 때 상담자는 다음과 같이 질문으로 의미를 탐색할 수 있다. '당신은 기쁘다면서 실제로는 울고 있습니다. 제가 더 잘 이해하도록 도와주실 수 있습니까?' 또는 '당신의 말은 이런 얘기를 하면서 실제 행동은 다른 것을 보여 주시는데 …… 제가 좀 혼란스럽네요. 그렇지 않나요?'

말할 순서가 되었다는 것을 알려 주는 신호

상대편이 말할 순서가 되었다는 것을 알리는 신호는 언어적 표현과 비언어적 행동의 상호작용에서 또 하나의 중요한 측면을 드러내 준다. 일반적으로 말하는 순서는 자연스럽게 정해진다. '이제 당신 차례입니다.' 라는 메시지를 전달하는 신호에는 여러 가지가 있다. 예를 들면, 말하던 사람이 말을 중단한 채 더 이상 움직이지 않고 듣는 사람을 바라보거나, 손바닥을 펴 상대를 향해 내민다거나, 말끝의 억양을 올려 자신의 말이 질문임을 알리는 것 등이다. 이러한 모든 신호는 말하는 사람이 말을 중단하고 듣는 사람의 응답을 기다린다는 것을 나타낸다.[11]

비언어적 행동은 또한 말하고 싶은 소망을 전달할 때 사용하기도 한다. 검지를 들어올리거나 몸을 약간 앞으로 기울이거나 다른 사람의 말을 가로막는 것 등의 행동은 말하려는 의지를 분명히 전달한다.

쉽고 부드럽게 진행되는 대화는 이와 같이 말할 순서를 나타내는 신호를 분명하게 읽고 전달할 수 있을 때 가능하다. 상담자는 말할 순서가 되었다는 것이 분명하게 전달되지 않을 때 주목할 필요가 있다. 상담자가 아무런 말할 것이 없는데도 내담자에게서 뭔가 말해야 할 것 같은 압박을 느낀다면 상담자는 '이 시점에서 당신은 내가 뭔가 이야기하기를 바라는 것 같습니다. 하지만 전 무슨 말을 해야 할지 확신이 서지 않네요.' 라고 답할 수 있다. 또는 내담자가 계속 이야기하기를 상담자가 원한다면 '그 부분에 대해 좀 더 말해 줄 수 있어요?' 라고 질문할 수 있다.

동작의 조화

비언어적 행동과 언어적 표현 사이의 상호작용에서 또 다른 중요한 측면은 동작의 조화다.[12] 이것은 모든 대화에서 나타나는 상보적 행동을 의미한다. 이러한 현상은 유아가 자기를 돌봐 주는 사람의 음성에 맞추어 리듬 있게 움직이는 반응에서도 관찰할 수 있다. 사람들이 나이를 먹어도 이러한 경향은 계속 남아 있다.

둘 사이에 동작이 자연스럽게 일치될 때 서로 안락하고 편안하며 관계는 자연스럽게 이어진다. 즉, 한쪽이 움직이면 마치 함께 춤을 추듯이 상대편도 따라 반응하게 된다. 이와 같은 동작의 일치가 없을 경우에는 반대의 결과를 초래하는데, 이때에는 대화하는 두 사람 사이에 리듬을 발견할 수 없다. 예컨대, 상담자는 의자 끝에 앉아 내담자에게 눈을 맞추려고 하는데, 내담자는 팔짱을 낀 채 의자 뒤에 기대앉아서 상담자의 눈을 피하듯이 다른 곳을 보는 경우다. 이러한 상황에서 상담자나 내담자는 모두 불편할 것이다.

동작의 조화와 관련된 또 다른 주제는 동작의 상보성이다. 우리는 대화할 때 상대편이 나와 유사한 행동을 보일 때 나 자신이 편안해지는 것을 경험한다. 그러한 행동이 악수든 미소든, 또는 무엇인가 우스운 일이 있을 때 눈알을 돌리든 간에 우리는 대체로 어떤 시점에서 상대편이 나와 같은 상보적인 반응을 하길 기대한다. 반면 상대편이 내가 기대했던 반응을 보이지 않을 때 그 두 사람은 어색해진다. 당신이 상대방에게 미소를 기대하고 웃어 주었는데, 그가 냉소적인 얼굴로 반응했던 때를 떠올려 보라. 그러한 불편감은 상보성 또는 기대한 반응의 결여로 발생한다.

상담자의 해석

상담자는 자신이 보고 들은 것에 대해 반드시 해석을 하게 마련이다. 상담자는 때때로 자신이 통찰력 있는 해석을 했을 때 스스로 자부심을 느끼기도 한다. 하지만 상담자는 어떤 사건에 대해 그것이 말하는 바를 어떤 상징으로 바로 해석하기 이전에 사건 그 자체로 받아들여야 하는 경우도 있다. 예를 들면, 프로이트는 자신이 시가를 애인처럼 아끼고 좋아하는 것에 대해 질문을 받은 적이 있었다. 그러자 그는 다음과 같이 말했다. "때때로 시가는 그냥 시가 그 자체일 뿐입니다."

이와 같은 맥락에서 어떤 한 청년과의 상담의 예를 들면, 그는 의자 끝에 걸터앉아 시종 상체를 앞으로 기울이고 있었다. 그 이유를 묻자 그는 자신이 드럼 연주자이고 복부근육을 강화시키는 교육을 막 받고 상담하러 왔기 때문이라고 했다. 그가 어색하고 경직된 자세로 앉아 있었던 이유는 다름 아닌 그의 직업과 훈련 때문이었다.

어떤 신체언어는 단순한 신체 상태의 결과이지 어떤 숨겨진 감정을 드러내는 상징이 아닌 경우도 종종 있다. 수표를 쓸 때 손을 떨던 내담자는 뭔가 손에 쥘 때마다 손을 떠는 증상을 가지고 있었다. 이러한 내담자에게 그러한 손떨림이 그의 불안을 반영하는 것처럼 해석해서는 안 된다. 다른 내담자는 시선이 불안정했는데, 그는 자신이 시선을 안정시킬 수 없는 것이 실은 '안구 진탕증' 때문이라고 했다. 물론 손떨림 같은 것이 불안 때문에 더 심해질 수는 있다. 따라서 상담자는 내담자 행동의 의미가 분명하지 않을 때는 단순하게 질문하는 것이 좋다. 상담자가 부드럽게 질문하고 그러한 질문이 내담자를 이해하려는 노력의 일환이라는 점을 분명히 설명한다면 오히려 내담자가 고마워하기도 한다. 이와 같은 탐색 방법은 이후에 좀 더 설명할 것이다.

언어적 표현과 비언어적 행동 간의 상호작용 관찰 방법은 슈퍼비전을 받으면서 연습을 계속할 때 학습할 수 있다. 상담자가 관찰한 것의 확인하는 법을 배울수록 자신의 상담기술을 개발해 나갈 수 있다. 상담자가 내담자에게 도움을 요청함으로써 상담자는 내담자가 하려는 이야기를 놓치지 않고 잘 따라갈 수 있을 뿐 아니라 신뢰할 수 있는 상담관계 형성에도 도움이 된다. 상담자는 다음과 같이 반응할 수 있다. '제가 ○○ 씨를 제대로 이해하고 있는지 확인하고 싶네요. 제가 제대로 이해하는 것 같습니까?' 또는 '저는 (○○ 씨의 말이나 행동을) 이런 식(상담자가 이해하는 방식을 설명함)으로 이해하고 있는데요. 이것이 맞나요?'

상담자 자신을 관찰하기

내담자는 상담자와 상담함으로써 그들의 문제에 대해 과학적이거나 적어도 객관적으로 이해하게 될 것이라 기대한다. 물론 그러한 기대에 부응하여 객관성을 가지려는 것은 상담자가 바라는 바다. 그러나 많은 숙련된 상담자는 그들이 하는 임상적인 관찰이 중립적이거나 전적으로 객관적인 것이 아니라는 사실을 잘 알고 있다.

프로이트는 '상담자의 무의식 세계에 미치는 내담자의 영향력'을 기술하기 위해 역전이라는 개념을 사용하였다.[13] 프로이트는 상담자의 개인적 반응이 상담에 방해가 될 수도 있는 반면, 상담의 진전을 촉진하는 요소라는 점을 알고 있었다. 상담 성과는 이러한 반응을 알아차리고 그것을 조절하는 능력에 좌우된다.

상담자는 모두 자신의 개인적인 반응으로 상담이 방해받기보다는 상담 성과가 촉진되기를 바라고 있다. 따라서 상담자는 관찰 대상에게 그 자신이 어떤 영향을 끼치는지에 대해 면밀히 파악하고 있어야 한다. 다음은 상담자의 관찰내용을 왜곡시킬 수 있는 요소들이 제시되어 있다.

개인적인 반응

우리는 자신의 어릴 때 경험, 개인적인 기대나 문제, 관심, 두려움 등의 여과기를 통해 세상을 바라본다. 마찬가지로 우리는 자신이 속한 문화, 성, 연령의 영향을 받는다. 우리 중 대부분은 이미 우리가 믿고 있는 것을 확증할 만한 것을 찾고, 이것은 다시 우리가 찾고 보는 것에 영향을 미치는 일종의 순환적 관계를 형성한다. 즉, 상담자가 음식에 집착한 경험이 있거나 폭행, 강간, 모욕, 억압, 약물중독 또는 그 외 다른 방식으로 해를 당한 경험이 있다면 당연히 그러한 경험에 영향을 받을 것이다. 이는 물론 긍정적인 경험에 대해서도 마찬

가지다.

 이런 경험이 상담자가 세상을 객관적으로 바라보는 능력에 미치는 영향을 이해하는 한 이런 경험 자체가 훌륭한 상담자가 되려는 당신에게 방해요소로 작용하지는 않을 것이다. 따라서 상담자는 자신의 경험에 의해 생긴 여과기를 반드시 점검해야 하는데, 상담자 자신이 개인상담을 받거나 혹은 세심한 슈퍼비전을 받는 것이 이러한 점검에 도움이 될 것이다. 상담자 스스로를 돌아봄으로써 잘못된 임상적 판단을 내릴 가능성을 최소화할 수 있을 것이다.

 상담자 자신의 개인적인 배경이 상담과정에 미치는 영향을 이해할 뿐 아니라 각각의 내담자가 자신에게 어떤 영향을 미치는지, 내담자에 대한 첫인상이 어떤지, 그러한 첫인상이 상담에 어떤 영향을 미치는지 등을 알고 있어야 한다. 또한 상담자는 내담자를 만났을 때 경험하는 자신의 반응을 면밀히 관찰해야 한다. 상담자가 언제 내담자에게서 압력을 받고 조종당하는 것 같은지, 언제 우쭐함, 유혹, 칭찬, 두려움, 지루함, 혼란, 압도됨, 불안함, 지침, 이 밖에 다른 느낌을 경험하는지에 대해 미리 알고 있는 것이 매우 중요하다.

 상담자의 자기관찰은 다음 두 가지로 사용될 수 있다. 우선, 이런 반응으로 내담자의 주변 사람들이 내담자에게 취하는 반응을 이해하게 된다. 예를 들어, 어떤 내담자가 자신의 아내는 자기 얘기를 경청하지 않는다고 불평할 때, 상담자 역시 그 내담자의 현학적인 비난에 주의를 기울이고 싶지 않은 자신을 인식하고 그의 아내가 왜 그의 말을 무시하는지 이해할 수 있다. 둘째, 상담자는 내담자와의 관계 형성에 방해가 될 만한 반응을 알아차리는 데 이러한 자기관찰을 활용할 수 있다. 상담자는 우선적으로 내담자를 돕는 데 주의를 기울여야 하므로 다음과 같은 점을 스스로 돌아보아야 한다.

- 상담자는 내담자와 같은 문제로 큰 고통을 겪은 적이 있는가?
- 상담자가 지금 내담자에게 화가 나 있지 않은가?
- 상담자가 내담자에게 성적인 매력을 느끼고 있지 않은가?
- 상담자는 지루함, 피로, 졸리는 느낌을 갖고 있지는 않은가?

상담자는 이러한 상황들을 다루기에 앞서 자신의 반응에 주의를 기울여야 한다. 상담자 자신의 반응을 돌아봄으로써 내담자를 더 잘 도와줄 수 있다. 예를 들어, 상담자가 지루함을 느끼는 것은 내담자가 정말 중요한 얘기를 회피하고 있다는 신호일 수 있으며 상담자가 불안을 느낀다면 그것은 상담자의 좀 더 직접적인 행동이 필요하다는 신호일 수 있다. 또한 상담자가 느끼는 두려움은 상담자 자신이 상담을 받을 필요가 있다는 것을 의미하기도 한다. 상담자는 자신의 반응에 좀 더 주의를 기울임으로써 그러한 반응의 의미를 더 깊이 이해할 수 있게 된다. 더욱이 상담자 자신의 반응은 내담자의 역동을 이해하고 앞으로 하게 될 개입의 방향을 잡는 데 도움이 된다.

후안의 경우, 그가 자기 파괴적인 행동을 일삼고 있다는 것을 알게 되었다. 결국 그것은 자신에게만 고통을 주는 것이 아니라 주변 사람에게도 고통을 주는 것이었다. 후안이 문제를 해결하기 위해 사용하던 방식, 즉 다른 여성을 찾는 것, 술을 마시거나 과도하게 일하는 것 등이 사실은 상황을 더 악화시킨다는 것을 스스로 깨닫길 바랐다.

하지만 후안은 필자가 한숨을 짓거나 시선을 멀리 옮기는 것, 때때로 짜증스럽게 말하는 것 등의 좌절감을 느낄 때 하는 행동적 신호를 알아차렸다. 그리고 그의 문제를 해결하지 못한 염려 때문에 보이는 필자의 반응을 도덕적으로 그를 비난하기 때문에 보이는 반응으로 잘못 짐작했던 것이다.

전문가적인 여과기

이론적인 관점 역시 상담자가 내담자의 어떤 영역에 더 많은 관심을 기울이는지에 영향을 미친다. 예를 들어, 대상관계이론을 취하는 상담자라면 내담자의 초기 경험에 더 많은 관심을 보일 것이다. 반면 해결 중심적 접근을 취하는 상담자는 내담자의 문제해결능력에 더 많은 관심을 기울일 것이다. 이러한 여과작용은 상담의 방향에 지침을 제공하기도 하지만 때로는 잘못을 유발하기도 하는 중요한 요인이다. 속담에도 있듯이 '가진 연장이 망치뿐인 사람에게는 주변 것들이 다 못으로 보이게 마련'인 것이다.

상담자의 의무, 예컨대 특정한 보험 프로그램에 들어가 서비스를 제공하는 사람이거나 사설 상담실을 운영하고 있거나, 또는 상담을 6회 이내에 마쳐야 한다거나 하는 등의 외적인 조건도 상담에서 상담자가 주목하는 영역을 좌우한다. 따라서 이 시점에서 염두에 두어야 할 중요한 사항은 이러한 상담자의 의무사항이나 외적 조건 등이 내담자에 대한 상담자의 관찰능력, 주목하게 되는 영역 등에 어떻게 영향을 미치는지 분명하게 이해해야 한다는 점이다.

상담자의 행동이 미치는 영향

이 절에서 마지막으로 논의할 것은 상담자가 상담 장면에 참여하는 그 자체가 상담자가 무엇을 관찰하게 될지를 좌우한다는 점이다. 상담관계에서 상담자와 내담자는 모두 상담에 참여하며 각각 상대와 자신을 관찰한다. 마치 서로 마주보는 거울처럼 각각의 이미지는 서로에게 반영된다. 상담자는 내담자를 보고 내담자는 상담자가 자신을 보고 있다는 사실을 인식하고 있다(그 역도 성립한다). 여기에서 상담자에게는 자신의 행동이 내담자에게 어떤 영향을 미치며, 그것이 상담자가 관찰하는 내담자를 어떻게 변화시키는지 민감하게 깨닫고 있을 필요가 있다.

후안의 예에서 보았듯이, 필자는 후안이 자신의 행동에 자기 파괴적인 요소가 있음을 깨닫도록 돕지 못해 좌절감을 느꼈음에도 후안은 필자의 반응을 마치 자신을 도덕적으로 비난하는 것으로 받아들였다. 그는 필자가 자신을 감시하고 있으며, 그가 사랑하는 마음이 없기 때문에 그를 인정하지 않는다고 생각했다. 그래서 그는 캐런과의 관계를 아주 낭만적으로 기술함으로써 자신이 얼마나 사랑하고 있는지 증명하려고 했다. 그리고 필자는 그의 그러한 행동(사랑에 빠지는 것)을 파괴적인 행동의 한 요소로 보았으며, 그 결과 후안에 대해 더 염려하고 좌절감을 느꼈던 것이다.

이처럼 치료적이지 않은 과정이 발생하는 것을 알아차린 후, 필자가 상담에서 무엇을 경험하고 있는지, 그에게 어떤 영향을 주고 있는지에 대해 후안과 논의할 수 있었다. 후안과 필자 사이에 일어나고 있는 미묘한 일들에 대한 생각을 설명한 후, 그의 생각을 물어 보았다. 그는 "저는 당신을 기쁘게 해 주고 싶었어요. 내가 그러지 말아야 한다는 것은 알지만 그렇게 하고 있었어요. 저는 내가 실망시킨 많은 사람에게 기쁨을 주고 싶답니다. 전 정말 그렇게 하는 것이 싫어요. 그리고 저는 술을 많이 마시거나 일을 많이 해서 잊어버리고 싶었어요. 뭘 해야 할지 모르겠어요. 이런 저의 방식이 아무런 소용이 없어요." 이제 그는 깨달았다. 바로 이것이 그가 이후에 하게 될 많은 작업의 기점이 되었다. 그러나 그와 내가 같은 문제에 대해 작업을 하기 시작했기 때문에 이제부터는 훨씬 쉬워질 것이다. 그는 필자가 그의 회피하는 태도 때문에 좌절감을 느꼈고 그 역시 좌절했다는 것을 이제야 알게 되었다.

제8장에서 상담자 자신의 반응을 해석하고 조절하는 방법에 대해 더 많이 논의하게 될 것이다. 이 시점에서 우리는 이와 같은 요인들이 상담자가 관찰한 것에 대한 해석과정에 큰 영향을 미친다는 것을 기억해 두어야 한다.

이 장은 상담을 시작할 때 무엇을 관찰하고 무엇에 주목해야 하는지에 대해 몇 가지 중요한 지침을 제시했다. 상담자가 내담자를 관찰할 때 상담자는 자신이 보고 들은 것을 내담자에게 확인함으로써 더욱 정확한 의미를 파악해야 한다. 이와 동시에 상담자는 자신이 추론한 결론이 옳은지에 대해 내담자나 슈퍼바이저와 함께 확인해야 한다. 상담자가 더 많은 것을 볼수록 더 많은 것을 알게 된다. 상담자가 보고 들은 것을 기술할 수 있는 능력은 중요한 자산이 될 것이다. 앞으로 이 책에서는 이러한 기초적 기술을 반복적으로 언급할 것이다.

상담 실습을 더 많이 하면서 상담자는 자신에게 가장 효과적인 방법을 터득하게 될 것이다. 어떤 사람은 시각적인 단서를 통해서 내담자를 이해하게 되며, 다른 사람들은 언어적인 단서를 통해 이해한다. 하지만 상담자는 대부분 시각이나 청각 모두를 통해 정보를 수집하고 내담자를 이해해야 한다. 이제 더욱 세련되고 특별한 관찰기술—내담자에 대한 평가—로 주제를 바꾸어 보자.

1) Arredono, P., Toporek, R., Brown, S., Jones, J., Locke, D., Sanchez, J., & Stadler, H. (1996). *Operatoinalization of the multicultural counseling competencies*. Alexandria, VA: Association for Multicultural Counseling and Development.

2) Kottler, J. (1996). *The language of tears*. San Francisco: Jossey-Bass.

3) 주 1) 참조.

4) Lecomote, C., Berstein, B. L., & Dumont, F. (1981). Counseling interactions as a function of spatial-environmental conditions. *Journal of Counseling Psychology, 28*, 536-539.

5) Ramirez, S. Z., Wassef. A., Paniagua, F., & Linskey, A. (1996). Mental health providers' perceptions of cultural variables in evaluating ethnically diverse clients. *Professional Psychology: Research and Practice, 27*, 284-288.

6) Sue, D. W., & Sue, D. (1977). Barriers to effective cross-cultural counseling. *Journal of Counseling Psychology, 24*, 420-497.

7) Knapp, M. L., (1978). *Nonverbal communication in human interaction*(2nd ed.). Austin, TX: Holt, Rinehart and Winston.

8) Schacter, D., Verfeallie, M., & Pradere, D. (1996). The neuropsychology of memory illusions: False recall and recognition in amnesic patients. *Journal of Memory and Language, 35*, 319-334.

9) Follman, J. (1990). Enhancing children's vocabularies. Learning House, 63, 329-332; Espin, C. A. (1996). Validity of general outcome measures for predicting secondry students' performance of content area tasks. *Exceptional Children, 62*, 497-514; Ward, D., Wilson, T., & Ward, S. (1994). A common business and accounting vocabulary base: Are black students adequately prepared? *Journal of Education of Business, 69*, 267-272.

10) Cormier, W. H., & Cormier, S. L. (1991). *Interviewing strategies for helpers:*

Fundamental skills and cognitive behavioral interventions (3rd ed.). Pacific Grove, CA: Brooks/Cole, pp. 66−71.

11) Duncan, S. P., Jr. (1972). Some signals and rules for taking speaking turns in conversations. *Journal of Personality and Social Psychology, 23*, 283−292; Duncan, S. P., Jr. (1974). On the structure of speaker−auditor interaction during speaking turns. *Language in Society, 2*, 161−180; Knapp. M. L. (1972). *Nonverbal communication in human interaction.* Austin, TX: Holt, Rinehart and Winston; 주 7) 참조.

12) Ivey, A. E. (1994). *Intentional interviewing and counseling: Facilitating client development in a multicultural society* (3rd ed.). Pacific Grove, CA: Brooks/Cole, pp. 73−74.

13) Freud, S. (1961). The future prospects of psycho−analytic therapy. In J. Strachey (Ed. and Trans.), *The standard edition of the complete psychological works of Sigmund Freud* (Vol. 11, pp. 139−152). London: Hogarth Press, pp. 144−145. (Original work published 1910).

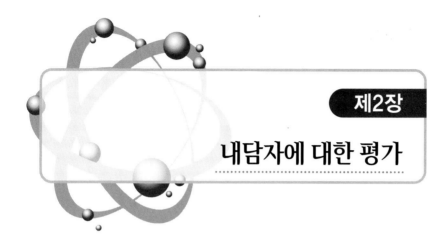

제2장

내담자에 대한 평가

단 1회를 상담하든 50회를 하든 상담자는 내담자가 호소하는 문제를 관찰하고 평가하며 내담자의 심리적 특성의 기본적 측면을 평가한다. 그리고 가능하면 앞으로 무엇을 해야 하는지도 결정한다. 이러한 역할을 수행하기 위해서 상담자는 필수적인 평가[역자 주: evaluation과 assessment를 모두 '평가'로 번역하였다. 보통 평가(assessment)는 내담자의 문제와 상태를 전문가의 입장에서 기술하는 일을 의미하면서, 내담자의 문제와 상태를 명명하는 일인 진단(diagnosis)과 구별하여 사용한다(김계현, 카운슬링의 실제)]에 초점을 맞추어 관찰 기술을 사용해야 한다.

치료적 평가를 할 때 우리는 로샤 잉크반점 검사나 IQ 검사에서 얻은 반응을 분석하는 것과 같은 매우 전문적이고 특수한 과제를 떠올린다. 또 우리는 가정폭력에서의 안식처를 제공하는 보호 서비스가 필요한지를 평가하거나 내담자가 감옥에서 가석방될 준비가 되었는지를 평가하기 위해서 현장실습 훈련이 필요하다고 생각할지 모른다. 그러나 이러한 특정 훈련을 요구하는 공식적인 평가들은 이 장의 주요 주제가 아니다.

오히려 우리가 여기서 논하려는 기술은 내담자 기능의 여러 측면을 지속적으로 관찰하여 평가하는 능력이다. 내담자의 문제가 가정폭력, 섭식 장애, 중요 대인관계의 손상, 부부 갈등, 공황 장애 또는 약물중독이든 간에 모든 각 회기 동안 상담자는 다음 내용을 평가할 준비가 되어야 한다.

- 내담자의 호소 문제
- 내담자의 정신 상태
- 내담자의 약물중독 가능성
- 자기 또는 타인에게 위험한 행동을 할 가능성

이와 더불어 상담자는 자신과 슈퍼바이저, 사례 관리자에게 현재와 지속되는 문제와 증상에 대한 진단적 정보를 제공할 수 있을 정도의 평가를 미리 준비해야 한다.

더 나아가 상담자는, 결론을 이끌어 내기 전에 철저하게 관찰하여 자료를 수집하는 것이 과학적 방법이자 전문가로서의 전통이지만, 상담실제에서는 일종의 사치인 경우가 많다는 점 또한 알고 있어야 한다.

어떤 내담자의 경우는 오랜 평가 기간이 필요하지만 대부분의 경우는 그렇지 않다. 게다가 심리상담을 원하는 내담자의 40%는 단지 1회기 방문에 그친다.[1] 그러므로 상담자는 정확하고 빠르게, 효과적으로 평가할 수 있는 기술이 있어야 한다.

상담자의 가장 중요한 임무는 내담자가 처음 상담자에게 가져온 문제의 해결 방법을 함께 찾아가는 것이다. 이는 내담자가 자신의 문제를 어떤 식으로 이해하고 있는지를 상담자가 평가해야 함을 의미한다. 그리고 지속적인 만남을 통해서 상담자는 내담자가 자신의 문제를 이해하는 방식과 진전 과정을 모니터해야 한다.

호소 문제

상담자의 첫 번째 과제는 내담자가 왜 지금 상담받기로 결정했는지 이해하는 것이다. 내담자의 정신적 · 정서적 에너지를 지배하는 것이 무엇인가에 대한 파악이 상담자의 할 일이다. 이는 보통 내담자의 마음에서 무엇이 가장 중요한가, 무엇이 마음을 차지하고 있는가, 그의 주 관심은 무엇인가, 무엇이 그의 감정을 자극하는가를 찾아내는 것을 의미한다. 이것을 알아내기 위한 가장 좋은 방법은, 내담자에게 왜 상담을 받기로 결정했는지 말하게 하는 것이다. 상담자는 적절한 질문으로 내담자에게 자신이 하는 이야기의 초점을 맞추도록 도와줄 수 있다.

왜 지금인가

처음에 내담자의 동기를 알 수 있는 가장 좋은 지표는, '무엇 때문에 당신은 지금 상담을 받기로 결정했습니까?'라는 질문에 대한 대답이다. 사이먼 버드맨(Simon Budman)과 알란 걸만(Allan Gurmm)은 그들이 저술한 책『단기 상담의 이론과 실제』에서 '왜 지금인가?'라는 질문이 상담자가 내담자를 평가하기 위한 가장 핵심적인 질문이라고 했다.[2] 이 질문에 대한 대답은 내담자의 동기와 핵심 주제에 대한 정보를 제공한다. '무엇 때문에 당신은 '지금' 상담을 받기로 결정했습니까?'라는 질문을 했을 때 종종 놀라운 결과를 얻을 수 있었다.

- 제 룸메이트는 제가 이런저런 불평하는 것에 진저리가 난대요.
- 제가 여기 오지 않으면 엄마가 용돈을 주지 않겠다고 하셨어요.
- 전 언제나 울어요. 왜 그러는지 저도 몰라요. 전 절망적이에요. 직장을 잃을까 봐 걱정돼요.

- 저는 감성적인 사람이 아니에요. 그런데 제 남편은 제가 바뀌길 원해요.
- 제 의료보험이 이제 막 정신건강에도 적용되기 시작했고 사람들이 저더 러 도움이 필요하다고 해서요. 저도 왠지 확실히는 모르겠어요.

이런 대답을 보면 상담을 받으러 온 이유가 곧바로 호소 문제가 될 수도 있고 그렇지 않을 수도 있다는 것을 알 수 있을 것이다. 예를 들어 보자.

　　28세의 변호사 줄리가 첫 회기에 왔을 때, 그녀는 자신의 낮은 자존감이 문제라고 했다. 그녀는 구체적으로 그녀가 자신의 체중에 대해서 얼마나 걱정을 하는지, 자신의 아버지를 얼마나 무시하는지, 그리고 첫 사법고시에서 실패했던 자신에 대해 설명했다. 그러나 왜 '지금' 상담을 시작하기로 했느냐고 묻자, 그녀는 다음과 같이 말했다. "저의 질투심을 통제할 수가 없어요. 제 약혼자 매트가 더 이상 저의 소유욕을 견딜 수 없다고 했기 때문에 저는 상담을 받기로 그와 약속했어요."

'왜 지금인가?' 라는 질문에 줄리의 대답이 상담에 대한 그녀의 동기와 기대에 대하여 중요한 정보를 제공한다는 것을 알 수 있다. 그녀의 대답을 볼 때, 그녀가 언급한 낮은 자존감 문제보다 애인을 잃어버리는 것에 대해 더 많이 걱정한다는 것을 알았다. 그리고 여기에서 우리는 자신의 질투심이 약혼자의 행동 때문이 아니라 낮은 자존감 때문에 비롯된다고 스스로 추론하고 있음을 관찰할 수 있다. 상담에 대한 그녀의 주된 동기는, 상담을 하여 질투심을 없애면 약혼자와의 관계를 잘 유지할 수 있을 것이라는 그녀 나름대로의 결론에서 나온 것이었다.

어떤 증상이 있는가

내담자의 호소 문제가 어떤 식으로 어려움을 초래하는지 이해하기 위해 상담자는 두 가지 중요한 영역을 평가해야 한다. 첫째로 현재 내담자가 어떤 종류의 증상을 경험하는지 알아야 하고, 둘째로 그러한 증상이 내담자의 일상적인 기능에 어떤 영향을 미치는가에 대해 명확히 이해해야 한다.

대부분의 상담장면에서 보험회사는 상담자에게 DSM-IV를 사용하여 내담자 문제를 진단하도록 요구한다.[3] 상담자가 진단을 하기 위해서는 기본적인 증상에 대해 명확히 이해할 필요가 있다.

줄리의 문제를 예로 들어 보자. 약혼자의 헤어지자는 협박 때문에 그녀에게 5회기의 상담이 필요하다고 보험회사에 말하는 것은 아무 소용이 없을 것이다. 대신 상담자는 내담자의 증상에 기초해 진단할 수 있어야 한다. 결과적으로 상담자는 각 내담자의 증상 유형을 듣고 관찰하거나 이러한 유형을 드러낼 수 있는 질문을 던져야 한다.

상담자는 내담자가 이미 드러낸 자료에서 추정할 수 있는 어떤 증상에 대해 질문해야 한다. 다음은 증상을 명료하게 이해하는 데 도움이 되는 몇 가지 질문이다.

- 이것이 현재 당신에게 어떻게 문제가 됩니까?
- 이것에 대해 당신은 어떻게 느껴 왔습니까? 그 느낌은 어떠한가요?
- 이 문제가 당신의 활동 능력에 영향을 줍니까? 어떻게요?
- 이 문제가 당신의 일상생활에서 어떻게 저절로 발생합니까?
- 당신은 수면에 문제가 있습니까? 문제는 어떤 식으로 나타납니까?
- 식사 습관에 변화가 있습니까?
- 당신은 한바탕 울곤 합니까? 얼마나 자주 그렇죠?
- 당신이 걱정하는 것은 무엇입니까?
- 당신은 짜증, 집중력, 피로감, 공포 등과 관련해 어려움을 겪습니까?

또한 상담자는 그 문제가 어떻게 작용하는지 알아야 한다. 신문기자가 어떤 상황을 이해하려고 애쓸 때처럼 상담자는 누가, 무엇을, 어디서, 언제, 어떻게 등에 초점을 맞추어 명료한 질문을 던져야 한다. 나아가 그 문제가 내담자를 괴롭히지 않을 때는 무슨 일이 있는가를 이해하고 있어야 한다.

예를 들어, 줄리는 불안과 피로감을 느끼고 과도한 운동 후에도 잠들기가 어려우며 섭식 문제도 가지고 있다. 이러한 증상이 왜 문제가 되는지는 명백할 수도 있지만, 상담자는 각 개인의 유형을 확실하게 이해할 의무가 있다.

"이것이 왜 당신에게 문제가 됩니까?"라고 질문하자, 처음에 줄리는 "적어도, 전 체중이 줄고 있어요. 감사할 일이죠."라고 대답했다. 필자는 그녀가 날씬하다고 생각했고 언뜻 보기엔 그 어떤 체중 문제도 없어 보였다. 이에 대해 묻자, 그녀는 자신은 체중이 느는 게 싫어 아예 먹지 않는다고 했다. 그녀는 또한 이렇게 말했다. "저는 제 체중에 대해 항상 걱정해요. 단 매트가 무엇을 하는지에 대해 걱정할 때만 제외하고."

그리고 그녀가 자신의 증상과 먹고 운동하는 방식 사이에 어떤 연관성이 있는지 물어보았다. 줄리는 자랑스럽게 설명했다. "전 식사에 대해서는 잘 관리하고 있어요. 선생님이 알다시피, 지난 두 주 동안 저는 사실상 아무것도 먹지 않았고 오로지 무지방 음식만 먹었어요. 이는 대단한 거죠." 그녀는 자신이 언급한 증상—피로, 불안, 수면 장애—과 자신의 식사 유형을 연결시키지 못하는 것이 분명했다.

누가, 무엇을, 언제, 어디서, 왜 등의 질문에 대답하면서, 줄리는 그녀의 약혼자가 그의 절친한 여성 친구와 함께 있을 때 질투심을 통제하기 가장 어려웠다고 토로했다. 그는 그 여성 친구와 많은 시간을 보냈는데, 그녀의 차를 고쳐 주었고 그녀가 그를 부를 때면 언제나 찾아갔다. 줄리가 홀로 남겨지는 것에 대해 걱정할 때마다 약혼자는 그녀의 '끊임없는 질투심'에 대해 불평했다. 그녀가 괴롭지 않은 유일한 시간은 운동할 때였다. 그녀는 매일 달리기, 에어로빅, 자전거 타기를 했다.

줄리의 예는, 문제가 가진 기능에 대해 상담자가 탐색함으로써 내담자의 문제를 어떻게 더 깊이 이해할 수 있는지 보여 주는 중요한 사례다. 여기서 우리는 매트의 행동에 자극적인 면이 있긴 하지만 오히려 줄리 스스로 자신의 낮은 자존감과 질투심을 비난하는 것을 발견할 수 있다. 그리고 그녀의 증상에 대한 질문의 답변에서 섭식장애 가능성도 발견하였다. 그녀 스스로는 자신의 식사와 운동을 문제로 여기지 않았지만, 증상은 그렇지 않음을 시사하였다.

상담자가 일단 내담자가 왜 상담을 받기로 결정했는지, 현재 증상이 무엇인지, 이 증상이 어떻게 문제를 야기하는지를 이해했다면, 이제 내담자가 무엇에 대해 작업하도록 동기화시킬지에 대해 이해해야 한다.

무엇에 대해 작업을 시작해야 하는가

상담자가 수행해야 할 평가 중 가장 도움되는 것 중 하나는 변화에 대한 내담자의 준비도를 파악하는 것이다. 제임스 프로차스카(James Prochaska)와 카를로 디 클레멘테(Carlo Di Clemante)는 변화의 과정에서 내담자가 밟는 단계를 알아냈는데, 이는 생각 전 단계, 생각 단계, 준비 단계, 행동 단계, 마지막으로 유지 단계다.[4] 변화에 대한 이 패러다임은 대부분의 내담자 문제에 들어맞고, 모든 이론을 아우르며 동기에 대한 매우 유용한 정보를 제공한다.

내담자가 변화의 연속선상에서 어디에 서 있는지를 미리 평가하는 것은 중요한 일이다. 이것을 파악함으로써 상담자는 적절한 전략을 세울 수 있다. 대부분의 내담자는 목표를 달성하기 전에 여러 번 이 단계를 오르내리며 순환하기 때문에, 첫 회기 동안 각 문제가 처한 단계를 측정하고 이러한 작업을 다음 회기에서도 계속하면서 향상되는 지표를 기록하는 것이 도움이 된다.

프로차스카와 그의 동료들은 이 다섯 단계를 다음과 같이 약술하였다.

(1) 생각 전 단계: 이 단계에서 내담자는 오로지 변화의 가능성('변화가 가능한 걸까?' '내가 변화할 수 있을까?')에 대해서만 생각하고 있다. 문제는 아직 문제로 정의조차 되지 않았는지도 모른다. 이 단계의 내담자는 법원에서 상담을 받으라는 판결을 받더라도 스스로는 아무 문제가 없다고 생각할지 모른다. 또 그들은 가족(보통 아내나 남편)이 요구해서 상담을 받으러 왔을 수도 있다. 그런 경우 그들은 자신에게 문제가 있거나 변화할 필요가 있다고 생각지 않으며, 자신의 문제에 대해 다른 사람을 비난하거나 가정이나 직장과 같은 주변 상황을 비난할 수 있다. 실제로 어떤

내담자는 심각한 문제가 없다는 것을 확인하여 안심하기 위해서 상담실을 찾기도 한다. 이 단계에서 상담자의 역할은 이 내담자 스스로가 자신이 문제가 있다고 보는지, 있다면 무엇을 문제로 보는지 등을 평가하는 것이다. 상담자는 내담자가 약물남용이나 다른 파괴적인 행동 문제가 있다고 보지만 다른 것을 문제로 보고 다루려고 할 수도 있다.

(2) 생각 단계: 이 단계에서 내담자는 자신에게 문제가 있다고 인식한다. 그러나 여전히 변화할 것이냐, 말 것이냐를 고민한다. 대인관계에 문제가 있는 대부분의 내담자는 이 단계에서 상담실을 찾는다. 이러한 내담자는 변화가 필요하다는 것은 알지만, 이 변화가 왜 어려울 것인지에 대해서도 알고 있다. 이 단계의 내담자는 어떤 종류의 변화를 해야 하는지 분명하게 알지 못하고 있다. 따라서 상담자는 그들이 내릴 수 있는 선택의 결과뿐 아니라 선택의 종류의 장단점을 함께 평가함으로써 내담자를 도와줄 수 있다.

(3) 준비 단계: 이 단계에서 내담자는 변화가 필요하고, 이제 그 변화를 위해 한 걸음씩 내딛어야 함을 알고 있다. 이 단계에서 대부분의 내담자는 선택할 수 있는 최선의 방법에 대한 정보를 수집한다. 그들은 전략, 선택할 수 있는 대안, 계획을 생각한다. 상담자는 다음과 같은 질문을 던짐으로써 내담자가 자신의 계획을 평가하도록 도울 수 있다. 당신이 과거에는 어떻게 했는가? 변화가 진행되면 당신은 스스로 어떤 행동을 할 것 같은가? 당신이 주저하는 이유가 있는가? 누가 이러한 변화를 알아챌 것인가? 이것이 당신에게 어떤 영향을 줄 것인가? 지금 변화하는 것에는 어떤 이득이 있을까? 자신이 구체적으로 어떤 행동을 하고 있는지 상상할 수 있는가?

(4) 행동 단계: 이 단계에서 내담자는 행동할 준비가 되어 있다. 변화로 얻는 것이 변화하지 않았을 때 얻는 것보다 더 커진다. 내담자는 행동의 과정과 절차에 대해 명확히 알고 있고, 문제를 해결하는 데 적극적으로 몰두한다. 상담자는 지지 제공과 전략 조율로 결과 평가와 격려로 내담자를

도울 수 있다. 대부분의 상담자는 내담자가 이 단계에 있을 때 매우 효과적으로 기능한다. 상담하러 오는 것 자체가 하나의 변화를 위한 행동이다. 그러나 많은 내담자는 처음엔 이러한 구체적인 행동을 하기 위한 준비가 되어 있지 않다는 점을 인식해야 한다.

(5) 유지 단계: 일단 내담자가 변화하기 시작하면, 그들은 계속 연습해야 하고 약간의 퇴보가 있을 때에도 그것을 잘 다루어야 한다. 이 단계는 효과가 있는 방법을 어떻게 유지하고 기대에 미치지 않는 방법은 어떻게 조정할 것인가라는 문제를 풀어야 하는 시기다. 어쨌든 총체적인 목표는 변화가 계속 일어나도록 하는 것이다. 어떤 때에는 일정 기간 후 내담자가 상담자에게 다시 찾아와 일종의 재조정을 하는 경우도 있다. 내담자는 어느 정도 변화했지만 이제는 이전 상태로 다시 돌아가게 될까 봐 두려워하기도 한다.

두 회기가 지난 후 줄리는 자신의 낮은 자존감이 두 가지 왜곡된 가정과 관련되었을지도 모른다고 생각했다. 하나는 그녀가 사랑받기 위해서는 날씬해야 한다는 것이고, 또 하나는 자기 자신에 대해 좋은 감정을 갖기 위해서는 매트의 사랑을 받아야 한다는 것이었다. 그녀는 매트에 대해서는 어떻게 할 수 없기 때문에 대신 자신의 체중을 조절하려고 하였다. 일단 그녀가 자신의 이 방식이 질투심을 없애지 못하고 자신에게 해롭다는 것을 알게 되면서, 섭식장애를 유발시킨 사람은 다름 아닌 자기 자신일지도 모른다는 생각을 하게 되었다. 이 시점에서 그녀는 섭식장애 문제에 대해 생각 전 단계에서 생각 단계로 넘어가게 되었다.

또한 줄리는 자신의 '끊임없는 질투' 문제가 주장능력의 부족보다는 약혼자의 자극적인 행동에 더 많이 기인한다는 것을 깨닫기 시작하였다. 자신의 대인관계 변화의 필요성을 느끼게 되자 이 문제에 대해서는 준비 단계에서 생각 단계로 되돌아가게 되었다(상담에 올 때부터 줄리는 자신의 질투심을 변화시키겠다고 단단히 마음먹고 준비했기 때문에 비록 그 당시에는 특별한 행동 계획이 없었지만 그녀는 오히려 준비단계에 도달해 있었다고 볼 수 있다). 이제 줄리는 변화할 것이냐 말 것이냐에 대해 고민하게 되었다. 그녀는 매트를 잃고 싶지 않았지만 동시에 이런 관계를 유지하면서 스스로에 대해 긍정적일 수 없음을 깨닫고 있었다.

상담에서 줄리의 변화 과정은 변화 단계에 대한 두 가지 중요한 특성을 보여 준다. 하나는 내담자가 작업하는 동안에 변화의 단계 사이에서 후퇴와 전진을 반복한다는 점이다. 또 하나는 내담자가 여러 문제에서 변화에 대한 준비도가 동일한 단계에 도달하는 것은 아니라는 점이다. 즉, 내담자는 어떤 문제에서는 이 단계에, 다른 문제에서는 다른 단계에 도달해 있을 수 있다.

내담자를 효과적으로 돕기 위해 상담자는 내담자가 변화를 시도할 때 보이는 동요와 혼란을 함께 견디고 머물 준비가 되어 있어야 한다. 상담자는 내담자가 실제로 준비되기 전에 행동 계획부터 착수하는 범하기 쉬운 실수를 하지 않도록 조심해야 한다. 내담자가 준비되었을 때야 상담자는 행동 전략을 계획하고 실행할 수 있다.

내담자의 동기는 상담의 성공 여부에 매우 중요한 변수임을 많은 연구가 밝히고 있다.[5] 내담자가 진정으로 염려하는 핵심 문제가 무엇인지 평가하는 능력은 질 높은 상담을 제공하는 데 중요한 부분이다. 이는 초기 회기에서 특히 중요하다. 하지만 회기가 지나면서 상담자는 내담자가 진정으로 염려하는 핵심 문제의 변화에 대해 유의해야 한다. 이러한 일반적인 기능 수준을 평가하기 위해서 상담자는 (내담자의) 정신적 상태를 평가한다.

정신적 상태 평가

상담자는 내담자의 기능과 능력이 상담자에게서 도움을 받을 수 있는지에 대한 총괄적 평가의 한 부분으로서 내담자의 정신적 상태를 평가한다. 대부분의 정신적 상태 평가는 즉각적인 주의가 필요한지, 다른 기관에 의뢰가 필요한지, 좀 더 면밀한 전문가의 평가가 필요한지 등을 알려 주는 요인 등에 초점을 맞추도록 되어 있다.

일반적으로 상담자는 내담자의 외모, 태도, 운동기능 및 활동수준, 의식기능의 수준, 정서 상태, 기분, 언어, 사고 과정, 사고 내용, 자기인식, 감각기관, 기억력, 인지적 기능, 판단능력, 통찰기능, 약물사용, 자기나 타인을 해칠 수 있는 위험 등을 면밀하게 관찰함으로써 정신적 상태를 평가한다. 상담자는 이 변인 모두에 대해 항상 평가하는 것이 아니라 내담자의 문제와 그 상담 장면에 맞는 특성들을 평가하는 것이다.

전체적인 모습

상담자는 몇 가지 변수에 의해 내담자의 전체적인 모습에 대한 인상을 형성한다.

외 양   상담자는 내담자가 단정하지 않거나 기괴하거나 부적절하게 차려입은 경우 이것에 유념하여 기록해야 한다. 약물중독에 빠졌거나 심각한 정신건강 문제를 가진 사람은 종종 자기 관리를 소홀히 한다. 악취가 나는 옷을 입고 나타나거나 바깥 기온이 40도에 이르는데도 겨울 코트를 걸쳤거나 오른손에 번쩍이는 지팡이를 가지고 오는 등 내담자의 평범치 않은 외양은 정신적 상태에 문제가 있음을 암시한다.

태 도   상담자는 내담자가 상담을 받으러 올 때는 기꺼이 협조할 의사가 있다고 가정한다. 그런데 만약 내담자가 그렇지 않다면 이는 주목할 만한 일이다. 내가 대학 상담 센터에서 만났던 실비아라는 여성은 두드러지게 비협조적인 태도를 보였다. 그녀는 의심이 너무 많아서 상담자가 상담을 더 이상 진행하지 못했다. 그녀는 성적이 뛰어난 32세의 의학도인데, 그녀의 슈퍼바이저는 대인관계에서 심각한 문제를 보이는 그녀에게 상담을 받도록 권유했다. 그녀를 만나본 후 나는 그 슈퍼바이저의 느낌을 이해할 수 있었다. 실비아는 처음 만나서 자리에 앉자마자 필자를 심문하기 시작하였다. 누구와 이야기를 나누고 어디에 기록을 보관하며 어떤 장소에 가는지에 대해 15분 동안 자세히 물어보는 것을 보고 그녀가 매우 의심이 많으며 안전감을 갖지 못한다는 것이 분명해졌다. "실비아, 당신은 내가 상처를 줄 것이라 생각하는 것 같군요. 그렇게 느끼는 게 맞나요?"라고 질문하자, 그녀는 빈정대는 어투로 "물론 당신은 나에게 상처를 줄 거예요. 모든 이가 그렇죠. 어떻게 나에게 상처를 주는지도 모른 채 말예요."라고 대답했다.

실비아는 지나치게 필자를 경계하고 의심하며 조금도 믿으려 하지 않았다. 계속해서 다른 질문을 던졌다. "당신은 다른 사람들에 대해서 의심해 왔습니까?" "다른 사람을 믿기 어렵게 된 것은 얼마나 되었나요?" "그런 다른 예를 하나 제게 얘기해 줄 수 있겠습니까?" 그녀의 비밀스럽고 냉소적인 이야기를 듣고 난 후, 그녀의 의심이 일생 동안 경험했던 고독감과 경계심 그리고 혼란과 관련 되어 있음을 알았다. 불행하게도 그녀의 가장 큰 두려움이 현실화되었다. 사람들은 그녀에게 실제로 상처를 주었으며, 그녀는 자신이 왜 상처를 받아야 하는지, 그리고 그런 과정에 개입한 자신의 역할을 이해할 수가 없었다.

정신적 상태를 평가하는 동안 상담자는 내담자가 보이는 호전성이나 적대감에 유념해야 한다. 예컨대, 나는 40세의 회계사인 프랭크에게 무방비 상태로 당한 경험이 있다. 그는 흥미로운 표정을 지었는데, 그 표정은 나에게 그에 대해 더 알고 싶은 마음이 들게 했다. 하지만 그의 말투와 태도가 시비조로 변했다. 그는 상담실에 오게 된 문제를 꺼내기도 전에 자신은 필자를 비난할 생각이 없다며 상담에 부적절하게 끼어들며 방해했다. 그는 자기가 여기에 처음 방문한 오늘 기록을 포함해 그와 관련된 모든 자료를 없애 달라고 했다. 그는 "만약 당신이 이 기록을 없애지 않는다면, 난 당신을 명예훼손으로 고소하겠어요."라고 협박했다. 그는 마치 싸움을 거는 것 같았고 자신이 상담실을 방문한 이유를 설명하지 않았지만, 이 모든 태도가 그 이유임이 분명했다. 그의 요구를 들어 주지 않자 그는 바로 떠났다. 그의 적대감이 어디에서 오는지 알 수 없었고 더욱이 그가 설명하지 않았기 때문에 내가 할 수 있는 일은 거의 없었다.

운동 기능 및 활동 수준   대부분의 성인은 별 무리 없이 한 시간 동안의 면접을 가만히 앉아 있을 수 있다. 걷거나, 뛰어오르거나, 과도하게 움직이거나 심하게 흥분하지 않은 채로 있을 수 있다. 마찬가지로 상담자는 내담자가 똑바로 앉아서 집중할 수 있는 깬 상태 유지에 충분한 에너지를 가지고 있길 기대한다. 만약 어떤 내담자의 활동수준이 너무 많거나 적다면 상담자는 이 정보를 정신적 상태를 보여 주는 중요한 부분으로 기억해야 한다.

의식 기능의 수준   내담자의 의식이 깨어 있지 않다면 상담은 당연히 이루어질 수 없다. 그러나 나는 의식이 온전히 깨어 있지 않은 사람을 상담하기 위해 불려 간 경우도 많았다. 자살 시도, 심한 폭행, 약물남용 또는 어떤 격렬한 심리적 외상이 염려되는 환자나 가족에 대해 의사나 가족은 종종 정신건강 상담을 요청한다. 그래서 내담자가 약물남용이나 다른 상태에서 회복 중일 때, 상담자는 이 정보를 정신적 상태의 부분으로 기록한다.

상담자는 일반적으로 내담자의 호흡, 눈 맞춤, 정서에 대한 반응성, 언어화하는 능력 등을 관찰해서 내담자가 상담할 수 있을 정도로 의식이 충분히 깨어 있는지를 알아낼 수 있다. 만약 의사가 함께 있다면, 상담자는 면접을 시작하기 전에 내담자의 의식상태를 의사에게 물어볼 수 있다. 더욱이 상담자는 내담자를 만나기 전에 내담자의 반응 능력을 미리 탐색하며 의식이 충분히 깨어 있음을 확인한 후 상담한다면 상담에서 좌절을 덜하게 될 것이다. 그리고 상담 진행 중에도 상담자는 어떤 일을 하지 못하게 방해하려는 내담자의 의식상태 변화에 대해 그 징후를 미리 알아차릴 수 있어야 한다.

현 상황에 대한 자각

현 상황에 대한 자각이란 주변 환경에 대한 개인의 일반적인 자각 수준을 의미한다. 내담자가 사람, 장소, 시간에 대해 자각할 때, 내담자의 자각은 '선명하다.'고 말한다.[6] 어떤 상담자가 '그는 현 상황의 세 가지 측면을 자각하고 있다.'고 말할 때, 그것은 내담자가 자신(자신이 누구인지 알고 있는 것), 장소(자신이 어디에 있는지 알고 있는 것), 시간(날짜와 정확한 시간을 알고 있는 것)을 알고 있고, 무슨 일이 일어나고 있는지에 대한 일반적인 정보를 갖고 있다는 의미다. 만약 내담자가 이러한 점들을 모르고 있다면, 이는 종종 그가 신경증, 뇌 손상, 약물남용 등을 겪고 있음을 시사한다.

현 상황에 대한 내담자의 자각 수준은 대부분 직접적인 질문을 하지 않고도 관찰 가능하다. 만일 내담자가 상담자가 누구인지, 자신이 누구인지, 상담자가 왜 여기 있는지 모른다면, 또는 반응이 없고 극도로 산만하거나 무엇이 진행되는지에 대해 혼란스러워한다면 상담자는 이것을 기록하는 것이 좋다.

감정과 기분

감정은 정서가 밖으로 표현된 것이다. 이는 다른 사람이 관찰할 수 있는 것이다. 상담자는 감정의 네 가지 주요 특성을 평가하는데, 즉 적절성, 강도, 유동성, 범위다.[7]

적절성을 평가할 때 상담자는 내담자의 감정이 그의 이야기 내용과 얼마나 상응하는가를 본다. 예컨대, 내담자가 사랑하던 사람의 죽음을 이야기하면서 웃거나 활기차 보인다면 이것은 적절하지 않다고 판단할 수 있다. 이런 경우 상담자는 이 내담자의 감정을 '부적절하다.'고 기술할 것이다.

강도는 반응의 강한 정도를 말한다. 다른 사람이라면 매우 전형적으로 격렬한 감정을 보이는 상황에서 내담자가 아주 최소한의 반응만 보인다면, 상담자는 그의 감정을 '무디다.' 또는 '단조롭다.'고 기술한다. 상담자가 과장된 감정을 기록할 때는 '과도하다.' '격앙되었다.' '극적이다.' 라는 등의 단어를 사용한다.

유동성은 내담자가 한 감정에서 다른 감정으로 이동하는 방식을 말한다. 매우 느리게 이동하는 내담자는 '제한되었다.' 또는 '반응이 느리다.' 라고 기술된다. 감정이 매우 빨리 예기치 못하게 오르락내리락하는 내담자의 감정 변화는 불안정하다라고 기술되고, 기분이 변하는 시간을 기록한다.

범위는 정서 표현의 복잡성과 다양성을 의미한다. 우리는 대부분의 사람의 감정 범위를 표현할 수 있다고 기대한다. 다시 말해, 우리는 사람들이 다양한 상황에서 적절한 감정을 표현할 수 있으리라 기대한다. 그러므로 내담자의 감정이 항상 분노, 슬픔, 의기양양 중 하나뿐이라면 상담자는 이를 제한된 정서의 범위라고 기록할 수 있다. 나아가 내담자의 정서에는 강도가 있을 수 있다. 예컨대 어떤 이가 화가 났다면, 우리는 정도가 약한 성가심에서 짜증, 좌절, 화남, 분노, 참을 수 없는 격분에 이르는 범위를 생각할 수 있다. 그런데 내담자가 그들에게 닥친 상황에 상응하지 않는 반응을 보인다면, 상담자는 '범위가 제한되었다.' 고 기술한다.

기분은 어떻게 느끼는가. 즉, 한 개인이 정서를 체험하는 방식을 말한다. 치료자로서 우리는 먼저 내담자가 기분을 평가할 때 어떤 말을 하는지 본다. 그리고 비언어적 단서를 관찰한다. 정상적인 기분이란 사건과 생각의 적절한 반응이다. 사실이라고 보기엔 너무 좋기만 할 때는 '고양되었다.' 라고 기술할 수 있고, 심하게 침체되고 비관적일 때는 '침체되었다.' 라고 기술할 수 있다.

사고의 내용과 과정

상담자는 사고의 다음 세 가지 주요 특성을 평가한다.

(1) 사고의 내용이 얼마나 실제에 가까운가
(2) 사고를 얼마나 조절할 수 있다고 가정하는가
(3) 사고가 얼마나 조직적인가

매우 유별난 생각은 망상의 가능성을 의미한다. 내담자의 생각이 비합리적이면서 융통성이 없고 그의 지능이나 문화적 배경과 조화되지 않는다면 상담자는 망상이 있을 수 있다고 평가한다. 신이 자기에게 이 세상의 선과 악을 화해시키는 임무를 부여했다고 믿는 것, 정치가가 자신을 선택해서 우수한 종족을 낳으라고 했기 때문에 대통령을 유혹해야 할 임무가 있다고 하는 것, 남편이 목성의 한 조각으로 자신을 임신시켰다고 믿는 것 등이 모두 망상이다.

대부분의 성인이 때때로 자신의 사고방식 때문에 어려움을 겪기도 하지만, 보통 그들은 기본적으로 자신을 통제할 수 있다고 생각한다. 그러나 어떤 이들은 어떤 알 수 없는 힘이 그들의 생각을 조종하고 있다는 망상을 가진다. 내담자가 통제의 망상에 대해 어떤 말을 했다면, 다음과 같은 질문으로 그 의미를 명확하게 드러내어야 한다.

- 당신의 생각이 외부의 어떤 힘에 의해 통제되는 것처럼 느낍니까?
- 당신이 겉으로 표현하지 않았는데도 사람들이 당신의 생각을 알 수 있습니까?
- 어떤 생각이 당신의 머릿속에 침투하여 그것이 스스로의 생각이 아닌 것처럼 느낀 적이 있습니까?
- 당신의 머릿속에 침입하는 생각 때문에 자신도 통제하기 힘들 정도로 머리가 산란해집니까?

상담자는 또 내담자의 사고가 얼마나 조직적인가를 파악해야 한다. 때로 생각 사이의 관계가 매우 느슨하여 말한 것이 비논리적이거나 순서에 맞지 않은 경우가 있다. 예를 들면 다음과 같은 경우가 있다.

질문: 당신이 어디에 있는지 아세요?
대답: 여기저기 어디든지 전 상관치 않아요. 경찰이 상관하죠. 도둑들이 도둑질을 하고 있답니다.

내담자가 연관성이 거의 없는 비조직적인 형태로 생각하고 말을 할 때, 상담자는 내담자가 다른 사람이 의미를 이해할 수 있는 형태로 사고를 조직하는 데 문제가 있다고 판단할 수 있다.

때로 여러 생각이 너무 빨리 연결되어 '사고의 비약' 현상이 나타날 때가 있다. 이런 내담자는 순서나 듣는 이의 이해를 고려하지 않고 생각의 고리를 연결시킨다. 내담자는 한 생각에서 다른 생각으로 뛰어넘는다. 이런 상태에 대해 질문할 여지를 허용하지 않고 상담자가 질문한다고 해도 내담자는 상관없이 계속 진행한다. 이는 조증 또는 암페타민 복용의 결과로 나타날 수 있으며 발작이나 합병증을 의미할 수도 있다.

이러한 사고의 내용과 과정에 대한 평가는 일반적으로 관찰을 통해 행해진다. 상담자가 망상 가능성이나 사고의 조직화 방식에 대해 더 많은 정보가 필요하다면, 다음과 같은 직접적인 질문을 할 수 있다.

- 그것에 대해 좀 더 질문해도 될까요?
- 당신의 집 뒤뜰에 외계인이 산다고 생각하는 이유에 대해 좀 더 얘기해 주겠어요?
- 당신이 말하는 것에 대해 혼란스러움을 느끼나요?
- 제가 당신의 말을 따라가는 데 왜 어려워하는지 이해가 되세요?
- 좀 천천히 하시겠어요?
- 제가 (한 가지 생각)과 (다른 생각) 사이의 연관성을 이해하도록 도와주겠어요?

만약 내담자가 자신의 생각을 명료화할 수 있거나 상담자가 그의 유별난 사고 유형을 매우 드물게 발생하는 일이라고 생각한다면, 이것을 기록해 두고 다른 문제로 넘어갈 수 있다. 반면에 만약 상담자가 관찰하기에 내담자의 일반적인 기능이 상당히 손상되었다면, 이는 확실히 정신과 의사, 신경학자, 자격 있는 다른 전문가 등의 심도 있는 평가가 필요함을 의미한다.

지각

청각이나 시각적 환각은 매우 드물긴 하지만, 상담자는 내담자에게 환각중상이 있는지 유의해야 한다. 내담자가 직접적으로 환각에 대해서 얘기하는 경우는 명백한 단서를 잡기가 쉽다. '제가 위를 쳐다보면 칼들이 있는데, 그중 세 개에서 피가 뚝뚝 떨어지고 있어요.' 또는 내담자가 목소리에 대해 상담자에게 얘기하기도 한다. '제 머릿속의 목소리가 저에게 그의 방으로 가라고 말했어요. 옷을 입지 말고 코트만 입으라고 말했어요. 전 그들(목소리)이 실제로 있는지는 확실치 않았지만 그런 것 같아서 무서웠어요.'

위의 문장에서처럼 '그들'이라는 단어가 설명 없이 사용되었을 때 상담자는 '누구를 말하는 겁니까?' '그들'이 누구인지 제게 말해 줄 수 있나요?'라고 질문하는 것이 좋다.

내담자에게 환각증상이 있다는 암시가 보이면 상담자는 다음과 같은 질문을 할 수 있다.

- (알 수 없는) 목소리를 들은 적이 있습니까?
- 어떤 사물의 모양, 소리, 냄새 등이 특별히 이상하게 느껴졌던 특이한 경험이 있었습니까?
- 다른 사람이 보거나 듣지 못하는 것을 보거나 듣습니까?
- 실제가 아니라고 의심이 가는 어떤 것을 듣거나 본 적이 있습니까?
- 다른 사람이 이해할 수 없을 독특한 경험을 한 적이 있습니까?

상담자는 사고하는 데 장애가 있는 내담자라도 여전히 정상적인 방식으로 기능할 수 있음을 기억해야 한다. 따라서 상담자는 내담자의 사고가 내담자의 일반적인 기능에 어떻게 영향을 미치는지에 대해 탐색해야 한다. 대부분의 사람이 이와 같은 문제로 장애를 경험하지만 모든 사람이 그런 것은 아니다.

지적 기능

지적 기능의 손상이나 결핍은, 그것이 신체적 문제(예, 지체, 발작, 뇌 손상)가 있음을 의미할 수도 있기 때문에 중요하다. 지적 기능의 손상은 내담자가 기본적인 생활을 유지하는 데 필요한 능력에 영향을 줄 수도 있고 주지 않을 수도 있다. 그러나 상담자는 이것이 상담의 개입 전략에 영향을 주기 때문에 지능과 적응 행동을 모두 평가해야 한다.

상담실에서는 지적인 기능이 낮은 동시에 경제, 사회적 조건 역시 열악한 내담자를 많이 발견할 수 있다. 이들 중 어떤 내담자는 사회복지사나 가정건강 조력사처럼 다른 종류의 개입이나 교육기술로 무장된 사람들에게서 더 많은 도움을 받을 수 있다. 어떤 내담자에게는 약물투여, 직접적 훈련, 재정적 조력 등이 상담이나 심리치료보다 더 효과적일 수 있다.

지적 기능을 평가할 때 상담자는, 어느 정도 수준의 지적 기능을 보이는 내담자를 자신이 다룰 수 있는지에 대해 미리 알아야 한다. 기억력 문제, 은유나 추상화 등에 대한 이해 능력 부족, 낮은 언어 능력 등은 지적 기능의 손상을 나타내는 중요한 지표다. 다음은 기본적인 지적 기능을 평가하기 위해 사용할 만한 질문의 예다.

- 숫자를 일곱 자리씩 건너뛰면서 거꾸로 세어 보세요.
- 이것을 읽고 거기에 쓰인 대로 해 보세요('당신의 이름을 말하시오.'라고 쓰인 카드를 보여 준다).
- '대한민국'을 거꾸로 말해 보세요.
- 지금 우리나라의 대통령은 누구입니까?
- '구르는 돌에는 이끼가 끼지 않는다.'라는 속담의 의미는 무엇입니까?

바인랜드 적응행동 척도는 개인적·사회적 능력을 측정하기 위해 고안된 검사도구다.[8] 이 도구는 사회적 기술, 적절한 자기 보호 능력, 업무습관, 기타 일반적인 적응적 행동 특성을 드러낸다. 이 도구에 숙달된 상담자는 발달 단계에 따른 기대와 규준을 잘 이해하고 있을 것이다. 내담자가 이 도구에 언급된 기술 중 일부가 결핍되었다고 생각할 때 상담자는 질문을 사용하여 더 탐색해야 할 부분을 파악해야 한다.

- 당신은 스스로를 보살필 수 있습니까?
- 당신은 음식을 구입할 수 있습니까?
- 당신은 머물 장소가 있나요?
- 당신이 중요하게 생각하는 친구 또는 가족이 있습니까?
- 당신은 건강관리를 잘하고 있습니까?
- 당신은 일할 수 있습니까? 학교에 출석할 수 있습니까? 아이들을 돌볼 수 있습니까?

자기 인식

상담이 효과적이려면 내담자가 어느 정도의 자기 정체감 또는 자기 인식을 가져야 한다. 어떤 내담자는 자기 자신에게서 단절된 것처럼 느끼는 이인증을 경험하기도 하고, 자신의 이름과 과거를 알지만 정말 자신이 누구인지 확신하지 못하는 느낌을 경험하기도 한다. 예를 들면, 수잔은 자기 자신이 아니라 스스로 자기 자신을 관찰하는 것처럼 느낀다고 말했다. 그녀는 28세 미혼이며 컴퓨터 프로그래머로 일하고 있었다. 그녀는 "저는 여기에 앉아서 제가 꾸었던 악몽이 마치 더 이상 나를 괴롭히지 않는다고 말하기도 하고, 또 저쪽에 앉아서 선생님과 제가 이야기 나누는 것을 보고 있는 것 같기도 해요. 저는 제 감정이나 생각이 무엇인지 모르기 때문에 말할 수가 없답니다."

비슷한 문제로 현실감 소실, 즉 자신의 경험이 자신과 관련 없는 것으로 느끼는 경험도 있다. 최근 이혼을 한 38세 한 남성은 "모든 것이 현실이 아닌 것 같아요. 저의 정신은 마비되어 버렸고 이 모든 문제가 다른 사람 것 같아요."

자기 인식을 체크하는 가장 좋은 방법은 내담자에게 질문하는 것이다.

- 당신은 때때로 자신이 누구인지 모르겠다고 느낍니까?
- 당신의 생각과 느낌이 자신에게 속한 것이 아닌 것 같습니까?
- 당신이 설명하는 것이 구체적으로 느껴집니까? 어떻게 느껴집니까?

- 당신의 느낌이 현실적이라고 생각됩니까?
- 당신의 정신이 마비된 듯한 느낌을 갖습니까?

정체감 혼란은 청소년기나 위기 또는 변화의 시기에 나타나는 정상적인 현상이기도 하다. 한편, 정상적인 성인의 경우에는 자신이 누구인지, 자신의 역할이 무엇인지, 자신의 책임이 무엇인지를 알고 있을 것이다. 내담자가 자신이 다른 사람이나 다른 무엇에 의해 통제된다고 가정하거나 또는 자신 안에 다중인격이 있다고 생각하거나 자신의 신체가 자신에게 속한 것이 아니라는 기괴한 느낌을 가지고 있을 때 상담자는 그가 심각한 정체감 혼란을 겪는다고 평가할 수 있다.

통찰기능과 판단력

통찰은 내담자가 자기 자신, 자신의 상황 그리고 곤경에 처하게 된 자신의 책임을 얼마나 잘 이해하는가와 관련된다. 자기 이해 능력은 대부분의 상담에서 가장 필수적인 요소다.

통찰수준을 평가하려면 상담자는 내담자가 자신의 문제를 얼마나 포괄적이고 이해할 수 있게 설명하는지에 유의해야 한다. 상담자는 다음과 같은 질문들에 대한 대답을 잘 듣는 것이 중요하다. '당신은 얼마 전 발생한 사건에서 당신이 한 역할을 이해하고 있습니까?' '당신은 어떻게 해서 이런 상황에 빠지게 되었는지 알고 있습니까?' '무슨 일이 일어났습니까?' 만약 대답이 사건의 연관성, 일련 사건에 대한 바른 인식, 다른 사람에 대한 민감성을 드러낸다면, 상담자는 그 내담자가 통찰력이 있다고 가정할 수 있다. 반면에 만약 내담자가 '네? 무슨 말이지요?' '아이고, 저는 정말 실마리조차 찾을 수가 없어요.' 혹은 '그것은 전적으로 그녀의 잘못이에요!' 라고 대답한다면, 상담자는 내담자 통찰의 깊이에 대해 의심하게 될 것이다.

예컨대, 그녀를 신체적으로 학대하는 남성과 반복적으로 관계를 맺는다. 그녀는 42세였지만 여전히 스스로도 왜 그러는지 전혀 알지 못했다. 그녀는 자신이 만나는 남성에게서 보이는 분명한 경고신호, 예컨대 분노를 폭력적으로 표현하는 행위, 물건을 부수는 행위, 애완동물에게 상처를 입히는 등의 신호를 무시했다. 그러고 나서 그 남성이 자신을 때릴 때에는 놀라워했다. 불행하게도 그녀는 어떻게 해서 그런 남자와 관계를 맺게 되었는지 이해할 수 없었다. 이럴 때 그녀는 자신의 문제에 대한 통찰이 거의 없다고 해야 할 것이다.

판단이란 선택 시 거치게 되는 과정이다. 우리는 무엇을 할지, 누구와 할지, 언제 먹을지, 얼마나 많이 먹을지, 언제 잘지, 누구와 함께 있을지, 어떤 환경에 있을지, 뭐라고 말해야 할지, 어디를 가야 할지 등 끊임없이 선택을 한다. 그런데 어떤 사람은 여러 가지 대안을 계속해서 비교하지만 결정을 하지 못하는 반면, 어떤 사람은 충동적으로 행동한다.

보통 우리는 중요한 결정을 하기 전에 적어도 선택할 수 있는 여러 대안이 초래할 결과를 미리 비교해 본다. 상담자는 내담자가 자신의 행동과 특정 행동을 선택한 이유를 잘 듣고 내담자의 판단력에 대해 평가한다. 때때로 내담자는 어느 영역에서는 아주 잘 판단하면서도 다른 영역에서는 그렇지 못한 경우가 있다.

예를 들어, 사라는 남성과의 관계 문제에서는 판단력이 떨어졌지만 자신의 경력 개발이나 일과 관련된 결정에서는 매우 훌륭한 판단력을 보였다. 그녀는 대형 편의점 중간관리자로 일에 대한 만족도가 높았다. 그녀가 맡은 일은 늦어지는 법이 없었고 사소한 일도 주의 깊게 다루었으며, 18명의 다른 직원 일정까지도 잘 챙겨 항상 좋은 평가를 받았다.

정신적 상태에 대한 평가는 약물 사용과 남용의 결과로 자신에게 위험한 일을 할 가능성, 타인에게 위험한 일을 할 가능성 등에 대한 평가를 포함한다. 그러나 내담자 기능 중 이 세 영역은 매우 중요하므로 다음 장에서 따로 다루기로 한다.

약물 남용과 중독의 평가

향정신성 약물은 모든 형태의 언어적, 비언어적 행동에 영향을 줄 뿐만 아니라 의식, 정서, 행동, 인지 능력에도 영향을 준다. 약물 남용 습관은 종종 드러나지 않기 때문에 향정신성 약물과 관련한 정확한 정보 수집은 매우 어렵다. 따라서 상담자는 내담자 행동의 약물 영향 가능성을 항상 염두에 두어야 한다. 다음은 약물 남용을 알려 주는 몇 가지 단서다.

- 말이 지나치게 느리거나 빠름
- 동공의 팽창 혹은 수축
- 알코올이나 마리화나 냄새
- 수면이나 식욕 장애
- 조화롭지 못한 근육 운동
- 과도하거나 무딘 정서 반응
- 마른 입술
- 가만히 있지 못하는 것
- 사고가 산만함
- 부적절한 행동
- 얼굴, 팔다리 등에 있는 충동적으로 만든 상처
- 수면 문제나 고통 완화를 위한 약물 요구
- 싸움
- 사고
- 반복되는 외상적 사건과 위기
- 대인관계 불화
- 동기 부재
- 미숙한 작업 습관

예를 들면, 한 남자가 전화를 한 후 '응급처치를 위한 상담'을 하러 왔다고 했다. 그는 키가 크고 말랐으며 평상복 차림에 옷에 주름이 많았다. 그는 대기실에서 상담실까지 빠른 속도로 걸어왔다. 상담실에 들어오자 그는 자리에 앉아 '불의'에 대해 크고 빠른 소리로 장황하게 설교하듯 늘어놓기 시작했다. 그는 내게 말할 기회를 전혀 주지 않았다. 그리고 나서 그는 셔츠를 벗기 시작했다. 내가 그에게 뭐하는 것인지 물었을 때, 그는 의자에서 일어나 바닥의 내 발 앞에 앉으며 "너무 더워요."라고 했다. 그의 행동을 볼 때 그는 약물에 취해 있음이 분명했다. 그에게서 술냄새는 나지 않았지만 마약의 일종인 메타암페타민을 복용한 것으로 드러났다.

약물로 인한 유사 증상

많은 심리학적 문제의 증상은 약물 남용이나 중단 때문에 나타난다. 예를 들어 공황장애, 불안, 공포, 수면장애, 망상증, 체중 감소 등은 종종 암페타민이나 코카인 사용과 관련된다. 무관심, 무기력감, 혼동, 산만한 설명, 손상된 기억, 공포, 망상증, 이인증, 통찰의 부족 등은 마리화나와 관련되어 있다.[9] 분열적인 반응, 망상적 사고, 격앙된 정서 반응, 정상적인 사건에 대한 산만한 설명, 나쁜 경험에 대한 갑작스러운 회상 등은 사일로신[역자주: 중미 멕시코 산의 버섯에서 얻어지는 환각물질의 일종]이나 LSD와 관련 있을 수 있다.[10] 우울, 잦은 울음, 중요 대인관계 상실, 공격적 행동, 만성적 싸움, 낮은 자존감, 공황, 수면장애 등은 종종 알코올이나 벤조디아제핀[역자주: 신경안정제의 일종으로 비교적 완화된 불안감과 긴장감을 치료하는 데 사용되는 약물], 바르버탈류 남용과 관련 있다.

상담자는 심리적 증상에서 약물의 기능을 알고 있을 필요가 있다. 대부분의 내담자는 자신의 증상과 향정신성 약물 사이의 관련성을 부인하거나 최소화하려는 경향이 있다. 게다가 많은 사람이 긍정적인 효과를 기대하면서 이러한 약물을 사용한다. 그러므로 약물에서 긍정적인 효과를 계속 얻으려 하는 내담자는 상담자가 자신의 약물 사용에 부정적인 태도로 탐색한다고 인식하면 이에 대해 방어적이 된다. 따라서 상담자는 조심스럽게, 그러나 정기적으로 약물 사용에 대해 질문해야 한다. '당신이 사용하는 모든 약물에 대해 제게 얘기해 주겠어요?' 상담자는 이러한 질문을 할 때 내담자에게 상담시간에 다루는 약물 복용 문제에 대해서 비밀 유지가 보장된다는 것을 자주 알려 줄 필요가 있다.

처방된 약물 복용에 관한 질문

상담자는 딜로디드, 데모롤, 코데인과 같이 정식으로 처방된 진통제도 기분과 행동에 영향을 미친다는 것을 명심해야 하고 이러한 약물도 중독성이 있음을 알아 두어야 한다. 항우울제뿐 아니라 몇몇 고혈압 약물도 성 에너지와 성 기능에 영향을 준다. 그러므로 상담자는 상담 초기에 약물 처치에 대해 물어보아야 하고, 이때 정기적인 복용뿐만 아니라 내담자가 일시적인 안정을 위해 복용하는 것에 대해서도 탐색해야 한다. 그리고 상담자는 대부분 약학에 대해 전문적으로 훈련받지 않았으므로, 그 부작용에 대해 의사용 지침서를 확인해야 한다.[11] 이와 더불어 상담자는 내담자가 약을 처방대로 복용하는지, 자신의 결정에 따라 복용하는지도 알고 있어야 한다.

처방이 불필요한 약물 복용에 관한 질문

상담자는 처방 없는 약물이나 약초 복용에 대해서 질문해야 한다. 여러 다이어트 보조식품이나 감기, 알레르기, 두통 완화 약물 등은 카페인 함량이 높은데, 매일 마시는 커피나 콜라의 카페인 함량과 더해져 불안 증세에 영향을 준다.

유행하는 건강보조식품은 해롭지 않은 것이 일반적이지만 그렇지 않은 경우도 있다. 40세의 수학 선생님인 마를린은 그녀의 10대 아들 문제로 상담실

을 찾았다. 그녀는 타임지에서 멜라토닌의 '놀라움'에 대해 읽고서 자신의 수
면장애를 완화시키고자 이것을 복용해 보기로 했다. 그녀는 아들 문제가 점차
해결되었음에도 오히려 더 우울해졌는데, 이때 주치의에게서 이 유행하는 보
조식품이 어떤 사람에게는 우울증상을 증가시킨다는 것을 듣게 되었다. 이후
그녀가 멜라토닌 복용을 중단하자 우울 증상은 호전됐다.

필자는 이 장에서 약물의 영향에 대해 모두 검토하려는 것이 아니다. 그러
나 상담자는 약물이 인간의 행동, 정서, 인지 능력에 영향을 줄 수 있다는 가
능성을 항상 인식하고 있어야 한다.

선입견을 넘어선 관찰

많은 상담자는 약물을 사용하는 사람들의 유형에 대한 자신의 선입견을 머
릿속에 가지고 있기 때문에 오히려 증상과 약물 간의 관련성을 놓치기 쉽다.
상담자는 이러한 선입견을 경계해야 한다. 그렇지 않으면 선입견 때문에 상담
자가 생각하는 약물 남용자의 이미지와 불일치하는 약물 남용 내담자는 알아
채지 못할 수 있다. 즉, 내담자가 펑크 머리에 성적이 나쁜 17세 청소년이라면
약물 남용 가능성을 쉽게 떠올릴 수 있으나, 단정하게 차려입은 50대의 내과
의사라면 약물 남용이 그의 호소 문제에 미치는 영향을 놓치기 쉽다.

상담 초기에는 음주 문제가 메리가 호소하는 문제의 중요한 요인임을 알아
채지 못했다. 그러나 아침에 이루어졌던 3번째 회기에서 그녀에게서 술냄새
를 맡을 수 있었다.

그녀에게 술을 얼마나 마시는지 묻자 그녀는 자신의 일에서 엄청난 스트레
스를 받고 있다고 말했다. 게다가 "제 남편은 완벽주의자예요. 제가 뭘 더 할
수 있겠어요? 저도 노력한다구요. 아이들은 결코 만족하지 못할 것이고, 저는
또 환자들을 봐야 하잖아요? 환자들이란 끊이지 않고 찾아오고. 이런 상황에
서 전 긴장을 풀기 위해 몇 잔 마시는 것뿐이라구요."

메리는 화가 났을 때도 술을 마셨다. 술은 주의를 다른 곳으로 돌리고 불안

을 극복하는 방편으로 사용되었다. 그녀에게 술은 자신에 대한 이해, 기억, 판단 등을 흐리게 만들었다. 그녀는 의사기 때문에 술로 인한 건강상의 문제에 대해 분명히 알았지만 자신의 음주 문제가 심각한 결과를 초래할 수 있다는 사실은 부정했다. 그녀를 위해서는 스트레스를 감소시킬 필요성과 불안에 파괴적인 방법으로 대처하지 않는 방법의 중요성을 동시에 전달해야 한다.

약물 남용에 대한 평가

약물 사용과 관련된 문제를 다룰 때 상담자가 해야 할 평가에는 두 가지 유형이 있다. 첫째, 상담자는 문제에 대한 평가를 해야 한다. 즉, 어떤 약물을 얼마나 자주, 얼마나 많이, 어떤 상황에서 사용하는지를 아는 것이다. CAGE 검사는 음주 문제를 평가하기 위해 고안되었지만, 짧고 사용이 용이한 이 검사는 다른 약물 문제에도 사용할 수 있다.[12] 일반적으로 CAGE 문항 중 두 문항이상에 긍정적으로 답하면 문제 후속 검진이 필요함을 의미한다.[13]

- 당신의 음주행동을 중단할 필요를 느낀 적이 있습니까?
- 당신의 음주행동에 대해 누군가 비난해서 괴로웠던 적이 있습니까?
- 당신의 음주행동에 대해 죄책감을 느낀 적이 있습니까?
- 당신은 해장술의 필요성을 느낀 적이 있습니까?

또한 '당신은 몇 살 때부터 술을 마시기 시작했습니까?' 라는 질문은 아주 많은 정보를 준다(더 어릴 때부터 더 많은 술을 마시기 시작했을수록 위험은 더 커진다). 그리고 상담자는 내담자가 현재 사용하는 약물의 결과도 알고 있어야 한다. 약물사용을 평가하는 데 도움을 줄 수 있는 몇 가지 검사가 있다.

- 미시간 알코올 중독 검사(the Michigan Alcoholism Screen Test, MAST)
- 세계보건협회의 구조화된 검사(AUDIT)
- 알코올 의존성 검사(Alcohol Dependence Scale, ADS),

- MMPI 검사의 맥앤드류 알코올 척도(Minnesota Multiphasic Personality Inventory MacAndrew Alcoholism Scale).

내담자에게 문제가 있을 때 상담자는 그 문제를 해결할 내담자의 준비도를 평가해야 한다. 앞에서 논의했던 변화에 대한 준비도의 임상적 평가는 약물 남용과 중독 문제를 다룰 때 효과적인 상담계획을 수립하기 위해 반드시 필요한 부분이다.[14]

자신을 해칠 위험

상담자는 내담자가 자신이나 타인에게 위험한 일을 할 개연성이 있는지 알고 있어야 한다.[15] 대부분의 임상가는 내담자가 자신이나 타인을 해칠 위험성에 대해 지속적으로 정확하게 예견하기는 매우 어려움을 잘 알고 있다.[16] 자신 또는 타인에게 폭력을 행사할 위험 평가 시 상담자는 위험수준이 높다고 평가하든 그렇지 않든 간에 비난받기 쉬운 위치에 서게 된다.

만약 상담자가 상황의 위험성이 높지 않다고 평가하여 위험한 일을 할 만한 사람을 지목하지 않는다면 그 상담자는 태만한 사람이 될 것이고, 위험성이 높다고 평가한다면 이는 내담자나 다른 주변사람의 자유를 구속하게 한다는 반격을 받을 수 있다. 이와 관련된 윤리적 문제는 이 장에서 다루지 않겠다. 다만 상담자는 위험 요인을 평가할 전문가로서의 의무가 있다는 것을 간단하게 언급하려 한다.

상담자는 위험 여부를 평가할 때 상식을 따를 필요가 물론 있다. 그러나 체계적 평가가 상담자의 임상적 판단능력을 향상시키며, 상담자는 이런 평가를 할 때 몇 가지 측면을 고려해야 한다. 즉, (1) 알려진 위험 요인, (2) 내담자의 일시적 생각, 의지, 충동성, (3) 치명성 등이다.

위험 요인

만약 내담자가 타이레놀 한 병을 다 삼켰거나, 얼어붙은 날씨에 바깥에 앉아 있다거나 자신의 손목을 칼로 그었다면, 상담자는 이 행동이 즉각적으로 생명을 위협하는 행위라고 인식할 수 있다. 그러나 이 밖에도 내담자가 스스로를 해치는 다양한 방법이 있다. 술을 많이 마시고 담배를 피우며 안전벨트를 하지 않고 운전을 하거나 무분별한 성관계 또는 며칠 동안 단식할 수도 있다. 그러나 이런 행동들은 즉각적으로 죽음을 초래하지는 않는다. 일반적으로 상담자가 위험을 평가할 때 말하는 것은 즉각적이고 긴박한 위험에 대해서 얘기하는 것이다. 그렇더라도 상담자는 위험을 초래하는 적극적 방법뿐 아니라 소극적 방법까지도 알아차려야 하는 책임이 있다.

어떤 사람이 이미 알려진 자살 위험 특성을 보일 경우 상담자는 언제나 그 내담자의 자살 위험성을 평가할 준비가 되어 있어야 한다. 다음은 자살의 위험을 증가시키는 것으로 알려진 특성들이다.

- 과거의 자살 기도[17]
- 고통 혹은 병[18]
- 절망적인 느낌[19]
- 노년기 또는 청소년기[20]
- 남성[21]
- 무직 상태[22]
- 독신 상태[23]
- 공황장애, 우울, 중독, 성격장애의 병력[24]
- 부끄럽거나 굴욕감을 경험한 스트레스 사건[25]
- 중요한 대인관계의 깨짐 혹은 갈등[26]
- 심한 우울 기간을 지나 최근 향상된 상태[27]
- 최근에 발생하거나 그간 여러 번 누적된 상실[28]

이 목록을 검토해 보면 상담자는 많은 내담자가 이 목록에 해당됨을 것을 알 수 있을 것이다. 그러나 이 목록에는 해당되지 않는데도 상담자에게 내담자가 자살에 대해 지속적으로 생각한다고 말한다면 상담자는 이 목록의 가치가 제한적이라고 생각할 것이다. 그러므로 상담자는 크고 작은 이유로 내담자가 자살할 수도 있다는 의심이 들 때마다 내담자의 자살 가능성에 대해 평가할 준비가 되어야 한다.

자살 가능성 평가

자살의 가능성을 평가할 때 상담자는 세 가지 변인, 즉 자살에 대한 생각 (ideation), 의지(intention), 충동성(impulsiveness)을 평가한다(이 세 'I'는 상담자가 치명성 정도를 파악하도록 도와준다).

자살에 대한 생각 자살에 대한 생각은 자살을 하려는 일시적 · 장기적 생각을 의미한다. 상담자는 내담자가 '죽고 싶다.' '모든 것이 끝났으면 한다.' '복수를 원한다.' 또는 '더 이상 견딜 수 없다.' 등의 말을 할 때 이를 유념해야 한다.

내담자가 자살에 대해 생각하는지를 알기 위한 가장 좋은 방법은 '사람들이 당신처럼 느끼는 경우 그 사람은 스스로를 해칠 생각을 하기도 하죠. 당신이 그런가요?'라고 질문하는 것이다. 만약 대답이 긍정적이라면 상담자는 그 생각에 대해 계속해서 질문을 던질 필요가 있다. 자살에 대한 생각의 예로는 '제가 죽었으면 좋겠어요.' '제가 집에 있는 모든 약을 먹으면 어떻게 될까 생각해요.' '전 더 이상 견디기가 어려워요.' '제 장례식에 대해서 생각해요.' 등이다.

자살에 대한 생각은 화가 났거나 심하게 당황한 사람도 할 수 있으므로 상담자는 행동할 준비가 된 상태와 생각만 하는 상태를 구별할 수 있어야 한다.

의 지 의지는 자살을 하려고 결정하고 계획을 세우는 것을 말한다. 계획이 치명적이고 구체적이며 긴박할수록 위험 수준도 높아진다. 상담자는 계획을 실천하기 위한 세부사항뿐 아니라 계획의 특성을 파악하는 것이 중요하다. 의지를 평가할 때 상담자는 반드시 무엇을, 언제, 어디서, 어떻게 등의 질문에 대한 대답에 특별히 유념해야 한다. 그리고 상담자는 내담자가 자신의 계획을 실천할 방법을 실제로 가지고 있는지의 여부도 파악해야 한다. 또한 상담자는 분노, 절망, 복수심과 같은 강한 감정이 의지에 불을 붙일 수 있음을 알아야 한다. 다음과 같은 질문을 통해 상담자는 자살에 대한 내담자의 의지를 확인해야 한다.

- 당신은 이전에 자신을 해치려고 시도한 적이 있습니까?
- (대답이 긍정적이라면) 어떻게요? (그리고) 언제 그런 일이 있었나요?
- 자신을 해치기 위해 무엇인가 해야겠다고 생각한 적이 있나요?
- 계획을 세워 본 적이 있나요?
- 계획한 것을 정말 당신이 실천할 것이라 생각하세요?
- (대답이 긍정적이라면) 언제 하겠다고 결정했나요?
- 당신은 그렇게 할 방법을 가지고 있나요?
- 그 결과는 어떨 것이라고 생각하세요?

충동성   충동성은 상담자가 미리 평가할 수 있는 시간이 거의 없기 때문에 가장 심각한 문제다. '저는 운전을 하다가 제가 나무를 향해 운전하고 있다는 사실을 알았어요. 하지만 별로 상관치 않아요.' '제가 높은 탑의 꼭대기에 있었는데 그때 생각했어요. 뛰어내려 봐!' '전 총을 들고 화장실로 갔어요. 저를 향해 막 쏘려는데 전화벨이 울렸죠.' 강한 감정, 자살에 대한 강한 생각, 약물 사용, 성격장애, 이 모두가 충동적 행동의 위험성을 증가시킨다. 이전에 있었던 충동적 행동을 관찰함으로써 충동성을 평가하는 것이 일반적인 방법이다. 그러나 상담자가 새로운 정보가 필요한 경우에는 다음과 같은 질문을 통해 충동적 행동 가능성에 대해 직접 탐색할 수 있다.

- 당신은 자신을 해치고 싶은 강한 충동을 느낍니까?
- 당신은 어떤 충동을 느낍니까?
- 이러한 충동을 조절하는 것이 얼마나 어렵습니까?
- 이러한 사건이나 감정에 보통 어떻게 대처합니까?
- 이런 충동을 느낄 때 당신이 어떤 일을 하는지 아십니까?
- 이러한 상황에서 스스로를 통제할 수 있다고 생각하십니까?

치명성 평가

치명성은 여러 요인의 결합에 의해 결정된다. 자살 가능성이 얼마나 높은가를 평가할 때 상담자는 위험 요인과 자살에 대한 생각의 내용 및 빈도를 고려한다. 죽기를 원하는 내담자는 자신의 문제가 사라지기를 원하는 내담자보다 훨씬 위험하다. 의심이 갈 때마다 상담자는 다음과 같이 직접적으로 질문한다. '저는 당신의 생각을 더 잘 이해하고 싶습니다. 당신은 정말 죽고 싶은 건가요, 아니면 단지 이 문제들이 사라지기를 원하는 건가요?'

이전에 자살을 시도했던 내담자, 충동성이 높은 내담자(예, 약물 남용자) 또는 무질서한 생활양식에 무의미한 대인관계를 가진 내담자의 경우 위험이 더 크다고 볼 수 있다. 자살에 대해 더 지속적이고 수시로 생각하는 내담자가 자살을 간혹가다 꿈꾸는 경우보다 더 위험하다. 단호한 의지를 가지고 자살을 곧 하겠다는 명백한 계획이 있으며, 의도한 대로 실행할 방법을 가진 내담자는 가장 위험한 경우라 하겠다.

자살 가능성이 의심될 때는 일반적으로, 자살 위험이 높다고 가정하는 것이 낮다고 가정하는 것보다 같은 실수를 해도 덜 위험하고 더 현명할 수 있다. 치명성이 높을 때 상담자는 반드시 대책을 세워야 한다. 내담자가 자살하지 않을 것이라는 타당한 확신이 없을 때는 물론이고 내담자가 자살까지는 하지 않을 것이라고 어느 정도 생각되더라도 상담자는 만의 하나 발생할 수 있는 자살에서 내담자를 보호하기 위한 조치를 취해야 한다. 상담자가 이러한 상황을 어떻게 다룰 것인가에 대해서는 6장에서 논의할 것이다.

폭력을 당할 위험

폭력을 당할 위험은 전통적으로는 자신을 해칠 위험 평가에 속하지 않았다. 그러나 필자가 그것을 여기에 포함시키려는 이유는, 폭력이 매우 빈번할 뿐 아니라 많은 전문가가 폭력을 당할 위험에 대한 평가를 일반적 평가나 배경정보 수집과정에 당연히 들어가야 한다고 주장하기 때문이다.[29] 정신건강 전문가는 위험 평가 시 폭력에 대한 다음 사실들을 고려해야 한다.[30]

- 남성이나 여성 모두 신체적, 언어적으로 공격적일 수 있지만 여성의 경우에 상처를 입을 위험이 더 크다.
- 여성의 21~34%가 성인기에 가까운 남성에게서 신체적으로 폭행당할 가능성이 있다.
- 1989~1990년에 100명 중 3명 이상(1,800만, 미국의 경우)의 여성이 심하게 폭행당했다(예, 주먹으로 맞기, 발로 차이기, 목 졸리기, 두들겨 맞기, 칼이나 총으로 위협당하기, 칼이나 총이 실제로 사용되어 폭행당하기 등).[31]
- 결혼했거나 이전에 결혼한 적이 있는 여성 중 14%가 남편이나 전 남편에 의해 강간당했다고 보고한다.
- 배우자에게서 폭행당한 여성은 평균보다 자살을 많이 생각하고 시도하며, 우울과 무력감을 경험한다.
- 신체적인 공격이 레즈비언 관계에서는 40% 정도 발생하고, 게이 관계에서는 그 비율이 더 높다.[32]

이러한 사실들은 그 자체로는 상담자가 일반 여성이나 게이 내담자에 대해서, 특히 폭력 가능성에 민감해야 함을 의미한다. 그러나 한편 이성애자 남성도 폭행을 경험하기 때문에 상담자는 그들이 위험에 처할 가능성에 대해서도 염두에 두어야 한다.

잠재적 위험을 평가할 때 상담자는 내담자가 폭력을 당했다고 발설함으로써 겪을 수 있는 위험에 대한 두려움에 민감해야 한다. 대부분의 여성은 자신이 '발설'할 경우 배신했다는 죄책감, 자신이 감당할 준비가 되지 않은 어떤 행동이 강요될 것이라는 두려움, 이혼이 초래할 재정적 어려움, 보복적 폭행에 대한 두려움 등을 경험할 것이라 생각한다. 그리고 폭력을 당하는 대다수의 피해자가 자신이 고통받는 폭행에 대해서 스스로를 비난하기 때문에, 그들은 수치심으로 자신이 경험하고 있는 위험을 발설하기 어렵게 된다. 그럼에도 상담자는 내담자가 처한 폭력 위험에 대해 적극적으로 다음과 같은 질문해야 한다.

- 당신이 배우자와 싸울 때 어떤 일이 일어납니까?
- 당신이 해를 입을까 봐 두려워한 적이 있나요? 어떤 경우에 그랬습니까?
- 협박을 당하거나 실제로 상처를 입은 적이 있습니까?
- 당신이 저항할 때는 어떤 일이 일어납니까?
- 당신은 자신을 보호하기 위해 어떤 행동을 취해 왔습니까?
- 당신과 자녀에게 미칠 결과에 대해서 생각해 보셨습니까?

상담자는 이러한 질문을 가해자가 없을 때 해야 한다. 또한 내담자가 실제로는 상당한 위험에 처했으나 그렇지 않다고 말할 수 있음을 알아야 한다. 폭력을 숨기려는 데는 중요한 이유가 있지만, 그럼에도 상담자는 탐색해야 한다. 이유는 이후에 내담자가 그 문제에 대해 덜 두려워하고, 앞으로 논의할 필요가 있을 때 노출할 수 있도록 문을 열어 두는 것이다. 상담자가 이 문제를 탐색하면, 그것은 폭력이 정신건강 평가에 중요한 변인이라는 믿음을 내담자에게 전달할 수 있다. 질문을 할 때 상담자는 내담자가 미처 마음의 준비를 하지 못한 행동을 강요해선 안 되며 동시에 내담자에게 대안을 제시할 준비가 되어 있어야 한다. 이에 대해서는 6장에서 더 자세하게 논의할 것이다.

타인을 해칠 위험

폭력 발생 가능성의 예견은 정신건강 전문가들이 부딪히는 가장 복잡한 이슈 중 하나다. 상담자가 항상 폭력 발생 가능성을 정확히 예견할 수 있는 것은 아니지만 종종 그 예측을 요청받는다.[33] 폭력과 관련된 상황을 다룰 때 상담자는 자신의 평가가 초래할 결과에 대해 신중해야 한다. 예컨대 화가 난 배우자가 위협적으로 보인다는 이유로 경찰을 부른다면, 이것은 갈등에 불을 붙일 수 있으며 오히려 그 감정을 악화시킬 수 있다. 상담자는 분명 폭발 직전의 상황을 진정시키길 원한다. 그러나 자살의 경우처럼 폭력 가능성이 높다고 가정한 데서 실수하는 것이 폭력 가능성이 낮다고 가정한 데서 실수하는 것보다 덜 치명적일 것이다. 여기에서도 상식에 기초한 판단이 매우 중요하다. 이처럼 상담자는 내담자나 그에 의존하는 사람들의 위험을 감소시킬 수 있는 방향으로 행동해야 할 것이다.

위험 요인

폭력 행동을 연구하는 전문가들은 임상가들에게 위험요인에 대한 연구를 참고하라고 조언한다. 그러나 동시에 그들은 연구와 실제 세계는 거의 만나는 지점이 없음을 알고 있다.[34] 대부분 임상가는 임상 면접을 통해서 빠른 평가를 내려야 하는 위치에 있다. 그러므로 여기서 제안하는 지침은 자살을 평가할 때 사용한 것과 같은 방법을 따른다. 공식적인 절차를 따라야 하는 법적인 영역의 평가가 아니라면 상담자는 면접을 통해 내담자를 평가할 수 있다.

위험요인은 집단에 따라 다소 달라진다. 그러나 이러한 요인목록은 보통 폭력 범죄로 기소된 집단에서 표본 추출한 것으로 가장 심각한 범죄자를 대표한다고 볼 수 있다. 상담자는 비록 폭력 범죄로 기소되지는 않았지만 위험성을 내재하고 있는 내담자를 평가해야 한다.[35] 다음 목록은 폭력 행동의 위험성을 높이는 요인들이다.[36] 내담자의 특성이 이 항목들과 많이 일치할수록 폭력 행동이 드러날 가능성도 높아진다.

- 폭력 행동을 한 경험
- 최근 2주 동안 신체적 공격이나 공포를 유발한 행동을 한 경험
- 피해자로 해를 입은 경험
- 최근 2주 동안 자살 행동 부재
- 정신분열증, 조증, 성격장애의 진단
- 공감능력 부족
- 복수심과 분노의 감정에 쌓인 생활
- 남성
- 16세 또는 그 이전에 경험한 부모와의 이별
- 미혼
- 초등학교 시절 학교 부적응
- 물건이나 부동산을 손상시키거나 동물을 해친 경험
- 약물 남용 경험

폭력성에 대한 평가

어떤 내담자는 '그녀를 쏴 버리고 싶어요.' '제 아이들을 벽장에 가두어 놓고 싶어요.' 또는 '그녀의 집을 날려 버리고 싶어요.' 등의 말을 한다. 대부분 이런 말은 감정이나 소망을 비유적으로 표현한 것으로 행동으로 표현되지 않는 경우가 대부분이다. 그럼에도 내담자에게서 이런 이야기를 들었다면 상담자는 그 내용을 구체적으로 탐색해야 한다. 상담자는 자살을 평가할 때 논의했던 것과 같은 방법으로 이것을 평가한다. 즉, 치명성을 결정하는 생각, 의지, 충동성을 평가해야 한다.

폭력에 대한 생각이란 다른 이를 해치고 싶다는 것을 의미하며 내담자가 해

치고 싶은 욕구를 언급할 때 상담자는 다음과 같은 질문을 던져야 한다.

- 그녀를 해치고 싶은 생각이 들 때 어떤 방법을 사용하려고 합니까?
- 당신에게 그런 행동을 하지 못하게 하는 것은 무엇입니까?
- ○○ 씨를 해칠 생각을 얼마나 자주 합니까?
- 폭력 행동에 대해 언제 생각합니까?
- 이런 생각이 당신을 괴롭히나요?
- 이런 느낌을 전에도 가진 적이 있습니까? 그때 당신은 어떻게 했습니까?

다른 사람을 해치려는 의지는 내담자가 폭력에 대한 생각을 언급할 때 평가되어야 하며 상담자는 내담자가 행동에 옮기지는 않으리라고 장담할 수는 없다. 강간을 하고 싶다고 말한 한 남성의 경우, 그가 이러한 소망을 실행에 옮길 의지가 있는지 가늠하기 위해 많은 질문을 해야 했다. 그는 파키스탄에서 온 공학 전공 대학원생이었으며, 기혼자로 미국 문화에는 적응하지 못한 상태였다(그는 어린 시절 내내 미국 여성처럼 옷을 입는 여성은 '강간 당하기를 원한다.'라는 이야기를 들으며 자랐다). 그는 정말로 강간을 하려 했던 것은 아니며, 실제로는 그런 생각을 하는 자신을 두려워했다. 하지만 그가 위험하지 않다는 것을 확인하기 위해 수많은 질문을 해야만 했다.

상담자는 다른 사람을 해칠 의지가 강한 내담자의 경우 수많은 질문에도 불구하고 자신의 계획을 노출시키지 않으려 한다는 사실을 미리 알고 있어야 한다.

- 그 행동(내담자가 하려는 행동)을 하려고 계획을 세웁니까?
- 무엇이 당신에게 그것(내담자가 하려는 행동)을 못하게 합니까?
- 만약 당신이 그렇게 한다면 어떤 일이 일어날까요?
- 당신은 왜 그것(내담자가 하려는 행동)을 하려고 합니까?
- 당신의 이런 생각을 실행에 옮길 수 있는 상황을 상상할 수 있습니까?

충동성을 평가하기 위해 상담자는 동기, 충동성 완화 조건 그리고 이전 경험에 대해 알아야 한다. 상담자는 다음과 같은 질문으로 동기에 대해 직접 탐색할 수 있다. '왜 ○○를 해치려 하나요?' '해치고 싶은 느낌이 얼마나 강한가요?' '당신이 정말 그렇게 하리라 생각하나요?' 한편, 모든 사람이 같은 상황에서 충동적인 것은 아니다. 대부분의 사람이 충동을 느끼는 상황이라도 어떤 사람은 충동적이지 않을 수 있다. 상담자는 충동이 통제되는 상황뿐만 아니라 충동이 표현되는 상황도 탐색해야 한다. 마지막으로 상담자는 그 내담자의 경험을 점검해야 한다. 그가 분노, 복수심, 수치심 등의 감정을 과거에는 어떻게 다루었는가? 상담자는 내담자가 다른 충동적인 감정을 다룬 경험과 그 결과에 대해서도 알고 있어야 한다.

치명성

여기서도 상담자는 여러 요인의 조합을 통해 치명성 또는 폭력 행동의 가능성을 평가한다. 내담자가 협박을 하거나 분명한 행동 의지를 보인다거나 이전에 폭력 행사 경험이 있다면, 그는 위험하다고 볼 수 있다.

상담자는 폭력 행사 가능성이 있는 내담자를 다룰 때 다음 세 단계 모형을 따르도록 훈련받는다.[37]

(1) 상담자는 위험수준을 가늠할 적절한 정보를 수집한다.
(2) 상담자는 개입과정을 선별한다.
(3) 그 개입과정을 실행한다.

각각의 상황에 대해서는 6장에서 더 논의할 것이다. 필자가 여기서 덧붙이고 싶은 것은 내담자의 생각, 의지, 충동성에 대한 평가를 면밀히 기록함으로써 상담자가 판단한 과정에 대해 자료를 남겨 둘 필요가 있다는 점이다.

평가를 위한 일반적 지침

내담자는 대부분 토로하고 싶은 이야기를 가지고 방문한다. 내담자의 문제를 그들의 언어로 반응하는 상담자의 능력은 라포 형성에 매우 중요하다. 만약 상담자가 내담자를 현미경으로 벌레를 들여다보는 과학자처럼, 또는 내담자를 심문하는 마피아 보스처럼 대한다면 이해하려고 하는 대상을 오히려 소외시킬 위험이 크다. 그러므로 상담자는 관계를 파괴하는 방식보다는 관계를 발전시키는 방법으로 필요한 정보를 수집해야 한다.

여기서 논의한 평가는 임상 면접의 일부분으로서 공식적이거나 비공식적으로 행해질 수 있다. 표준화된 일련의 질문이 특정 준거에 따라 수행, 평가된다면 그것은 공식적인 절차다. 상담자는 대부분 덜 구조화된 양식을 사용한다. 그러나 좀 더 공식적인 평가에서 사용되는 질문과 표준을 살펴본다면 덜 구조화된 형식을 채택할 때 필요한 정보가 무엇인지 이해하는 데 도움이 될 것이다.

상담자가 자신이 추구하는 것이 무엇인지 분명히 한다면, 그는 다른 과제를 하면서 평가도 수행할 수 있다. 즉, 상담자는 내담자의 다른 측면에 대해 상담하면서 동시에 내담자의 주요 기능 측면에 대해 평가할 수 있다. 예컨대, 한 남성이 결혼생활을 끝내고 싶다는 이야기를 하는 동안 필자는 그의 말하는 내용과 정신적 상태에 주의를 기울이고 있었다. 그가 감정 변화가 거의 없고 슬픈 기분에 빠져 있다는 것 외에는 정신 상태는 거의 정상에 가깝게 보였다. 이런 점 때문에 자살에 대한 그의 생각과 약물 남용 가능성에 대해 점검해 볼 필요를 느꼈다. 그러나 그가 불만족한 결혼생활에 대해 이야기하고 싶어 함을 잘 알고 있었다. 그래서 주제를 급하게 바꾸거나 심문하는 것처럼 느껴지지 않게 주의하면서 자살기도 가능성과 약물 남용에 대해 질문할 기회를 신중하게 엿보았다.

그가 스스로의 감정이 얼마나 불행한지 이야기할 때에야 그의 자살기도 가능성에 대해 질문할 수 있었다. 필자는 그의 이야기를 공감적 태도로 요약한 후, 다음과 같이 질문했다. "오랫동안 당신의 결혼생활이 불행했던 것 같습니다. 그 결혼생활이 너무 힘들어서 자신을 스스로 해치려는 생각이 들었던 적은 없었나요?"

그는 대답했다. "결코 그런 일은 없었어요. 저는 때때로 그녀가 없었으면 하는 바람은 있었지만, 그녀가 항상 없기를 바라는 것은 아니랍니다."

필자는 그에게 약물남용에 대해 묻는 것이 더 어려울 것이라 생각했다. 그러나 그가 기분이 나아질 때란 아내가 자러 들어간 후 혼자 앉아 술을 마실 때라는 이야기를 했을 때 다음과 같이 질문할 기회를 가졌다. "때때로 당신이 기분이 좋아질 때가 있다는 이야기를 들으니 한편 기쁘기도 합니다. 그런데 당신이 기분이 좋아지려면 몇 잔쯤 마셔야 하는지 이야기해 줄 수 있습니까?"

그가 대답했다. "스카치 세 잔쯤이면 기분이 좋아지지요."

그에게 계속해서 질문했다. "그러면 보통 얼마나 마십니까?"

그는 "글쎄요. 저는 모르지요. 왜냐하면 제가 마시다 보면 잠들게 되니까요. 아마 주말이 되면 빈 병이 여러 개 나올 걸요?"

평가는 언제나 상담의 한 부분이다. 그러므로 상담자는 자신이 사용하는 방법에 대해 확실히 알아야 한다. 상담자가 신중하지 못하면 내담자의 신뢰를 잃을 수 있음을 인식하고 있어야 한다. 상담자가 만약 다소 공격적인 태도로 질문을 한다면 내담자는 소원함을 느끼고 자신을 방어할 위험이 있다. 또한 상담자가 소심하거나 망설이는 태도를 보인다면, 중요한 정보를 간과해 잘못된 길로 빠질 위험도 있다. 결국 상담자는 더 많은 정보 탐색과 내담자의 사생활 존중 사이에서 균형을 찾을 수 있어야 한다. 다음은 몇 가지 일반적인 지침이다.

(1) 무엇을 알아야 하는가를 명확히 하라: 상담자는 위험을 평가하고 상담계획을 세우기 위해 어떤 정보를 수집해야 하는지 알아야 할 전문가적 책임을 가지고 있다. 이 장에서 제안된 요소들은 상담자가 알아야 할 기본적

인 것들을 포함하고 있다. 또한 상담자가 일하는 기관에 따라 서로 다른 세부 정보를 수집해야 할 수도 있다. 예컨대, 학교에서 일하는 상담자는 학업수행에 대해 알아야 하고, 지역사회위기 센터에서 일하는 상담자는 개입의 우선순위를 결정할 수 있는 정보를 수집해야 하며, 결혼 및 가족 상담자는 가족관계를 평가할 정보를 수집해야 할 것이다.

(2) 내담자에게 상담자가 누구인지 알도록 하라: 상담 시작 전에 상담자는 먼저 소개를 해야 한다. 상담자는 항상 자신을 소개하고, 내담자가 상담자를 뭐라고 부를지 알게 하며, 내담자는 어떤 호칭을 원하는지 물어봐야 한다. 예컨대, '저는 히튼 박사입니다. 성폭행 상담팀에 있구요. 저를 지니라고 불러 주셨으면 합니다. 여기 서류를 보니 당신의 이름은 엘리자베스군요. 제가 당신을 이 이름으로 부르기를 바라십니까?' 필자는 자살 가능성이 있는 내담자 평가를 위해 불려 갔는데, 그들은 필자가 누구며 왜 자기에게 왔는지 모르는 경우도 있었다. 어떤 내담자는 심리학자가 온 것에 대해 화를 내기도 하는데, 이런 경우 자신의 역할 설명이 필요하다. '저는 위기 상담을 하는 심리학자입니다.' 또는 '저는 호스피스를 담당하는 카운슬러입니다.' 때로는 다음과 같이 질문하는 것도 도움이 된다. '당신은 제가 여기 무슨 이유로 왔는지 알고 있습니까?'

(3) 내담자의 허락을 받도록 하라: 정보 수집 전에, 상담자는 내담자가 자신의 질문에 기꺼이 대답하려는지 확인할 필요가 있다. 예컨대, 내담자 음주 습관에 대해 평가할 때 먼저 이렇게 말한다. '당신의 음주에 대해서 몇 가지 질문을 해도 괜찮을까요?' 어떤 경우 내담자는 말로는 '네.' 라고 말하면서 몸으로는 '아니요.' 라고―상담자의 눈을 응시한다든가, 다른 곳을 본다든가, 한숨을 쉰다든가, 진저리를 내는 등―말할 수 있는데, 상담자는 이것을 알아차려야 한다. 내담자가 협조하고 싶어 하지 않을 경우 평가는 대체로 무의미해지고 방향을 잃는다.

(4) 왜 질문이 필요한지 내담자가 알게 하라: 상담자가 어떤 정보가 왜 필요한지 내담자에게 설명하면, 내담자는 더욱 명확하게 반응함으로써 상담자를

도울 수 있다. "우리가 상담을 더 진행하기 전에, 당신의 자살 생각에 대해 몇 가지 더 질문을 해야 할 것 같습니다. 우리가 앞으로 며칠을 어떻게 활용할지 결정하려면 이 질문들이 필요합니다."

(5) 어느 정도의 시간 사용이 가능한지 알아 두어라: 만약 단지 한 시간만이 상담자에게 주어졌다면, 상담자는 우선적으로 정보를 얻는 데 시간을 사용해야 한다. 이때 상담자는 이전 사건이나 경험들을 자세히 탐색할 여유가 없을 것이다. 예컨대, 내담자가 심각하게 우울한 상태라면 상담자는 그의 자살 가능성에 주의를 기울여야 한다. 만약 타인을 해칠까 봐 걱정스럽다면 이 또한 먼저 알아보아야 한다. 즉, 상담자는 사용 가능한 시간 내에 중요한 문제를 평가할 수 있도록 준비되어 있어야 한다.

(6) 책임 있는 임상적 결정을 내리기 위해 충분한 정보를 수집하라: 상담자는 위험 요인의 평가를 위한 결정을 내리도록 요구될 것이다. 이때 상담자는 어떤 정보가 필요한지를 알고 정보를 수집하며, 위험 요인을 평가하고 임상적 결정을 내리는 사람들과 이 요인들에 대해 협의할 책임이 있다. 상담자가 결정을 내리는 데 더 많은 시간과 정보가 필요하다면, 요청을 하라. 슈퍼바이저나 다른 사람의 질문에 대답할 만큼 정보가 충분하지 않다면, 그것에 대해 분명하게 설명하여 전달하라.

(7) 문화적인 문제에 민감하라: 오래 전부터 공식적, 비공식적 평가에 문화적 민감성이 결여되었다는 비판이 있어 왔다. 상담자는 문화적 차이에 대한 이해 부족으로 실수하는 일이 없어야 하며, 내담자의 비정상적인 행동이 그들의 문화적 맥락에는 적절한 행동일 수도 있음을 명심해야 한다. 관습, 언어, 종교, 가치관, 의식 등은 모두 행동에 영향을 미친다. 나아가 상담자가 주류 문화권의 한 일원으로 내담자의 생활환경에 영향을 미칠 수 있는 힘을 가진 경우, 자신이 내담자에게 얼마나 위협적으로 인식될 수 있는지를 이해하고 있어야 한다. 상담자는 소수 문화에 속한 내담자가 방어적이거나 민감하게 반응할 때 놀라서는 안 된다. 즉, 상담자는 내담자의 반응에 자신이 기여한 부분을 고려할 수 있어야 한다.

(8) 충분한 정보가 주어진 상태에서 하는 내담자의 동의에 대해 설명하라: 모든 내담자는 자신이 노출한 정보를 누가 보는지 알 권리가 있다. 만약 슈퍼바이저나 다른 사람이 내담자 정보를 알게 된다면 상담자는 내담자에게 이 사실을 알려 주어야 한다. 또한 내담자는 다음 두 가지 상황에서 비밀보장 약속이 깨질 수 있음을 알고 있어야 한다. 하나는 내담자나 다른 사람의 생명이 위협받는 상황, 다른 하나는 약자에 대한 공격이나 학대가 예상되는 경우다. 이것은 반드시 비밀보장 약속이 깨질 수 있다는 것이 아니라 그럴 가능성이 있음을 의미한다. 그리고 상담자는 상담 비용, 상담 회기 횟수 제한, 다른 기관이나 보험회사의 지침 등을 내담자에게 제공해야 한다. 이 주제에 대해서는 다른 장에서 더 자세히 다룰 것이다.

이 기본적인 지침은 모든 상황을 포괄하는 것이 아니다. 상담자는 각각의 장면과 내담자에 따라 적절하게 대응할 수 있는 특별한 민감성이 필요하다. 기본적으로 평가는 상담자가 위험을 평가하고 적절한 상담 전략을 계획하는 데 도움을 줄 것이다. 우리는 평가적인 보고나 사례 발표를 해야 하는 경우가 종종 있으므로, 이 책에 나오는 절들을 기준으로 내담자 자료를 조직화하는 것이 도움이 될 것이다. 모든 부분을 포함하는 경우는 거의 없겠지만, 적어도 이 장의 하위 절들은 총괄적인 평가에서 다룬 주제를 빠뜨리지 않도록 참고할 수 있는 지침으로 사용 가능하다.

대부분의 경우 상담자는 접수면접의 맥락에서 지금까지 논의한 평가를 사용하여 상담을 시작할 것이다. 이제 우리는 진단과 상담계획을 가지고 상담을 진행해 가면서 어떻게 면접을 이끌어 갈 것인가를 논의할 것이다. 이러한 기본 과제를 수행하는 동안의 전제는 내담자와의 상담관계 유지다. 그리고 모든 상담기술은 누적되므로 우리의 평가와 관찰기술이 상담에서 하는 모든 일에 정보를 제공할 것임을 기억하는 것이 중요하다.

주

1) Kleinke, C. L. (1994). *Common principles of psychotherapy*. Pacific Grove, CA: Brooks/Cole, p. 176.

2) Budman, S. H., & Gurman, A. S. (1988). *Theory and practice of brief therapy*. New York: Guilford Press, pp. 28−32.

3) American Psychiatric Association. (1994). *Diagnostic and statistical manual of mental disorders* (4th ed.). Washington, DC: Author.

4) Prochaska, J. O., & Di Clemente, C. C. (1982). Transtheoretical therapy: Toward a more intnegrative model of change. *Psychotherapy Theory, Research and Pactice, 19*, 276−288.

5) Gomez−Schwartz, B. (1978). Effective ingredients in psychotherapy: Prediction of outcome from process variables. *Journal of Counseling and Clinical Psychology, 46*, 1023−1035. O' Malley, S. S., Suh, C. S. S., & Strupp, H. H. (1982). The Vanderbilt Psychotherapy Process Scale: A report on the scale development and a process−outcome study. *Journal of Consulting and Clinical Psychology, 51*, 581−586.

6) Barlow, D. H., & Durand, V. M. (1995). *Abnormal psychology: An integrative approach*. Pacific Grove, CA: Brooks/Cole, p. 82.

7) Trzepacz, P. T., & Baker, R. W. (1993). *The psychiatric mental status examination*. New York: Oxford University Press.

8) Stevens, F. (1986). Testing the test: Vineland Adaptive Behavior Scales: Classroom Edition. *Journal of Counseling and Developmenet, 65*, 112−113.

9) Julien, R. M. (1995). *A primer of drug action*. New York: Freeman.

10) 주 9) 참조.

11) Medical Economic Company. (1996). *Physicians' desk reference* (50th ed.). Montvale, NJ: Author.

12) Hasin, D. S. (1991). Diagnostic interviews for assessment: Background, reliability, and validity. *Alcohol Health & Research World, 15*, 293−302.

13) Weed, N. C. (1994). Development of MMPI−A Alcohol/Drug Problem Scale. *Journal of Studies on Alcohol, 55*, 296−302; Ross, H. E. (1990). Diagnostic validity of the MAST and the Alcohol Dependence Scale in assessment of DSM−III alcohol disorders. *Journal of Studies on Alcohol, 51*, 506−513; Sobel, L. C. (1994). Behavioral assessment and treatment planning for alcohol, tobacco, and other drug

problems: Current status with emphasis on clinical applications. *Behavior Therapy, 25*, 533−580.

14) Prochaska, J. O., Di Clemente, C. C., & Norcross, J. C. (1992). In search of how people change: Applications to addictive behaviors. *American Psychologist, 47*, 1102−1114.

15) Grisso, T., & Tomkins, A. J. (1996). Communicating violence risk assessments. *American Psychologist, 51*, 928−930.

16) Monahan, J. (1992). Mental disorders and violent behavior: Perceptions and evidence. *American Psychologist, 47*, 511−521.

17) Patterson, W. M., Dohn, H. H., Bird, J., & Patterson, G. A. (1983). Evaluation of suicidal patients: The SAD PERSON scale. *Psychosomatics, 24*, 343−349.

18) DiBianco, J. T. (1979). The hemodialysis patieint. In L. D. Hankoff & B. Einsidler (Eds.), *Suicide: Theory and clinical aspects* (pp. 291−297). Littleton, MA: PSG Publishing.

19) Dixon, W. A., Heppner, P. P., & Rudd, M. D. (1994). Problem−solving appraisal, hopelessness, and suicide ideation: Evidence for a mediational model. *Journal of Counseling Psychology, 41*, 91−98.

20) National Center for Health Statistics. (1990). *Health United States, 1989*(DHHS Publication No. PHS 90−1232). Hyattsville, MD: Public Health Service.

21) U.S. Department of Health and Human Services. (1995). Mortality surveillance system. *Monthly Vital Statistics Report, 43*, 4−7.

22) Dooley, D., Catalano, R., Rook, K., & Serner, S. (1989). Economic stress and suicide: Multilevel analyses. Part I: Aggregate time−series analyses of economic stress and suicide. *Suicide and Life Threatening Behavior, 19*, 321−336.

23) Winokur, G., Black, D. W., & Nasrallah, A. (1988). Depression secondary to other psychiatric disorders and medical illnesses. *American Journal of Psychiatry, 142*, 233−237; Anthony, J. D., & Petronis, K. R. (1991). Panic attachs and suicide attempts. *Archives of General Psychiatry, 48*, 1114; Cornelius, R. R., Salloum, I. M., Nezzich, J., M. D., Fabreaga, H., Ehler, J. G., Ulrich, R. F., Thase, M. E., & Man, J. J. (1995). Disproportionate suicidality in patients with cormorbid major depression and alcoholism. *American Journal of Psychiatry, 152*, 358−364.

24) Klerman, G. L. (1987). Clinical epidemiology of suicide. *Journal of Clinical Psychiatry, 48*, 33−38.

25) Blumenthal, S. J. (1990). An overview and synopsis of risk factors, assessment, and treatment of suicidal patients over the life cycle. In S. J. Blumenthal & D. J. Kupfer

(Eds.), *Suicide over the life cycle: Risk factors assessment and treatment of suicidal patients*(pp. 685-733). Washington, DC: American Psychiatric Press.

26) Hatton, C. L., Valente, S. M., & Rink, A. (1977). Assessment of suicidal risk. In C. L. Hatton, S. M. Valente, & A. Rink (Eds.), *Suicide: Assessment and intervention* (pp. 39-61). Englewood Cliffs, NJ: Appleton-Century-Crofts.

27) Roy, A. (1989). Suicide. In H. Kaplan & B. Sadock (Eds.), *Comprehensive textbook of psychiatry* (3rd ed., vol. 2, pp. 1414-1426). Baltimore: Williams & Wilkins.

28) Hatton, C. L., Valente, S. M., & Rink, A. (Eds.). *Suicide: Assessment and intervention*. Englewood Cliffs. NJ: Appleton-Century-Crofts.

29) Browne, A. (1993). Violence against women by male partners: Prevalence, outcomes, and policy implications. *American Psychologist, 48*, 1077-1087.

30) 주 29) 참조.

31) Straus, M. A., & Gelles, R. J. (1990). *Physical violence in American families: Risk factors and adaptations to violence in 8,145 families*. New Brunswick, NJ: Transaction.

32) Brownworth, V. A. (1993, November 16). Domestic blitz. *Advocate: The National Gay & Lesbian Newsmagazine, 642*, 96.

33) Borum, R. (1996). Improving the clinical practice of violence risk assessment: Technology, guidelines, and training. *American Psychologist, 51*, 945-956.

34) Webster, C. D., Eaves, D., Douglas, K., & Wintrup, A. (1995). The HCR-20 Schem: *The assessment of dangerousness and risk*. Burnaby, British Columbia, Canada: Simon Fraser University and Forensic Psychiatric Services Commission of British Columbia.

35) 주 33) 참조.

36) McNeil, D. E., & Binder, R. L. (1994). Screening for risk of inpatient violence: Validation of an actuarial tool. *Law and Human Behavior, 18*, 579-586; Gardner, W., Lidz, D. W., Mulvey, E. P., & Shaw, E. C. (1996). A comparison of actuarial methods for identifying repetively-violent patients. *Law and Human Behavior, 20*, 35-48.

37) Appelbaum, P. S. (1985). Tarasoff and the clinician: Problems in fulfilling the duty to protect. *American Journal of Psychiatry, 142*, 425-429; Monahan, J. (1993). Limiting therapist exposure to Tarasoff liability: Guidelines for risk containment. *American Psychologist, 48*, 242-250.

제3장

첫 회 면접: 진단과 상담계획

첫 회 상담에서는 해야 할 일이 많다. 어떤 때는 첫 만남으로도 내담자 문제가 해결되기도 하지만, 후속 회기가 필요한 경우가 대부분이다. 상담자와 내담자가 상담을 계속하기로 동의했다면 상담자는 내담자의 문제를 진단하고 상담계획을 세울 필요가 있다. 이미 앞에서 내담자가 상담에 오기로 마음먹은 이유와 내담자의 문제를 파악하기 위해 사용하는 관찰과 평가기술에 대해 논의했다. 이제 우리는 첫 회 면접 방법과 진단 및 상담계획을 세우는 방법에 초점을 맞추어 논의할 것이다. 이를 위해 이미 논의한 기법 외에도 첫 회기에서 사용할 새로운 기법에 대해 소개할 것이다.

첫 회 면접에서는 해야 할 일이 무척 많기 때문에 면접을 잘할 수 있는 일종의 구조를 제시할 것이다. 그러나 이러한 구조 역시 긍정적인 상호작용을 촉진하기 위한 것임을 미리 밝혀 둔다. 내담자가 상담관계를 도움이 되는 것으로 받아들일 때 상담의 효과가 가장 크다는 점은 이미 잘 알려져 있다.[1] 따라서 우리는 정보를 수집하고 진단과 상담계획에 대해 논의하면서 동시에 신속하게 친밀한 관계를 형성해야 한다.

우선 이 장에서는 첫 회기에서 해야 할 과제에 대해 제안을 하려 한다. 그 후 DSM-IV의 내용과 사용방법에 대해서 설명하고 상담계획을 통합적으로 세우는 방법에 대해 논의할 것이다.

첫 회기의 과제

이미 언급했듯이 몇몇 연구에 따르면 모든 상담의 40% 이상이 1회 상담으로 끝난다고 한다. 따라서 상담자는 상담이 일회성으로 끝날 수 있음을 항상 염두에 두는 것이 좋다. 첫 회기의 만남이 마지막 상담이 될 가능성이 크기 때문에 상담자는 이 회기에서 최대한 많은 것을 성취해야 한다. 따라서 첫 회기에는 다음과 같은 것이 필요하다.

(1) 분위기를 조성하라.
(2) 상담자가 내담자에게 무엇을 기대하는지 알려 주어라.
(3) 문제의 영역을 구체화하라.
(4) 감정을 탐색하라.
(5) 무엇이 이루어져야 하는지에 대해 서로 합의하라.
(6) 해결책이 될 수 있는 대안을 탐색하라. 상담을 계속하는 것이 대안 중 하나가 될 수 있음을 명심하라.

분위기 조성

상담자는 내담자의 현재 상황을 상상해 보라. 내담자는 다음과 같은 상태에 있을 가능성이 높을 것이다.

• 감정에 압도되어 있다.

- 무엇이 잘못되었는지 분명히 알지 못한다.
- 상황이 개선되지 않을까 봐 두려워하고 있다.
- 친구나 가족을 불편하게 할까 봐 염려한다.
- 무엇을 해야 할지에 대해 혼란스러워한다.
- 잘 알지도 못하는 사람(상담자)에게 이야기한다는 것을 불안해한다.

　요약하면 대부분의 내담자는 상당히 불편하고 어색한 상태에 있다. 제롬 프랭크(Jerome Frank)는 내담자들은 그들이 '기가 꺾여 있기' 때문에 상담실을 방문한다고 했다. 그가 이 어구를 사용했을 때는 내담자가 스스로의 문제를 독자적으로 해결하지 못한다는 점 때문에 느끼는 문제와 동시에 경험하는 무능력감을 표현하기 위한 것이었다.[2] 내담자는 낯선 사람 앞에서 자신이 사적인 부분을 드러내어 이야기해야 한다는 점과 또 비판받을 것이 두려워 대체로 불안해지기 쉽다. 하지만 상담이 도움이 될 것이란 희망을 가지기 때문에 자기의 속말을 한다.

　내담자는 이러한 불안 때문에 방어적인 태도를 취하는데, 이는 충분히 이해할 수 있으며 또한 타당하다. 내담자는 상담을 하면서도 계속해서 자신이 안전하다는 단서를 찾으려 한다. 따라서 상담자는 상담에 필요한 수준으로 내담자가 자신의 이야기를 꺼낼 수 있게 안전함을 느낄 수 있는 상담관계를 맺어야 한다.

　첫 면접에서 분위기가 조성된다. 무비판적, 우호적, 공감적, 개방적, 따뜻하지만 전문적인 분위기가 바람직하다. 문제는 우리가 이러한 조건들을 어떻게 조성할 수 있는가다. 상담자 스스로는 공감적이고 무비판적이며 내담자를 염려하기가 어렵지 않지만, 그러한 느낌을 내담자에게 전달하는 것은 어려운 일이다. 더욱이 이러한 우호적 특성을 보여 주기가 어려울 수 있는데, 특히 첫 회기에서 달성해야 하는 과제에 너무 몰입했을 경우 더욱 그렇다. 이러한 어려움이 있음에도 우호적이고 수용하는 태도를 전달하는 것이 바로 상담자가 해야 할 과제다. 상담자는 자신이 어떤 방식으로 말하고 그것이 상담 분위기에 미치는 영향에 대해 지속적으로 주의를 기울여야 한다. 그리고 상담 초기에 상담자는, 특히 공감, 따뜻함, 수용적인 태도를 전달하는 데 주력해야 한다.

내담자에게는 희망이 필요하다.[3] 처음부터 상담자는 낙관적이고 희망에 찬 태도로 상담을 수행해야 한다. 그러나 앞서 평가를 다룬 장에서는 잘못된 부분, 불편하고 화나게 하는 부분에 대한 관찰과 평가에 초점을 맞추어 논의했다. 그럼에도 상담자는 내담자의 문제가 해결될 수 있고 그들 스스로가 해결점 도달에 필요한 자원을 가지고 있다는 희망을 가져야 한다.

대부분의 사람이 상담이 효과적이라고 생각하며 내담자가 회복하고 싶을 때 상담을 선택하는 것을 보면 그들이 상담에 대해 낙관적이라는 것을 알 수 있다. 따라서 상담 초기부터 상담자는 희망적일 수 있는 진정한 이유를 가졌지만 상담자는 그러한 낙관적인 태도를 직접 전달해야 함을 기억해야 한다. '당신이 상담을 결정한 것이 기쁩니다(왜냐하면 당신은 문제를 해결하기를 원하고 상담은 도움이 될 것이며, 저 또한 상담을 통해 당신을 돕고 싶기 때문입니다).' '당신은 상담이 긴장되는가 보군요. 상담은 대체로 사람들에게 도움이 됩니다. 그리고 우리는 당신의 문제를 해결하기 위해 무엇을 해야 할지 함께 찾을 것입니다.'

초기 면접에서는 전문가로서 가져야 하는 거리를 설정한다. 제임스 매스터슨(James Masterson)이 말했던 '치료적 중립성'[4]을 설정하고 유지하는 것은 전문가의 의무에 속한다. 즉, 상담자는 중립적인 태도—내담자의 주변생활에 대해 전문가로서 관심은 가지지만 개인적으로 또는 감정적으로 관심을 가지지 않는 태도—를 유지해야 한다. 상담자는 친구나 연인, 부모의 역할은 하지 않도록 해야 한다. 이러한 관점에서 상담과정을 촉진시키는 일은 상담자의 책무인 반면 상담적 작업 자체에 대한 책임은 내담자에게 있다.

첫 만남 다루기

첫인상은 매우 중요하다. 내담자뿐 아니라 일반인도 화가 나거나 감정이 동

요되었을 때의 첫 만남은 전체적인 분위기를 좌우할 정도로 중요하다. 내담자
는 첫 만남에서 상담자가 어떤 사람인지, 무엇을 기대할 수 있을지 등에 대해
판단하게 된다. 자기소개, 전화통화, 대기실에서의 만남, 상담실에서의 대화
모두에서 상담자는 내담자와 관계를 형성하려는 전문가적인 의지를 전달하
는 것이 좋다.

　상담자가 학생이었을 때 가졌던 내담자와의 첫 만남은 상담기관에서의 실
습으로 이루어지는 경우가 대부분이다. 이러한 상황에서 내담자와의 첫 만남
방식은 이후 상담에 큰 영향을 미칠 정도로 중요하다. 상담과 상담자에 대해
어떻게 나쁜 인상이 형성되는지를 다음에 제시된 예를 들어 설명해 보자.

　　법학을 공부하는 20세 여성인 수잔은 부모의 이혼 걱정으로 학교 상담실을
　　방문했다. 첫 면담 후 상담자는 그녀를 적응장애로 진단했다. 그녀는 정서적
　　으로 매우 흥분하고 불안했지만 대체로 효율적인 대응기술을 가지고 있었다.
　　그녀는 실습에 좋은 사례로 여겨졌고, 대학원 상급 실습생인 로렌에게 의뢰
　　하려고 했다.
　　수잔과의 약속을 잡기 위해 접수대로 다가갔을 때 로렌이 마침 거기에 서
　　있었다. 그때 로렌에게 수잔을 의뢰하겠다고 설명한 후 지금 약속을 잡을 수
　　있냐고 물었다. 우리를 돌아보지도 않은 채 로렌은 "저는 5분 후에 수업이 있
　　어요. 나중에 다시 연락할게요."라고 무뚝뚝하게 대답하고 걸어 나갔다. 우리
　　는 서로 얼굴만 쳐다보았는데, 그때 수잔의 염려하는 모습을 볼 수 있었다. 로
　　렌은 관심이나 관계를 형성하려는 의지 또는 내담자에 대해 염려하는 마음을
　　전달하지 않았다. 로렌이 떠난 후 수잔은, "제가 다른 사람을 만날 수 있을까
　　요?"라고 물었고, 그때 그녀의 마음에 공감할 수 있었다.

이것은 상담의 첫 시작이 얼마나 중요한지를 보여 주는 대표적인 사례다.
말할 필요도 없이 이 첫 만남은 다른 식으로 전개될 수도 있었다. 이후 이에
대해 로렌에게 이야기했을 때, 그녀는 그 당시 매우 바빴고 그런 식의 소개가
상담관계의 한 부분이라고는 전혀 생각하지 못했다고 설명했다.

　로렌과 필자는 그녀가 수잔을 이해하는 방법과 반응을 다음과 같이 달리할 수

있을지를 논의했다. "수잔, 만나서 반가워요. 지금 시간을 정하면 좋겠지만 지금은 제가 수업에 들어가야 하거든요. 혹시 제가 전화해서(또는 오후에 이곳에 돌아올 즈음 제게 전화해 주셔서) 시간을 잡을 수 있을까요? 그때 이야기할 수 있기를 바라요."

일반적으로 개인적인 스타일이나 언제, 어디에서 첫 만남이 이루어지든지 간에 상담자는 말하는 방식에 항상 주의해야 한다. '당신의 어려움은 중요하고, 나는 당신과 상담하려는 의지가 있으며, 우리는 무엇을 해야 할지 함께 결정하게 될 것이다.' 라는 의사를 전달할 수 있어야 한다. 여기에서도 마찬가지로 상담자의 비언어적 행동(적절한 눈 맞춤, 미소, 악수 등)은 상담자가 말하는 내용('저는 여기에 있고 당신의 어려움은 제게 중요합니다. 저는 당신과 함께 상담할 준비가 되어 있습니다.')과 일치해야 한다.

기대의 조정

대부분의 내담자는 상담자가 무엇을 어떻게 하는지에 대해 매우 미숙한 지식만을 가지고 있다. 그들은 상담자를 영화에서나 보았거나 아니면 '도움' 받는 것이 얼마나 중요한가에 대한 텔레비전 토크쇼에서 나오는 설명 정도만 들었을 것이다. 그러나 이러한 대중적인 매체로 정보를 접한 내담자는 실제 상담에서 더 잘 준비하기보다는 오히려 혼란스러워할 가능성이 높다.[5] 그렇기 때문에 상담자는 첫 회기 상담에서 무엇을 기대해야 하는지 이해하도록 내담자를 도와줄 필요가 있다.

이를 위해 상담자는 첫 회기에서 무엇을 할 계획인지 바로 설명하는 것이 가장 좋다. 예를 들면, 상담자가 상담실의 자리에 앉자마자 다음과 같은 이야기로 시작할 수 있다. '당신이 상담에 대해 마음의 결정을 내렸다니 다행입니다. 먼저 오늘 우리가 무엇을 할지 알려 드리지요. 앞으로 한 회기는 50분 정도 진행됩니다. 우리 상담기관의 규정을 말씀드리겠습니다(예, '5회기까지의 상담에 대해서만 보험처리를 할 수 있습니다.' '상담료는 매 시간 마친 후 지불하시기 바랍니다.' '앞으로 보험 양식을 작성하게 될 겁니다.' 등의 중요한 상담실 규정에 대해서 알려 줄 것). 상담을 시작하기 전에 절차나 기관의 규정에 대해 질문하실 것은 없나요?

그 후 상담자는 다음과 같이 이야기할 수 있다. '물론 말하기는 쉽지 않겠지만, 이 상담으로 어떤 도움이 필요한지 말씀해 주시면 좋겠습니다. 그러면 그 문제를 풀기 위해 우리가 함께 노력할 수 있을 겁니다. 이제 당신이 요즘 겪었던 일을 말씀하실 차례입니다. 준비가 되셨나요?' 때때로 내담자가 필자의 상담 스타일을 이해하도록 다음과 같은 말을 덧붙이기도 한다. "저는 당신이 무엇을 느끼고 경험하는지 이해하려고 노력할 것입니다. 혹시 제가 뭔가 놓쳤거나 잘못 이해하는 것처럼 느껴지면 바로 제게 알려 주시기 바랍니다. 왜냐하면 저는 당신과 당신의 문제를 이해하려고 노력하기 때문입니다."

상담자가 첫 회기에서 내담자에게 어떤 역할을 기대하는지 알려 줄 때 상담자의 질문과 관련한 여러 가지 추측으로 내담자가 받을 수 있는 스트레스를 줄일 수 있다. 만약 상담자가 뭔가 기대하는 시선으로 가만히 앉아 있으면 내담자는 상담자가 무엇을 원하는지 결코 알 수 없을 것이다.

상담자는 개인적 스타일이나 상담 상황에 따라 내담자가 상담에 준비하도록 각자 나름대로의 방법을 개발한다. 상담자가 새로운 상담기술을 습득할 때 동료나 사례 지도자들은 각자 개발한 스타일이 얼마나 효과적인지에 대한 중요한 정보를 제공할 것이다. 그들이 제공하는 피드백에 열린 마음을 가졌다면 상담자는 타인이 나의 행동을 지각하고 받아들이는 방식에 대해 좀 더 깊이 이해할 수 있을 것이다(상담자들이 많은 경험을 가진 경우에도 피드백을 받는 것은 큰 도움이 된다).

호소 문제의 구체화

내담자의 호소 문제를 평가하는 방법은 이미 언급했다. 상담자는 내담자가 왜 지금 상담실을 방문했는지, 어떤 증상을 보이는지, 내담자가 어떤 문제로 작업을 원하는지 등을 이해할 필요가 있다.

첫 회기 동안 상담자는 내담자의 문제에 초점을 맞추어 구체화하려고 한다. 이것은 상담자가 내담자의 관점을 이해한다는 사실을 전달할 필요가 있음을 의미한다. 내담자는 수많은 사소한 사실과 기타 관련된 자료, 심지어 무관한 사실까지 설명하려고 할 것이다. 상담자는 내담자가 설명한 것을 토대로 일반화하거나 재구조화함으로써 그들의 문제를 작업 가능한 수준의 개념으로 구체화하고 초점을 맞출 필요가 있다. 즉, 상담자는 내담자가 말한 사소한 것을 조합해 상담자가 작업할 수 있는 문제로 재구성해야 한다. 그리고 이런 일을 할 때 상담자는 내담자가 자신의 문제를 이해하는 방식과 상응하는 언어를 사용할 필요가 있다. 다음은 이에 대한 사례다.

45세 특수교육 담당 행정가인 조안은 그녀의 스트레스 수준이 너무 높다고 판단한 주치의 소개로 나의 개인 상담실에 찾아왔다. 그녀는 의사의 말이 옳다면서 첫 회기 30분간 직업상의 스트레스가 주는 중압감과 결혼 문제, 심각한 우울을 경험하는 동생에 대한 염려, '너무 빨리 자라 버린' 17세 아들에 대한 슬픔, 그리고 시간만 있으면 알래스카의 자연 속에서 야영생활을 하고 싶은 소망 등 여러 가지에 대해 한꺼번에 쏟아 놓았다.

그녀는 장시간의 회의를 포함해 하루 12시간씩 일했고 세 개의 교육구에서 교육과정을 개발해야 하는 책임을 맡고 있었다. 그녀가 집에 돌아왔을 때는 항상 사이가 소원한 남편에 대해 걱정했으며, 그녀의 아들은 더 이상 그녀를 필요로 하지 않았다.' 그녀는 우울증으로 고생했던 아버지와는 그녀가 다르다는 점을 인식했고, 곧 괜찮을 것이라 생각했다. 그녀는 자신의 불안이 인생의 한 부분일 뿐 의사가 문제 삼기 이전까지는 그로 인해 받는 영향을 깨닫지 못하고 있었다. 그녀는 자기 자신이나 상황에 대해 별로 좋지 않게 생각하였다.

조안의 문제를 구체화하고 초점을 맞추기 위해 나는 다음과 같이 말했다. "당신의 주치의는 당신 생활이 엉망이 되었다고 생각하고 당신 또한 그 생각에 동의하는 것 같군요. 또한 당신은 많은 스트레스를 받고 즐거운 시간은 거의 없어 보이는군요." 여기에서 중요한 것은 다음의 두 가지 목표를 달성하는 것이다. 즉, 상담의 목표를 설정하기 위한 기반을 마련하고 이후 탐색을 위한 기회를 가지는 것이다.

더욱이 내담자의 이야기 내용을 요약할 때에는 내담자의 느낌을 배제해서는 안 된다. 여기에서는 문제의 내용과 그 문제에 대한 내담자의 느낌을 분리했는데, 그것은 내용을 명료하게 전달하기 위해서였다. 실제 상담에서는 상담자가 내담자에게 말할 때 발생한 사건과 그 경험에 관련된 감정을 상담자도 이해하고 동시에 내담자도 이해할 수 있게 도와주어야 한다.

감정 탐색

첫 만남에서는 상담자가 내담자에게 감정 표현의 기회를 주는 것이 중요하다. 어떤 내담자는 이미 마음의 준비가 되어 있어 상담을 시작하자마자 그들의 감정을 명료하게 표현한다. 반면 다른 내담자는 자신의 감정을 기술하지 못해 다소 어려운 시간을 보낸다. 따라서 상담자는 '그 일에 대해서 어떻게 느끼십니까?' 라고 묻거나 '그 일 때문에 화가 난 것 같군요.' 라고 추측함으로써 내담자의 감정을 끌어낸다.

조안은 자신이 불안하다고 했다. 그녀는 잠을 자기가 어려웠고 자주 안절부절못하는 경험을 했다. 그녀는 자주 피곤해하고 눈물을 쉽게 흘리며 점점 일에 집중하기 어려워졌다. 그녀는 심하게 운동하고 때로는 마리화나를 피우기도 했으나 역설적이게도 이러한 증상들을 자신이 받는 스트레스와는 관련짓지 못했다. 오히려 그녀는 이러한 문제가 자신이 '기질적으로 약하기' 때문이라고 믿었다. 그녀는 스스로 '만성적으로 우울했던' 자신의 오빠와 비슷해질까 봐 염려했다. 그녀는 자신의 감정을 숨겨야 하는 오점으로 생각했지만, 그럴수록 더 불안해졌다.

상담자는 내담자의 고통스러운 감정이나 경험을 탐색할 때 공감적이며 온정적인 태도를 유지해야 한다. 공감만으로는 충분하지 않으며, 상담자는 그러한 이해와 공감을 표현할 준비가 되어야 한다. 앞에서 시사했듯이 상담자는 내담자의 감정에 대해 상담자가 이해한 바를 요약함으로써 공감할 수 있는데, 이 같은 공감은 두 가지 이유 때문에 표현한다. 즉, 라포를 형성하고 내담자를 명료하게 이해할 수 있는 기회를 만들기 위해서다.

상담 관련 연구에서는 공감의 전달과 상담의 진전이 밀접한 관계가 있음을 보여 준다.[6] 따라서 상담자는 경청하는 동시에 내담자의 관점에서 그의 어려움을 이해하고 있음을 전달해야 한다. 이것은 내담자가 했던 말 중 중요한 측면을 암시하는 단어나 어구를 사용하여 상담자가 내담자의 생각과 감정을 요약하고 반영함으로써 가장 잘 전달된다.

이보다 더 중요한 것은 상담자가 이해하는 바를 기술하고 전달하는 중에 놓친 것이 있다면 내담자에게 상담자의 반응을 수정할 기회를 주는 것이다. 상담자는 다음과 같은 말로 자신이 잘못 이해한 것의 수정할 기회를 내담자에게 많이 주는 것이 좋다. '제가 올바로 이해했나요?' '제가 틀렸다면 (또는 잘못 이해했다면) 말씀해 주시기 바랍니다.' 또는 '제가 당신 말을 제대로 이해한 것인가요?' 이러한 반응은 상담관계에서 상담자가 올바른 주파수로 되돌아오도록 수정할 기회를 내담자에게 줄 수 있다.

주요 주제에 대한 동의

초기 면접에서 시간을 염두에 두는 것(또는 시계를 볼 수 있는 자리에 두는 것)은 중요한다. 왜냐하면 문제에 대해서 상담자가 내담자의 동의를 끌어내고 그 다음 회기에 무엇을 할지 논의할 충분한 시간이 필요하기 때문이다. 대부분의 경우 첫 면접의 마지막 부분을 다루기 위해서는 10~15분이 필요하다. 이 부분은 다음과 같이 다루어질 수 있다. "○○ 씨는 오늘 많은 이야기를 하셨는데요, 오늘 시간이 다 가기 전에 제가 몇 가지 피드백을 드리고 그에 대해 당신도 오늘 회기에 대한 반응을 알려 주시면 좋겠습니다. 그래야 다음 시간에 무엇을 다룰지 결정할 테니까요."

이 시점에서 상담자는 자신의 판단 기준에 따라 내담자의 문제를 간략히 요약하는 것이 좋다. 조안의 예를 든다면 상담자는 "조안, 더 많이 진전되기 전에 몇 가지 피드백을 드리고 싶네요. 그러고 나서 당신의 첫인상을 듣고 싶습니다."

조안은 고개를 끄덕였고 나는 말을 계속했다. "앞에서도 언급했지만 당신이나 주치의는 객관적으로 그럴 만하다는 수준 이상으로 불안해하고 있습니다. 당신은 직장에서의 스트레스와 불만족스러운 결혼생활에 대해 언급했습니다. 그러나 이런 일들이 당신을 괴롭히게 방치한다면 스스로 더 혼란스럽고 염려할 것이라는 점을 당신도 지적했습니다. 당신 오빠가 그랬듯이 말이지요. 이런 이야기들이 당신의 문제에 대해 스스로 이해하는 바를 제대로 반영하고 있습니까?"

그 후 상담자는 내담자에게서 그들의 관점에 따른 피드백을 받는 것이 좋다. 조안은 다음과 같이 반응했다. "그래요. 저는 스트레스를 덜 받았으면 좋겠고 제 삶도 더 긍정적으로 느꼈으면 합니다. 하지만 저는 스스로의 생활을 잘 즐기지 못하고 무엇을 어떻게 해야 할지 모르겠어요."

이 시점에서 나는 다음과 같이 말했다. "우리는 몇 가지 대안을 생각해 볼 수 있습니다 ……."

대안 검토

어떤 때는 내담자의 문제를 탐색하고 그가 경험하는 문제와 관련된 감정 표현의 기회를 가지는 것만으로도 충분할 때가 있다. 또는 해결책이 분명하고 내담자가 더 이상 도움을 받지 않아도 자신의 문제를 해결할 수 있을 것처럼 생각되는 경우도 있다.

이런 경우라면 상담자는 내담자의 문제와 앞으로 할 일에 대한 결정을 요약한 후 상담을 종결하면 된다. 그리고 내담자에게 질문은 없는지 묻고 앞으로 필요하다면 상담을 더 받을 수 있음을 알리고 종결한다.

하지만 위의 경우보다 상담자는 여러 가지 대안에 대해 이야기를 나눠야 하는 경우가 더 많다. 조안의 경우 첫 회기는 다음과 같이 마무리되었다. "조안, 당신은 몇 가지 해 볼 수 있는 대안이 있어요. 첫째, 당신은 지금처럼 계속 살 수도 있습니다. 둘째, 당신은 의사가 주는 약물을 계속 복용하고 상황이 좋아지도록 스스로 노력할 수도 있습니다. 셋째, 당신은 약물을 계속 복용하면서 동시에 당신의 일과 관련된 스트레스가 어디에서 발생하는지 알아내고, 자신과 주변 상황을 변화시키면서 당신에 대해 더 긍정적으로 느끼고 즐겁게 살도록 노력할 수도 있습니다. 이 점에 대해 좀 더 생각해 보고 싶은가요? 아니면 어떻게 할지 결정할 준비가 되었는지요?"

이러한 선택방안은 모두 포괄적이며 일반적이다. 상담자가 포괄적인 제안을 함으로써 그 이후 내담자가 어떤 결정을 할지에 대해 좀 더 분명한 아이디어를 얻을 수 있다. 조안은 분명히 세 번째 대안을 원했다. 그녀가 그런 결정을 내림으로써 그 이후 단계로 쉽게 넘어갈 수 있다. 반면 내담자가 더 많은 시간이 필요하거나 상담보다는 약물 복용을 더 원한다면 상담자는 내담자의 그러한 결정과 의견을 지지해 주는 것도 필요하다. 내담자에게 상담을 받으라고 강요하는 것은 좋은 방법이 아니다. 이 방법은 성공하지 못할 뿐 아니라 그 대안에 내담자가 순응하더라도 싫어할 경우 오히려 부작용을 초래한다.

그녀는 상황이 개선되기를 원하며 자신이 상황을 좀 더 잘 통제하지 못한 것에 당혹해했다. 우리는 상담이 일회성에 그치지 않을 것이라는 점에 동의한 후 진단과 상담계획에 대해 논의하기 시작했다.

진단 내리기

진단이 어떤 과정을 거쳐 내려지는지를 논의하기 이전에 정신적인 문제에 대한 진단의 발전과정 역사를 간략하게 소개하고자 한다. 심리치료와 상담은 치료 전에 진단이 필요한 의학적 전통에 뿌리를 두고 있다. 의사와 환자는 특정한 진단이 필연적으로 특정한 처치방법을 제시할 것이라고 가정한다. 대부분의 의사와 세계보건기구는 의학적 문제를 진단하기 위해 국제질병분류체계(ICD-10)를 사용한다. 그러나 초기 ICD 체계에는 '정신적 장애'를 포함하지 않고 있었다.

통계적 자료를 축적하고 정신적 문제에 대한 전문가 간의 의사소통 촉진을 위해 미국정신치료학회는 나름의 분류체계를 개발했다. 이 분류체계는 정신장애에 대한 진단 및 통계편람 제1판 『Diagnostic and Statistical Manual of Mental Disorder, DSM-I』이라는 이름으로 1952년에 출간되었다. 이때부터 ICD와 DSM 체계는 정신장애와 관련한 서로 대응되는 질병 기술방식과 번호 등이 포함되었다. 그 후 두 편람은 사용자의 요구와 최근의 발견을 반영하기 위해 지속적으로 개정되었다.

DSM 체계 내에서 가장 변화를 많이 겪은 것은 정신장애와 정신장애가 아닌 것을 구분하는 기준이다. 예컨대, 신경증이라는 개념은 지나치게 정신분석이론 관점을 반영한다고 하여—현재는 장애를 기술하기 위해 행동적인 용어들이 사용되고 있다—더 이상 사용되지 않는다. 히스테리적 성격은 히스테리성 성격장애로 수정되었다. 왜냐하면 전자가 부정적인 의미를 내포하기 때문이다.

분류항목 중에서 동성애는 더 많은 수정과정을 거쳤다. DSM 체계의 1952년과 1968년 판에서는 동성애는 정신질환으로 분류되었다. 그러나 1980년, DSM-III의 개정작업을 수행했던 위원들은 성적인 선호가 더 이상 병리의 진단대상이 될 수 없다는 사회활동가들의 압력으로 결국 그들의 주장을 받아들였다. 이후 동성애는 스스로 그러한 특성에 불편감을 느끼는 경우를 제외하고는 정신병리에 해당하지 않게 되었다. 1987년, DSM-III-R에서 그 항목은 동성애는 그 어떤 조건에서도 정신병리의 조건이 될 수 없다는 전문가들의 의견이 수용되어 아예 DSM 체계에서 삭제되었다.

이 예는 DSM 체계가 지속적으로 변화된다는 점을 잘 보여 준다. 1994년에 개정, 출판된 DSM-IV는 앞으로의 후속연구를 위한 17개의 새로운 범주를 소개하고 있다. 혼재성 불안-우울장애, 해리성 최면장애, 월경 전 불쾌장애, 과식장애, 수동-공격성 성격장애 등이 여기에 포함된다. DSM 체계에 어떤 장애를 포함하고 제외할 것인가의 문제와 관련된 정치, 사회적인 논란은 매우크다. 그러나 그러한 문제들은 이 책의 범위를 벗어나므로 여기에서 다루지 않겠다. 여기에서는 진단을 내리는 과정에서 우리가 현재의 정치, 사회적인 주제에 민감해야 한다는 점을 강조하는 것으로 충분할 것이다.

전 세계적으로 ICD-9는 정신적 장애를 포함한 모든 질병을 분류하는 편람으로 사용되고 있다(물론 ICD-10이 1992년에 출판되기는 했지만 1990년 말까지 미국 내 병원에서 널리 사용되지 않았다).[7] 미국에서는 DSM-IV와 ICD-9에 근거한 분류체계가 보험회사에서 받아들여지고 있다.[8] 그러나 대부분의 정신건강 관련 기관이나 전문가협회에서는 DSM-IV의 정밀성과 다축체계의 활용도 때문에 DSM-IV의 사용을 권장하고 있다.

DSM-IV는 상담개입의 방법을 구체화하기 위해 개발된 것이 아니다. DSM-IV의 다축체계는 증상군을 확인하고 의학적 문제, 스트레스를 주는 요인 그리고 일반적인 기능에 대한 부가적인 자료를 제공하기 위해 고안되었다.

수많은 정신건강 전문가는 이와 같은 공식적인 진단이 상담에 제한적인 효용성만 있을 뿐이라고 생각한다. 어떤 전문가는 증상에 이름을 붙여도 개입에 대해 알려 주는 것이 없기 때문에 중요하지 않다고 주장한다.[9] 또 다른 전문가는 그러한 이름을 붙임으로써 내담자를 삶의 문제가 아닌 병리 기준으로 이해하는 결과를 초래한다고 비판한다.[10] 정신건강 전문가를 대상으로 한 조사에 의하면 DSM 진단체계를 사용하는 사람의 대부분은 다른 용도보다는 보험이나 법적인 문제를 해결하기 위해 사용하는 것으로 드러났다.[11]

이러한 비판이 타당성이 있든 없든 간에 상담자는 모든 보험기관, 대부분의 정신건강촉진기관, 연구자, 연구 및 후원재단, 교육 프로그램 그리고 일부 사법기관에서 이 체계를 사용할 것을 요구한다. 다시 말하면, 상담자가 상담한 후 상담료를 받으려면 진단결과를 제출해야 한다. 뿐만 아니라 미국의 경우 대부분의 주에서는 학위와 면허를 가진 사람에게만 진단을 내리고 심리치료를 하도록 허용한다. 이것은 상담자가 면허를 취득하려면 이와 같은 중요한 기능을 수행할 수 있도록 준비해야 함을 의미한다.

이러한 이유 때문에 상담자는 DSM-IV를 기준으로 진단을 내리는 방법을 습득해야 하고 진단을 내릴 때는 실용적이면서도 효용성 있는 태도로 임해야 한다.

내담자를 평가, 진단하는 데 도움이 되는 체계적이고 구체적인 질문으로 구성된 '구조화된 임상적 면접'의 틀이 다양하게 제시되고 있다. 이러한 체계는 연구를 위해 크게 도움이 되지만 평가도구로도 훌륭하게 기능한다. 이러한 틀은 대체로 신뢰할 수 있지만 내담자에 따라 달리 변형할 수 있는 유연성이 부족하기 때문에 임상적인 가치는 다소 제한적이다.[12] 상담자가 어떤 방법을 사용하든지 간에 기본적으로 DSM-IV를 기준으로 진단을 내릴 줄 알아야 하며, 내담자에게 도움이 되도록 그러한 진단을 사용하는 방법 또한 습득해야 한다.

다축체계의 사용

DSM-IV의 유용한 특징 중 하나가 다축체계다. 각 축은 내담자 기능의 다양한 측면을 의미한다.

〈제1축〉
- 정신분열, 공황장애, 성적 장애 및 성 정체감 장애, 알코올 중독 등과 같은 내담자의 현재 문제로 기술되는 임상적 장애
- 한 가지 이상의 진단 가능
- 가장 먼저 기술된 호소 문제가 우선순위

〈제2축〉
- 성격장애, 정신지체

〈제3축〉

• 일반적인 의학적 상태

〈제4축〉

• 심리사회적, 환경적 문제로서 다음과 같은 범주로 기술됨. 일차적인 지지집단과의 문제, 사회적 환경과 관련되는 문제, 교육적 문제, 직업적 문제, 주거의 문제, 경제적 문제, 건강 서비스 문제, 법적 체제와 범죄와의 문제, 기타 심리사회적 문제 등

〈제5축〉

• 전반적인 기능평가(GAF)
• 1점에서 100점(낮은 점수일수록 덜 기능적인 사람을 의미)
• 점수 뒤에는 그 평가가 현재, 과거의 최상 상태 또는 퇴원 때인지를 구분하여 표기

이 편람을 사용하기 위해 상담자는 DSM-IV에서 '편람의 사용' 부분을 숙지해야 한다. 1~14쪽[역자 주: 국내판 기준]까지는 분류 절차 외에 부호, 보고방식 등도 소개되어 있다. 이 편람의 원본에 익숙해지면 상담자는 요약본이 매우 유용함을 알 수 있을 것이다. 요약본은 작아서 휴대가 간편하며 진단 내리는 데 필요한 기본적 범주는 모두 포함되어 있어 유용하다.

진단 내리기

진단을 내리기 위해서 상담자는 '임상적으로 중요한' 증상의 군집을 확인해야 한다. DSM-IV는 상담자들에게 임상적으로 중요한 증상들이 고통, 장애, 역기능을 일으킨다는 사실을 알려 준다. 그리고 고통, 장애, 역기능 때문에 내담자는 생활에서의 자유로움을 상실할 위험성뿐 아니라 사망할 가능성 또한 높아진다. 더욱이 그러한 증상들은 정상적인 사람들에게는 나타나지 않

으며, 사랑하는 사람의 죽음과 같은 사건에 대한 애도반응처럼 문화적으로 인정되는 반응도 아니다.[13] 우리는 이미 수면, 섭식, 성행위, 약물사용, 사고유형, 기분 그리고 자존감 등의 일상적 기능과 관련된 증상들을 평가하는 방식에 대해 이미 논의했다. 그러고 나면 상담자들은 내담자가 보여 주는 증상의 군집을 가장 잘 기술하는 진단범주를 찾는다.

따라서 각 회기, 특히 첫 회기에서 상담자는 내담자에게서 증상을 찾아보려고 한다. 조앤과의 상담에서 조앤은 다음과 같이 말했다.

> "저는 커피를 마시지도 않았는데도 신경이 예민해져요." (불안)
> "저는 제게 익숙한 일을 하면서도 실수를 범할 것이라는 생각을 항상 하곤 해요." (염려)
> "저는 일을 망치기가 두려워 아무것도 시도해 보지 못해요." (낮은 자존감)
> "저는 아무 이유 없이 너무 많이 자주 울어요." (울음발작)
> "저는 걱정이 너무 많아 밤에 잠을 잘 수가 없어요." (수면장애)
> "저는 주변에 일어나는 일들에 대해 주의를 기울이기 어렵다고 느껴요" (주의집중장애)
> "저는 더 이상 참을 수가 없어요. 제 남편은 이미 저와 멀어졌고, 그는 제가 우는 것에 질려 버렸대요. 저는 항상 걱정이 많아 앞으로는 일하러 가기도 어려워질 거예요." (내담자의 현재 기능수준을 심각하게 저하시키는 증상)

앞에서 논의했듯이 상담자는 이러한 증상을 발견하면 각 증상의 중요성을 명료하게 이해하는 데 도움이 되는 사항들, 즉 얼마나 자주, 얼마나 길게, 언제, 어디에서, 왜 등에 관한 질문을 해야 한다.

어떤 내담자는 상담자가 자신의 증상에 대해 진단을 내려 줄 것이라고 기대하며 그러한 정보를 보험회사에 제공해야 한다는 점을 이해하고 있다. 다른 내담자는 이러한 과정에 대해 전혀 알지 못하고 무방비 상태이기도 하다. 따라서 상담자는 모든 내담자에게 그들의 증상에 대한 진단명과 그 진단명이 어떻게 사용될 것인지를 충분히 설명해 주어야 한다.

조앤과의 상담에서 그랬듯이, 어떤 경우에는 진단을 내리는 과정에 내담자를 함께 참여시킬 수도 있다. "보험회사에서 진단을 필요로 하고 있는데, 제 생각에는 이 상담에서 구체적으로 어떤 문제에 초점을 맞추어 상담할지 논의하는 것도 좋을 것 같군요. 이에 대한 당신의 의견을 듣고 싶습니다." 상담자는 내담자가 어떤 진단명으로 자신의 문제를 기술할지를 질문할 수 있다. 이러한 과정은 진단은 계속적인 과정으로 그 진단명은 바뀔 수도 있음을 내담자에게 알려 줄 수 있는 기회가 되기도 한다.

조앤에게 그녀의 보험회사가 DSM-IV의 다축체계에 따른 진단명을 요구하고 있다는 점을 설명한 후, 어떤 진단명을 보험금 지급양식에 써 넣을지에 대해 논의했다. "조앤, 당신의 설명에 따르면 범불안장애라는 진단이 당신의 증상에 적절할 것 같습니다. 당신은 불안을 느끼고 주의집중이나 잠드는 데 어려움이 있고 또 걱정이 많다고 했습니다." 그리고 그녀의 낮은 자존감과 울음 발작은 우울증의 가능성을 보여 주기도 한다고 설명했다. 그 후 필자는 이에 대한 조앤의 생각을 물었다. "이런 점에 대해 스스로 어떻게 생각하나요?" 처음에 그녀는 자신이 진단을 받을 만큼의 문제를 가지고 있다는 것에 두려움을 표시했다. 그러나 한편으로는 보험회사가 자신의 상담비용을 제공해 주기를 원했다.

그녀는 "저는 항상 불안하고 긴장하고 있어요. 스트레스가 너무 많아 죽을 것 같아요."라고 말했다. 상담자와 내담자가 진단명에 대해 동의하는 것은 그들이 특정 문제에 관해 작업하고자 하는 계약을 확실히 맺는 방법 중 하나가 될 수 있다. 그녀가 불안의 경감을 원한다는 점은 분명했다. 그녀는 자신의 증상이 고통스럽고 때때로 일상생활을 하지 못하도록 방해하고 있으며 이러한 증상은 수년간 지속되었다. 증상이 지속되는 기간은 내담자나 상담자 모두가 고려해야 할 매우 중요한 요소다.

상담자들이 DSM-IV 분류체계에 익숙할수록 진단을 좀 더 능숙하고 정확하게 내릴 수 있다. 조앤에게 내려진 진단과 그러한 진단을 내리게 된 배경을 살펴보자.

〈제1축〉

- 일반적 불안장애 300.2: 조앤은 다음과 같은 이유로 이 진단명이 적절하다. 그녀는 직장과 대인관계 영역의 기능이 심각하게 저하되고 있다. 그녀는 불안하고 걱정을 심하게 하는 경우가 많으며 수면에 어려움이 있다. 그녀의 자존감은 낮으며 울음발작을 일으키는 경우가 잦다. 대마계 제제 의존, 남용 또는 중독과 같은 진단은 포함시키지 않았다. 왜냐하면 그녀는 그러한 약물을 간헐적으로 사용하며 그것 때문에 사회적 또는 직업적 기능이 저하되고 있지는 않기 때문이다. 그리고 가족 내력인 우울증과 조앤의 낮은 자존감, 울음발작 때문에 기분부전장애 진단명 역시 적절할 수 있다고 생각했다. 그러나 그녀는 자신의 불안(호소 문제)을 경감시키는 것을 가장 중요한 문제로 고려하고 있기 때문에 범불안장애로 잠정적인 진단을 내렸다.

〈제2축〉

- 축2의 진단은 보류: 그녀의 가족력과 그녀의 문제가 오래되었다는 점을 고려할 때 제2축의 성격장애도 고려해 볼 수 있다. 그러나 현 시점에서 그녀의 역기능적 행동이나 주요 사건들에서 얻을 수 있는 자료를 살펴보면 제2축의 진단을 내릴 정도로 충분한 증거를 찾을 수 없었다.

〈제3축〉

- 과도한 긴장: 약물을 사용하지 않고 있음
- 난소 낭종: 접수면접 양식 기술됨

〈제4축〉

- 그녀의 심리사회적 어려움 분석: 결혼생활 문제, 아들을 집에서 떠나 보내야 하는 과정에서 겪는 스트레스, 직장에서 요구하는 과제를 수행하기 어려울 것 같은 걱정

〈제5축〉

- GAF = 55(현재): 조앤이 개인적으로 중간 정도의 고통, 중간 정도의 사회적, 직업적 어려움을 겪는다고 평가했다.
- GAF = 65(지난 해): 조앤은 그녀의 아들이 나이가 들어가고 남편과의 관계가 소원해지며 그녀의 직장에서 겪는 스트레스 등이 지난 4개월간 계속 증가했다고 설명했다. 그 결과 지난해에 비해 현재의 기능에 좀 더 많은 장애가 있었다.

진단을 내리기 위해 거쳐야 할 단계

지금까지의 논의를 요약하면 다축체계에 의한 진단을 내리기 위해 상담자는 다음과 같은 단계를 밟게 될 것이다.

(1) 상담자가 발견한 모든 증상을 열거하라: 상담 초기에는 상담자가 관찰한 모든 증상을 열거하는 것이 도움이 될 것이다. 또한 각 진단기준에 익숙해지는 것도 유용하다. 그러나 경험이 많은 상담자라도 DSM 매뉴얼을 가까이 두고 진단기준을 제대로 적용하는지 체크하는 것이 좋다. 그 후 상담자가 확인한 증상과 문제를 가장 잘 기술하는 진단명이 무엇인지 고려해 보라.

(2) 변별진단과 두드러진 특성에 유의하여 DSM-IV의 진단기준을 면밀히 검토하라: DSM-IV에서는 여러 가지 진단을 복합적으로 내리는 것보다 변별진단 기준에 좀 더 유의해야 한다고 강조한다. 더욱이 상담자는 현재나 이전에 있었던 내담자 문제 발전과정을 명료하게 이해하기 위해 세부진단이나 증거자료에 좀 더 주의를 기울일 필요가 있다. 그리고 신경성 식욕부진증의 경우 '제한형' 또는 '폭식 및 하제 사용형'으로 구분되는 것처럼 장애의 하위유형을 구체화할 필요가 있다. 또는 상담자는 내담자의 장애가 언제 발생하는지(예, 중독상태에서 발병하는지 아니면 위축상태

에서 발병하는지), 또는 장애가 급성인지 만성인지 등에 대해서도 구체화해야 한다. DSM-IV는 언제 세부진단이 필요한지 상담자에게 알려 주고 진단을 내릴 때 무엇을 언급해야 하고 어떤 세부진단을 어떻게 기록해야 하는지 분명하게 알려 주기 때문에 매우 유용하다.

(3) **필요하면 진단적으로 불분명한 것을 표기하기 위해 규정집을 활용하라:** 상담자는 내담자에게 어떤 진단을 내려야 할지 불확실한 경우 진단을 보류할 수 있다. 내담자가 정신장애가 있다는 근거는 충분하지만 구체적인 유형을 확인하기에는 자료가 불충분하다면 상담자는 불특정형 정신장애(비정신증적) 300.9 또는 (정신증적처럼) 세부진단에 대해 상담자가 알고 있는 만큼만 명기할 수 있는 장치가 있다. 또한 상담자는 '잠정적인 진단'임을 명기하기 위해 괄호 속에 '잠정적'이라는 용어를 사용할 수도 있다.[14]

(4) **진단명을 결정하라:** 시간이 지나 상담자가 충분한 근거자료를 가졌을 때 상담자는 진단명에 붙었던 괄호를 떼고 진단에 대한 자신의 의견을 진술할 수 있다. 상담자가 DSM 다축체계에 의한 진단을 내려야 하는지, 아니면 제1축이나 ICD-9에 의한 진단만 내려도 되는지는 보험회사나 상담자가 일하는 직장의 규정, 서비스의 종류, 자금을 제공하는 재단의 규정에 의해 결정된다.

(5) **다른 축을 위해 필요한 정보를 채워라:** 이미 언급한 다섯 개의 표준 정보 외에 DSM-IV는 세 개의 부가적인 평가체계를 제시하고 있다. 그것은 방어기능 척도, 관계기능에 대한 포괄적인 평가(GARF), 사회적 · 직업적 기능평가척도(SOFAS) 등이다. 이러한 정보는 사례발표를 준비할 때 특히 흥미롭게 사용될 수 있다. 방어기능 척도는 적응적, 부적응적인 방어기제에 대한 양질의 정보를 제공하며 이 측면의 평가는 크게 도움이 될수 있다.

(6) **진단을 내린 후 파생될 결과를 고려하라:** 상담자의 진단이 내담자에게 오히려 문제를 초래할 우려가 있다고 생각되면 상담자는 그 결과를 고려해

야 한다. 상담자는 그들이 관찰한 것을 정확하게 보고할 윤리적 의무가 있으며 그 의무를 다해야 한다. 그러나 상담자가 붙인 진단명이 앞으로 어떻게 사용될 것인지에 대해서도 인식하고 있어야 한다. 자신의 진단 결과를 고용주에게 알리기 원하지 않는 내담자의 경우 진단명 부여가 심각한 결과를 초래할 수도 있다. 내담자의 진단정보가 일단 보험회사나 건강관리공단에 알려진 후에는 그 정보에 대한 비밀유지를 보장할 수 없기 때문에 상담자는 원치 않는 결과가 발생할 수도 있음을 내담자에게 미리 알려 주어야 한다. 예컨대, 직원지원프로그램(EAP)의 일환으로 상담혜택을 받을 수 있었던 한 내담자는 경찰관의 진단명이 강박적 도박이었기 때문에 상사에게 자신의 진단명이 알려지기를 원하지 않아 상담료를 자비로 지불하였다. 대부분의 경우 진단이 제2축에 해당하는 경계선 성격장애, 히스테리성 또는 반사회적 성격장애의 경우처럼 치유가 불가능하다고 여겨지는 경우 내담자는 보험회사에서 상담비를 지원받을 수 없다. 또한 결혼 문제(부부간 관계 문제)처럼 의학적 처치가 필요하지 않은 경우에도 역시 지원받을 수 없다. 그런데 역설적이게도 보험회사는 의학적으로 필요한 경우에 대한 규정이 분명하지 않은 경향이 있다.

(7) 슈퍼바이저와 함께 진단을 검토하라: 진단을 내리는 과정에서 경험하게 되는 딜레마나 위에서 언급한 윤리적인 측면의 고려사항 때문에 상담자는 동료나 슈퍼바이저의 조언을 받고 그들의 전문적인 견해를 함께 나누는 것이 필수적이다. 이렇게 하는 것이 양질의 서비스를 제공하는 상담이다. 상담자가 면허증이나 자격증이 없을 경우 슈퍼바이저의 경험에서 배우기 위해서뿐 아니라 법 준수를 위해서라도 슈퍼바이저와 함께 상담사례를 검토해야 한다. 그리고 상담자는 공식적인 모든 문서에 슈퍼바이저의 서명을 받아야 한다. 그러나 여러 해 동안 많은 상담 경험을 한 상담자라도 복잡하거나 해결하기 어려울 때 자문을 구해야 한다.

(8) 내담자에게 진단결과를 알려 줘라: 앞에서도 언급했듯이 상담자가 그들의

문제가 무엇이며 어떻게 개입할 것인지에 대해 알려 주는 것이 좋다. 정보가 제공된 후 동의라는 상담자의 의무사항을 수행한다는 의미에서 상담자는 진단 관련 정보를 이해하도록 도와야 한다. 내담자는 그들이 가진 문제의 진단명이 무엇이며 그 진단명이 상담기록에 올라갈 때 발생할 수 있는 결과에 대해 알 권리가 있다. 더욱이 많은 상담기관은 내담자가 동의했다는 것을 분명히 하기 위해 진단이나 상담계획에 대해 서명하도록 요구하고 있다.

(9) 내담자에게 진단 관련 기록을 알려 줘라: 내담자는 자신에 관한 모든 기록을 열람할 수 있는 법적인 권리를 가지고 있다. 상담자는 내담자가 진단과 상담개입에 관련한 모든 기록을 열람하겠다는 요구를 언제든 할 수 있음을 인식해야 한다. 그들은 그러한 기록들이 어떻게 보관되고 자신 이외에 누가 열람할 수 있는지를 알고 싶어 한다. 대부분의 경우 전문가의 기록에 대한 비밀은 주법에 의해 보장된다. 이 말은 내담자의 서면동의가 없이는 그 어떤 기록도 열람될 수 없다는 의미다. 그러나 내담자는 보험금 지불혜택을 받기 위해 자신의 권리를 부분적으로 포기하고 보험회사에 진단기록을 열람하게 한다. 정보는 한 번 유출되면 그 정보가 어떻게 사용되는지 상담자는 더 이상 통제할 수 없다. 따라서 상담자는 내담자에게 지금이나 앞으로 그들의 진단정보를 누가 열람할 수 있는지에 대해 알려 주어야 한다.

(10) 진단명이 내담자에게 어떤 영향을 끼칠지 고려하라: 내담자는 상담자가 붙이는 진단명에 대해 묻지 않거나 별 관심을 보이지 않는 경우가 종종 있다. 그러나 대부분의 내담자는 자신의 진단명을 알아두는 것이 많은 도움이 된다. 그러한 지식은 내담자 자신을 이해하거나 통찰할 수 있게 한다. 이런 맥락에서 진단은 내담자에게 자신의 문제에 유의하게 하고 증상을 고치려고 도전하게 한다. 그러나 어떤 내담자는 자신의 진단명을 하나의 핑곗거리로 사용하려 한다는 점 또한 상담자는 기억해야 한다. '나는 조울증이야. 그러니까 내 카드 빚이 항상 이렇게 많지.' 또

다른 내담자는 그들의 상태가 진단 조건에 맞아떨어진다는 생각만 해도 자신의 인생이 파멸될 것처럼 느낀다. 내담자가 자신이 받게 될 진단명에 어떻게 반응할지를 생각하고 민감한 태도를 취하는 것은 상담자의 의무에 속한다.

진단에 대해 내담자와 이야기를 나눌 때 상담자는 앞에 제시한 모든 영역을 다루어야 한다. 물론 상담자는 내담자가 그들의 증상을 없애기 위해 상담자가 어떤 계획을 세우는지 이해하기를 원한다. 이제 상담계획에 대해 논의하도록 하자.

상담계획의 수립

집을 수리할 때의 청사진이 어떻게 수리할 것인가에 대한 계획을 보여 주듯이 상담에서 상담계획은 상담의 전개방향에 대한 청사진을 제공한다. 건축에서의 청사진은 전문가에 의해 그려지지만 동시에 집 소유자의 요구가 있어야 하고 함께 의논하며 그의 요구를 반영하여 그려진다. 상담도 마찬가지다.

상담계획은 그 계획이 어떻게 사용될지에 따라 다양한 방식으로 세워진다. 상담계획이 세워지는 절차는 대부분 세 단계로 구성된다. 즉, (1) 상담목표의 설정, (2) 상담목표를 성취하기 위한 계획의 구체화, (3) 보험회사나 건강관리공단에서 요구하는 기준의 준수다.

상담목표 설정과 계획 수립

우리는 이미 상담에서 다룰 문제에 대해 상담자와 내담자가 동의하는 일이 얼마나 중요한지에 대해 논의했다. 이제는 상담목표와 계획에 대해 이야기할 필요가 있다.

어떤 내담자는 비현실적인 목표를 가지고 있다. 예컨대, 40세로 사서인 애드리안은 그녀의 목표가 세상을 떠난 친척과 만나기 위해 명상기술을 개발하는 것이라고 했다. 26세로 가게 점원이면서 비행기 조종사가 되기 위해 공부하는 중인 제이슨은 자신의 목표가 '행복하게 되는 것', 그것도 때때로가 아니라 항상 행복하게 되는 것이라고 했다. 이와 같은 비현실적인 목표를 설정히는 내담자를 만나면 상담자는 목표를 재구성하든지 아니면 왜 자신이 도울 수 없는지에 대해 설명해야 한다.

내담자가 건설적이고 성취할 수 있는 목표를 세우도록 내담자를 돕는 것은 상담자의 몫이다. 더욱이 많은 상담기관과 대부분의 보험회사에서 그러한 목표를 성취하기 위한 상담계획을 세울 것을 요구한다. 이를 위한 몇 가지 지침은 다음과 같다.

(1) 목표는 기대하는 결과가 분명하게 드러나는 방식으로 진술되어야 한다: 상담자는 상담이 어디로 향하는지와 마지막 도달지점, 즉 종결지점이 어디인지 확인하고 싶어 한다. 따라서 상담 초기에 '당신은 어떤 변화가 있으면 상담이 종결되었다고 알게 될 것 같습니까?'라고 질문할 수 있다. 이 질문에 대한 답이 상담목표를 구체화하는 데 도움이 된다. 예컨대, 내담자가 배가 아프지 않으면서 자기 여자친구에게 데이트 신청을 할 수 있다든지, 집을 떠나면서도 심한 두려움에 빠지지 않고 자신의 불안을 조절할 수 있다든지, 또는 외도하던 내담자가 외도를 그만두는 것 등이 목표가 될 수 있을 것이다.

(2) 목표는 상담자와 내담자의 동의하에 설정되어야 한다: 상담자와 내담자는 동일한 목적지를 향해 갈 필요가 있다. 대부분은 상담자와 내담자가 동일한 목표를 가지지만 그 둘 사이의 목표가 종종 일치하지 않을 수도 있다. 특히 내담자가 약물중독이나 섭식장애 문제가 있을 때 더욱 그렇다. 예컨대, 내담자 중 한 명은 폭식증으로 고생하였는데, 그녀에게 가장 중요한 상담목표는 체중을 줄이는 것이었다. 그러나 그녀가 자신의 목표

에 강박적으로 집착함으로써 건강이 크게 상할 위험에 처했다. 이때 상담자와 내담자가 목표에 대한 상호 이해가 없다면 상담 진행은 매우 어렵다. 따라서 일종의 타협이 필요하다. 상담자는 내담자에게 자신의 생각을 말해 주고 내담자의 의견을 들은 후 숙고하여 타협점을 찾는다. 예컨대, 한 내담자는 체중을 줄이려는 자신의 목표는 사실 다른 목표, 즉 더 많은 관심을 받고 자긍심을 높이며, 많은 친구와 남자친구를 사귀는 등의 목표를 성취하기 위한 것이라고 설명했다. 결과적으로 이러한 '이차적' 목표는 상담에서 상담자와 내담자가 동의할 수 있는 목표로 설정할 수 있었다.

(3) 목표는 현실적인 것이어야 한다: 상담목표에 대해 내담자와 논의하는 과정 자체가 치료적이다. 내담자에게 목표를 현실적으로 세우도록 도우면서 상담자는 제한된 시간에 무엇이 실제로 성취될 수 있는지에 대한 현실적인 기대를 가지게 할 수 있다. 상담자의 역할은 현실 검증할 수 있는 기회를 제공하는 것이다. '이혼 절차를 밟는 중에 담배를 끊으려는 것이 현실적이라고 생각하십니까?' 상담자가 그동안 했던 관찰이나 경험은 현실적인 목표를 세우는 데 큰 도움이 된다. 상담자는 변화 과정에 대해 그들이 아는 지식을 바탕으로 목표를 세우는 과정을 내담자에게 조언할 준비가 되어 있어야 한다.

(4) 목표는 달성이 가능한 것이어야 한다: 한 동료가 지적하기를 '상담자는 결코 상담에 실패할 수가 없다.'고 하였다. 상담자는 내담자가 목표를 달성하기 바라기 때문에 상담이 실패하지 않을 것이라는 분위기를 만들어야 한다. 이러한 분위기는 내담자가 바라는 것을 좇아서 상담을 진행하는 데 도움이 된다. 따라서 먼저 '당신은 지금 무엇을 하고 싶습니까?' 또는 '지금 이 시점에서 무엇을 시도하려고 합니까?'라고 질문하라. 그리고 내담자가 자신의 목표를 달성하도록 상담자는 그들이 성취할 만한 목표를 세우도록 도와야 한다. '우리는 상담이라는 실험을 통해 어떤 결과가 나타나든 상관없습니다. 왜냐하면 각각의 실험을 통해 우리는 뭔

가 중요한 것을 항상 배우기 때문입니다. 따라서 우리는 결코 실패하지 않습니다.'라고 말할 수 있다.

이제 상담목표와 계획을 설정하는 방법에 대해 초점을 맞춘 채 앞에 제시했던 조안의 사례로 돌아가자. 그녀는 자신이 외로울 때 가장 큰 불안을 느낀다고 했다. 그녀의 남편은 지난 17년간의 결혼생활 이후 그녀에게 지루함을 느끼기 시작했지만 그녀는 결혼에 대해 계속 헌신적인 태도를 유지하려고 했다. 그녀는 남편이나 아들의 일상생활이나 관심사를 공유하지 못함을 알고 있었다. 결과적으로 그녀는 아들의 성장기나 남편이 사업을 확장할 때 스스로 외로움을 느끼고 있었다(남편은 베이글 버기[역자 주: 길가에서 작은 마차 위에서 베이글을 파는 가게]를 운영하고 있어 오후부터 밤늦게까지 꼼짝 못하고 가게에 붙어 있어야 했다). 그녀는 자신이 좋아하는 취미활동을 함께할 수 있는 친구를 원했다. 하지만 그녀는 수줍음이 많았기 때문에 오랜 시간 일하면서 스스로를 소외시켰고 밤에는 텔레비전을 보며 지냈다. '함께할 친구'가 없다는 것 외에도 일과 여가시간 사이의 불균형 때문에 조안은 짜증이 나고 불안했다. 우리는 다음과 같은 목표를 설정하는 데 동의했다.

- 사회적 지지 증대시키기: 그녀는 취미생활을 함께하기 위해 전화할 수 있는 사람을 네 명 가지게 될 것이다.
- 불안 줄이기: 그녀는 더 이상 텀스[역자 주: 마음을 가라앉히는 캔디의 일종]를 먹지 않아도 되며 두려움을 느끼지 않고 하루를 지낼 수 있다.
- 염려 줄이기: 그녀는 걱정거리(예, 아들, 직장, 자신의 분노)를 조절할 수 있는 인지-행동적 전략을 개발한다.
- 업무상 스트레스 줄이기: 그녀는 자신이 필요할 때 다른 사람의 부탁을 거절할 수 있도록 자기주장 기술을 개발한다.

이제 우리는 이와 같은 목표를 달성하기 위한 계획을 세워야 한다. 상담계획의 유형과 구체성의 정도는 상담을 할 시간적 제약, 내담자의 문제, 상담자의 이론적 성향과 스타일에 따라 달라진다. 더욱이 각 상담기관은 상담계획을 수립하고 작성하는 방식과 그것을 내담자에게 전달하는 방식을 독자적으로 가진 경우가 많다. 그럼에도 모든 상담계획은 다음과 같은 공통적인 요소를 가진다.

- 내담자를 개입시킬 것
- 내담자의 동기를 자극할 것
- 조절과 관리가 가능할 것
- 분명한 단계를 제시할 것

상담계획은 내담자를 격려하고 그들의 실험적인 창의성을 발휘하도록 해야 한다. 계획을 얼마나 성공적으로 수립하는지의 여부는 내담자를 상담과정에 개입시키는 데 얼마나 성공적일 수 있는지를 좌우한다. 앞에서도 언급했듯이 상담자는 희망적이고 낙관적인 분위기를 유지하는 것이 좋다. 또한 상담 자체를 하나의 실험과정으로 볼 수 있는 분위기를 만들 수 있다면 내담자의 호기심을 자극할 수도 있다. '상담에서 뭔가 새로운 것을 시도해 봅시다.' '우리가 이 계획들을 자극적이고 즐거우며 우리를 흥분시키는 것으로 한 번 만들어 봅시다.' (우리가 뭔가 도움이 될 것이라 생각하는) 어떤 것을 시도하면 무슨 일이 일어날지 한번 봅시다.' 이러한 것에다 '우리는 당신이 무엇을 시도하든지 거기에서부터 뭔가 중요한 것을 배울 수 있을 겁니다. 자, 그러니 여기에서 무엇을 실험해 볼까요?' 라는 등의 말을 덧붙일 수 있다.

상담자는 내담자의 동기를 자극하기 위해서 다음과 같이 해야 한다.

- 상담계획을 수립하는 일 자체를 흥미롭게 만들어라. '당신에게 정말로 즐거움을 주는 일이 무엇인지 찾아봅시다.'
- 보상을 얻을 수 있게 만들어라. '당신이 가족과 함께 일을 즐길 기회를 찾을 수 있는 실험을 해 보지 않으시겠습니까?'
- 도전을 장려하는 분위기를 만들어라. '이번에 승진하려면 무엇을 해야

하는지 한번 브레인스토밍을 해 봅시다.'

상담자는 조절과 관리가 가능한 방식으로 상담계획을 수립해야 한다. 이는 구체적이고 측정 가능한 단계를 설정함으로써 가능하다. 다음 회기 전까지 직장에서 한 사람에게 이야기 걸어 보기, 일주일에 화를 내는 횟수를 세 번에서 한 번으로 줄이기, 매일 혼자서 독서를 하거나 음악 듣기를 30분 동안 하기 등이 있다. 이러한 단계들은 회기 간에 과제로 제시할 뿐 아니라 상담 장면에서 실제 해 볼 수도 있다.

상담계획을 수립할 때 목표는 각 목표를 달성하기 위한 계획을 목표별로 따로 세워 구체화시켜야 한다. 단계들은 괄호 속에 제시했다. 왜냐하면 그 단계들은 상담 중에 발견되는 것이지 상담 초기에는 불명확하기 때문이다. 조안의 예에서 상담계획(그리고 단계)은 다음과 같은 형태가 될 것이다.

목표 1
(1) 그녀에게 새로운 야외활동을 네 개 정도 선정하게 한다. (상담을 시작할 때조차 그녀는 자신의 변화가 초래할 긍정적인 점과 부정적인 점에 대해 확신하지 못하기 때문에 그녀가 활동에 참여함으로써 얻는 결과에 대해 직접 저울질해 보도록 상담자가 도와주는 것이 중요하다. 그녀와 더 많은 야외활동에 참여하고 싶은 욕구와 변화에 저항하고 싶은 마음 모두를 이야기해 보는 것이 좋다. 그녀에게 외로움에서 벗어나서 편안한 마음을 가지려면 얼마나 많은 시간을 다른 사람과 함께해야 하는지를 명료화하게 한다)
(2) 그녀가 좋아하는 야외활동을 함께할 사람 네 명을 선정한다. (그녀가 함께 즐겁게 보낼 수 있는 사람을 찾도록 돕는다. 그녀에게 수줍음을 일으키는 그 어떤 장애요인을 탐색한다.)
(3) 야외활동에 대한 분명하고 구체적인 계획을 세운다. (겨울에는 크로스컨트리 스키를, 여름에는 래프팅을 그리고 걷기는 정기적으로 할 수 있는 계획을 함께 논의하라. 그러한 활동을 통해서 다른 사람들과 의미 있는 관계를 맺을 수 있는 방법에 대해 함께 검토한다.)
(4) 선택한 활동을 실험적으로 해 본다.
(5) 실험해 본 결과를 평가한다.
(6) 다른 대안에 대한 계획을 세운다.

상담자는 필자가 구체적인 계획과 단계에서부터 시작했다는 점을 알아차릴 수 있을 것이다. 필자의 전략은 여러 가지 과제를 수행하면서 행동적인 측면의 성공을 이룰 수 있는 기반을 마련하는 것이었다. 또한 상담자는 새로운 증거자료가 드러날 때마다 그것을 고려하여 계획을 수정할 수 있을 정도로 전략수립에 유연성을 가질 필요가 있다. 상담이 진행되면 상담자들은 내담자와 실험했던 새로운 행동 결과에 따라 좀 더 적절한 전략을 세울 수 있어야 할 것이다.

마무리

첫 회기의 마지막에 상담자는 첫 회기에서 무엇을 했는지 검토하고 앞으로 할 일을 계획하며 질문이 없는지를 탐색한다. 이를 통해 상담자는 상담에서 두 가지 중요한 과제를 성취할 수 있다. 이것은 상담에서 하는 일과 목표에 대해 내담자가 좀 더 분명하게 알 수 있는 기회를 제공할 뿐 아니라 내담자의 '무력감'을 감소시킬 수 있다. 상담자는 내담자가 자신의 문제에 대해 스스로 무엇인가를 할 수 있다는 점을 알도록 돕기 바란다. 상담자는 내담자가 상담 초기에 스스로 계획을 세우게 함으로써 상담목표를 공략하는 과정에서 더 큰 해결책을 기대할 수 있다는 희망을 가지게 할 수 있다.

예를 들면, 조안에게 '당신은 자신의 문제 해결을 진심으로 원한다는 것을 알 수 있습니다. 그리고 우리가 전체적인 계획을 함께 세울 수 있어서 기쁩니다. 그러나 이제 무엇부터 다루기 시작해야 하는지에 대해 결정을 내려야 할 것 같습니다.' 라고 말할 수 있다. 조안은 상담 문제를 해결하려고 진심으로 원하고 모든 목표를 한꺼번에 공략하기를 바라고 있었다. 그녀의 열정은 그녀가 자신의 문제를 해결하는 데 필요한 에너지를 제공한다는 점에서 크게 도움이 된다. 하지만 한편으로는 그녀의 열정이 문제를 야기할 수도 있다. 왜냐하면 문제를 한꺼번에 공략하는 것은 비현실적일 뿐 아니라 실패의 가능성을 높이기 때문이다. 따라서 그녀에게 처음 시작할 때 공략할 단기목표를 먼저 선정하고 상담을 지속하면서 다른 전체적인 목표를 다루어가는 것이 좋겠다고 제안할 수 있다.

그녀는 "제 마음이 회복되길 바라요. 그리고 더 많은 친구들을 가지는 것이 가장 쉬운 방법인 것 같아요."라고 말했다. 그 이야기를 듣고 난 후 "다음 주 중에 당신이 좀 더 친해질 수 있는 네 사람을 생각해 볼 수 있겠습니까? 그리고 새로운 사람을 만나서 할 수 있는 활동을 두 개 정도 생각해 볼 수 있겠습니까?"라고 했다. 그녀의 대답을 들은 후 "이러한 계획이 이해가 되나요?" "다른 질문은 없습니까?"라고 반응함으로써 그녀가 질문할 수 있는 여지를 주었다.

상담회기의 마지막에 내담자에게 질문할 기회를 주는 것은 반드시 필요하다. 왜냐하면 그렇게 함으로써 상담자와 내담자는 첫 회기를 한 후에 남아 있을 모호함을 제거할 기회를 가질 수 있고 앞으로의 회기에 대한 그 어떤 염려나 두려움을 사라지게 할 수 있기 때문이다. 첫 회기의 가장 마지막에 상담자는 다음과 같은 반응으로 문제를 해결하려는 내담자의 결심을 강화할 수도 있다.

- 오늘 상담에 중요한 진전이 있었다고 생각합니다. 앞으로의 과정에 대해 꽤 낙관적이고 그 과정이 그렇게 고통스럽지는 않을 것이라고 생각합니다.
- 당신이 이러한 어려움들을 드러내기 어려웠다는 것을 알 수 있습니다. 우리는 당신의 어려움 극복을 돕기 위한 몇 가지 훌륭한 계획을 세웠다고 생각합니다.
- 당신은 아직 다소 혼란스러울 수도 있을 것입니다. 하지만 우리는 당신이 자신과 상황에 대해 좀 더 분명하게 이해할 수 있도록 하는 몇 가지 효과적인 전략을 가지게 되었다고 생각합니다.

보험회사를 위한 상담계획의 설정

현대 사회에서는 건강관리를 위해 보험회사, 건강보험, 기타 다른 재원 등에서 보조받는 것이 현실이 되었다. 어떤 회사는 개략적인 계획만으로도 충분하지만 다른 회사는 그들의 질문에 대해 구체적으로 답해야 하는 경우도 있다. 다음에 제시한 목록은 여러 보험회사의 질문 목록을 부분적으로 수정하여 지침 형태로 제시한 것이다.

(1) 다축체계에 의한 진단을 기록하라.

(2) 이전 정신의학적 처치, 의약품 사용, 입원 및 외래 치료 경험을 기술하라.

(3) 가족 구성원의 정신의학적 처치 및 의약품 사용 경험의 목록을 기록하라.

(4) 내담자의 현재 상태와 관련되는 결혼, 법적, 재정적 측면에서의 경험과 직장 경험을 열거하라.

(5) 현재 증상의 종류 및 심각성 정도, 행동 및 기능적 문제 등을 기술하라.

(6) 현재의 생활상태, 지지체계 등을 기술하라. 주변의 자원들을 잘 활용하고 있는가?

(7) 현재 복용하는 약물, 분량 그리고 앞으로 계획된 약물을 열거하라.

(8) 목표로 하는 처치와 행동적인 목표를 기술하라.

(9) 현재 1주에 하는 상담횟수, 상담 회기의 형태(개인, 집단, 결혼), 회기당 상담료를 기록하라.

(10) 목표를 성취하기 위해 예상되는 회기의 수는 어느 정도되는지 추정하라.

(11) 상담을 시작한 날짜를 기록하라.

(12) 내담자가 다른 정신건강 서비스 제공자를 만나고 있는지 알아 두어라.

(13) 최소한 상담회기 횟수를 기록하라.

(14) 약속했지만 방문하지 않은 횟수를 기록하라.

각 회사들은 나름대로 다른 양식을 가지고 있다. 어떤 정보가 필요한지에 대한 의문사항이 있다면 각 회사마다 질문해서 분명한 답을 얻을 수 있는 무료전화서비스 번호가 있다. 질문사항이 무엇이든 관계없이 보험회사는 간략하지만 분명한 상담계획을 받아들이는데, 그 계획에는 진단과 상담의 목표가 나타나 있어야 한다.

　독자들이 쉽게 알 수 있듯이 지금까지 논의한 상담기술—관찰, 평가, 첫 회기의 운영기술, 진단 그리고 상담계획—들은 서로 중복되기도 하고 상호 밀접하게 관련된다. 그 어떤 기술도 다른 상담기술과 독자적으로 배울 수 있는 것이 아니다. 여러 기술 중에서 기술 간의 상호 관련성이 가장 두드러지는 기술이 다음에 배울 라포 형성의 기술이다.

1) Luborsky, L. Crits-Cristoph, P., Mintz, J., & Auerback, A. (1988). *Who will benefit from psychotherapy? Predicting therapeutic outcomes.* New York: Basic Books.

2) Frank, J. D. (1982). Therapeutic components shared by all psychotherapies. In J. H. Harvey & M. M. Parks (Eds.), *Psychotherapy research and behavior change* (vol. 1, pp. 7-37). Washington, DC: American Psychological Association.

3) Garfield, S. L. (1980). *Psychotherapy: An eclectic approach.* New York: Wiley; Frank, J. D. (1971). Therapeutic factors in psychotherapy. *American Journal of Psychotherapy, 25,* 350-361.

4) Klein, R. (1995). *Closet Narcissistic Disorder: The Masterson approach.* New York: Newbridge Communications.

5) Heaton, J. A., & Wilson, N. L. (1995). *Tuning in trouble: Talk TV's destructive impact on mental health.* San Francisco: Jossey-Bass.

6) Burns, D. D. (1992). Therapeutic empathy and recovery from depression in cognitive-behavior therapy: A structural equation model. *Journal of Consulting and Clinical Psychology, 60,* 441-449; Duan, C. (1996). The current state of empathy research. *Journal of Counseling Psychology, 43,* 261-274.

7) American Psychiatric Association. (1994). *Diagnostic and statistical manual of mental disorders* (4th ed.). Washington, DC: Author.

8) 주 7) 참조.

9) Frances, A., Clarken, J. F., & Perry, S. (1984). *Differential therapeutics in psychotherapy*. New York: Brunner/Mazel.

10) Szasz, T. S. (1961). *The myth of mental illness: Foundations of a theory of personal conduct*. New York: Hoeber-Harper. (Rev. ed. New York: HarperCollins, 1974); Szasz, T. S. (1987). Insanity: *The idea and its consequences*. New York: Wiley; Persons, J. B. (1986). The advantages of studying psychological phenomena rather than psychiatric diagnoses. *American Psychologist, 41*, 1252-1260.

11) Kutchins, H., & Kirk, S. A. (1988). The business of disgnosis: DSM-III and clinical social work. *Social Work, 33*, 215-220.

12) Vace, N. A., & Juhnke, G. A. (1997). The use of structured clinical interview for assessment in counseling. *Journal of Counseling and Development, 75*, 470-480.

13) 주 7) p. 5 참조.

14) 주 7) p. 5 참조.

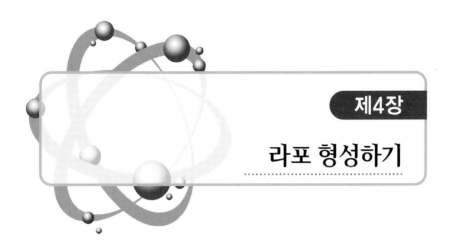

제4장

라포 형성하기

잠시 이런 생각을 한번 해 보자. 몹시 혼란스럽거나 속이 부글부글 끓거나 노여울 때, 자신의 속내를 깊이 털어놓을 수 있는 사람은 누구일까? 그 대상은 분명히 비난에 대한 두려움 없이 할 말을 할 수 있는 상대일 것이다. 그 사람과 있으면 자신이 존중과 이해를 받고 수용되는 감정을 얻게 된다. 설령 그 사람에게서 도전을 받게 되더라도 안전하다는 느낌에는 변함이 없다. 그 사람은 내게 언제 자극이 필요하고 언제 유머가 필요한지 알고 있으며, 또 언제 눈치껏 화제를 바꿔야 하는 것까지도 잘 알고 있다. 그와 함께하는 이 모든 상황은 구구한 설명이나 심기의 불편함 없이 물 흐르듯 돌아간다. 그것은 마치 호흡이 잘 맞는 상대와 춤을 추는 것과도 같다. 두 사람은 지극히 자연스럽고 우아하게 스텝을 밟아 나간다. 둘 사이에는 물 흐름과도 같은 교환 속에서 역동적인 작용과 반작용이 일어나게 된다. 이러한 떨림 속에서 서로의 마음을 끄는 민감성이 바로 라포다.

그렇다면 라포가 형성되지 않아 괴리감이 들 때는 어떤 상황이 벌어질까?

나는 열심히 설명하지만 상대방은 도통 알아듣는 낌새가 아니다. 다시 애써 설명을 해 보려는데, 이제는 아예 엉뚱하게 화제를 바꿔 버린다. 결국 남은 것은 혼자라는 느낌뿐이다. 이때는 너무 힘들고 벅차다. 좌절감과 마구 벌거벗겨진 느낌, 무시당한 느낌이 든다. 이를테면 내가 스텝을 앞으로 내놓을 때 상대방이 내 발등을 밟아버리거나, 상대방이 왼쪽으로 스텝을 옮길 때 나는 우두커니 서 있는 꼴이다. 상대방은 '왜 이래?' 하며 얼굴을 찡그린다. 나는 나대로, '또 시작이군. 내가 지금 무슨 생각을 하는지 알면 아마 우리는 당장 싸우게 될 걸. 하지만 입 다물고 있다간 내가 미치겠어.' 하며 속으로 어긋나 있다. 결국 마음이 편치가 않았고 둘 사이에 위로나 이해심이라고는 남지 않았다. 마침내 두 사람 사이에는 긴장감만 팽배해져 있을 뿐이다.

대부분의 나쁜 관계는 둘 사이에 라포가 형성되지 않았기 때문에 발생한다. 반면 대부분의 좋은 관계는 이 라포로 특징지어진다. 그러나 상담관계를 포함한 대부분의 관계가 이것 아니면 저것(라포가 형성되었거나 아니거나 하는)이라는 전제를 깔고 있는 것은 물론 아니다. 이 관계는 하나의 혼합물 같은 것으로서, 우리는 잘 조화되기도 하고 가끔은 그렇지 못할 때도 있다.

내담자에게 개인적 어려움을 털어놓게 하고 고통스러운 정서를 경험하게 하며, 위험을 무릅쓰게 하는 요인을 찾아보면 아마도 라포일 것이다. 관계 속에 라포가 있을 때, 그것은 일종의 접착제이자 동지이며, 함께 치료적 관계를 지속시키는 촉매제 역할을 한다. 우리의 관계는 상호작용과 기분, 행동 등의 미묘한 변화로 인해 좋아지기도 하고 나빠지기도 하기 때문에, 틀어진 관계의 회복을 위해서 라포에 의지한다. 대부분의 사람이 라포 형성에는 쌍방을 질적으로 나아지게 하는 상호작용이 필요하다고 생각한다. 그러나 상담관계에서는 라포 형성과 유지시키는 책임이 일치하지 않는다.

대부분의 상담자는 내담자의 문제 해결에 필요한 조건을 만들어 줄 책임이 자신에게 있다고 생각한다.[1] 실제로 라포를 증진시키는 조건을 만드는 일이 가장 어려운 과제다. 상담자가 만나야 하는 사람들이나 그들이 가진 문제의 다양성을 생각해 보면 점점 더 어렵다. 일단 상담자가 이 과제에 착수할 때

(사실 매 회기마다 그래야 하지만) '나는 지금 내 앞에 앉아 있는 내담자와 라포를 형성하기 위해 무엇을 해야 하는가?'라는 근원적인 질문에 스스로 대답해야 한다. 다음의 예를 보자.

60세 된 엘바는 최근에 핸드백을 도둑맞았으며 지금 외롭다. 그래서 죽기 전에 다시는 누구와도 친밀한 관계를 맺지 못할 것 같아 고민 중이다.

20세의 의대 예과생인 에릭은 여자친구가 떠나간 후 앞으로는 두 번 다시 누구를 사랑할 수 없을 것으로 믿고 있다.

캐롤린은 거만하고 뻗대는 태도 때문에 문제다. 실제 행동이 그럴 뿐 아니라 입심까지 보통이 아니다. "사람들이 날 보고 거만하고 뻗댄대요. 제까짓 것들이 뭘 안다고! 내가 행여 그런 바보천치들이 지껄이는 말에 눈 하나 깜짝할 줄 아는지 ……. 설마 선생님도 한통속은 아닐 테죠?"

존은 자신이 만취 끝에 동성과 성관계를 했다는 사실을 믿을 수가 없다.

위에 소개한 각각의 사례에서 우리는 내담자의 문제 해결을 돕기 위해 있는 그대로의 상담자 자신의 이용 방법을 찾아야 한다. 이에 주로 필요한 것은 연구와 경험, 우리 자신의 상식이다.

기본이 되는 촉진적 조건

라포 형성에 관해 충고가 필요하다면 칼 로저스(Carl Rogers)의 저서를 추천한다. 그는 상담의 치료적 힘에 매료되어 연구와 실습에 더욱 매달리게 되었고 오랜 기간 '치유'를 촉진하는 치료적 변인을 이해하는 데 심혈을 기울였다. 그는 상담자 속성의 충분조건은 필연적으로 '성장을 촉진'하는 것이라고 보았다. 즉, 이해와 무조건적이고 긍정적인 관심, 일치성이 그것이다.[2]

그동안의 연구에서 이들 조건만으로는 발전이 보장되지 않음이 이미 밝혀

졌지만, 학자들은 이 속성이 치료적 관계의 형성을 촉진한다는 데 대부분 동의하고 있다. 실제로 연구에서는 관계의 질이 치료의 전반적인 결과에 가장 중요한 단일 요인임이 거듭해서 입증되었다.[3] 더욱이 연구 결과는 이 치료적 관계의 성공 여부는 첫 3회기에 달렸음을 보여 주고 있다.[4]

내담자가 상담에 자발적으로 참여하는가의 여부도 긍정적 결과를 가져오느냐 그렇지 않느냐를 판가름하는 또 다른 예측요인이 된다.[5] 그러나 대개는 내담자의 초기 열정에 의존할 수가 없다. 그 이유는 대부분의 내담자가 동맹 관계 맺기를 어려워하는 대인관계 문제를 지니고 있기 때문이다. 다른 부류의 내담자는 낯선 사람에게 말하기를 두려워한다. 그리고 대부분의 내담자는 불안을 느낀다. 그래서 내담자는 상담자가 어떤 사람인지 가늠해 보려는 것이다.

연구에 따르면, 내담자 문제의 심각성 정도가 치료적 관계에 영향을 미치는 중요한 요인이 되기 쉽다고 한다.[6] 내담자가 느끼는 혼란이 클수록 관계를 맺기가 그만큼 어려워진다. 그러나 반드시 명심해야 할 것은, 내담자의 문제가 아무리 심각하더라도 상담을 통해 성공적인 경험을 해 본 내담자는 상담자가 따뜻하고, 세심한 주의를 기울이며, 이해하고, 존중하며, 노련하고, 적극적이라고 말한다.[7] 이것은 바로 일찍이 칼 로저스가 확인했던 것과 같은 내용의 말이다.

이것은 상담자의 두 가지 기본 과업 수행 필요성을 의미한다. 첫째, 상담자는 공감적이고 존중하며, 일치성이 있다는 것이 무엇을 의미하는지 이해해야 한다. 둘째, 상담자는 내담자와의 적극적인 라포 형성을 위해서 상담자 안에서 이러한 자질을 어떻게 개발할 것인지 알아내야 한다.

이러한 말들이 상담자에게 무엇을 의미하는지 알아내는 일은 조건을 묘사하는 데 사용된 단어들이 모호하기 때문에 복잡하다. 왜냐하면 다양한 해석의 여지가 많기 때문이다. 예를 들면, 갈드스타인(Galdstein)과 그의 동료들은 18가지나 되는 공감 유형을 정의했다.[8] 실제로 우리는 어떤 자질을 그것의 부재를 통해 확인할 때가 많다. 예컨대, 어떻게 해야 정중한 것인가를 아는 것보다는 어떤 것이 공손하지 못한 것인가를 확인하는 편이 더 쉽다. 용어가 모호하면 상담자는 불가피한 결과에 부딪히게 된다. 우리 자신이 명확하게 알지 못하는 것을 실행에 옮기기란 매우 어려운 일이다.

무조건적인 긍정적 관심

로저스는 무조건적인 긍정적 관심을 수용, 존중 또는 배려로 묘사하고 있다. 이는 상담자가 내담자의 감정이 어떤 것이든 느끼는 그대로 표현하도록 허용하는 것인데, 예컨대 혼란, 분노, 두려움, 노여움, 용기, 사랑, 자존심 같은 감정을 들 수 있다. 상담자 쪽의 이러한 관심은 비소유적인 것이다. 상담자는 조건적이 아니라 총체적으로 내담자를 존중한다는 말이다.[9] 그러나 로저스의 '무조건적' 관심이라는 개념은 그 동안 상당한 논란을 불러일으켜 왔다.

대부분의 상담자는 좋은 치료적 관계의 발전에서 긍정적 관심이나 존중의 중요성을 인정하고 있다. 그러나 무조건적인 긍정적 관심이라는 개념은 불필요한 혼동을 가져오는 것으로 보인다. 우선, 상담자의 가치관이 내담자의 그것과 배치될 때 문제가 발생할 수 있다. 또한 내담자가 상담자를 존중하지 않을 때 그런 행동을 어떻게 다룰 것인가 하는 문제가 생긴다. 마지막으로 상담자가 내담자 및 다른 사람들을 보호하기 위해 자율성을 침해하는 선택을 한다면 그것은 무조건적인 긍정적 관심을 부분적으로 포기하는 선택이 될 것이다.

예를 들어, 상담자가 '당신 집으로는 가지 않겠다.' '술을 마셨을 땐 상담을 할 수가 없다.' '나는 당신 부인에게 당신이 총을 가지고 있고, 그 총으로 그녀를 죽이려고 한다는 것을 알려야겠다.' 등과 같이 우리가 어떤 한계를 설정할 경우, 이는 내담자를 무조건적으로 존중하는 것이 아니다. 물론 우리는 누군가가 자신이나 남을 해치도록 허용하는 것이 존중하는 것은 아니라고 주장할 수도 있다. 즉, 우리는 정신병자가 통제력을 잃은 채 거리로 뛰쳐나가려고 한다면 그를 입원시키려 할 것이다. 실제적인 문제를 명백하게 반영하는 이러한 의미론적 논쟁을 고려할 때 무조건적이고 적극적인 관심보다는 오히려 기본적인 존중이 문제를 좀 더 쉽고 명료하게 하는 것 같다.

이러한 문제들을 참작한다면 상담자는 소위 황금률로 시작하는 것이 좋을 것이다. 황금률이란 비슷한 상황에서 내가 대접받고 싶은 대로 남을 대접하는 것으로, 이러한 존중 없이는 좋은 라포를 상상하기 어렵다. 또한 치료적 존중에는 다음과 같은 것들이 포함되어 있다.

(1) 내담자의 걱정거리에 관심 갖기: 내담자는 상담자가 자신의 문제 해결을 돕는 데 순수한 관심이 있음을 알 필요가 있다. 내담자의 절망감과 사회적 고립감, 실패, 자존감 상실 등은 그들 스스로 개인적 문제를 다룰 수 없는 데서 기인한다. 누군가가 그들의 불완전성을 인정하고 수용하며 상태가 나아지도록 돕는 과정에 기꺼이 동참한다는 것을 알게 되면, 그들도 혼자서 외롭게 싸워야 할 필요가 없음을 깨닫게 된다.

(2) 개인적 반응 보류하기: 상담자는 내담자를 판단하려 들지 않고 경청하려 한다는 점을 내담자에게 전할 때 상담에서 내담자 성장을 위한 작업 기초가 마련된다. 비판을 잠시 보류함으로써 상담에서 탐색을 위해 필요한 안전감을 얻게 된다. 어려움에 처한 사람들은 여러모로 최상의 상태가 아니기 때문에 쉽사리 짜증을 내고 좌절을 느끼며 낙담한다. 따라서 반응을 하기보다는 이해함으로써 존중감을 보여 주도록 한다.

(3) 내담자의 자율성 인정하기: 내담자가 자신의 행동 방향을 스스로 선택할 권리를 주게 되면 존중감이 가장 확실하게 유지된다. 이 말은 상담자는 편견과 고정관념, 가정 등을 예의 주시해서 이런 것들을 내담자에게 강요하지 않도록 유의해야 한다는 뜻이다.

(4) 문화적 차이 존중하기: 존중의 의미에 가장 확실히 포함되는 것은 문화적 차이에 대한 인정이다. 어느 한 문화 속에서 마땅히 존중되는 것이 다른 문화 속에서는 존중받지 못할 수도 있다(예, 인사법, 눈 맞춤, 체면 세우기, 인칭대명사 사용, 선물하기, 이름에서 성의 사용, 이름에서 성 사용 기피, 속어 사용, 욕설, 신체적 접촉, 신체적 접촉 금지, 떨어져 서 있기 등).

(5) 내담자의 책임감 존중하기: 우리는 내담자가 그들이 선택한 것에 책임을 지도록 기대함으로써 기본적인 존중감을 나타낸다. 이렇게 하는 것은 내담자가 개선될 수 있고, 좀 더 적절한 행동을 할 수 있으며, 기분이 나아질 수 있다는 가능성에 대한 존중을 의미한다. 제임스 매스터슨(James Masterson)은 내담자 다루기의 중요성(이 경우 그는 경계성 성격장애 진단을 받은 내담자에 대해 논의하고 있다)을 논하면서, 마치 내담자가 실제로 정상적으로 행동할 수 있는 능력을 가진 것처럼 대하라고 기술하고 있다.[10] 우리가 내담자의 책임감 있는 행동 능력을 강화해 줄 때 바로 내담자의 자존감 발달을 지원하는 것이다.

(6) 상담자의 자존감 유지하기: 상담자가 자신의 인간적 속성(기본 욕구, 정서적 반응, 소망, 가치관, 규범)을 존중할 때 다른 사람을 존중하기가 더 쉬워진다. 가장 기본적인 수준에서 본다면, 자존감이란 내담자가 상담료를 내지 못했다든가 상담시간을 너무 많이 초과했다든가, 상담 도중 부적절한 언행을 했다든가 하는 이유로 그들의 자존감이 손상되지 않도록 하겠다는 것을 뜻한다. 훨씬 덜 피상적인 수준에서 본다면, 상담자는 자신의 가치관, 규범, 선택 등을 인정해야 한다. 이 말은 만약 상담자의 가치관이 존중감을 전하는 능력을 손상시킬 수 있는 특정 상황, 예컨대 성적으로 문란한 10대, 약물중독자, 낙태를 원하는 여성, 성범죄를 범한 남성 또는 아동학대 혐의자 같은 사람들과 함께해야 하는 상담 상황을 기피하게 될 수도 있음을 의미한다. 반면 많은 상담자는 내담자가 가진 가치관과는 반대되는 가치관과 규범에 충실하면서 동시에 내담자에 대한 존중감을 느끼고 교류할 수 있다. 이러한 상담자는 내담자의 기본적 인간다움에 대한 존중감을 유지시키는 한편, 잘못된 행동을 수용하게 된다.

기본적 존중감은 내담자를 있는 그대로 받아들일 것을 요구하지만, 그들의 개선을 돕는 일에 관여하겠다는 자발성도 포함하고 있다. 이것은 공감적 이해의 본질적 부분이다. 약물중독자들을 상담할 때만큼 이 존중감이 절실하게 필요한 경우도 드물다. 내가 수잔을 처음 만났을 때 그녀는 56세였다. 그녀는 여러 해 동안 자신이 알코올중독자임을 숨겨 왔고, 그러는 동안 그녀의 문제는 산더미처럼 쌓여 갔다. 결혼 실패, 부자연스러운 자녀와의 관계, 손자와의 접촉 단절, 실업 등을 겪었다. 그러나 그녀가 이 많은 문제를 술을 마시지 않고 멀쩡한 정신으로 풀어 보려고 부단히 노력했던 점을 존중했다. 그렇게 많은 골칫거리에 대해 그녀를 훈계하는 것은 아무 도움이 되지 않았을 것이다. 그녀는 누군가가 그녀의 문제를 함께 풀어 보려고 하고, 그녀의 실수를 수용해 주며, 그녀가 해결점을 찾아 이런저런 시도를 할 때 곁에서 기꺼이 도와주려는 것을 알고 마음을 놓게 되었다.

공감적 이해

로저스는 공감적 행동이 우리 자신을 이용하는 가장 강력한 방법임을 분명히 했다. 그는 "특히 경청은 내가 알고 있는 한 변화를 위한 가장 강력한 힘 중 하나다."라고 피력했다.[11] 공감적 이해는 그것이 상담자에게 라포의 기반을 제공하기 때문에 초기에 가장 중요하다.[12] 이 특성에 관해서는 아마도 로저스 자신이 가장 잘 설명하고 있을 것이다. "상담자는 내담자가 경험하는 감정을 정확하게 감지하고 이러한 이해를 내담자에게 전달한다. 최상의 공감적 이해가 이루어지면, 상담자는 내담자의 개인적 세계의 매우 깊은 곳까지 들어갈 수 있어서, 내담자가 알아차리는 것 이상의 더 깊은 수준까지도 알아차릴 수 있게 된다."[13]

공감적 이해란 내담자의 입장이 되어 먼 길을 가 본다든가 그들의 눈을 통해서 본다는 것과는 다르다. 그것은 타인의 감정을 정확하게 똑같이 느낀다는 것은 결코 있을 수 없음을 아는 일이다. 또한 우리가 똑같은 상황에 처하더라도 완전하게 동일한 상황을 경험하는 것은 절대로 불가능함을 깨닫는 일이다.

로저스는 그것을 이렇게 묘사했다. "공감 상태 또는 공감한다는 것은, 다른 사람의 내적 준거체제를 마치 자신이 그 사람인 것처럼 정서적 요소 및 의미와 함께 정확하게, 그러나 '마치 그런 것처럼'이라는 조건을 절대로 잊지 않고 인식하는 것이다."[14] '마치 그런 것처럼'이라는 조건을 인식하는 것은 상담자가 자신의 견해를 희생해야 된다거나 반드시 동정이나 인정을 베풀어야 한다는 것을 의미하지 않는다. 그러나 이 말은 무엇이(지금 이 시점에서) 이 내담자에게 진실로 다가오는가를 확인해 줄 필요가 있음을 의미한다.

사실 상담자가 모든 내담자에게 모두 다른 문화 출신인 것처럼 접근한다면 좀 더 안전한 입장에 있을 수 있다. 다시 말해, 상담자가 가정은 더 적게 하고 더 많은 것을 알아내려고 한다면, 고정관념이라든가 공인되지 않은 가정을 피하게 될 가능성이 커진다. 최악의 상태는 상담자가 이해할 수 없는 것을 이해하는 척하게 되는 것이다. 만약 어떤 일이 상담자에게 명료하게 이해되지 않는다면 차라리 이해가 되지 않음을 내담자에게 알려 주되, 상담자가 내담자의 감정을 이해하는 것이 얼마나 중요한지를 강조하면서 상담자의 솔직한 상태를 전달하는 것이 더 낫다.

예컨대, 40세의 영양사인 클레어는 알코올중독인 남편과 별거한 뒤 도움을 받으러 왔다. 그녀는 이혼을 앞두고 지지와 확인을 원했다. 그녀는 지난 수년 동안 무시당하고 살아온 데 대해 몹시 화가 나 있었기 때문에 지독한 요구조건을 내걸었다. 이런 경우에는 비록 나 자신도 이혼 경험이 있고 이혼의 딜레마에 빠져서 허덕이는 수백 명의 부부를 만나 왔더라도, 여전히 현재 그녀의 감정을 정확하게 알지 못한다고 가정하는 것이 매우 중요하다. 그녀가 독특하고 특별한 존재며, 그녀 특유의 양가감정은 이해가 필요하다는 가정에서 출발해야 한다. 따라서 그녀만의 특별한 상황을 이해하기 위해 정직하게 다가가려면 아무것도 모른다고 가정하고 출발하는 것이 최선이다.

다른 문화에서 온 사람을 내담자로 만날 경우에는 그의 배경이나 관습, 규범 등에 친숙하지 않기 때문에 부가적 도움이 필요하리라는 것을 말해 두는 것이 좋다. 먼저 문화적 규범에 대해 질문하라. 예컨대, 태국 출신 여학생인 지니는 남성으로 살고 싶어서 상담소를 찾아왔다. 그녀는 모든 면에서 양가적이었다. 그녀의 성별이며, 대인관계, 장래 계획 등이 모두 그랬다. 공감적 이해를 위해서는 배려가 필요했고, 태국에서의 그녀의 배경과 성전환자에 대한 미국 하위문화의 인식을 평가하기 위한 추가적인 시간이 필요했다.

일치성

로저스는 일치성이란 "상담자가 어느 순간 툭 터놓고 자신의 내부에서 일어나는 감정이나 태도와 일치할 때 생기는 것이며, '투명하다'는 말이야말로 이러한 상황에 딱 들어맞는 표현"이라고 말한다.[15] 일치성이 있을 때 쉽게 마음을 읽을 수 있다. 즉, 진솔하게 생각하고 느낀 그대로를 표현하게 되는 것이다. 우리는 일치성이 있을 때 자발적으로 우리가 지닌 가장 순수하고 정직한 반응을 표현한다. 이때 반응은 말이나 웃음, 찡그림, 한숨 등과 함께 나타난다. 우리는 그러한 표현이 해가 되지 않을 것이라고 생각하기 때문에 겉으로 드러낸다.

일치성을 이해하는 또 다른 방법은 그것이 없을 때 나타난 반응을 관찰하는 것이다. 즉, '너는 왜 본심을 그대로 말하지 않는 거야?' 또는 '어째서 네 말이 본심처럼 들리질 않는 거지?' 등의 식으로 반응하는 것이다. 어조와 신체언어, 말한 내용 사이에 일치성이 없을 경우 그것은 대개 양가감정이 있음을 드러내는 것이다.

안나라는 내담자가 있었다. 그녀는 결혼생활 문제로 상담하는 동안 내내 얼굴을 잔뜩 찌푸리면서도 정작 바람피우는 남편에 대해서는 화를 내지 않았다. 그래서 화가 나지 않느냐고 물었더니 그녀는 날카로운 목소리로, "나, 화 안 나요!" 하고 소리쳤다. 그때 동석했던 그녀의 남편과 공동상담자, 그리고 나까지 웃어 버리자(웃지 않을 수가 없었다) 그녀가 되레 놀란 기색을 했다. 그녀의 행동에 너무 일치성이 없어서 우스꽝스러워 보였다. 그것은 참으로 어색한 순간이었고, 그때 느꼈을 그녀의 감정은 분명히 사과와 함께 존중을 받아 마땅했다. 그러나 이미 엎질러진 물이었으므로 매우 조심스럽게 그녀의 불일치에 대해 언급했다. "안나, 당신은 화가 나지 않는다고 생각할지 모르지만, 당

신의 표정과 목소리는 그 반대를 나타내고 있어요. 이런 모습이 이해가 되나
요?" 그러자 그녀는 비로소 자신은 화가 나지 않기를 몹시 바랐지만 실제로는
화가 났다고 털어놓기 시작했다.

상담자는 어떤 내담자가 목소리로 말하는 것과 신체언어로 말하는 것이 딴
판인 경우를 보고, 결국 나중에 상담자의 이해를 흐리게 했던 그 행동의 근본
적 이유를 들어본 적도 있다. 그럴 때 상담자는 어조와 얼굴 표정, 또는 그 사
람이 말한 내용에 대해 과연 어떤 반응을 보여야 할지 몰라서 혼란을 느낀다.
상담자 입장에서도 이런 식으로 내담자를 혼란시키는 것은 결코 바라지 않는
일이다.

지금도 믿기 어려운 불일치의 대표적인 사례를 기억하고 있다. 데릴은 나의
대학원 훈련생 중의 하나였는데, 어느 이른 봄날 상담회기를 진행하고 있었
다. 당시는 어느 누구라도 바깥의 신선한 공기가 그립던 계절이었다. 그 역시
창문을 열기로 마음먹고, 창문을 여는 순간 폐쇄된 창문 옆에 설치되었던 에
어컨이 난간 밑으로 굴러 떨어지고 말았다. 에어컨 같은 덩치 큰 물건이 3층
부터 빌딩 벽에 부딪치며 땅바닥으로 떨어져 밑에 주차해 있던 자동차들까지
박살을 냈으니 그 소음이 얼마나 엄청났을지는 짐작하고도 남을 것이다. 나는
그때 옆방에 있다가 느닷없는 굉음에 깜짝 놀랐다. 의자에서 벌떡 일어나 내
담자를 데리고 현관으로 나갔다. 거기에는 이미 굉음에 놀란 많은 사람이 몰
려와서 무슨 영문인가 물으며 웅성거리고 있었다.

그러나 데릴의 방은 여전히 문이 닫힌 그대로였다. 우리는 그들이 무사한지
걱정스러워서 방문을 두드렸다. 그런데 그는 의자에 앉은 채 아무 일도 없다
는 듯이 상담을 계속하고 있었다. 그날 상황은 마치 화재경보기가 울렸는데도
그것이 아무런 주의를 끌지 못하는 것과 유사한 상황이었다.

이 경우에 데릴의 반응은 물론 일치성이 없는 것이었다. 그것은 방금 실제
로 벌어졌던 사건에 대해 부정하는 것이었다. 그는 자기 내담자가 아닌 다른
어떤 대상에 주목한다는 것이 정중하지 못하다고 생각했던 것이다. 그러나 불
행히도, 불의의 상황에 주목하지 않을 수 있었던 그의 능력은 그가 비인간적

이고 현실에서 유리된 속을 알기 힘든 사람으로 보이게 했다. 그가 서양장기를 둘 때 (그는 그 방면에 고수였다) 게임에 집중하는 능력은 미덕이라고 할 수 있지만, 그와 같은 혼란 상황에서도 평정을 유지할 만큼 충분히 진실하지 못했다면, 어떻게 그의 내담자가 그의 다른 반응을 신뢰할 수 있을지 의문스러웠다.

그러나 가장 중요한 반응은 (데릴의 경우처럼) 상담자가 일으킨 외부의 사건이 아니다. 정말로 중요한 것은 내담자와 그들의 문제, 생각, 그리고 그들이 상담자에게 보고하는 사건들에 대한 진실한 반응인 것이다. 따라서 신중히 생각하지 않고 아무렇게나 말해 버리는 것을 막기 위하여, 상담자는 (제1장에서 지적한 대로) 자신의 반응을 효과적으로 관찰할 필요가 있다. 이 말은 자신의 감정을 회피한다는 뜻이 아니라 오히려 그 감정을 건설적으로 사용할 수 있는 중요한 정보원으로 여긴다는 뜻이다.

얄롬(Yalom)은 그의 저서 『사랑의 처형자』에서 자신이 열 명의 내담자에게 보인 반응을 기술하고 있다. 이 내용들은 치료적인 일치성 기술을 구체적으로 담고 있다. 예컨대, 그가 엘바라는 내담자에게 한 반응을 보면 이렇다. "그녀는 뚱뚱하고 매력 없는 여자며, 변덕스럽고 도깨비 같기도 하고 두꺼비 같기도 한데, 성미는 까다롭기 그지없다." 엘바는 60세로 150cm도 안 되는 짤막한 키에 몸무게가 72kg이나 나간다. 얄롬은 계속해서 다음과 같이 적고 있다. "그러나 그녀의 정말 싫었은 점은 그녀가 끊임없이 화를 낸다는 것이다. 그녀는 분노에 넘쳐서 우리가 함께 한 처음 몇 시간 동안 자신이 알고 있는 모든 사람에 대하여 끊임없는 저주를 퍼부었다. 물론 그녀의 죽은 남편인 알버트만 빼고 말이다."

얄롬은 재빨리 자기 골칫거리의 근원을 알아냈다. "나는 어린 시절 어머니의 악의에 찬 비난을 귀에 못이 박히게 들으면서, 소리 없이 증오하는 데 너무도 많은 시간을 허비했다. 나는 어머니의 미움을 피할 수 있는 아이가 되려고 무던히도 애썼다." 그러나 엘바가 상담하는 기간에는 자신의 이러한 감정을 다스려야 했다. "내가 엘바와 할 수 있는 일이란 그냥 꾹 참고 그녀가 하는 말을 끝까지 들어 주고, 어떻게 해서든지 그 시간을 견디면서 뭔가 지지해 줄 말—대개는 그녀가 그 많은 분노를 짊어지고 산다는 것이 무척 힘들겠다는 식의 상투적인 몇 마디—을 찾기 위해 나의 모든 비진실성을 동원하는 것이었다."

얄롬은 엘바에 대한 그의 반응과 어머니에 대한 반응을 분리시킴에 따라 점차적으로 감정이 풀어졌다고 설명하고 있다. 그러나 정작 획기적인 변화가 일어난 것은 엘바가 스무 살짜리 조카와 18홀의 골프 경기를 벌인 이야기를 했을 때였다. 얄롬이 그녀에게 경기가 어땠느냐고 묻자, 엘바는 "그까짓 녀석, 보기 좋게 이겨 버렸지!"라고 대답했다.

얄롬은 웃었다. 엘바는 얄롬의 순수하고도 인간적인 반응을 알아차리고 그가 마침내 '고명하신 박사 교수님' 행세를 끝냈음에 안도했다. 이와 같이 마음에서 우러나서 함께 웃는 웃음은 쉽게 전파되고, 그 웃음이야말로 비로소 라포가 형성되었다는 진짜 신호인 것이다. 이렇게 서로 마음을 나눈 순간은 얄롬이 '내가 지금까지 가졌던 것 중 최고의 회기'라고 기술하기에 충분하다.

이 이야기의 서두에서 우리는 엘바가 그녀의 핸드백을 도둑맞은 것에 화가 나서 상담을 받으러 왔음을 알았다. 핸드백을 잃은 것이 죽은 남편에 대한 슬픔을 촉발시켰기 때문에 그녀에게는 특별히 고통스러운 손실이었다. 이 이야기의 뒷부분에서 얄롬은 자기가 경험한 최고의 상담시간은 엘바 남편의 죽음에 대해 함께 눈물을 흘린 것으로 시작되었다고 적고 있다. 그는 자기가 그 당시 '선수 치기 작전'을 썼노라고 설명한다. 바로 그날, 얄롬은 엘바의 핸드백이 가득 채워진 것을 목격하고 그렇게 큰 핸드백을 들고 다니면 도둑맞기 딱 알맞겠다고 말했더니 그녀는 그럴 수밖에 없노라며 맞섰다.

그렇게 서로 놀려대면서 그들은 핸드백을 조사하기 시작했다. 그들은 휴지세 통과 펜 열두 자루(게다가 몽당연필 세 자루), 향수 두 병과 머리빗, 커다란 손전등, 메모지 묶음 그리고 여러 장의 사진을 찾아냈다. 얄롬의 설명을 들어 보자.

우리는 사사건건 입씨름을 벌였다. 10전짜리 동전꾸러미. 사탕 세 봉지(물론 저칼로리였다). 그녀는 다음과 같은 내 질문에 낄낄대며 웃었다. "엘바, 당신은 이런 걸 많이 먹을수록 날씬해진다고 믿는가 보죠?" 플라스틱 가방에 가득 찬 묵은 귤껍질("엘바, 이건 언제쯤 써먹을 겁니까?"), 한 묶음의 뜨개바늘('스웨터 한 벌 뜨려면 바늘이 6개나 필요하구나.' 라고 나는 생각했다), 효모 한 봉지, 반 쯤 뜯겨나간 스티븐 킹의 보급판 소설책(엘바는 책을 읽을 때마다 뜯어내 버렸다. "다 읽은 부분은 아무짝에도 못 쓰니까."라고 그녀는 말했다), 작은 스테이플러("엘바, 정말 못 말리겠군요!"), 선글라스 세 개, 귀퉁이마다 깊숙이 감춰진 것들, 크고 작은 동전들, 종이클립, 손톱 깎기, 손톱 줄 몇 개, 붕대용 천처럼 보이는 수상쩍은 물건 등이 들어 있었다.

모두 끝났을 때, 얄롬은 다음과 같이 기술했다. "우리는 가방이 비었다는 것과 가방을 비워 가는 일이 끝난 것이 유감스러웠다. 그녀는 돌아서서 미소를 지었으며, 우리는 정다운 눈길로 서로를 바라보았다." 이것이 바로 일치성이다. 그는 생생한 느낌으로 그 순간을 즐기고 있었다. 그는 자신을 열었고 정직했으며 친밀했다. 얄롬은 그의 내담자에게 돌아간 이득을 설명했다. "그 한 시간이 지나자 엘바는 고독에서 벗어나 신뢰의 장으로 옮겨 갔다. 그녀는 살아 돌아왔고, 한 번 더 친밀성에 대한 그녀의 능력을 확신하게 되었다."[16]

독자들은 얄롬의 절묘한 기술을 알 수 있을 것이다. 그는 어떤 반응은 드러내야 하고 어떤 반응은 감추어야 하는지를 알고 있었다. 이것이 진정한 예술, 즉 최선의 일치다. 그것은 치료적 직관력이란 것이 실제로 매우 신중한 관찰과 평가, 공감, 그리고 내담자의 복지를 위한 배려의 결과임을 보여 주고 있다. 또한 그것은 라포를 형성하고 지켜 가는 진행과정에 대한 신중한 관심의 반영이다.

라포의 형성 및 유지

비록 대개의 훈련이 문제의 인식과 그것을 해결하기 위해 사용되는 전략을 강조하긴 하지만, 우리는 이제 상담자의 개인적 특성이 치료적 관계의 질에 의미 있게 기여하고 있음을 알고 있다. 결국, 이것들은 일을 원활히 진행시키고 직관을 이끌어 주며, 궁극적으로 상담관계의 기반을 제공하는 기술이다. 따라서 우리는 다음의 사항에 특별한 관심을 기울일 필요가 있다.

- 경청하기
- 공감과 존중을 표시하기
- 동맹에 관심을 기울이기
- 라포의 질을 평가하기
- 틀어진 관계를 회복하기

경 청

상담자가 효과적인 경청의 방해 요소를 앎으로써 더 잘 듣고 좀 더 이해하며, 라포를 증진시킨다는 것은 중요한 일일 것이다. 생각해 보면 경험이 있음에도 이러한 잘못을 셀 수 없이 많이 저질러 왔다. 그러나 다음과 같은 행동을 피할 수만 있다면 상담은 분명히 더 나은 방향으로 진행될 것이다.

(1) 자신의 편견, 고정관념, 가정에 따라 행동하는 것: 효과적인 경청을 막는 가장 큰 장애는 이미 충분히 알고 있고, 따라서 더 이상 경청할 필요가 없다는 가정에서 나온다. 이러한 가정은 자신의 가족 배경과 개인적 경험에서 비롯된다. 이 가정들은 익숙하다 못해 일부가 되어 그 결과를 깨닫지도 못한 채 반응하고 있다. 만약 내가 사람들은 감정에 대해 말할 수 없다든가, 유대인은 재정적 문제가 없다든지 또는 일본 출신은 모두 지적이라고 가정한다면, 그것은 열린 마음으로 경청하는 것이 아니다. 실제로, 우리는 지시를 받지 않거나 어떤 것에 대해서 무지하다고 가정할 때 경청을 더 잘 하게 될 것이다. 이러한 태도를 취할 때 우리는 내담자에 대해 배울 수 있다. 따라서 다른 문화 출신이든, 같은 문화 출신이든,

생소한 문제를 가진 사람이든, 수없이 겪어본 문제를 가진 사람이든지 간에 새로운 내담자 하나하나의 특성에 경계를 늦추지 않고 대할 수 있어야 할 것이다. 우리는 이때 각 내담자의 개별성에 대해 경청하게 된다.

(2) 다른 문제에 몰두해 있는 것: 다른 골칫거리가 우리를 짓누르고 있을 때 내담자의 관심사에 초점을 맞추기란 쉽지 않다. 상담을 제대로 해 보려는 마음은 말할 것도 없고 쇼핑리스트에서 상담자의 개인적 문제에 이르기까지 전 영역에 걸친 개인적 관심사 때문에 상담자의 주의가 산만해질 수 있다. 이러한 개인적 관심사에 신경을 끊으려면 실제 경험을 쌓으면서 스스로 자주 명심해야 한다.

(3) 자신의 문제를 다른 모든 사람 속에서 보는 것: 임신하고 있을 때는 유난히 임산부만 눈에 띄며, 남편이 술고래인 경우에는 세상 사람들이 모두 알코올중독자처럼 보인다. 이런 현상은 정상이지만, 상담할 때는 부적절하게 일반화하지 않도록 주의해야 한다. 게다가 우리는 혼란에 처했을 때 자신의 문제를 얘기하고 싶은 유혹을 물리치기가 더욱 어렵다. 이러한 현상은 내담자의 문제가 자신의 개인적 경험을 떠올리게 할 때 특히 그렇다. 개인적 얘기를 관련짓고 싶은 유혹을 느낄 때 자신에게 물어보자. 나는 지금 왜 이 문제를 털어놓고 싶은가? 내가 털어놓는 것이 내담자를 돕는 일인가? 털어놓으려는 동기는 무엇인가? 우리가 털어놓고 싶어 하는 마음(그것이 무엇이든지 간에)에 대해 마음속의 노트에 적어 두고 좀 더 적합한 상대를 물색하는 것이 더 좋을 것이다.

(4) 내담자의 상황을 최소화하는 것: 비극적인 이혼에 관해 경청한 직후, 다음 내담자가 토로하는 룸메이트와의 사소한 언쟁 얘기를 들으며 상당히 하찮게 여길 수 있다. 누군가의 골칫거리가 문제를 조망하게 하더라도 상담자가 '당신은 과히 고민할 것 없다.' 는 식의 태도를 보이는 것은 내담자에게 도움이 되지 않는다. 그렇게 하는 것은 상담자 스스로 내담자의 관점에 대해 경청하는 능력을 해치는 일이다.

(5) 다른 사람을 결부시키는 것: 내담자의 이야기를 듣다가 다른 누군가를 결

부시킬 때 내담자의 문제를 최소화하기가 특히 쉽다. 나는 대학상담소에서 일하고 있어서 내담자 부모 대부분이 필자의 나이 또래다. 쉽게 예상할 수 있듯이 이들 학생들은 대부분 자기 부모와 문제가 있고 가끔은 어떤 부모의 행동이나 말을 정당화하려는 나의 욕구는 거역하기 어려울 수 있다. 혼잣말로 '네 어머니가 왜 너한테 더 이상 돈을 보내고 싶지 않은지 알 만해.'라고 말한다면, 그것은 이미 그 학생의 어려움을 경청하지 않는 방향으로 가는 것이고 결과적으로 라포 형성은 기대하기 어렵다.

대학원생인 에이미가 상담하던 장면을 지켜보며 필자는 앞에서 기술한 난점 중 몇 가지를 뚜렷이 알게 되었다. 그녀는 에릭과 접수면접을 하고 있었는데, 그는 스무 살의 의예과 학생으로서 당시 관계를 끊자는 여자친구와 타협을 하지 못하던 중이었다. 에이미는 순조롭게 상담을 시작했다. 그녀는 관심을 가진 듯이 보였고 친절해 보였으며, 연구소의 방침을 설명해 주며 에릭의 문제를 놓고 상담하는 것에 낙관적인 태도를 보였다. 그녀는 왜 그가 상담을 받으러 왔는지, 상담을 통해 무엇이 이루어지기를 바라는지 물었고, 그의 건강과 가족, 학업 진도 등에 관해서도 몇 가지 질문을 했다. 그 후 그녀는 필자를 향해 '도와주세요!' 하는 표정을 지었다. 그녀는 자신이 내담자에게 무엇인가 돌려주어야 하고 요약해 주고 대안을 탐색해야 한다는 것을 알고 있었다. 그러나 그녀는 겁이 났다. 그녀는 이것저것 질문하느라 너무 바빠서 경청하는 것을 잊고 말았던 것이다.

말하자면, 에이미는 에릭이 "난 지금 벌어진 이 난국을 해결해야 한다."라고 말했을 때 그가 얼마나 눈물을 참았는지, 얼마나 얼굴이 벌개졌는지, "우리는 성적으로도 잘 맞는 사이였어요. 지금은 그냥 강의만 같이 듣고 있지만요."(공교롭게도, 두 사람은 인간의 성에 관한 강의를 함께 듣고 있었다)라고 말하면서 왜 미소를 지었는지, 그리고 여자친구의 참을성 없음을 묘사하면서 얼마나 그의 눈이 이글거렸는지, 또한 "다시는 그런 사랑을 할 수 없을 것 같아요. 하지만 어떻게든 이겨 내야죠."라고 말하면서 얼마나 한숨을 쉬고 풀죽은 모습이었는지 등을 하나도 듣지 못한 것이었다(아니면 듣고도 어떻게 반응해야 할지 몰랐거나).

에릭은 어떤 반응을 기다리고 있었고 에이미 또한 제발 도와 달라는 표정으로 무슨 말인가를 애써 찾고 있었기 때문에, 필자는 "여자친구가 당신에겐 정말 커다란 의미였던 것 같은데, 당신은 그녀와의 관계를 끝낼 준비를 아직 하지 않은 것 같군요."라고 말했다. 에릭은 동의하는 뜻으로 미소를 지으며 고개를 끄덕였다. 그리고 "이제 훨씬 마음이 놓여요. 당신도 역시 나더러 이 난국을 그저 극복하라고만 하지는 않는군요."라고 덧붙였다. 그는 아직은 이 중요한 관계를 끝낼 준비가 되지 않았다. 즉, 관계 회복에 대한 희망을 버리지 않았던 것이다. 에릭은 필자가 이해한 것을 보고 마음이 놓였다. 필자는 그가 하는 말 이상의 것을 경청하고 있었기 때문에 이해할 수 있었던 것이다.

그 회기가 끝난 뒤 에이미는 "어떻게 그걸 아셨어요? 나는 그 여자친구를 어떻게 하면 잊을 수 있을지 충고해 주려던 참이었거든요."라고 말했다. 그녀는 필자가 에릭이 한 말에 보인 반응을 보고 자신의 계획이 도움이 되지 않을 것임을 깨달았다. 즉, 에릭의 애착에 대해 에이미의 공감적 이해가 없었다는 점이 그들 사이에 촉진적 관계를 형성시키지 못한 이유였다.

상담자는 공감적으로 경청해야 내담자를 도와줄 방법에 대해 많은 것을 배울 수 있다. 예컨대, 에릭은 '그녀와의 관계를 잊어버려라.'(그게 그리 쉬운 일이었으면 진작 그랬을 것이다)고 말하는 친구들을 피하고 있다는 말을 했다. 내담자가 어떤 일을 이미 시도해 보았고 어떤 방법이 도움이 되고 어떤 방법이 효과가 없었는지를 경청함으로써 우리는 같은 잘못을 되풀이하지 않을 수 있다.

경청은 상대방이 하는 말을 듣는 것 이상을 의미한다. 거기에는 일상생활의 만남에서는 사용하지 않는 일종의 주의집중이 포함된다. 처음에는 이것이 심신을 지치게 만든다. 대부분은 이런 식으로 주의를 기울이는 데 익숙하지 않기 때문이다. 논리적 분석을 수행하거나 답을 찾는 일, 계획 세우기 또는 자신의 감정과 경험을 관련짓는 일을 중단하는 것이 부자연스럽게 느껴진다. 더욱이 판단을 의식적으로 무시하고 자신의 불안을 참아 내며, 자기비판을 피하기란 참으로 어려운 일이다(특히 배우는 동안에는). 그러나 이것이 바로 배워야 할 일이다.

이 주제에 관한 좋은 자료로는 한나 머커(Hannah Merker)의 책이 있는데, 그녀는 심한 청각장애를 지니고 있다. 그녀는 『경청』이라는 저서에서 다음과 같이 기술하고 있다. "경청한다는 것은 알아차리는 것 지켜보는 것 그리고 다음에 있을 의사소통의 실마리를 참을성 있게 기다리는 것을 의미한다. 언어나 청각장애를 지닌 사람이 여러분에게 말할 수 있는 것처럼 경청이 반드시 청각적 의사소통은 아니다." 그녀의 말은, "경청은 시각적이고 촉각적이며 직관적이다. 경청은 아마도 …… 마음으로써의 알아차림이다."라는 구절을 떠올리게 한다.[17]

존중과 공감 드러내기

공감을 전하는 가장 좋은 방법 중 하나는 상담자가 내담자를 이해하고 있음을 알리는 것이다. 처음에 상담자는 내담자가 목소리 어조와 감정, 그리고 내용으로 표현한 것에 맞추어 말하길 원한다. 이렇게 함으로써 현재 무슨 일이 벌어지는지 상담자가 이해하고 있음을 전해 준다. 좋은 연습방법은 상담자가 자신에게 (상담 중 어느 때나) 자주 질문을 던지는 것이다. '나는 이 내담자에 대해서 무엇을 이해하고 있는가?' 그리고 나서 상담자가 내담자에게서 느낀 인상을 설명하도록 해 보자.

내담자는 상담자가 무엇을 이해하는지 들을 필요가 있다. 앞에서 말한 것처럼 '내가 여기에서 틀린 점이 있다면 바로잡아 달라…….' '내가 이해한 게 맞는가?' 등의 질문으로 상담자가 바로잡으려는 것이 무엇인지 적시함으로써 초점에서 벗어났는지 알아낼 수 있는 최상의 기회를 제공하고 문제에 대한 일반적 이해를 진전시키게 된다.

상담자는 들은 것에 대해 요약 이상의 것을 해야 한다. 상담자는 이해하기를 원해야 하며, 혼란에 빠지는 것을 두려워해서는 안 된다. 내담자에게 예를 들어 보라고 하라. 명료화와 내담자가 말한 것의 의미, 그리고 의도를 탐색하라. 상담자는 내담자에게 이해하기를 원한다고 말하고 도움을 청하라. 이해할 수 없을 때는 서슴지 말고 '저 좀 도와주세요. 제대로 이해하는지 확신이 안 섭니다.' 라고 말하라. 내가 이해하지 못하거나 혼란을 느낄 때 조바심이 난다. 이해하기를 원하기 때문에 내담자가 자신을 이해할 수 있도록 돕는 것이 상담자가 할 일이다.

예컨대, 평점 3.6에 긴 갈색 머리, 어두운 안색을 지닌 대학 3년생 캐롤린은 "저는 저의 태도에 문제가 있다고 해서 왔어요. 저에게는 친구가 하나도 없고 엄마와 싸우는 게 일이죠. 엄마는 제게 상스런 욕까지 마구 하세요." 내가 캐롤린에게 질문을 했을 때, 그녀는 실제로 거만하고 뻗대는 듯한 태도를 보였다. 그녀는 4세 때 부모가 이혼한 얘기를 하면서도 웃었다. 아버지에 관해 묻자, "내가 알게 뭐예요?" 라고 대꾸했다. 그녀의 어조는 발끈하고 신랄했다. 의심하는 듯한 그녀는 눈 때문에 시선 맞추기도 어려웠다. 그녀의 말이 옳았다. 그녀의 거만함과 뻗대는 태도 때문에 라포 형성이 불가능해 보일 정도였다.

그러나 어째서 그런 말버릇이 그녀에게는 좋은 방법인 것처럼 여겨졌는지 이해하고 싶었다. 그래서 "당신은 당신의 태도가 문제라고 했고, 특히 어머니와의 관계가 그렇다고 했지만, 왜 이런 행동을 하는지 무슨 이유가 있을 거라고 생각해요." 라고 물었다. 이런 방법으로 내가 단순히 그녀를 비판하는 사람들 속에 끼어들지 않을 것임을 알게 했다. 또한 그녀에게 이해가 되지 않더라도, 나로서는 그녀의 참조체제와 이유를 이해하기 바란다는 것을 말했다.

상담자는 단순히 질문하거나 내담자가 상담자에게 한 말을 반복하는 것 이상을 할 필요가 있기 때문에, 내담자의 문제에 관여함으로써 관심과 존중을 나타내는 것이 도움이 된다. 이를 위한 몇 가지 제안을 소개하면 다음과 같다.

(1) **능동적이 되어라**: 몇몇 연구를 보면 내담자는 상담자가 상담 시간의 1/3가량 동안 말하는 것을 선호한다고 제시하고 있다(이 정도는 상담자도 적절하다고 본다).[18]

(2) 표현하라: 촉진적 관계를 위해서는 우리의 어조가 내담자의 기분과 태도를 반영해야 한다. 그러나 상담자는 내담자가 상담자의 신호에 대해 괜한 추측을 할 필요 없이 적절한 반응을 할 수 있도록 그들이 상담자의 반응을 읽을 수 있기를 바란다. 활기차고 자기 자신의 감정을 표현할 수 있는 상담자는 내담자에게서 분명하게 진가를 인정받고 더 쉽게 이해되고 있다.

(3) 유창해져라: '있잖아요', '어─허', '좀' 등의 단어를 사용하지 않는 것이 좋다. 몇 번의 회기를 녹음해서 들어 보면 이러한 잘못을 금방 발견할 수 있을 것이다. 이런 실수들은 상담자가 자신에게 귀를 기울여 보면 분명하게 나타난다. 과장된 말을 피하도록 하고, 만약 상담자 생각에 내담자가 이해를 하지 못한다고 여길 경우에는 동의어를 사용하라. 상담자의 어휘가 내담자의 것과 일치하는 것이 바람직하다. 양가감정이라는 단어가 무슨 뜻인지 모르는 내담자가 무척이나 많은 데 놀란 적이 있다. 그래서 지금은 이 말을 쓸 때, "양가감정을 지닌 것처럼 들리는군요. 말하자면 그것에 대해 서로 매우 다른, 심지어는 상반되는 감정을 가지고 계시군요. 제 말 무슨 뜻인지 아세요?"라고 말한다. 이렇게 말하면 내담자는 그 말이 무슨 뜻인지 모른다고 말할 필요가 없다. 그 대신 내담자는 내가 무엇을 알려고 애쓰는지 이해할 수 없다고 지적해 줄 수는 있다.

(4) 내담자의 속도에 맞추어라: 이 말은 능동적으로 내담자를 따라갈 뿐만 아니라 긴장하고 흥분한 내담자와 함께 조용히 머물 줄도 알아야 한다는 것이다. 또한 느리고 우울한 내담자와 함께 참을성 있게 견디자는 뜻도 된다.

(5) 비언어적으로 반응하라: 개방된 자세로 앉거나 몸을 내담자 쪽으로 약간 기울이기, 시선 맞추기, 미소 짓기 등은 관심과 배려를 나타낸다는 것이 일반적인 견해다. 또한 내담자가 대체로 좋아하고, 노련하며, 단호하고, 신뢰할 만한 것으로 인정한 상담자는 비음성적 언어로 의사를 통한다는 증거도 있다.[19] 여기서 필자가 사례지도를 한 학생으로 분명히 이 자료

를 읽었을 대학원생 한 명이 생각난다. 그는 딱딱하고 감정이 없는 사람으로 보였지만, 앞쪽으로 몸을 기울이고 개방된 자세로 앉아 있었다. 그는 미소 띤 얼굴로 내담자와 시선을 맞추었지만 여전히 긴장감이 흐르고 있었다. 그에게는 리듬이 없었고 내담자의 신체언어에 반응하지 않았다. 또한 지나친 신경과민 상태였기 때문에 긍정적인 몸짓마저 격에 맞지 않고 불일치한 것으로 보였다.

동맹에 관심 기울이기

우리는 밀접한 우정관계를 만들기 위해서 내담자와 함께 발전시키는 라포를 원한다. 그러나 치료는 목표가 있고 계약에 의한 것이며 시간 제한이 있고 일방적이기 때문에 우정과는 다르다. 이러한 구속조건은 관계를 바꾸고 목표 달성과 이해 도달, 고통 감소의 치료적 과업을 수행하기 위한 틀을 제공한다. 라포는 분명히 이러한 작업 동맹의 핵심이다. 상호 협력하는 태도로 치료작업에 참가하는 것은 라포의 발전을 북돋아 준다.

내담자가 더욱 기능적이고 목표를 달성할 때 라포를 신장시킬 수 있다. 그러므로 우리는 힘을 인식하고 강화해야 한다. 이와 동일 선상에서 잠을 자거나, 먹거나, 운동하거나, 책임을 짐으로써 자기 관리를 좋게 유지하는 것과 같이 내담자의 적합한 대응기술을 지지하는 것은 현명한 일이다. 우리는 또한 내담자가 준비될 때까지 내담자의 활기 찬 방어(비록 부적응적으로 보일지라도)에 대항하는 것을 억제함으로써 스스로 속도를 조절해야 한다.

예를 들면, 20세의 대학 3학년생인 존이 어느 날 밤 만취상태에서 자신이 동성애 경험을 한 사실에 충격을 받고 상담을 받으러 왔다. 그는 여자와는 성관계를 가져본 적이 없고 남자와의 관계만 상상한 적이 있다고 말했다. 자신의 행위에 혐오를 느낀 존은 앞으로 정치가의 길을 가려고 했는데 '동성애자가 된다는 것' 이 자신의 앞길을 망치게 될 것이라고 우려했다.

그때 "존, 정말 황당했던 모양이에요. 당신은 남자에 대한 성적 상상이 심각한 것이 아니길 바라고 있군요."라고 말을 건넴으로써 공감적인 이해를 하려고 했다. 상황에 대한 이해의 깊이를 더하기 위해 노력하면서 다시 "당신은 왜 이 문제가 당신을 이토록 당황하게 만드는지 이유를 생각해 보고 싶은가 봅니다."라고 덧붙였다.

그는 "아닙니다."라고 답했다.

그 대답을 듣고 다시 각도를 돌려서 말해 보았다. "그럼, 이 경험이 당신한테 어떤 영향을 미치게 될지 알고 싶은가요?"

"아니요. 저는 제가 더 많이 바쁘면 이 모든 것을 잊을 수 있을 것 같아요."라고 존이 대답했다.

그는 불안해 보였고 손톱을 깨물었으며, 의자에 앉은 채 몸을 뒤척거렸다. 그가 이 문제를 탐색하기 원한다는 유일한 단서는 다음에 몇 번 더 만나고 싶다는 약속뿐이었다.

"당신이 상담시간을 약속하고 싶어 하는 것은 알지만, 좀 혼란스럽군요. 당신이 말하고 싶지 않은 게 분명해서 말이지요. 당신은 그저 바쁘게 지내면서 그것에 관해 아예 생각도 하지 않는 것이 최선의 방법이라고 생각하는데, 왜 또다시 여기 오려는지 납득이 안 되는군요."라고 말했다.

그는 "저도 그래요. 하지만 다시 오겠어요."라고 답했다.

"그럼 당신 내면에 두 가지 마음이 있다고 가정해도 되겠어요?"

"네, 그런 것 같아요. 잘 모르겠어요."

이 상담에서는 '지금-여기'의 감정과 회기 중에 나타난 반응에 초점을 맞춤으로써 공감적 이해를 가장 잘 전달할 수 있었다. 이때 중요한 과제는 성적 행동에 대한 그의 양가감정보다 말하는 것에 대한 그의 양가감정과 함께 머무는 일이었다. 그것은 존의 경계를 너무나 심하게 침해하는 일이어서 그가 자신의 감정 탐색을 원하는 것이 확실해질 때까지 더 이상 계속할 수가 없었다. 이러한 방식으로 상담자는 내담자에게 그의 방어기제가 처리할 수 없는 자료를 탐색하라고 강요하지 않았기 때문에 상담에서의 신뢰관계 수립이 가능해진다.

이 특정 사례에서는 자기의 진짜 감정을 알아볼 용기를 얻는 일에 뛰어들면서 자기 자신을 이성애자로 보려는 존의 필요를 존중하는 것이 매우 중요했다. 그의 방어에 대한 민감성은 라포에 필수적이었다. 그래서 충분히 라포가 형성될 때까지는 그의 의도에 반하거나 너무 고통스러울지도 모를 새로운 이해를 추가하거나, 또는 이미 지각된 잘못을 지적하기를 원치 않았다. 그래서 "내 생각에는 당신이 남자에 대해 성적 감정과 환상을 지니고 있긴 하지만, 자신을 이성애자로 보는 것이 당신 자신에게 매우 중요한 일인 것 같다."라고 요약해 주었다. 그는 내 말에 동의한 다음 얘기를 계속하고 싶다고 말했다. 그러나 이번에는 어째서 자신을 이성애자로 볼 필요가 있는지에 관해서 말하고 싶어 했다.

여기에서 존이 어린 시절 남과 달라지는 것에 대해 가졌던 두려움에 대한 논의로 이어졌다. 그는 아버지의 격노와 신의 저주를 두려워했다. 그는 어린 시절에 학교 친구들에게서 '계집애'라고 놀림받던 일을 기억했다. 그가 우려하는 것도 무리가 아니었다. 그는 자신의 성적 행동에 대한 선택을 스스로 할 수 있고, 술에 취하지 않으면 그러한 선택을 좀 더 잘 통제할 수 있을 거라는 재확인이 필요했다.

상담자가 치료적 동맹을 강화할 수 있는 또 다른 방법은 상담에서의 진전을 인정하는 것이다. 내담자는 그들이 잘한 일에 대한 상담자의 관찰에 대해 매우 특별하고 분명하게 들을 필요가 있다. 내담자의 행동 결과에 대해 '정말 인상적이었다.' '정말 맘에 들게 일을 해냈군요.' '정말 중요한 일을 해냈어요.'라고 말할 때 내담자의 두 눈이 밝아지는 것을 보며 종종 놀라게 된다. 이러한 강화는 상담의 진행을 북돋아 줄 뿐만 아니라 라포를 신장시킨다.

라포의 질 평가하기

라포 형성에서 가장 중요한 측면 가운데 하나는 그것을 통해 상담관계의 질을 평가할 수 있다는 점이다. 상담 관련 연구에 의하면 상담자는 동맹이 얼마나 중요한가를 인식하지만, 주어진 특정 내담자와의 동맹상태를 오판하는 경우도 있다고 밝히고 있다.[20] 이 연구 결과는 상담자가 라포를 평가하는 것을 배워야 함을 시사한다. 라포가 우리에게 긍정적인 느낌을 주는 것은 분명히 좋은 일이지만, 그러한 느낌은 때로 기만적일 수 있고 반드시 필요한 정보를 줄 수 있는 것도 아니다. 대부분의 내담자는 사회적으로 재능이 있고 상담자를 즐겁게 해 주거나 칭찬해 줌으로써 상담자에게 유쾌한 경험을 제공할 수 있지만, 그들은 아직 자기 자신의 문제에 관심을 기울이는 것이 아니다. 상담자는 라포가 내담자의 목표 달성을 가져올 만큼 충분히 긍정적이기를 원한다. 상담을 위한 라포의 질을 평가할 수 있는 방법에는 다음과 같은 것들이 있다.

(1) 내담자가 상담자에게 말해 준다: 내담자가 '상담을 받으니까 나한테 정말 필요한 것을 얻는다는 느낌이 들어요.'라고 말할 때는 일이 잘 풀리고 있음을 쉽게 알 수 있다. 그러나 내담자에게 '상담이 잘 되고 있다고 생각하나요?' '마지막 회기가 끝나면 어떻게 달라져 있을 것 같아요?' 등의 질문을 자주 해야 한다.

(2) 내담자가 방어하지 않는다: 양질의 라포가 형성되었음을 보여 주는 한 가지 신호는 상담자가 내담자 쪽에서 어떻게 받아들일까를 지나치게 염려하지 않고도 중요한 사항을 말할 수 있다고 느끼는 것이다. 만약 내담자가 이해하지 못하거나 어떤 제안에 '그러나'를 계속 덧붙이거나 변명을 하려고 하면, 그녀가 방어할 필요를 느끼고 있다고 추정할 수 있다. 그리고 그녀가 그럴 필요가 없다면 방어적이지 않을 것이라 생각한다. 즉, 방어를 하는 것은 그녀가 아직은 자기보호가 필요하기 때문이다.

(3) 내담자가 자발적으로 반응한다: 그는 한숨짓고, 웃고, 울고, 편안하게 움직이며, 일치된 모습을 보인다. 내담자는 자기 문제와 관련된 사안에 대해서 자신을 표현할 수 있다.

(4) 내담자가 상담자의 의도를 분명히 읽는다: 그녀는 현재 일어나는 일 때문에 혼란을 느끼지 않는다. 그녀는 멈추라거나, 더 말하라거나 또는 경청하

라는 나의 신호를 잘못 읽지 않는다. 내담자는 이러한 나의 반응이 그를 해치려는 것이 아니라 일이 잘 풀리도록 도와주려는 욕구에서 근거한 것을 알기 때문에 나는 내담자에게 도전과 직면을 할 수 있다.

(5) 내담자는 자기주장을 하거나 의견 차이를 표현하며, 불쾌감을 드러낼 수 있다: 내담자는 부정적인 감정과 생각을 표현해도 좋을 만큼 충분히 안심하거나, 우리에게 위협적인 문제를 드러내기도 한다.

라포가 확실히 형성될 때 거기에는 친화감과 공감, 존중, 이해, 협동이 존재한다. 좋은 관계를 유지하기 위해서는 노력과 인내심 그리고 틀어진 사이를 즉각 알아챌 수 있는 민감성이 필요하다.

틀어진 관계 회복하기

상담자가 아무리 진지하고 의도가 좋으며 재능이 있더라도 여전히 잘못을 저지를 여지는 남아 있다. 때로는 필요에 따라 어쩔 수 없이 내담자의 감정을 다치게 하는 말을 해야 할 때도 있다. 우리가 실수를 하거나 상처 주는 말을 할 때, 그것이 라포에 미치는 영향을 주시해야 한다. 다음은 라포를 주시하거나 관계가 틀어졌을 때 도움될 만한 몇 가지 방법이다.

(1) 지지를 보낸다: 이따금 내담자는 고통스러운 일들을 고려해야 할 때가 있다. 이럴 때는 '당신이 그 말을 꺼내기가 무척 어려운 줄 알지만 말을 한다면 분명히 도움이 될 거예요. 당신 생각은 어떠세요?'라고 지적해 주는 것이 도움이 된다. 어떤 얘기는 외상을 일으킬 만큼 충격적이거나, 불쾌한 것이거나, 넌더리나는 것이거나, 끔찍한 것이라고 인정하는 것은 내담자가 겪게 될 아픔을 상담자가 이해하고 있다고 안심시키는 방법이 된다. 예컨대, 죽음에 대해서 말할 때, 내담자에게 상담자가 충분히 기다리면서 그의 속도를 따라가겠다는 것과 이해하려고 노력한다는 것, 필요할 때는 재음미하겠다는 것을 알려 주는 것이 도움이 된다.

(2) **공감을 나타낸다:** 상담자는 자신의 반응이 내담자에게 상처가 될 수 있음을 알고 있다고 전해 줄 필요가 있다. 언젠가 나는 어떤 내담자가 일련의 비극적 사건을 목록으로 만들어 정리한 것을 보고 웃었던 일이 있다. 나는 단지 어머니의 죽음과 자동차 대파, 극심한 편두통, 죽어 가는 개, 그리고 스트레스 관리에 관한 중학교 프로젝트에 대해 도움이 필요한 아이 등의 문제를 꾸역꾸역 견디는 것을 상상할 수가 없었다. 어쨌든 그것을 참는다는 것이 모두 우스꽝스럽게 보였다. 그러나 만약 나처럼 웃는다면, 상담자는 내담자의 감정을 상하게 할지 모른다는 것을 깨닫고 있음을 말로 표현해 줄 필요가 있다. 나는 "아, 미안해요, 그냥 문젯거리가 너무 지나치다 싶어서요."라고 말했다. 나의 내담자는 동감을 표하며 함께 웃었다. 이로써 두 사람은 모두 안도감을 느끼게 되었다.

(3) **명료화를 추구한다:** 상담자는 '지금 무엇이 어떻게 되고 있는 거지요?' '내가 방금 말한 내용이 당신한테 어떤 영향을 주었나요?' 같은 질문을 할 필요가 있다. 만약 상담자가 내담자의 감정에 상처를 주었다거나, 혼란스럽다거나 또는 그를 불쾌하게 했다는 이야기를 내담자가 한다면, 그는 상담자의 의도를 설명할 길을 열어놓은 셈이다.

(4) **사과한다:** 만약 우리가 잘못을 저지른 경우에는(예, 같은 시각에 두 가지 약속을 했다든가, 청구서를 잘못 발부했다든가, 무신경한 말을 했다든가, 하품을 했다든가, 오해를 했다든가, 상담 도중 전화를 받았다든가 아니면 아예 누구한테 불려나갔다든가) 내담자에게 사과해야 한다. 사과는 내담자가 불만을 토로하기 전에 미리 하는 것이 더 좋지만, 때로는 내담자가 언급하지 않으면 상담자가 깨닫지 못하는 경우도 있다.

위와 같은 행동은 상처를 주는 반응으로 인한 긴장감을 줄이고, 상담자가 무의식적인 실수를 하거나 다른 사람의 감정을 상하게 할 때 도움이 된다. 상담자는 틀어진 관계에 역점을 두어 문제를 다룸으로써 관계 회복의 가능성을 느끼고 금방 마음이 편안해진다.

라포 형성을 위한 훈련

우리는 상담전문가가 되기 위한 훈련이 라포 형성에 도움이 되기를 바란다. 이 영역의 훈련에서는 배울 것이 참으로 많다. 여기에는 특히 현재의 우리 자신의 성품과 전문적 지식을 통합하는 활동이 포함되어 있어 특히 더 해 볼 만하다. 상담자가 결국 어떤 공식이나 처방된 단계, 또는 이론 모델을 전적으로 의존할 수 없다는 것을 깨닫기 바란다. 이럴 때 상담자는 기본적 관계 기술을 키워 나가는 것이 필요함을 역시 알게 된다. 또한 기법과 이론을 적용하는 법에 관하여 생각해 보고자 하면서도 아직은 충분히 납득할 수 있을 만큼 일치했기를 원할 것이다. 그리고 우리는 실습과 지도가 필요하다는 것을 알고 있다.

사람들과 잘 어울려 지내기

이것은 일상적인 '대인관계기술' 이다. 이 방법에는 태도, 친절함, 반응성, 그리고 그 밖에 라포를 신장시키거나 방해할 수 있는 기술들이 포함되어 있다. 상담자의 사회적 기술은 가족과 문화를 관찰하고 그것들에 반응함으로써 개발되는데, 대개는 상담자의 의식적인 알아차림의 외부에서 이루어진다. 상담자는 생각 없이 몰두하기 때문에 종종 사회적 기술의 영향에 의문을 갖지 않는다. 그러나 상담자가 상담이나 심리치료를 할 때, 이러한 질문은 필수적이다. 상담자는 자신이 말하는 양식이 내담자의 치료과정에 영향을 줄 수 있음을 알기 때문에 상담자의 접근법과 태도와 기법을 정밀하게 조사해야 한다.

말할 것도 없이, 이 정밀 조사에는 용기가 필요하다. 상담자는 스스로 상담 이외의 관계에서 라포를 얼마나 잘 수립할 수 있는지를 고려하고 시작해야 할 것이다. 크리스 클라인케(Chris Kleinke)는 다음과 같은 설문지를 사용할 것을 제안하고 있다.[21] 이 척도는 10개의 문항으로 구성되었고 5점 척도를 사용해서 채점된다(4=강한 긍정, 0=강한 부정).[22]

(1) 사람들이 자신에 대하여 내게 자주 이야기한다.

(2) 나는 경청을 잘 한다는 말을 들은 적이 있다.

(3) 나는 다른 사람을 매우 잘 받아들인다.

(4) 사람들은 내게 자신들의 비밀을 털어놓는다.

(5) 나는 사람들이 쉽게 '입을 열게' 한다.

(6) 사람들은 나의 곁에서 편안함을 느낀다.

(7) 나는 사람들의 말을 경청하기를 즐긴다.

(8) 나는 사람들의 문제에 동정적이다.

(9) 나는 사람들에게 느낌을 내게 말하도록 격려한다.

(10) 나는 사람들이 자신에 대하여 계속 말하게 할 수 있다.

이 척도에서 점수가 높은 사람일수록 점수가 낮은 사람보다 자기 개방을 더 성공적으로 이끌 수 있다.

10개 문항을 자세히 들여다보면, 이들 기술이 연습을 통해 얻을 수 있음을 알 수 있다. 예를 들면, 상담자는 사람들을 편안하게 느끼게 하는 일과 상담자 자신이 입을 쉽게 열게 하는 방법에 대하여 생각할 수 있을 것이다. 십중팔구 상담자는 그러한 기술을 상담관계 속에 옮겨 놓을 수 있다. 또한 상담자는 타인을 편안하게 하는 데 특별히 소질이 있는 다른 사람을 관찰함으로써 기술을 좀 더 개발할 수도 있다. 마찬가지로, 지도와 훈련은 상담자 자신의 약점이 어떻게 상담에 영향을 미치는가에 대한 알아차림 능력을 개발하기 위한 좋은 기회다.

경직된 기법 피하기

벤더빌트 대학교의 한스 스트럽(Hans Strupp)과 그의 동료들은 그들이 상담자를 훈련시켜 확실한 상담효과와 상관관계가 있다고 알려진 요인을 재생산할 수 있다고 주장했다. 하지만 상담자에게 동맹을 발전시키는 방법에 대하여

특수훈련을 시켰음에도 결과는 나아진 것이 없었다. 실제로는 오히려 퇴보했다.[23]

훈련받은 상담자가 단기 역동적 심리치료(TLDP)에 매달려 보았지만, 그들은 역시나 덜 지지적이고 덜 낙관적이었으며, 권위주의적, 부정적, 방어적인 측면은 더 심하게 나타났다. 연구자들은 '근원적인 개인 간의 과정'에 대한 배려 없이 반응 방식에 기계적으로 매달려 이러한 부정적인 결과를 낳게 되었다고 결론지었다. 이들 연구자들은 동맹관계가 발전함에 따라 상담자가 그것을 감시하도록 훈련받아야 한다고 주장했다.[24] 다시 말해서, 이들은 상담에서 유대관계 질의 엄격한 평가에 세심한 주의를 기울이도록 하는 훈련과 지도를 강조하는 것으로 보인다.

이들 결과를 보면 몇 가지 이유에서 양질의 상식을 제공해 준다. 첫째, 라포를 형성하는 데는 한 가지 방법만 있는 것이 아니다. 상담자가 라포를 촉진시키는 몇 가지 특성에 동의하더라도 상담자는 독특한 방법으로 의사소통하고, 공감하며, 존중하고, 이해하는 경향이 있다. 둘째, 관계는 내담자와 상담자의 상호관계에서 발전한다. 따라서 어느 장면에서 어떤 내담자와는 잘 풀렸던 방법이 다른 장면 다른 내담자와는 잘 되지 않을 수 있다. 마지막으로, 라포는 상담자의 '춤추기 학습'—다른 말로 표현하면 일치하는 것—이 필요하다. 동시에 상담자는 내담자에 대한 예민한 감수성을 개발해야 한다.

결과적으로, 상담자는 인위적이거나 기교 중심이 아닌 적극적인 관계를 돕는 제반 특성을 함양할 때 유능해질 수 있다. 심지어 칼 로저스도 사람들이 '비지시적' 기법에 강조점을 두는 것을 보고 깜짝 놀랐다고 한다. 어떤 내담자가 방금 한 말을 전환하는 기법에 반응하는 것을 보고, 로저스는 "여러 해 동안 나는 공감적 경청에 관해 거의 아무 말도 하지 않았다. 내가 그 말을 했을 때는 공감에 의한 태도를 강조하기 위한 것이었지, 이것이 관계 속에서 어떻게 실천될 것인가에 대해서는 거의 언급하지 않았다. 나는 긍정적 배려와 상담자의 일치성에 관해서 논의하기를 좋아했다. 공감과 함께 앞의 두 가지는 내가 상담과정을 촉진하는 것으로 가설을 세웠던 것들이다. 이들 또한 종종

오해를 받긴 했지만 최소한 희화화되지는 않았다."라고 해명했다.[25] 그렇다
면 상담자가 마땅히 해야 할 일은 상담자에게 자연스럽고 현재의 상황과도 맞
는 방식으로 라포를 형성하는 방법을 모색하는 일일 것이다.

'손맛'을 찾아서

대부분의 상담실무자는 연구보고서나 실습요강에도 없지만, 라포에 도움이
되는 중요한 변인과 특성이 있음을 일찍부터 인정하고 있다. 얄롬은 이 특수
한 치료적 요인을 '손맛'으로 묘사하고 있다.[26] 그는 멋진 요리를 만들어 내
는 일등 요리사의 전문용어를 사용하였다. 요리를 배우는 학생들은 두려운 마
음으로 물러섰다가, 그들이 뭔가 특별한 것을 맛보았음을 알아차린다. 그러나
그 학생들은 일등요리사가 제공한 요리법에 따라 똑같은 요리를 만들 수 없다
는 사실에 마냥 의아해한다. 상담을 배우는 학생들도 종종 비슷한 상황에 처
한다.

예전에 인지−행동 전문가인 도널드 마이켄바움(Donald Meichenbaum)이 내
담자와 상담하는 장면을 관찰했던 적이 있다. 후에, 그는 내담자의 증세에 대
한 자신의 배려와 자신이 도입했던 행동적 개입에 관해 기술했다. 그는 자신
의 내담자의 진전을 그러한 방법들(어쩌면 그가 옳았다)의 덕으로 돌렸다. 그러
나 이 내담자가 마이켄바움과 같은 방식을 사용하면서 라포는 수립하지 못한
다른 상담자(같은 방법을 사용하는)와도 과연 그만큼의 진전을 보였을까 궁금
했다. 어쨌든 이 내담자가 단조로운 말투에 시선을 맞추지도 않고 그녀의 감
정에 거의 관심조차 기울이지 않는 다른 상담자에게 자신의 치료를 맡길 생각
을 한다고는 상상도 할 수 없었다. 마이켄바움은 언급하지 않았지만, 그가 그
의 내담자와 함께 리듬에 맞춰 움직이는 방식에 감명받았다. 그의 감수성은
절묘했고 라포 형성은 명백했다. 중요한 것은 그가 라포를 알아채지 못했다거
나 그의 기법에 취할 점이 없었다는 것보다 그의 라포 형성 노력이 제자인 우
리에게는 언급되지 않았다는 데 있다.

상담에서 매 순간순간 벌어지는 개인 간의 과정에 대해 민감성을 개발하는 것이 당연히 훈련의 기초가 되어야 한다.[27] 기존의 기법과 방법(원한다면, 요리법)을 배우는 것이 물론 필요하지만, 자신의 스타일을 통합하기 위해 필요한 것은 끊임없는 도전이다. 상담자가 상담에서 하는 모든 일이 라포에 대한 세심한 배려와 함께 이루어져야 한다.

내담자와의 라포 형성은 모든 상담작업을 위한 기반을 제공한다고 할 수 있다. 그러나 관찰에 의한 평가와 진단 기술이 없다면, 우리가 개발한 라포는 단지 친구로서 할 수 있는 염려 수준에 머물 것이다. 임상적 면접의 필수적 측면을 논의할 때 알게 되겠지만, 이미 역점을 두어 다루었던 제반 기술들은 앞으로 상담에서의 복잡한 과제를 떠맡게 될 우리의 능력을 더욱 신장시킬 것이다.

주

1) Strupp. H. H. (1986). Psychotherapy: Research, practice, and public policy (how to avoid dead ends). *American Psychologist, 41*, 120−130.

2) Rogers, C. R. (1980). *A way of being.* Boston: Houghton Mifflin, pp. 115−116.

3) Luborsky, L. (1994). Therapeutic alliances as predictors of psychotherapy coutcomes: Factors explaining the predictive process. In A Horvath & Greenberg (Eds.), *The working alliance: Theory, research and practice.* New York: Wiley, pp. 45−46; Henry, W. P., Strupp, H. H., Schacht, T. E., & Gaston, L. (1994). Psychodynamic approaches. In A. E. Bergin & S. L. Garfield (Eds.), *Handbook of psychotherapy and behavior change* (4th ed., pp. 467−508). New York: Wiley; Mallinckrodt, B., Nelson, M. L. (1991). Counselor training level and the formation of the psychotherapeutic working alliance. *Journal of Counseling Psychology, 38*, 133−138.

4) O' Malley, S. S., Suh, C. S., & Strupp, H. H. (1983). The Vanderbilt Psychotherapy

Process Scale: A report on the scale development and process−outcome study. *Journal of Consulting and Clinical Psychology, 51*, 581−586; Moras, K., & Strupp, H. H. (1982). Pretherapy interpersonal relations, patients' alliance, and outcome in brief therapy. *Archives of General Psychiatry, 39*, 405−409; Horvath, A., & Greenberg, L. (Eds.). *The working alliance: Theory, research and practice*. New York: Wiley.

5) O'Malley, S. S., Suh, C. S., & Strupp, H. H. (1983). The Vanderbilt Psychotherapy Process Scale: A report on the scale development and process−outcome study. *Journal of Consulting and Clinical Psychology, 51*, 581−586.

6) Bordin, E. S. (1994). Theory and research on the therapeutic working alliance: New directions. In A. Horvath & Greenberg, L. (Eds.). *The working alliance: Theory, research and practice*(pp. 13−38). New York: Wiley.

7) Strupp, H. H., Fox, R. E., & Lessler, K. (1969). *Patients view their psychotherapy*. Baltimore: Johns Hopkins University Press.

8) Greenberg, L., Elliott, R., & Lietaer, G. (1994). Research on experiential psychotherapies. In A. E. Bergin & S. L. Garfield (Eds.), *Handbook of psychotherapy and behavior change* (4th ed., pp. 509−543). New York: Wiley, p. 522.

9) 주 2), p. 116 참조.

10) Masterson, J. F. (1981). *The narcissistic and borderline disorders*. New York: Brunner/Mazel.

11) 주 2), p. 116 참조.

12) Egan, G. (1990). *The skilled helper* (4th ed.). Pacific Grove, CA: Brooks/Cole.

13) 주 2), p. 140 참조.

14) 주 2), p. 116 참조.

15) 주 2), p. 116 참조.

16) Yalom, I. D. (1989). *Love's executioner and other tales of psychotherapy*. New York: Basic Books, pp. 144−152.

17) Merker, H. (1994). *Listening*. New York: HarperCollins, p. 17.

18) Friedlander, M. L., Thibodeau, J. R., & Ward, L. G. (1985). Discriminating the "good" from "bad" therapy hour: A study of dyadic interaction. *Psychotherapy, 22*, 631−642; Klienke, C. L., & Tully, T. B. (1979). Influence of talking level on perception of counselors. *Journal of Counseling Psychology, 26*, 23−29.

19) Weiner, M., Budney, S., Wood, L., & Russell, R. L. (1989). Nonverbal events in

psychotherapy. *Clinical Psychology Review, 9,* 487−504.

20) Horvath, A., & Greenberg, L. (Eds.). *The working alliance: Theory, research and practice.* New York: Wiley.

21) Kleinke, C. L. (1994). *Common principles of psychotherapy.* Pacific Grove, CA: Brooks/Cole, p. 56.

22) Miller, L., Berg, J. H., & Archer, R. L. (1983). Openers: Individualis who elicit intimate self−disclosure. Journal of Personality and Social Psychology, 44, 1234−1244.

23) Henry, W. P., Strupp, H. H., Schacht, T. E., & Gaston, L. (1994). The therapeutic alliance as interpersonal process. In A. Horvath & L. Greenberg (Eds.), *The working alliance: Theory, research and practice* (pp. 51−84). New York: Wiley.

24) 주 22) 참조.

25) 주 2), p. 139 참조.

26) Yalom, I. D. (1980). *Existential psychotherapy.* New York: Basic Books, p. 3.

27) 주 22), p. 68 참조.

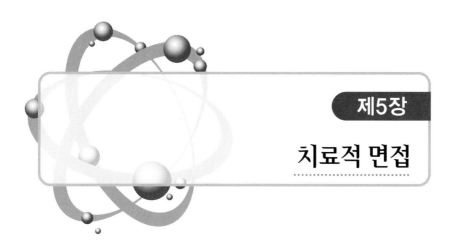

제5장

치료적 면접

    내담자는 일주일의 168시간 중 단지 한 시간만 상담자와 함께한다. 모든 것이 내담자의 삶에 영향을 주므로 상담자가 그들을 변화시키기란 매우 부족한 시간이다. 상담자는 마술 지팡이가 있는 것도 아니기 때문에 그들이 가진 것을 최대한 이용해야 한다. 즉, 치료적인 면접이 그것이다.

    해리 스택 설리번(Harry Stack Sullivan)은 면접시간이 가진 불가사의한 요소에 대해 다음과 같이 말하고 있다. 마술은 "대인관계에서 발생하고 진짜 마술은 상담자가 아닌 내담자에 의해 이루어진다. 상담자의 기술과 예술은 무언가가 일어날 수 있기에 충분하도록 모든 것을 단순하게 유지하는 것에 있다. 즉, 상담자는 바람직한 변화를 위한 마당을 깨끗하게 한 다음, 변화에 장애가 되는 것이 끼지 못하도록 노력할 뿐이다."[1]

    설리반의 조언대로라면 상담자는 인간 행동에 대해 배운 지식들을 내담자의 변화를 유도하는 면접전략으로 능숙하게 바꾸는 능력이 필요하다. 다시 말하면, 상담자는 다양한 목적으로 치료적인 관계를 활용할 수 있다. 예컨대, 변화를 일으키는 촉매제로, 내담자의 사고를 자극하는 자극제로, 걱정과 염려에 대해 위안을 주기 위해서 잃은 것을 되찾고 계획하도록 이끄는 유도체로서 활용할 수 있다. 상담자는 이러한 서비스를 제공하기 위해서 두 가지 기본적인 과업을 완수할 필요가 있다. 첫째가 상담목표의 틀을 세우는 것이며, 둘째는 이러한 목표를 달성하기 위해 대화를 이용하는 방법을 습득하는 것이다.

틀 세우기

각 회기를 생산적인 회기로 만들기 위해 상담자는 그런 작업이 일어나도록 환경을 조성하고 유지하는 책임을 져야 할 것이다. 상담에서 틀을 세우는 일에 유의하지 않을 경우 상담회기는 목적 없이 떠돌고, 상담자나 내담자 모두 아무것도 이루지 못한 것처럼 느끼게 된다. 상담자는 내담자의 (1) 기대를 명료화하고, (2) 상담의 속도를 조절하며, (3) 필요할 때 특정한 주제에 초점을 맞추고 유지함으로써 상담의 틀을 세운다.

상담 초기이든 중기이든 상관없이 상담자가 이러한 기본적 과업을 함으로써 상담자와 내담자는 서로 협력하여 상담을 운영할 수 있다.

기대 명료화하기

첫 회기에서 분명한 기대를 가지는 것이 얼마나 중요한지에 대해서는 이미 논의했다. 그러나 첫 회기뿐만 아니라 이어지는 회기에서도 명료한 기대를 가지는 것은 중요하다. 상담 초기의 몇 회기에는 상담자가 내담자에게 수많은 구체적인 질문을 하지만 후속하는 회기에서는 내담자가 상담 주제를 정할 것이라고 기대한다. 따라서 이러한 변화에 대해서는 상담자가 다음과 같은 방식으로 설명하는 것이 좋다. '이제부터는 제가 그렇게 많은 질문을 하지 않을 것입니다. 왜냐하면 이 자리에 오기 전에 오늘 이야기할 주제를 당신이 미리

생각해 오는 것이 훨씬 효과적이기 때문입니다.'

기대를 정하는 일에는 대화의 주제를 고를 책임을 누가 가질 것인가를 정하는 것도 포함되어 있다. 내담자에 따라서는 이야기할 주제를 결정하는 일의 책임이 상담자에게 있다고 생각하기도 한다. 따라서 만약 이런 기대를 가진 내담자를 만났다면 상담자는 그 이유를 설명해야 한다. 예를 들면, '저는 우리가 당신에게 중요한 주제에 대해 이야기해야 한다고 생각합니다. 따라서 저는 당신이 주제를 선택하는 것이 더 효과적이고 저는 단지 당신이 정한 주제에 대해 당신이 이야기를 잘할 수 있도록 돕는 일을 할 것입니다.' 사실 상담 방식에 따라 상담자나 내담자가 주제를 결정할 수 있지만 여기에서 중요한 것은 상담자와 내담자가 가진 기대를 서로 분명히 할 때 효과가 높다는 점이다. 상담자는 상담이 어떤 방식으로 도움이 되고 상담자가 내담자를 잘 조력할 수 있도록 내담자는 상담자를 어떤 식으로 도와야 하는지 등에 대해 내담자에게 분명하고 직접적으로 전달해야 한다. 그리고 이런 일은 내담자가 이해할 수 있는 방식으로 해야 한다.

상담자는 내담자에게 설명할 때 많은 정보를 제공하면서도 단순한 방식으로 설명해야 한다. 만약 상담자가 '저는 대상관계이론의 관점에서 상담을 하며 제게 매달리거나 무력한 태도로 나타날 부적응적인 전이에 대해 직면할 것입니다.' 라고 설명한다면 내담자는 '당신 지금 무슨 소리를 하는지 하나도 알아들을 수가 없어요!' 라는 표정으로 상담자를 쳐다볼 것이다. 사실 전문용어를 섞어 가면서 말하는 것은 라포를 손상시키는 가장 확실한 방법이다. 반면 상담자가 다음과 같은 식으로 말하면 훨씬 더 내담자와 밀접한 교류를 할 수 있을 것이다. '당신은 대인관계에서 왜 어려움을 겪는지 알기를 원하는 것 같습니다. 따라서 상담을 하다가 당신과 제 관계에서 눈에 띄는 특별한 것이 있으면 지적해서 제가 알려 드리겠습니다.'

상담자는 상담에서 자신과 내담자의 역할에 대한 기대를 분명하게 설정하는 것이 필요하다. 예컨대, 상담자는 내담자가 자신의 꿈에 대해 이야기하길 바라고, 지난 주간에 발작적으로 울음을 터뜨린 일이 있다면 그것에 대해 이야기해 주길 바란다. 뿐만 아니라 상담자는 결혼 문제에서 진전된 부분에 대해 내담자가 이야기해 주거나 상담에서 이야기해야 할 주제를 내담자가 결정하기를 바란다. 중요한 것은 필요할 때마다 상담자 자신이 적용하는 방법이나 기대에 대해 내담자에게 분명하게 알려 주어야 한다는 점이다.

뿐만 아니라 상담자는 내담자가 상담자와 맺는 관계의 사적인 측면에 대해서도 기대를 분명하게 설정해야 한다. 내담자는 상담자에게 무엇을 기대할 수 있는지에 대해 잘 모르는 경우가 많다. 그들은 상담자를 어떻게 불러야 할지(성을 불러야 할지, 이름을 불러도 될지), 상담자의 사생활에 대해 질문을 해도 되는지, 상담자의 집에 전화를 해도 되는지 또는 상담자의 친구가 되어도 되는지 등에 대해 궁금해할 수 있다. 이러한 문제를 좀 더 큰 관점에서 보면 기대를 명료화한다는 말의 의미는 곧 상담에서 상담자와 내담자의 경계를 분명하게 설정한다는 것과 관계가 있다. 상담자와 내담자의 경계를 분명하게 유지(예, 신체적 접촉을 제한한다든가, 상담실 밖에서는 만나지 않는 일)함으로써 틀을 세우는 일이 필요할 때가 있다.

상담자가 경계를 분명하게 제시할 때는 그것이 내담자를 거절하는 일이 되지 않도록 조심해야 한다. 가장 효과적인 방법은 이러한 조건들이 상담을 위해 왜 필요한지에 대해 상담자가 분명하게 알고 그것을 내담자에게 전달하는 것이다. 예를 들면, '저는 당신이 외로워하고 신체적인 접촉을 원한다는 것을 잘 압니다. 제가 당신을 안아 준다고 해도 그것이 당신의 문제를 해결하는 데 도움이 되지 않을 뿐 아니라 친밀한 관계에 대한 당신의 욕구를 조절하고 관리하는 방법을 발견하는 데 도움이 되기보다는 당신에게 필요한 위로나 친밀한 관계를 제가 직접 제공하게 되어 우리 관계를 복잡하게 만들 수 있다는 점을 당신이 이해하기를 바랍니다. 제 생각에는 당신의 일상생활에서 좀 더 친밀한 관계를 만드는 방법에 대해 우리가 이야기할 수 있다면 그것이 훨씬 더 큰 도움이 될 것 같습니다.' 라고 말할 수 있다.

가장 중요한 것은 상담자는 그의 역할을 분명하게 알고 있어야 하고, 그렇게 함으로써 상담자가 하는 일에 분명한 감각을 가져야 할 뿐 아니라 내담자가 제기하는 질문에도 분명하게 대답할 수 있어야 한다는 점이다. 상담자가 하려는 일의 의도를 설명하는 것은 때때로 도움이 된다. 예컨대, '당신이 앞서 가면 저는 당신이 진전되는 모습을 점검하고 앞으로 해야 할 일에 대한 계획을 세우도록 하지요. 제 생각에는 당신의 이야기를 촉진하고 새로운 행동을 연습시키며 문제에 대해 다른 방식으로 생각하게 도움으로써 당신이 세운 목표에 도달하게 하는 것이 제 역할이라고 생각합니다.' 매 회기마다 상담자와 내담자가 통합해야 할 새로운 정보가 제시되기 때문에 상담이 진행되면서 상담자나 내담자의 기대가 변화되는 것에 대해 지속적으로 분명한 입장을 취해야 한다.

예를 들면, 자살을 기도한 내담자의 위기상황에서는 상담자의 적극적이고 지시적 역할이 기대되는 한편, 위기상황이 지나간 시점에서는 지시보다는 지지가 내담자에게 더 큰 도움이 된다. 때때로 내담자는 상담자의 접근방식이 바뀌는 것을 당황스러워한다. 이럴 때는 상담자가 자신의 접근방식이 바뀐 것을 설명해 주는 것이 도움이 된다. 예를 들면, '저는 당신이 위기상황에 빠졌을 때는 지금보다 질문을 더 많이 하고 조언을 할 정도로 더 적극적이었습니다. 하지만 지금은 당신이 스스로 할 수 있는 일에 관한 대안을 스스로 찾도록 당신을 돕는 것이 당신에게 더 큰 도움이 될 것 같습니다. 저는 당신을 계속 도울 것입니다. 이제 당신이 해야 할 일에 대한 당신의 생각을 듣고 싶습니다.'

상담 속도 조절하기

상담 속도를 조절해야 하는 상담자의 책임에는 회기들이 어떻게 원활히 진행되는지에 대해 관찰하는 것도 포함되어 있다. 춤을 추는 것처럼 상담은 순서를 정하고 타이밍을 맞추는 것이 꼭 필요하다. 이 기술은 우리가 어디로 향하는지를 아는 것, 내담자의 문제가 그들의 일상생활에 미치는 영향력을 추적하는 것, 그리고 그러한 정보를 회기 중에 발생하는 사건과 통합시키는 일 등을 포함한다.

좀 더 구체적으로 적절한 속도 조절이란 주어진 회기에서 얼마나 많은 시간이 경과했는지, 선정되었던 주제에 충분한 시간이 주어졌는지 등을 가늠하는 것을 의미한다. 상담자는 어떤 외상적 경험과 관련된 감정을 다룰 시간이 몇 분밖에 남지 않은 시점에서 그 주제에 대한 이야기를 시작하기를 원하지 않는다. 상담자는 때때로 내담자에게 시간의 제약에 대해 유의하게 하는 것이 도움이 된다.

'당신은 아버지의 자살에 대해 말하고 싶은 것 같습니다. 하지만 시간이 몇 분밖에 남지 않아서 우리가 그 주제에 대해 충분히 이야기를 나눌 수 있을지 모르겠군요. 그 주제에 대해서는 다음 주에 이야기하지요.'

'이제 우리에게 십여 분이 남았네요, 아무래도 우리가 이 문제를 지금 다룰 수는 없을 것 같아요.'

'만약 우리가 이 주제에 대해 이야기하느라 시간을 다 써 버리면, 당신이 오늘 이야기하려는 다른 것에 대해서는 다루지 못하게 될까 봐 염려됩니다.'

이러한 말들이 내담자에게 마치 훈련소에서 온 것처럼 느껴지지 않도록 다음과 같이 내담자의 의견을 묻는 것이 좋다. '제 말을 당신은 어떻게 여기는지요?' 또는 '당신 생각엔 어떠세요?'

상담 속도를 능숙하게 조절하기 위해 내담자가 원래 자신이 상담에서 이루려고 했던 목표가 무엇이었던가에 대해 지속적으로 유의해야 한다. 그러나 때때로 적절하다고 판단될 때는 상담의 주제와 속도를 바꿀 정도의 유연성이 필요하다. 예컨대, 아를린은 당초 22년간의 결혼생활을 마감하기 위해 상담자를 방문했다. 그러나 3회기 상담에서 그녀는 알코올중독인 엄마가 얼음 깨는 송곳을 들고 자신을 쫓아오는 악몽을 반복적으로 꾼다는 것과 실제로 엄마가 만취상태에서 냉장고 문을 열다가 냉장고가 여동생 위에 넘겨졌던 기억이 자주 난다는 점을 이야기했다.

아를린이 결혼생활을 마감하려는 과정에서 그녀의 악몽과 기억에 대한 주제가 심각하게 자주 언급되었다. 현재 그녀의 딜레마는 아동기에 그녀가 느꼈던 무력감과 관련된 주제를 다룰 것인가 말 것인가에 대한 것이었다. 아를린과 내가 상담시간에 이 주제를 다루었을 때 그녀의 악몽이 사라졌을 뿐 아니라 자신이 더 이상 무기력한 사람이 아니라 지금과는 다른 방식으로 살기로 결정할 수 있는 힘이 있는 사람이라는 점을 깨달았다. 내담자가 현재 당면한 문제나 증상에 대한 민감성을 유지함으로써 상담자는 원래의 상담목표를 달성하는 데 한걸음 더 진전할 수 있다.

내담자가 꺼내는 주제나 문제의 순서를 조절하도록 도움으로써 상담자는 내담자가 자신의 문제로 인해 압도되는 위험을 경감시킬 수 있다(사실 이것은 사람들이 상담자를 찾는 가장 중요한 이유이기도 하다). 예를 들어, 성폭행 경험이 있는 내담자가 이야기를 시작했지만 자신의 손목을 칼로 그었던 경험과 아침마다 일어나서 출근하기 어려웠던 문제로 마무리한다면, 그녀는 아직 자신의 성폭행 경험을 말할 준비가 충분히 되지 않은 것이다. 즉, 이러한 부적응적인 증상들은 그녀가 상담시간에 경험하게 된 정서에 압도되었다는 것을 드러낸다. 따라서 내담자가 문제에 대해 대응하는 방식에 대해 먼저 작업하는 것이 좋다. 상담자는 때때로 내담자가 그들의 고통스러운 사건이나 감정에 대해 말하도록 함으로써 그들을 돕고 있다고 생각하곤 한다. 그러나 내담자의 일상생활을 유지하는 기능이 심각하게 손상되었을 때는 별로 도움이 되지 않는다.

예를 들면, 36세 한부모인 제나인과 했던 첫 회기 상담에서 그녀는 그녀의 두 아이와 두 군데의 직장 그리고 두 명의 남자 친구 때문에 어쩔 줄 모르겠다고 했다. 그녀는 자신을 '에너지가 넘치는 사람' 이라고 하면서 "저는 항상 이래왔어요." 라고 설명하고는 푸른 두 눈을 지긋이 감았다. 그러나 그녀가 웃을 때마다 억지로 웃는 것처럼 보였고 그녀의 표현은 일종의 반성 같았다.

두 번째 회기까지 그녀는 커피 잔을 들고 푹신한 의자의 가장자리에 걸터앉았으며 어색하게 웃고 눈물을 감추기 위해 눈을 깜박거렸다.

그녀는 다음과 같이 말했다. "저는 지난번 가졌던 첫 회기에 대해 생각해 보지 못했어요. 제가 너무 바빴거든요. 하지만 제가 상담에 오기로 한 결정에 대해 마음이 편해졌어요." 그녀는 자신의 발작적인 울음과 자살에 대한 생각(자살하려는 의도는 없었다), 그리고 불면증에 대해 계속 설명했다. 그러고는 "저는 아직도 비참하게 느끼고 있어요." 라고 말했다.

그녀의 설명을 들으면서 상담자는 다음에 제시한 몇 가지 점을 생각했다. 첫째, 제나인은 스스로 바쁜 생활을 함으로써 자신의 문제나 감정을 회피하고 있었다. 그런데 피하면 피할수록 그녀의 상황은 점점 악화되었다. 둘째, 상담에서 상담자는 그녀가 정서적으로 압도되지 않은 채 자신의 문제에 대해 생각해 볼 수 있을 것이라 희망했다. 셋째, 상담자는 내담자가 상담에서 받은 도움으로 자신의 문제에 대해 계속 작업하는 데 도움이 될 만한 후속 계획을 상담실 내에서뿐 아니라 밖에서도 세울 수 있기를 희망했다.

제나인 같은 내담자와 속도를 조절하고 상담의 우선순위를 정하려고 할 때 몇 가지 상담자가 기억해야 할 중요한 사항이 있다.

(1) 내담자의 문제를 점검하라: 매 회기마다 상담자는 내담자와 작업하던 문제 영역에서 진전이 있는지 점검하여야 한다. 또한 전반적인 생활에 대한 내담자 만족도가 증가했는지 역시 눈여겨보아야 한다. 끝으로 상담자는 내담자가 자신의 생활에 영향을 받을 정도의 긴장감이나 압박감을 계속 느끼는지 아니면 감소했는지를 알아 두는 것이 좋다. 왜냐하면 상담자의 초기 평가나 가설 등이 수정되어야 할 수도 있기 때문이다.

(2) 위험요소의 정도에 따라 작업의 우선순위를 정하라: 상담자는 내담자의 건강이나 안전을 위협하는 주제나 상황에 우선적으로 주목해야 한다. 내담자가 일상적인 생활을 방해할 정도로 심각한 새로운 증상을 보이기 시작하거나 기존 증상을 계속 유지한다면 상담자는 그 문제들을 우선적으로 다루어서 그런 증상을 경감시키거나 그런 증상에서 편하게 해야 한다. 예를 들면, 불면증이 있거나 먹지 않는 내담자 또는 일을 너무 많이 하는 내담자(이런 경우는 대부분 스트레스에 대한 반응이다)가 있다면 상담자들은 이러한 주제들을 먼저 언급해야 한다. 그리고 약물 남용은 내담자의 건강이나 안전 모두를 위협하기 때문에 그 문제 역시 가장 먼저 다루어야 한다. 예컨대, 내담자가 다음과 같은 말을 할 때 상담자는 그 부분에 대해 바로 탐색하고 내담자가 스스로를 관리할 수 있도록 도와야

한다. "저는 무슨 일을 시작할 수가 없어요. 문, 전등, 화재경보기 등을 계속 체크하거든요."(이때는 스트레스 관리기법을 가르치고 약물치료를 위해 의뢰할 것을 고려해 보라.) "저는 음주운전을 해요."(내담자에게 음주운전을 하는 이유, 빈도, 음주운전을 그만둘 생각이 있는지 등을 질문하라.) 또는 "저는 며칠 동안 잠을 못 잤답니다."(심호흡과 이완기법을 가르치고 약물치료를 하기 위해 의뢰할 것을 고려해 보라.)

(3) 내담자의 방어기제와 조화된 방식으로 작업하라: 내담자의 방어기제가 적절할 때 내담자는 자신의 정서에 압도되거나 감각을 잃어버리고 멍한 상태가 되거나 과격한 행동을 하지 않은 채 자신의 문제에 대해 작업할 수 있다. 내담자가 일상생활을 영위할 수 없거나 자신의 문제를 스스로 다룰 수 없을 경우, 상담자는 대응전략을 먼저 다루는 것이 좋다. 사실상 상담자의 가장 중요한 책임은 내담자가 어떤 문제를 다룰 수 있는지 스스로 평가하게 돕고 대응전략을 학습하는 것이 우선되어야 하는 이유를 설명하는 것이다.

(4) 내담자의 동기를 활용하라: 내담자의 기본적인 욕구에 주목했을 때 상담자는 내담자를 동기화시킬 수 있는 주제, 즉 내담자에게 당면한 가장 중요한 주제를 다룰 수 있다. 상담자는 내담자가 가장 그들의 말을 잘 수용할 시점, 즉 내담자가 위기에 빠졌을 때 혹은 그들이 자신의 문제를 인식하기 시작하는 시점에 도달했을 때 바로 효과적으로 개입할 수 있도록 미리 준비되었기를 원한다.

(5) 유연성을 가져라: 상담자는 내담자가 상담실 밖에서 당면하는 심리적 압력에 대해 민감해야 한다. 예컨대, 시험 전이라든지 내담자의 어머니가 암 진단을 받은 직후처럼 특정한 주제를 다루기에는 좋지 않은 시점이 있다.

제나인과의 상담에서 속도조절의 문제를 생각해 보면 상담자는 그녀의 발작적인 울음과 자살에 대한 생각에 먼저 초점을 맞출 필요가 있다. 일단 그녀

가 일상생활에서 기능을 회복하고 자신과 자신의 깊은 동기를 이해하면 그녀
는 남자친구들에 대해서도 좀 더 나은 결정을 내릴 수 있을 것이다. 따라서 나
는 다음과 같이 말했다. "제나인, 지금 당신의 남자친구들에 대해 모종의 결
정을 내리는 것이 별로 도움이 될 것 같지 않군요. 우선 당신의 마음속을 더
깊이 이해하기 전까지는 이러한 결정을 좀 미루는 것이 어떨까 하는데, 어떠
신지요?"

제나인은 긴 숨을 내쉬었다. "그러니까 제가 지금 결정하지 않아도 된다는
말씀인가요?"

"그건 당신에게 달렸지요. 그렇지 않나요?"

그녀는 미소를 띠었다. 그녀의 미소는 진실해 보였고 안도하는 것 같았다.
이 장의 후반부에서 이 주제들을 어떻게 다루었는지 다시 설명하겠다.

초점 유지하기

해리 스택 설리번에 의하면 "사소하고 관련 없는 주제에 대해 말하고 상담
자에게 잘 보이려는 태도를 가진 내담자에게 상담자는 그런 일을 하지 않도록
하는 동시에 상담자가 들었던 내용 중에서 중요한 점에 대해 좀 더 이야기하
도록 요구하는 기술을 활용해야 하는 위치에 있다. 즉, 전문가란 내담자가 초
점에서 벗어나서 상담이 어느 방향으로 가는지 도저히 알 수 없는 주제에 대
해 이야기하도록 허용해서는 안 되는 사람이다."[2] 내담자가 주제에서 벗어난
이야기를 하는 데는 몇 가지 이유가 있다. 내담자는 지금 하고 있는 논의가 다
음과 같을 때 주제에서 벗어나는 경향이 있다.

- 너무 어렵다.
- 너무 고통스럽다.
- 눈물이 날 것 같다.
- 너무 수치스럽다.

- 가장 중요하게 당면한 문제와는 무관한 것 같다.
- 자신의 이미지를 위협할 것 같다.
- 너무 지루하다.

상담이 초점에서 벗어나는 상황을 방지하고 좀 더 건설적인 방식으로 이 문제를 해결하기 위해서 상담자는 내담자가 왜 건설적인 작업을 피하는지에 대해 이해해야 한다. 내담자의 이러한 책략으로 상담자가 좌절했을 때 상담자는 내담자가 회피적이라거나 방어적이라고 비난하고 결과적으로 내담자의 방어적 태도를 자극하는 방식으로 반응하기 쉽다.

예를 들어, 사라는 남자친구인 데빈이 그녀의 자동차 앞 유리를 망치로 깨뜨린 사건이 발생한 후 그녀가 그에게 사과하려고 전화한 사실을 상담자에게 말하면서 매우 수치스러워했다. 그녀는 점심 때 식당에서 다른 남자와 함께 나오는 것을 데빈이 발견한 점에 대해 그녀가 사과해야 한다고 생각했다. 그 남자는 그냥 아는 남자일 뿐이었지만 사라는 죄책감을 느꼈다. 그녀는 데빈이 화를 낼 때마다 항상 그녀의 잘못 때문이라고 생각했다. 동시에 그녀는 남자친구에게 사과하려는 자신의 생각을 상담자가 좋아하지 않을 것이라고 짐작했다(그녀는 그 점에 대해선 옳았다).

그러나 사라는 상담에 와서 이 사건에 대해서 전혀 언급하지 않았고, 지루한 듯 말할 뿐이었다. 그녀는 아주 힘든 한 주를 보냈고 그녀의 직장생활이 매우 지루하다며 허공을 쳐다보면서 자리에 앉아 있었다.

"오늘은 별로 상담하고 싶지 않은가 봅니다."

"그렇지 않아요. 저는 그저 바빴을 뿐이에요. 죄송해요. 제가 좀 더 준비해서 와야 했는데."

상담자는 그녀가 방어적임을 알 수 있었고 상담자 자신이 뭔가 실수했음을 직감했다(상담자는 그녀를 방어적이면서 상담자에게 사과해야 하는 위치로 내몰았던 것이다). 이 상황을 좀 더 능숙하게 다룰 방법이 분명히 있을 것이다. 만약 상담자가 자신의 실수를 알아차리지 못하고 내담자를 계속 같은 방식으로 밀어붙였다면 그녀가 상담하기 싫어한다는 자신의 잘못된 가정을 확인했을지도 모른다. 아니면 상담자는 내담자가 서둘러 사과함으로써 실제로는 다른 사람의 비난을 피하려 한다는 점을 지적하지 못했을 수도 있다.

그 대신 상담자는 자신이 내담자를 방어적으로 만들었다는 점을 알아차리고 원래 주제에 초점을 맞출 필요가 있었다. 그래서 상담자는 다음과 같이 반응했다. "사라, 제 말이 좀 심했다는 것을 알았어요. 죄송합니다. 저는 당신이 정말 중요한 문제를 이야기하지 않는 데는 어떤 이유가 있다고 생각하였고, 그것에 대해 관심이 있습니다."

"저는 정말 바보예요. 제가 데빈에게 전화를 했거든요. 선생님은 아마 제가 바보 같다고 생각하실 거예요. 맞아요. 멍청한 짓이었어요!"

이제 상담은 제 궤도로 돌아왔다. 상담자는 자신이 그녀를 비판하려는 의도가 아니었다거나 이해하려 했다거나 또는 그녀가 설명을 잘해 주면 상황을 이해하려고 함께 노력할 수 있다는 식으로 설명할 수도 있었다. 그러나 상담자와 내담자는 왜 그녀가 한 일에 대해 설명하기 어려웠는지 먼저 이야기하는 것이 좋다.

"제가 했던 멍청한 일에 대해 선생님께 말씀드렸을 때 저는 그런 일을 겪는 것이 당연하다고 느꼈어요. 전 상관하지 않아요. 저는 데빈이 관심을 가져 주길 바랄 뿐이거든요. 그래서 제가 전화를 했어요."

주제에서 벗어나는 내담자에게 상담관계를 해치지 않고 반응하기 위해서는 상담자의 인내와 끈기가 필요하다. 또한 상담자가 초점을 재조정할 때는 내담자가 불편해하는 징후는 보이지 않는지 세심하게 살펴 지나치게 많은 불안을 야기하거나 너무 급작스럽지 않도록 노력해야 한다. 대체로 다음과 같이 말하는 것이 최선이다. '얼마 전부터 좀 혼란스럽고 이해되지 않는군요.' '뭔가 딴 길로 빠지는 것 같아요.' 또는 "원래 이야기하던 (중요한) 주제로 돌아갈까요?"

당연히 내담자가 아직 준비되지 않은 주제에 대해 말하도록 강요할 수는 없다. 강요는 그 어떤 때에도 효과가 없다. 오히려 상담자는 내담자가 주저하는 그 자체를 논의할 만한 주제로 다룰 수는 있다. 만약 상담자가 노련하다면 다음과 같이 내담자의 주저하는 태도 자체를 대화의 주제로 삼을 수 있다. "이 주제에 대해서 다루기가 좀 불편해 보이는데, 그런가요?" 또는 "당신이 이 주제에 대해 지금 이야기하고 싶지 않다면 시간을 가지고 기다릴 수도 있을 것 같습니다. 하지만 그 이유에 대해 알고 싶군요." 이야기를 방해하는 요소에 대해 논의함으로써 다른 치료적 작업이 더 수월하게 이루어질 수도 있다.

치료적 작업

상담자의 능력이란 곧 치료적 목표를 달성하게 면접할 수 있는 능력을 말한다. 상담자는 이론, 훈련, 상담자의 전문적인 배경, 생애경험에서 배웠던 것을 통합하면서 내담자와 대화를 잘 이끌어 나가려 한다. 상담자가 그들이 하는 일을 다른 용어로 표현하긴 하지만, 대체로 그들이 하는 일은 동일한 목표를 공유한다.[3]

- 희망을 갖게 하기
- 정서적인 표현을 할 수 있는 기회를 제공하기
- 문제에 대해 해석과 설명 제공하기
- 인지를 수정하기
- 새로운 행동을 시험해 보도록 지지와 충고 제공하기

이런 목표들은 치료의 핵심이다. 상담자가 해야 할 과제는 치료를 단순하고 공감적이며 정서적으로 깊이가 있으면서 동시에 효율적으로 할 수 있는 개입 전략을 제대로 사용하는 것이다.

경 청

우리는 이미 경청이 어떻게 라포의 발달을 촉진시키는가를 논의했다. 또한 경청은 내담자에게 문제를 다룰 수 있는 기회와 그러한 작업을 참고 견딜 수 있는 지지를 제공한다. 중요한 것은 상담자가 끼어들고 싶은 유혹을 이기면서 경청할 수 있어야 하는 것이다. 다시 말해, 상담자는 내담자에게 그들이 무엇을 생각하고 어떻게 느끼는가에 대해 스스로 말하는 것을 들을 수 있는 시간과 장소를 제공하려 한다. 상담자가 이런 시간을 제공함으로써 내담자는 자신의 염려와 감정을 표현할 기회를 가질 수 있다. 그러한 과정을 촉진하는 한 가지 방법은 그들의 생각과 느낌에 대해 상담자에게 좀 더 말하도록 내담자에게 질문하는 것인데 그 예는 다음과 같다.

- 당신이 그것에 대해 어떻게 느끼는지를 잘 알 수 없군요. 좀 더 설명해 줄 수 있겠어요?
- 좀 전에 당신이 (말한 내용을 언급하며) ~라고 했죠. 그것에 대해 좀 더 얘기해 줄 수 있나요?
- 그것은 어떤 것을 의미하나요? 좀 더 말씀해 주시겠어요?
- (내담자가 설명했던 것을 인용하면서) 당신은 어떻게 그런 결론을 내리게 되었지요?
- 당신은 그 이면에 있는 게 무엇이라고 생각하나요?
- 나는 그것을 좀 더 이해하고 싶어요. 당신이 나를 도와주겠어요?
- 다른 것들은 기억나지 않나요?

내담자가 스스로 좀 더 탐색할 수 있도록 격려하고 내담자의 이야기에 적극적으로 경청하고 있음을 보이는 또 다른 방법은 격려를 전달하는 최소한의 반응('음.' '예. 그렇군요.') 혹은 비언어적 신호('더 말씀해 보세요.'라는 의미로 고개를 끄덕이거나 손짓을 하는 등)를 활용하는 것이다. 필자는 일전에 자신의 상담장면을 녹화한 테이프를 보고 당황했는데, 그 이유는 내가 고개를 너무 많이 끄덕였기 때문이다(적어도 내게는 이상해 보였다). 그러나 내담자는 그것만으로도 내가 듣고 있다는 것을 알 수 있었다고 했다.

탐색의 촉진

상담의 기본적인 목표의 달성을 위해서는 대개 어떤 주제와 감정을 깊이 있게 탐색해야 한다. 이 방법을 통해 내담자는 자신의 문제에 대해 좀 더 깊이 새로운 방식으로 이해할 수 있게 된다. 동시에 이 방법은 내담자가 좀 더 탐색해야 할 영역으로 초점을 맞출 뿐 아니라 더 강조되어야 할 부분을 강조하게 된다.

바꾸어 말하기 혹은 내담자가 말했던 것의 핵심을 다른 단어로 반복해 주는 것은 내담자의 이야기를 명료화하는 데 특별히 더 효과적인 방법이다. 바꾸어 말하기를 통해 내담자가 좀 더 구체적이고 명료하게 이야기하도록 격려해야 한다. 바꾸어 말하기를 효과적으로 잘한다는 것은 내담자의 이야기를 단순히 반복한다는 것 이상을 의미한다. 상담자는 가장 중요한 것을 간결하게 말해야 한다. 다시 말하면, 상담자는 내담자가 설명한 것의 핵심적은 부분을 지적하는 동시에 약간의 질문을 더함으로써 내담자가 더 상세하게 설명하고 탐색하도록 격려한다. 상담자는 '당신은 (다른 말로 바꾸어서) ~하는 것처럼 보이는데요. 그런가요?' 또는 '그러니까, 당신에게는 (다른 말로 바꾸어 말하며) ~이라고 느껴지시는군요. 내 말이 맞나요?' 또는 '그럼 당신의 계획은 (상담자가 생각한 것을 얘기하면서) ~을 하려고 하는 것이네요.' 와 같이 반응할 수 있다.

이 장의 앞부분에서 언급했던 내담자인 제나인이 가진 문제의 핵심에 가까이 도달하기 위해서는 그녀의 자살의도를 명료화할 필요가 있다. "당신은 실제로 자살할 의도가 없지만 적어도 이 스트레스에서 벗어나는 방법으로 자살을 고려하고 있군요. 그렇지 않나요?"

제나인의 입장은 분명했다. "저는 울지 않기를 바랄 뿐이에요. 울지 않으려고 온갖 노력을 다한답니다. 제가 자신을 해치려는 것은 결코 아니에요. 제게는 돌봐야 할 두 아이가 있어요." 그녀의 대답은 자신이 매우 불행하고, 불편하지만 자살하지는 않을 것이라는 것을 확실히 보여 준다.

"내가 맞는지 봐요. 자신을 해치려는 생각을 가졌을 때, 당신은 너무 두려운 마음이 들었어요. 그래서 당신에게 일어나고 있는 일들을 이해하려는 노력을 중단해 버렸어요. 그렇지 않나요?' 이러한 요약은 내담자의 의도를 잘 반영했고 거기에 상담자의 생각을 덧붙였다.

질문 역시 내담자가 그들의 느낌, 행동, 사고에 대해 탐색하도록 촉진할 수 있는 또 다른 방법이다. 상담자는 질문을 스스로 제기할 수도 있고 내담자가 제기한 질문을 따라갈 수도 있다. 내담자는 가장 중요한 질문을 스스로 제기하는 경우가 아주 많다. '나는 왜 내가 언제나 그렇게 슬픈지 의아해요.' '나는 그가 나를 미치게 만드는데도 왜 그와 함께 있기를 원하는지 이해할 수 없어요.' '나의 엄마가 나를 그렇게 화나게 만드는데도 왜 나는 거기에 계속 가는 걸까요?' 상담자는 다음과 같이 내담자 스스로 어떤 문제를 제기했는지 돌아보게 하는 것만으로도 내담자가 스스로 제기한 이 질문에 대한 대답을 하도록 도울 수 있다. '그것은 정말 중요한 질문이에요. 당신은 어떻게 생각하나요?'

다른 유형의 질문도 적절할 수 있다. 상담자가 어떤 질문을 할 것인지는 상담자가 내담자에게 무엇을 원하는지에 따라 달라진다. 때때로 상담자는 내담자가 구체적이기를 원할 때가 있다('언제 당신은 이성을 잃죠?' '얼마나 자주 당신은 울음 발작을 하죠?'). 그리고 또 어떤 때는 내담자가 의미 있는 것을 자세히 말하도록 하기 위해 질문할 것이다. 이런 경우에는 개방형 질문을 하는 것이 유용하다('당신은 그것에 대해 어떻게 느끼나요?'). 상담자는 질문을 통해 자신이 찾으려는 것을 더 깊이 탐색하고 싶을 것이다. 때때로 상담자의 질문은 다음과 같이 실제로 탐색하라고 지시하거나 권유할 수도 있다. '이 점을 좀 더 상세히 살펴봅시다.' '저런 점을 고려해 봅시다.' '이것을 경험해 보세요.' 예를 들면, 상담자는 내담자가 자신의 증상이 가족에게 미치는 영향에 대해 생각하기를 원한다고 하자. 그러면 상담자는 다음과 같이 질문할 수 있다. '당신은 당신의 우울이 당신의 가족에게 어떤 영향을 미치는지를 알고 있나요?'

내담자가 스스로 탐색하도록 상담자가 격려할 때, 상담자는 작업할 필요가 있거나 좀 더 이해될 필요가 있는 주제와 감정을 발견할 것이다. 이러한 작업에는 이해하기, 견디기, 고통스러운 감정을 관리하기 등이 포함된다.

이해하기, 견디기, 고통스러운 감정 관리하기

상담의 가장 중요한 기능 중 하나는 내담자에게 고통스럽고 혼란스러우며 갈등이 되는 감정을 표현할 기회를 제공하는 것이다. 많은 내담자는 확실히 자기 감정을 표현하는 것만으로도 기분이 나아지는 것을 경험한다. 게다가 내담자는 그들의 감정이 다른 누군가에 의해 이해된다는 것을 깨달음으로써 자기수용의 태도가 발달하기 시작한다. 무엇보다 확실한 것은 '이해받고 있다는 느낌'에서 내담자들이 아주 큰 위안을 얻는다는 점이다. 내담자의 자기수용을 촉진하기 위해서 상담자는 첫째, 내담자가 자신의 정서를 이해한다는 것, 둘째, 그들이 자신이나 다른 사람을 해치지 않고 그런 감정을 견딜 수 있음을 확신해야 한다.

많은 내담자는 감정을 이해하기 어려워한다. 상담자는 그들의 반응과 정서를 명확히 하는 몇 가지 질문을 하여 내담자들을 도울 수 있다. 예를 들면 다음과 같다.

- 그 일이 일어났을 때 당신은 어떻게 느꼈나요?
- 당신이 어떻게 느꼈는지, 지금 나에게 설명해 주겠어요?
- 당신이 어떻게 느꼈는지를 내가 이해할 수 있도록 도와줄 수 있나요?
- 당신이 그것에 대해 어떻게 느꼈는지를 제가 잘 알 수가 없네요.
- 그것이 당신에게는 어떠했는지를 말해 줄 수 있나요?

상담자는 내담자의 감정을 반영할 때 다음과 같이 말하는 것이 적절하다. '당신은 (상담자가 알아차린 것을 무엇이든 얘기하면서) ~한 것처럼 보이는군요.' 또는 '당신은 (상담자가 알아차린 감정을 묘사해 주면서) ~하다는 것처럼 들리는군요.' 대부분의 상황에 하나 이상의 감정이 연관되어 있으며, 종종 반대되는 감정이 포함될 수도 있다는 것을 기억하는 것이 현명하다. 상담자가 그런 복잡성이나 양가감정을 반영할 때, 내담자가 그들 스스로를 더 잘 이해하게 도울 수 있다. 예를 들면, '당신은 그에게 화가 나지만 한편으로는 그를 그리워하는 것 같군요. 그렇지 않나요?' 또는 '제가 보기에 당신은 그녀에게 넌더리를 내면서도 여전히 그녀의 주목을 원하는 것에 죄책감을 느끼는 것 같은데, 제가 맞나요?'

예를 들면, 상담자는 제나인이 뭔가에 압도되어 발작적으로 운다는 사실 이면에는 자신도 이해할 수 없는 감정이 있는 것을 알게 되었다. 상담자는 두 번째 회기에서 그녀의 감정을 탐색하는 데 도움이 될 만한 앞서 논의했던 전략을 사용하려고 했다.

상담자는 다음과 같이 말을 꺼냈다. "나는 당신이 우는 것에 대해 말하기를 왜 그리 두려워하는지 이해할 수 있어요. 당신은 매우 불편해 보이는군요."

"저는, 저는 언제나 그랬어요. 몹시 긴장하고 굳어 있죠."라고 그녀가 답했을 때 상담자는 다음과 같은 간단한 개방형 질문으로 더 설명해 보라고 격려했다. "당신은 그것에 대한 다른 것도 얘기해 줄 수 있나요?"

"무슨 뜻이죠? 나는 단지 무척 괴로운 거예요."라고 그녀가 답했다. (이것은 매우 전형적인 대답이다. 그것은 그녀가 더 격려될 필요가 있다는 것을 의미한다.)

그녀의 대답이 더 명료해지도록 상담자는 다음과 같이 물었다. "제나인, 나는 이것을 더 잘 이해하고 싶어요. 뭐가 그렇게 괴로운가요?" (개방형 질문)

"저는 두 남자 사이에서 내 마음을 결정할 수가 없어요. 저는 제가 누군가에게 상처를 주게 될 것이라는 걸 알아요. 저는 테드를 포기할 수 없어요. 그는 나이도 더 많고, 더 강하고, 더 안정되어 있어요. 그러나 저는 제이슨과 함께 있는 것이 좋아요. 그는 재미있어요. 전 뒤죽박죽이에요." 그러고 나서 그녀는 울기 시작했다.

상담자는 그녀를 공감하려고 노력했고, 그래서 다음과 같이 말했다. "전 그것이 당신에게 상처가 된다는 것을 알 수 있어요. 하지만 당신은 다른 사람에게 상처 주는 것을 굉장히 걱정하는 것 같군요."

상담자는 제나인에게 자신이 우는 데는 이유가 있음을 납득시킬 수 있었다.

아마도 그 이유는 그녀가 그 남자 중 하나를 잃는 것과 관련된 결정을 내리도록 자신을 압박하였고, 그녀는 준비가 되지 않았기 때문이었던 것 같다. 제나인이 자신의 양가감정을 분명하게 얘기했을 때, 그녀는 좀 더 자신의 갈등 감정을 견딜 수 있었다. 결과적으로 두 번째 회기 후에 그녀는 그 남자 중에서 결정하라고 자신에게 압박하던 것을 그만두었고 울음 발작도 멈추었다.

내담자가 그들 자신과 자신의 감정을 이해하도록 돕는 또 다른 방법은 신체적인 증상과 감정의 연관성을 지적하는 것이다. 상담자는 대개 내담자가 경험하는 것을 알 수 없기 때문에 다음과 같은 질문을 하는 것이 좋다. '당신이 우울할 때 신체적으로 어떤 일이 일어나죠?' 또는 '당신이 불안 발작을 할 때 신체적으로는 어떤 감각을 통해 불안하다는 것을 알게 되나요?' 어떤 내담자는 신체적인 증상과 정서적인 반응 사이의 연관성을 알아차리는 데 어려움을 느낀다. 그러한 연관성에 대해 상담자가 지적함으로써 상담자는 그들이 무엇을 느끼는지뿐만 아니라, 어떻게 관리해야 하는지까지 더 잘 이해할 수 있도록 도울 수 있다.

다알린은 58세 된 비서로, 독신이며 함께 사는 가족이 없다. 처음에 그녀는 위통과 직장에서의 갈등 간의 연관성을 알지 못했다. 위 통증이 심한 스트레스 상황에서 악화된다는 것을 그녀가 알게 되었을 때, 그녀는 운동과 이완 기술로 불편함을 없애는 방법을 배웠다. 또한 그녀는 의사에게 자신의 신체적 고통에 대해 호소했을 때보다 상담자에게 자신의 감정을 표현했을 때 더 편해짐을 발견했다.

불행하게도 많은 내담자가 우울, 불안, 양가감정의 제거를 당장 선택할 수 없을지도 모른다. 때때로 현실적으로 할 수 있는 일이란 내담자가 불편을 참고 견디도록 배우게 하는 것일 수도 있다. 내담자가 고통스러운 감정을 관리하도록 돕기 위해 상담자는 정서적으로 힘들고 혼란스러운 중에서도 내담자가 제대로 기능할 수 있는 전략을 세우도록 도와주어야 할 것이다. 이 장의 나머지는 그런 종류의 작업을 촉진하는 면접 기술을 주로 다룰 것이다.

격려하기

사람들이 우울하거나 불안하고 또는 약물 남용의 고통에 빠졌을 때(이 세 가지는 내담자가 가진 가장 보편적인 문제다), 그들은 대개 그들의 상황이 나아질 수 있다는 것에 회의적이다. 상담자는 다음과 같은 직접적인 언급을 통해 격려할 수 있다. '그래요. 나는 당신이 이것을 변화시킬 수 있다는 것에 대해 낙관적이에요.' '당신이 이 문제에 대해 자발적으로 고심하는 것은 아주 긍정적인 신호예요.' 또는 '나는 이것이 어렵다는 것을 알아요. 그러나 당신이 견딜 수만 있다면 우리는 결국 문제를 해결할 수 있을 거예요.'

같은 맥락에서 개선되고 있는 점을 지적하는 것은 필수적이다. 내담자는 상담자가 그들이 좋아지고 어려움을 잘 이기며 더 적절하게 대처하고 목표를 이루기 위해 여러 가지를 견디는지 등에 대해 무엇을 보고 판단하는지 알아야 한다. 상담자가 가능한 한 더 명료하고 구체적으로 알려 줄수록 내담자는 자신이 더 나아진다는 것에 확고한 신념을 갖기 위해 그러한 정보를 더 잘 활용할 수 있을 것이다.

목표를 향해 나가도록 내담자의 사기를 북돋우기 위해 상담자가 할 수 있는 몇 가지 다른 일이 있다. 예를 들면, 긍정적인 특성을 지적하는 것은 그러한 특성을 강화시킬 뿐 아니라 내담자의 자신감을 높일 수 있고 자신이 도움받는다는 사실 때문에 생기는 자기비하 태도를 차단할 수도 있다. 이전 회기에 대한 반응을 내담자에게 질문했을 때 내담자는 자신의 진전에 대한 상담자의 긍정적인 평가, 그들에게서 발견한 긍정적인 신호, 그들의 능력에 대한 확신의 표현을 기억하는 현상을 자주 발견할 수 있다.

유머도 상담 분위기를 낙관적으로 만들 수 있는데, 그것은 긴장을 완화하며 상황이 나쁘더라도 상담자와 내담자가 여전히 재미있는 시간을 공유할 수 있다는 것을 확인할 수 있기 때문이다. 그것은 결점과 분투, 너무 지나친 노력의 우스꽝스러움, 다른 누군가를 지배하려는 것의 공허함 등을 지적하기 위해 친구에게 사용하는 유머와 같은 종류의 것이다. 그것은 부드럽게 놀리는 듯한 형태를 취할 수 있다. 예를 들면, 코리나는 성학대 경험이 있는 33세의 비서로, 그녀의 남편이 다른 여자에게로 간 문제로 상담실을 방문했다.

코리나는 "나는 그것을 견딜 수가 없어요."라고 말했다.

상담자는 사실 그녀가 견디고 있다는 사실에 주목했다. 비록 처음에는 잘 견디지 못했지만(그녀는 아침 시간을 신경과민으로 토하고 우는 데 시간을 보냈다), 그녀는 직장을 갖게 되었고 두 아이와 자신의 직장 일을 잘 관리해 나갔다.

결국, 상담자는 그녀가 새로운 장애물에 부닥쳤을 때 "이번에도 당신은 이것 역시 할 수 없다고 내게 말하려고 하지요?"라고 하면서 가볍게 놀렸다. 이렇게 놀림으로써 상담자는 그녀가 남편을 떠나 보낸 후의 상실감을 잘 견뎠을 뿐 아니라 상담자의 농담과 새로 등장한 복잡한 문제를 동시에 다룰 만큼 충분히 강하다는 나의 확신을 전하는 것이었다.

여러 해를 거치면서 필자는 놀랍게도 대학원 훈련생 중 일부가 내담자의 진전과 개선된 부분에 대해 그들이 관찰한 것을 내담자에게 잘 말하지 않는 경향이 있음을 발견했다. 아마도 그들은 잘못된 것을 이해하는 것에 초점을 맞추다 보니 좋은 점에 대한 시각은 잃어버리는 것 같다. 흔한 칭찬의 말도 그들에게는 떠오르지 않는 것 같았다.

피드백 하기

상담자의 관찰이 내담자가 스스로를 더 잘 이해하는 데 도움이 되지 않는다면 그것은 거의 가치 없는 관찰에 불과할 것이다. 상담자는 내담자에게 촉진제가 될 수 있는 혹은 상담의 전환점을 제공할 수 있는 피드백을 줄 필요가 있다. 피드백에는 여러 가지 형태가 있는데, 예를 들면 여러 가지 사건이 어떻게 맞아떨어지는지에 대한 설명, 내담자가 말한 것과 상담자의 관찰 사이의 모순을 지적하는 것, 잘되는 부분에 대한 강화 등의 형태가 있다.

예를 들면, 상담에서 복식호흡이나 손을 꽉 쥐었다 펴는 등의 이완훈련 기법을 연습하는 중이라면 상담자는 그 기술을 향상시키는 데 도움이 되는 충고를 할 수 있다. 또는 내담자가 주변의 중요한 사람에게 그들이 원하는 것을 말하도록 연습하고 있다면 상담자는 내담자가 하는 말의 명료성과 의도를 평가하고 더 잘할 수 있는 방법을 제안할 수 있다. 이러한 연습은 상담자가 피드백을 함으로써 더 좋은 효과를 볼 수 있을 것이다.

다음은 피드백을 제공하는 데 적용할 만한 몇 가지 유용한 지침이다.

(1) 평가하기보다는 기술하라: 도덕적으로 판단하거나 엄격한 부모처럼 말하지 말고 상담자가 관찰한 것을 명확하게 전달하라. 예를 들면, '당신은 자신을 죽도록 혹사시키는군요.'라는 말보다는 '나는 당신이 소진된 느낌에 대해 말한다고 이해했어요. 하지만 여전히 더 많은 일을 계획하는 것 같군요. 당신의 생각은 어떤가요?' 상담자는 내담자가 방어적이지 않기를 원한다.

(2) 이해할 수 있게 하라: 내담자가 이해할 수 있는 방식의 언어, 은유, 설명을 사용하도록 하라. 어떻게 하면 유용하고 실제적이며 현실적으로 말할지에 대해 생각하라. 전문용어의 사용을 피하고, 내담자의 연령에 맞는 언어를 사용하도록 하라.

(3) 논쟁하려고 하지 마라: 상담자가 지금-여기에서 발생하는 상황과 연관 지어서 피드백의 구체적인 내용을 설명할 수 있다면 논쟁을 피할 가능성이 높다. '당신은 좀전에 당신의 어머니가 당신의 감정을 이해해 주기를 바란다고 했는데, 사실 저 또한 당신이 한 말을 이해하기 어렵습니다. 당신이 (이러이러하게) 말해 준다면 제가 좀 더 잘 이해할 수 있을 것 같네요.'

(4) 융통성을 가져라: 상담자가 지적한 것에 대해 내담자의 감정을 건드려 짜증이 난 것처럼 보인다면 상담자는 다음과 같이 말하면서 확인할 수 있다. '당신은 (상담자가 알아차린 것을 말하면서) ~해 보이는군요. 당신도 그렇게 지각하고 있나요?' 때때로 상담자는 내담자가 좀 더 수용적일 때까지 잠시 물러나 기다려 주는 태도가 필요하다.

(5) 내담자가 실제로 변할 수 있는 부분에만 초점을 맞추어라: 상담자는 행동, 사

고, 감정 중에서 내담자가 실제로 변화할 수 있는 부분에 대해서만 언급하도록 노력해야 한다. 내담자는 성격장애를 고칠 수 없는 경우라도 주어진 상황에서 더 나은 선택을 할 수 있다. 그러므로 '저는 당신이 술 마신 후에 자신을 아주 가혹하게 판단한다는 것을 알고 있어요. 당신은 오늘 밤 술을 마시고 난 후의 결과에 대해 생각해 봤나요?' 라고 말하는 것이 '당신은 술을 끊을 필요가 있어요.' 라고 말하는 것보다 낫다.

(6) 내담자의 선택과 결정을 인정하라: 여러 가지 대안 중에서 무엇을 할지는 내담자가 결정한다. 결국 상담자 자신도 다른 사람들의 피드백이나 제안을 받아들여 그대로 따르지 못한다. 따라서 상담자 역시 내담자가 상담자의 피드백이나 제안을 받아들여 그대로 할 것이라 기대해서는 안 된다. 상담자는 할 수 있는 것을 스스로 결정하는 내담자의 책임을 존중해야 한다. 상담자가 말했던 것을 내담자가 어떻게 이해했고, 어떻게 활용할지 다음과 같이 질문할 수 있다. '내가 말한 것에 대해 당신의 반응을 알고 싶은데요?' 또는 '여러 가지 대안 중 도움이 되는 것이 있나요?' 게다가 내담자가 피드백을 요청할 때 그들은 더 수용적인 경향이 있는데, 상담자는 그런 시기의 이점을 활용하는 것이 좋다.

침묵 활용하기

상담자의 가장 강력한 도구 중 하나는 아무것도 하지 않는 것, 곧 침묵이다. 그러나 상담자는 자신이 왜 침묵하는지를 주의 깊게 심사숙고해야 한다. 미국 주류 문화에 속한 대부분의 사람은 침묵 속에서 몇 초 이상 앉아 있는 것을 불편해한다. 말하기를 기다리는 동안 상담자는 눈 맞춤을 통해 무엇을 하는지에 대해 생각하는 것이 필요하다. 상담자는 내담자를 보는가 아니면 눈길을 다른 곳으로 돌리고 있는가? 각각은 다른 메시지를 전달하게 된다.

내담자를 바라보고 있을 때 상담자는 무엇인가 기다리고 있다는 것을 전달한다. 이제는 그녀가 말할 차례인 것이다. 내담자가 반응을 더 이어 가길 원할 때 상담자는 이렇게 한다. 상담자는 내담자가 어떤 것의 표현을 원하는지 비언어적으로 말하는 것이다.

상담자가 다른 곳을 보고 있다면 누가 먼저 이야기를 꺼낼지 아직 정해지지 않은 상태다. 상담자와 내담자는 모두 심사숙고할 시간을 보내고 있다. 이런 침묵은 '우리 둘 다 이것에 대해 생각해 보고, 우리 중 누군가에게 무엇이 떠오를 때 그 사람이 말할 것입니다.' 라는 내용을 전달하는 것이다.

지금 어떤 일이 일어나는지 알 수 없을 때 상담자는 다음과 같이 말하여 도움을 청할 수 있다. '여기서 무엇이 일어나고 있지요?' '당신은 말하지 않는군요. 전 당신이 무슨 생각을 하는지 궁금해요.' '당신은 내가 무언가 말하기를 기다리는 것 같군요. 나는 무엇을 말해야 할지 확신이 안 서요.' 침묵이 불편하다면 상담자가 다음과 같이 말해도 좋다. '이 침묵이 내게는 좀 불편하게 느껴지는군요. 당신은 어떤가요?' 중요한 것은 침묵이 면접의 일부분이며, 아무도 말하지 않을 때에도 무엇이 진행되는가를 상담자는 이해할 필요성이 있다.

자기노출 활용하기

자기노출은 언어적이거나 비언어적일 수 있고, 인구통계학적인 정보나 사적인 정보 중의 어떤 것을 알려 주는 것일 수 있다. 또한 상담에서 발생하는 어떤 상호작용에 대한 상담자의 반응과 관련된 정보도 포함될 수 있다. 연구에 의하면 내담자는 자기노출을 하지 않는 상담자보다 자기노출을 하는 상담자를 선호하며, '내담자에게 도전하는 듯한' 노출보다는 '내담자에게 자신을 갖게 하는' 노출을 선호한다.[4] 즉, 내담자는 상담자가 부정적인 방식(예, '당신이 말하지 않을 때 저는 정말 힘들어요.')보다는 긍정적인 방식(예, '저는 그렇게 명료하게 표현할 때 더 이해하기 쉽군요.')으로 노출하는 것을 더 좋아한다. 가장 중요한 것은 상담자의 노출은 내담자의 작업을 촉진해야 하고, 맥락에서 벗어나거나 상담자 자신의 불안을 처리하는 등 자기만족을 추구하는 방식으로 제공되어서는 안 된다는 점이다.

상담자의 이야기는 내담자의 부담을 덜 수 있다. 그 이야기에 내담자가 활용할 만한 정보가 포함되었을 때 그것은 교육적 기능을 할 수 있다. 또한 그 이야기가 다른 사람들이 유사한 어려움을 극복했다는 것을 보여 줄 때 내담자는 희망을 가질 수 있다. 적절하게 진술되기만 한다면 그 이야기들은 하나의 메시지를 전하는 것 이상으로 의사소통을 하게 하는 이점이 있다. 다음은 상담자 자신이나 삶에 대한 정보를 드러내려고 할 때 기억해야 할 몇 가지 지침이다.

(1) **적절한 균형을 찾아라**: 너무 적은 노출은 내담자와 거리를 두게 되고, 지나친 노출은 상담자를 불안하거나 자기 도취적인 것처럼 보이게 할 수 있다.

(2) **너무 많은 시간을 소비하지 마라**: 자기노출은 간단히 하고 다음과 같은 말로 내담자에게 초점을 되돌려라. '제 얘기가 당신의 상황에 맞나요?' 또는 '(상담자가 설명했던 것을 언급하면서) 이것이 당신의 경험과 유사한가요?'

(3) **내담자에게 상담자의 비밀을 지키라고 요구하지 마라**: 상담자가 노출했던 것을 다른 사람에게 말하지 말라고 내담자에게 요구할 수 없다.

(4) **내담자에게 끼친 영향에 주목하라**: 어떤 내담자는 상담자가 노출하는 것을 좋아하긴 하지만, 그래도 상담자는 자신의 노출이 내담자가 상담자나 상담자의 문제를 염려하는 좋지 않은 결과를 가져오지 않았는지 확인하는 것이 좋다. 상담자는 다음과 같이 질문함으로써 내담자의 반응을 체크할 수 있다. '내 이야기가 당신에게 어떤 영향을 주었나요?' '당신의 반응은 어떤가요?'

(5) **상담자의 자기노출이 내담자에게 유용했는지 확인하라**: 상담자가 자신의 반응이나 다른 정보를 노출할 때, 가장 중요한 목적은 상담자 자신의 자기애적 욕구를 충족시키는 것이 아니라 내담자의 진전을 위해 도움이 되는 것임을 기억하라.

설명과 해석 제공하기

내담자는 왜 자신이 이런 문제를 가졌고 이런 경험을 하는지 상담자가 설명하거나 해석해 주기를 자주 원한다. 사람들은 대개 다음과 같은 질문을 시작할 때 더 수용적이 된다. '왜 제가 이렇게 하고 있는 것이죠?' '어째서 제 인생은 그렇게 고달팠던 거죠?' '왜 저는 언제나 사랑받기를 기다리는 거죠?'

내담자가 위와 같은 정보를 요청할 때 상담자는 두 가지 중요한 점을 고려해야 한다. 첫째, 상담자는 내담자가 왜 지금 이 질문을 하는지 분명하게 알아야 한다. 둘째, 상담자는 정보에 대한 내담자의 요구를 어떻게 다룰 것인가를 결정해야 한다.

내담자가 그들 스스로 대답할 수 있는 질문을 제기했을 때, 다음과 같이 지적하는 것으로 그들의 질문 방향을 돌리는 것이 현명하다. '그것은 좋은 질문입니다. 당신은 어떻게 생각하죠?' 한편, 상담자는 질문에 대한 답을 함께 생각할 필요도 있다. '이것은 제가 관찰한 것이구요. 당신은 어떤 식으로 보고 있나요?' 또는 '당신의 생각을 말해 주면 어떨까요? 그러면 감정을 나눌 수 있을 거예요.'

종종 내담자의 공포심을 완화하고 이해를 촉진하기 위해 정신건강에 대한 정보를 제공이 필요할 때도 있다. 내담자가 '내가 미쳐가고 있나요?' 또는 '다른 사람들도 하루에 50번씩 화재경보기를 확인하는 문제를 갖고 있나요? 제 행동은 어떤 의미를 가지고 있죠?' 라고 내담자가 질문할 때 상담자는 질문의 이면에 있는 걱정에 반응하면서 정직하고 정확한 유용한 설명을 제공하는 것이 좋다.

따라서 '내가 미쳐 가고 있나요?' 라는 질문에 대해서는 '당신은 미쳐 가고 있지 않아요. 그러나 당신이 지나치게 과음했을 때, 당신은 아마 아주 명료하게 생각할 수는 없을 거예요. 그것이 당신이 미쳐 가고 있다고 느끼게 하는 것 같아요.' 또는 '우리 중 대부분은 충분히 잠을 자지 못했을 때 아주 미칠 것같이 느끼죠. 당신은 자신을 아주 심하게 들볶아 왔어요.' 라고 답할 수 있다. 또는 '당신 아내가 마리화나를 피우는 것을 막지 못했다는 점 때문에 다른 생각을 할 수 없게 된 것 같군요. 당신이 다른 일들에 주의를 기울이지 못하는 것이 이해될 만도 해요.' 또는 '아마 우리는 당신의 공포감을 좀 더 이해할 필요가 있을 것 같아요. 당신이 통제력을 상실할 것이라 생각하게 만드는 것이 무엇인지 좀 더 설명해 줄 수 있나요?'

해석하기

상담자는 또한 내담자의 문제나 내담자가 의식할 수 있는 영역 밖에서 일어나는 갈등에 대해 통찰을 제공하는 해석이나 설명을 할 수 있다. 역사가 오래된 이 기법은 프로이트가 치료적 작업의 핵심이라고 생각했던 기법으로서 상담자가 내담자에게 행동과 감정의 원인이나 이유를 설명하는 것을 의미한다. 해석은 내담자가 어떻게 그런 행동, 반응, 타인과의 상호작용 패턴을 갖게 되었는지를 더욱 통찰하게 할 뿐만 아니라 감정의 근원에 대해 더 이해할 수 있도록 돕기 위한 목적으로 이루어진다.

상담자는 내담자의 어린 시절의 사건이 어떤 방식으로 현재에 영향을 주고 있는가에 대한 가정을 설명하기 위해 해석을 사용하기도 한다. 예를 들면, '나는 왜 당신이 지금 그렇게 당신의 남편에게 분노를 표현하기 어려워하는지를 이해할 수 있어요. 당신의 어린 시절에 아버지가 보여 줬던 파괴적인 행동과 같은 행동을 하는 것을 보면 당신의 공포가 여전히 남아 있는 것 같군요.'

상담자는 이전에 경험한 사건이 상담자와 상담 자체에 대한 반응에 어떻게 영향을 주는지를 지적함으로써 해석을 내담자 개인에게 더 구체화할 수 있다. 그것은 다음과 같이 이루어진다. '분노를 표현하는 것에 대해 당신이 어려서부터 가졌던 공포 때문에, 상담실에서 당신이 분노를 표현할 때 제가 적절하게 반응할 것이라 믿기 어려워하는 것 같습니다. 당신은 어떻게 생각하나요?'

효과적인 해석이란 내용이 정확하다는 것 이상이 필요하다. 중요한 것은 상담자가 언제, 어떻게 그 해석을 하는가다. 상담자가 해석을 성급하게 하면 내담자는 그것을 받아들이지 않을 뿐 아니라 내담자는 방어적인 태도를 취하거나 라포를 손상시킨다. 상담자가 해석을 너무 늦게 하면 비효율적인 상담자가 된다. 즉, 결정적으로 중요한 것은 해석을 하는 시기다.

상담자가 질문을 제기하고 내담자는 스스로 해석하게 만드는 것이 가장 좋다. 상담자는 다음과 같은 질문으로 내담자 자신의 해석을 촉진할 수 있다.

- (당신의 어린 시절, 이전의 관계 또는 상담자와의 상호 작용)과 현재 간에 어떤 연관성이 있다는 것을 알 수 있나요?
- (상황, 당신 자신 또는 감정)을 더 잘 이해하기를 원하나요?
- 왜 그렇게 자주 같은 종류의 감정에 빠지는지 생각해 봤나요?
- 무엇 때문에 이런 식의 감정을 자주 가지게 되나요?
- 이런 방식으로 반응하는 것을 어떻게 배우게 되었나요?

상담자가 해석을 할 때는 가르칠 만한 시점, 즉 내담자가 가장 수용적일 만한 시점을 택해서 제공하는 것이 현명하다. 그 시기는 대개 피해를 주지 않으려는 상담자의 의도에 내담자가 안전함을 느낄 뿐만 아니라, 내담자가 상담자의 판단을 믿을 정도로 충분히 라포가 발달된 후에 온다. 해석은 심리적인 문제에 대한 내담자의 이해 수준에 맞는 일상적 언어를 사용할 때 더 잘 받아들여지는 경향이 있다.

가장 중요한 것은, 상담자가 해석할 때, 특히 다소 적절하지 않고 대담한 해석을 했을 때 그 해석이 내담자에게 미치는 영향을 이해하는 것이다. 상담자가 말했던 것을 내담자가 이해하고 또 동의하는지를 점검하는 것이 중요하다. 상담자는 다음과 같은 질문을 통해 점검할 수 있다. '제가 말했던 것에 대한 당신의 반응이 궁금합니다?' 또는 '저의 이런 이야기가 당신에게 얼마나 맞나요?'

은유 사용하기

어떤 상담자는 전하려는 메시지를 더 선명하게 하기 위해 은유를 사용한다. 특별한 감정에 시각적인 이미지를 부여함으로써 상담자는 내담자가 이해하는 것을 확인하고 확장할 수 있도록 돕는다. 예를 들면, 수동성을 설명하기 위해 우리는 다음과 같이 할 수 있다. '당신은 물결에 따라 이리저리 휩쓸리는 대양에 떠 있는 코르크 마개 같군요.' 또는 "당신은 바람 속에 빨려 들어가 있는 나뭇잎 같군요. 당신은 한순간에는 이 방향으로 날았다가 다음 번엔 또 다른 방향으로 날아가는군요."

하나의 은유가 모든 내담자나 모든 상황에 딱 맞아떨어지는 경우는 없다. 그것들은 단지 내담자의 이해력과 상황에 맞을 때만 효과적이다. 내담자가 새로운 이미지를 추가하여 은유에 대한 자신의 이해를 증진시키는 것을 보면서 상담자는 내담자가 감정과 행동을 정확히 이해하기 위해 그런 이미지를 사용할 수 있음을 알 수 있다. 은유가 적절할 때 내담자와 상담자는 공유된 언어와 시각적 이미지를 사용함으로써 라포를 증진시키고 상담에서 각종 작업을 하기 위해 도구를 사용할 수 있다.

예를 들면, 고통스러운 경험을 갖고 있는 사람들에게는 다음과 같은 은유가 크게 도움이 될 수 있다. '그런 초기 사건에서 비롯된 당신의 감정은 호수와 같군요. 비(현재의 문제)가 내리면 웅덩이가 생기죠. 그런데 웅덩이가 호수와 너무 가깝다면(즉, 당신의 오래된 문제가 현재의 딜레마에 자극이 되어 공명이 된다면) 호수에 합쳐지고, 그러면 호수와 웅덩이 간의 차이를 말하기 어렵지요. 그러나 그것이 바로 우리가 상담에서 해야 할 것이랍니다. 웅덩이에서 호수를 분리하는 일, 다시 말해 우리는 당신의 오래된 감정을 현재의 감정과 분리하고, 당신이 단지 웅덩이만을 가졌을 때는 호수에서 반응하지 않도록 할 필요가 있습니다.' 내담자 중 한 명은 아동기에서 비롯된 감정을 '호수 효과'라고 이름 붙이는 것으로 이 은유에 반응했다. 그는 현재에 일어나는 사건을 더 적절하게 관리하고 격리시킬 필요가 있는, 아동기에서 비롯된 감정을 구분하여 지적하는 데 이 은유를 활용할 수 있었다. 즉, 그는 의붓아버지의 학대적인 비판에 대한 격노 대신 상급자의 비판에 대한 실망으로 반응할 수 있었다.

내담자의 가정에 도전하기

내담자의 사고방식을 수정할 수 있는 가장 분명한 방법 중 하나는 그들이 가진 가정에 도전하는 것이다. 내담자의 근거 없는 결론, 즉 '나는 다시는 사랑할 수 없을 거예요.' '누구도 나를 좋아하지 않아요.' 등에 대해 상담자는 내담자에게 그러한 가정에 대한 근거를 설명해 달라고 할 수 있다. 필요하다면 상담자는 내담자에게 고려해 볼 만한 다른 생각들을 제공함으로써 직접적으로 잘못된 가정에 도전할 수 있다.

예를 들면, 제나인은 몇 가지 잘못된 가정을 갖고 있었다. 첫째, 그녀는 두 남자 중 하나를 선택해야 한다고 가정했다. 둘째, 그녀가 원하지 않는다면 다시 결혼할 필요가 없다는 생각을 하지 못했다. 앞서 얘기했던 것처럼 그녀는 다른 사람들이 인정하지 않는다는 것이 곧 그녀가 자신을 변화시키는 것을 의미하지 않는다는 점을 배웠다. 그래서 자신의 행동을 바꾸기보다는 다른 두 남자와의 성관계를 가지는 것에 대한 비난을 참는 것이 더 견디기 쉽다는 것을 깨달았다. 상담자가 그녀의 사고방식에 대해 관찰한 것을 이야기했을 때 그녀는 자신의 생각을 더 명확히 이해하게 되었고, 그 후 그에 따라 선택할 수 있게 되었다. 그녀는 인정을 받으려면 자신에게 편하지 않은 방식으로 행동해야 한다는 가정에서 자신의 불안이 비롯되었다는 것을 알게 되었다.

상담자와 내담자는 그녀가 왜 두 번째 회기 이후에 그렇게 편안해졌는지에 대한 이유를 발견했다. 그녀는 자신의 근본적인 생각을 변화시켰다. 그녀는 두 남자 중 누구를 결정해야 할 필요가 없었다. 게다가 또 다른 회기 후에, 그녀가 이후의 몇 년 동안 어떤 변화도 원치 않는다는 것을 확인하였다. 그녀는 실제 원하는 것을 직면하지 않고 피하기 위해 스스로를 얼마나 바쁘게 몰아갔는지, 불안해졌는지를 통찰하게 되었다. 그녀가 자신의 있는 그대로의 모습을 수용할 수 있음을 깨달았을 때, 그녀는 가까운 사람들에게 자신에 대해 설명하기가 훨씬 수월해졌다.

직면

내담자가 변화를 위해 꼭 필요한 어떤 것을 맞닥뜨리기 어려워할 때 상담자는 그 점을 직면시킬 필요가 있다. 그러나 내담자의 지적 능력과 자율성에 대해 기본적으로 존중하면서 동시에 직면하는 것이 매우 어렵다는 점을 기억해야 한다. 상담자는 내담자가 이미 알고 있는 것에 대해서 설교나 귀찮게 하거나 또는 훈계하고 싶지는 않을 것이다. 예를 들면, 최근에 필자는 약물 남용 문제의 상담에 대한 회의에 참석했다. 발표자들은 뛰어난 사람들이었지만 직면하는 방법에 대한 그의 예는, 내 생각에 실제 필요한 것과는 정반대되는 것이었다. 그 자료에는 다음과 같이 적혀 있었다.

적절한 직면의 예

당신은 지금 모임에 갈 시간이 없다는 거네요. 다른 많은 일이 당신이 모임에 가는 것보다 더 중요하다고 이야기하는 것처럼 들리는데요. 제게는 그것이 일종의 부정, 즉 당신이 술에 대한 통제력을 상실했다는 사실을 인정하는 당신의 어떤 부분에 저항하는 것으로 보이는군요. 만약 당신이 술에 대한 당신의 한계와 완전히 금주해야 할 필요성을 정말로 인정한다면 당신에게 희망을 주는 프로그램에 참여하는 것보다 더 중요한 일은 거의 없는 것 같기 때문입니다. 저는 당신이 죽음을 초래할 병을 앓고 있고 또 치료가 생사를 좌우하는 것이라면 매일이라도 치료를 받으러 갈 것이라고 생각합니다. 알코올중독이 바로 그런 것이랍니다. 그것은 병이에요. 그것은 만성적이며 진행성이고, 때이른 죽음으로 이끌 수도 있어요. 당신은 그것에 대해 어떻게 느끼나요?

이렇게 좋은 의도의 훈계를 듣는 입장이라고 상상해 보자. 독자들은 어떻게 느꼈는가? 치료를 시작할 만큼 감명을 받고 문제를 다룰 준비가 되며, 새로운 기술을 배우는 것을 갈망하게 되었는가? 분명히 정보 자체는 정확했다. 알코

올중독에 대한 이러한 접근 필요성은 어느 정도 이해할 만하다. 하지만 이것은 확실히 한 번에 전하기에는 너무 많은 정보를 주고 있으며, 그것은 설교처럼 들린다. 그것은 생각을 자극하고 격려해 주거나 또는 내담자가 향상을 위해 노력하게 만들지는 않을 것이다.

대신 상담자는 직면하는 과정에서 어떤 효과적인 작업을 하도록 내담자를 준비시키거나, 이해할 필요가 있는 어떤 것에 대한 내담자의 이해력을 증진시키는 데 도움을 주고자 고안된 질문이나 진술을 사용할 필요가 있다. 상담자가 내담자를 이해하려고 애쓰는 것을 알 정도로 충분한 공감을 전달했을 때나, 상담자가 하는 개입이 자신들을 위한 것이라는 것을 믿을 정도로 충분히 라포가 형성되었을 때야 상담자는 직면할 수 있다는 사실을 기억하라.

상담자는 논쟁하거나 어떤 주제를 되풀이해서 말하지 않는다. 그보다는 내담자 스스로 결론을 도출할 수 있게 돕는 방식으로 문제를 제기한다. 예를 들면, 상담자는 마이크에게 그의 우울이 여자친구인 캐런에게 미칠 영향에 대해 생각하게 할 수 있다. 상담자는 "당신이 그렇게 불행하고 캐런에게 요구만 하면서 당신 주변에 머물러 있기를 바라는 것 같은데, 그에 대해 어떻게 생각하나요?"

자신의 책임에 대해서는 비껴 가면서, 그는 대답했다. "그녀가 내게 관심이 있다면 그녀는 머물러 있을 거예요."

(힘을 주며) "무엇에 대해 관심을 가진다는 말인가요?"

"저는 아무것도 아니에요. 아무튼 그녀는 제게 관심이 없어요."

그의 말 자체는 무시하고 그의 동기를 지적하며, "당신은 그녀가 당신에게 관심을 가지길 바라는군요. 어떻게 하면 그렇게 될지 생각해 보았나요?"

의심스러워하면서 그는 대답했다. "당신은 제가 어떤 것을 할 수 있다고 말하는 건가요?"

"그래요. 그녀가 당신과 함께 시간 보내기를 더 좋아하도록 당신이 할 수 있는 일이 있을 것 같은데요."

직면은 당연히 기대할 수 있는 어떤 것, 즉 정상성(nomality)에서 시작한다.

그 후 내담자에게 '이런 점을 보지 그래요?' 라는 식으로 질문한다. 직면할 때 상담자가 어디로 향하는지 초점을 유지해야 한다. 왜냐하면 내담자는 대개 마이크가 했던 것처럼 초점을 바꾸려고 하고 자신의 책임에 대해서는 주목하지 않으려 하기 때문이다.

어떤 내담자는 과음을 한다든지 화가 났을 때 가구를 부수는 등의 행동을 마치 일상적이거나 누구나 할 수 있는 반응인 것처럼 생각한다. 이러한 점 역시 직면, 즉 메시지를 담은 질문을 할 필요가 있다. 예를 들면, '가구를 부수는 것이 당신에게는 왜 정상적으로 보이는지 궁금하네요.' '당신의 행동이 자녀들에게 어떤 영향을 미칠지를 고려하지 않는 것에 대해 당신은 어떻게 생각하나요?' 혹은 '왜 당신은 완벽해져야만 하죠?' 등의 질문을 할 수 있다.

상담자의 입장에서 직면의 가장 어려운 점은, 특히 내담자가 상담자의 지혜를 회피할 때 좌절하지 않는 것이다. 상담자는 강요할 수 없으며, 더 많은 노력을 한다고 해서 도움이 되지 않는다는 점을 기억하는 것이 도움이 된다. 즉, 논쟁의 함정에 빠지지 않아야 한다. 그보다 상담자가 할 일은 분명한 것을 지적하는 것이고, 내담자가 직면을 받아들이든 아니든 선택의 문제라는 것을 기억하는 것이 좋다. 어쨌든 상담자에게 한 번의 기회만 있는 것이 아니다. 그 문제가 지속된다면 상담자는 아마도 직면을 다시 할 기회를 가지게 될 것이다.

충고와 지지 제공하기

내담자가 가진 더 흥미로운 특성 중의 하나는 상담에 오기 전에 그들이 대개 무엇을 해야 할지 알고 있다는 것이다. 그리고 첫 회기를 지나면 그들이 성취하려는 일을 대략 이해하게 된다. 예를 들면, 수잔은 자신을 더 아끼고 돌볼 필요가 있는 것을 알 것이다(그녀는 매일 밤 술을 마시고, 담배를 피우며, 운동도 하지 않는 것이 결국 문제를 일으킬 것이라는 점을 알았다). 클라리사는 그녀의 결혼생활이 개선되기를 원한다면 외도를 그만두어야 한다는 것을 알고 있었다. 엘렌은 한꺼번에 먹고 토하는 것을 그만두어야 한다는 것을 분명히 알고 있었다. 타냐는 잠을 좀 더 자야 한다고 생각했다(3시간은 그녀가 지치고 짜증을 내지 않고 생활하기에는 충분한 휴식이 되지 못했다).

문제는, 월러드 게일린(Willard Gaylin)이 지적했던 것처럼 "지식이 곧 행동을 알려 주는 것은 아니다."라는 점이다.[5] 그러므로 상담자는 내담자가 이미 알고 있는 것을 심오한 척 지적하는 실수를 하지 않도록 해야 한다. 상담자가 그렇게 하면 내담자는 침묵하면서 앉아 있지만, '치료가 쓸데없군. 내가 ~을 해야 한다는 것은 나도 알고 있어.'라고 생각하곤 한다. 상담자는 내담자가 이미 수천 번도 더 들었을 부모의 충고 같은 말을 내담자에게 하기를 원하지는 않을 것이다. 한편, 설리반은 상담자에게 다음과 같은 경고를 한 바 있다. "당신이 마술이 아니고서는 어떤 사람을 안심시킬 수 없을 때에는 차라리 시도하지 않는 것이 지혜로울 것이다. 당신이 특별히 어떤 것을 말해야 할지 알지 못할 때는 차라리 말하지 않는 것이 현명하다."[6] 상담자가 노력해야 할 일은 내담자가 상담자에게 의존하지 않고 스스로 방법을 찾는 것이다.

지지와 격려는—지나치지 않는 한—라포를 강화시키고, 내담자가 더 발전하도록 도울 수 있다. 상담자가 지나치게 충고를 하거나 지지적이라는 명목으로 좋지 않은 행동을 너무 많이 용서하면 상담자는 내담자가 스스로 지지하는 방법의 배울 기회를 빼앗는 것이 된다. 실제로 내담자가 상담자에게 의존하기보다는 스스로 어떤 것을 할 수 있을 때 상담이 한 단계 진전된다.

한편, 문제를 개선하기 위해 정보가 필수적인 때가 있다. 때때로 일반적이고 상식적인 충고가 실제로 도움이 되기도 한다. '당신은 더 잠을 자야 할 필요가 있어요!' '질투가 많고 소유적인 그의 행동이 변하지 않을 거라는 생각은 떠오르지 않던가요?' 또는 '당신의 음주 때문에 당신의 우울함이 심해지고 있어요.'

이런 종류의 모든 사람이 아는 정보는 다음과 같이 다른 식으로 돌려 활용할 필요가 있다. '저는 당신이 이 방법에 대해 이미 생각해 보았다는 것을 알고 있습니다. 그런데 왜 그 방법이 잘 통하지 않을까요?' 필자는 때때로 분명하게 보이는 어떤 것이 실제로는 분명하지 않은 경우가 많음을 발견하곤 한다. 상담자는 내담자가 계획을 세우고 그 계획을 실행하도록 도와주어야 할 때가 많다.

과제 주기

상담시간은 제한되어 있기 때문에 상담자는 내담자가 그들이 상담자와 함께 있지 않을 때에도 계속 작업하기를 원할 것이다. 내담자도 대부분 회기 사이에 어려운 감정을 관리하고 생각하며, 작업하는 것을 계속하기를 바라는 것 같다. 그러므로 내담자에게 그들이 회기 사이에서 초점을 두고 싶은 것이 무엇인지, 시험하고 싶은 것이 무엇인지, 또는 어떻게 관리하기를 바라는지 질문하는 것이 현명하다. 내담자 스스로 필요한 것을 결정할 때, 상담자가 결정하는 경우보다 더 동기가 높아지는 경향이 있다. 상담자가 해야 할 일은 내담자의 아이디어를 작업할 만하고, 합리적이며 관리가능한 단계로 조절하는 것이다.

한편, 내담자가 무엇을 해야 할지 모를 때도 있다. 그들이 무엇을 해야 하는지 상담자에게는 분명한데, 내담자는 아직 발견하지 못했다면 상담자는 제안을 할 수 있다. 그러나 상담자는 이 점에 대해 깊이 생각해 보아야 한다. 초보 상담자는 종종 과제가 유용할 것이라고 느껴서 과제를 부여한다. 하지만 그들은 교과서에 나올 정도로 멋져 보이지만 실제로는 실용적이지 않은 과제를 선택하곤 한다.

내담자가 무엇을 생각하는지 찾아내어라. 직장일로 바빠 가족을 돌볼 시간도 부족한데 실제로 체계적 둔감법을 수행할 수 있을 것이라고 내담자가 생각하는가? 그가 하루 종일 건설현장에서 일하는데 그의 울음발작 직전에 있었던 사건을 기록할 수 있을 것이라고 내담자 자신이 생각하는가? 반항적인 10대가 다음 주에 마리화나를 피우는 습관을 쉽게 포기할 것이라고 생각하는가? 상담자는 내담자가 하기로 결정한 과제나 연습이 실제 할 만한 것인지 확인할 필요가 있다. 상담자는 사람들을 실패하는 자리에 두려고 해서는 안 된다.

회기 마감하기

상담자는 회기 중에 일어난 일을 종결할 수 있는 방법을 알고 있어야 한다. 무엇보다 상담자는 내담자에게 회기 시간이 끝나고 있음을 알려 내담자가 당황하지 않도록 돕는 것이 좋다. 내담자가 시간을 더 달라고 조를지도 모르기 때문에 상담자는 그들에게 제공할 시간을 명확히 할 필요가 있다. 상담자는 이렇게 말할 수 있다. '우리에게 5분밖에 남지 않았어요. 그래서 나는 지금 당신에게 어떤 피드백을 주었으면 해요.' 이렇게 하는 것은 상담에서 구조를 명확하게 유지하는 데도 도움이 된다(다음 장에서 다룰 위기상황을 제외하고). 대부분의 경우 상담자는 제 시간에 회기를 끝내는 것이 좋다.

회기 동안 무엇이 일어났는가를 요약하는 것이 도움이 된다. 요약은 상담 중에 일어난 일을 상담자가 어떻게 이해했는지 말해 줌으로써 도움이 된다. 상담자는 다음과 같이 말할 수 있다. '우리는 아주 많이 진전하지는 못했어요. 그리고 사실 모든 것은 여전히 꽤 혼란스러워 보여요. 그러나 우리는 이것을 계속 작업해 나갈 거예요.' 그런 후 다음 주 스케줄을 이야기하는 것이 좋다. 더 낙관적으로는 '당신은 많은 중요한 문제를 발견했어요. 그것은 실제로 당신의 갈등을 딸과 대화로 풀고 싶다는 것처럼 들렸어요. 당신도 그렇게 생각하나요?'

종종 다음과 같은 말이 도움이 된다. '우리는 어떤 중요한 문제를 발견했어요. 회기를 마치기 전에 질문할 것이 있나요?' 대답이 '그렇다.' 고 하면 질문에 대해 간단하게 답하거나, 아니면 그것은 시간이 더 필요할 것 같으니 다음 회기 동안 그것에 대해 이야기할 것이라고 답할 수 있다. 대답이 '아니다.' 라고 하면 끝내고 문을 향해 움직이면 된다.

지금까지는 그리 어렵지 않은 일반적인 사례나 상황에 대해 논의했으며, 이러한 상황은 경험이 많아질수록 더 잘 다룰 수 있다. 하지만 이제는 상담자

를 힘들게 하는 특수한 상황에 대해 초점을 맞추려 한다. 상담자가 아무리 경험이 많다고 해도 이런 경우에는 매 시간이 새로운 학습경험의 시간이 될 것이다.

주

1) Sullivan, H. S. (1954). *The psychiatric interview.* New York: Norton, p. 227.

2) 주 1), p. 34 참조.

3) Garfield, S. L., & Bergin, A. E. (1994). Introduction and historical overview. In A. E. Bergin & S. L. Garfield (Eds.), *Handbook of psychotherapy and behavior change* (4th ed., pp. 3-19). New York: Wiley, p. 8.

4) Hill, C. E., Mahalik, J. R., & Thompson, B. J. (1989). Therapist self disclosure. *Psychotherapy, 26,* 290-295.

5) Heaton, J. A., & Wilson, N. L. (1995). *Tuning in trouble: Talk TV's destructive impact on mental health.* San Francisco: Jossey-Bass, p. 213.

6) 주 1), p. 229 참조.

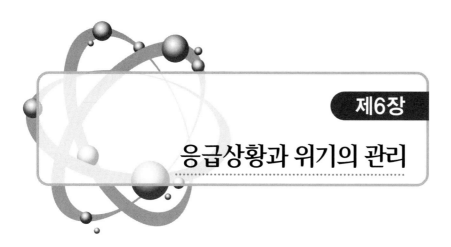

제6장

응급상황과 위기의 관리

대부분은 즉각적인 조치가 필요한데도 때로는 무엇부터 해야 할지 몰라 당황스럽거나 복잡한 상황을 경험한 적이 있을 것이다. 내담자도 상담자에게 연락을 할 때는 이처럼 복잡하고 급박한 상태여서 자신의 감정과 행동, 생각에 완전히 압도된 듯한 느낌을 가질 것이다. 그들이 알고 있는 그 어떤 문제해결방법도 그 상황에서는 부적절해 보이고 자신이 무엇을 하든 상관없이 상황은 악화될지 모른다는 두려움 때문에 무력해진다. 즉, 그들은 벼랑 끝으로 내몰린 것처럼 느낀다. 예를 들면 다음과 같다.

매트는 급박하게 상담약속을 하고 왔다. 그는 앉아 울면서 몇 가지 질문에 대답만 하면서 이런 식으로는 살기 싫다고 했다.

베스는 자신의 룸메이트에게 자기가 죽고 싶어서 타이레놀 한 병을 한꺼번에 다 먹었다고 했다. 그런 이야기를 듣고 룸메이트가 상담실로 전화를 했다.

41세 특수교육 교사인 캐롤은 학생들과 캠핑에 갔다가 15세 된 학생과 성관계를 가졌다. 다음 날 그녀는 자신이 한 일을 남편에게 이야기하고 서랍에서 장전된 총을 꺼내 들고 다시 숲으로 가겠다고 했다. 남편은 몇 년 전 다른 일로 상담자와 상담을 한 적이 있기 때문에 남편이 상담자에게 전화를 했다.

조앤의 경우는 26년간 결혼생활을 한 남편이 다시는 집으로 돌아오지 않겠다는 메모를 남기고 떠났다. 그녀는 상담자에게 이 상황을 이메일로 전하면서 "상담을 해야 하나요?"라고 물었다. 그녀는 지난 이틀 동안 먹지도 못했으며 복잡하고 전혀 잠을 자지 못했다고 했다.

대학에서 일하는 한 경비원은 혼자서 중얼거리며 도서관 주위를 헤매고 다니는 제프리라는 사람이 문제가 없는지 만나 보라고 상담자에게 전화를 했다. 상담자가 도착했을 때 제프리는 다음과 같이 말했다. "저는 집에 갈 수가 없어요. 그들이 제 뇌를 파먹고 있어요. 물론 포크가 아니라 레이더로 먹고 있는 거지요. 그들은 저를 웃음거리로 만들 거예요. 그들은 제가 성에 대해 지나치게 집착한다고 믿고 있어요. 저는 어떻게 앙갚음할 수 있는지도 알고 있지요. 하지만 그들은 제가 당신에게 그런 이야기를 하지 못하게 할 거에요."

각 사례가 나름대로 독특한 상황을 보여 주지만 이러한 상황들은 어떤 즉각적인 조치가 취해져야 하고, 어떤 조치를 취해야 하는지 바로 결정해야 하기 때문에 상담자에게는 급박한 상황이다. 좀 더 실제적으로 표현하면 내담자나 주변 사람들은 상담자에게 다분히 폭력적이거나 폭발적인 상황을 무마하고 자살충동이나 의도 대신 대안을 제시하며, 긴장을 관리하는 구체적인 전략을 제공할 것을 기대한다. 또한 상담자는 피해자를 안정시키거나 가족이나 당사자를 돌보던 사람들을 안심시키거나 지지해야 한다(정말 한꺼번에 해야 할 일이 많다).

대부분의 전문가는 문화적으로 타당하고 사회적으로 지지적인 개입이 즉각 이루어지면 당사자를 정상적인 기능을 하게 촉진시킬 수 있다는 점에 동의한다.[1] 사실 상담자가 잘 도와주기만 하면 위기란 스트레스를 주는 다른 상황에 적응하는 데 필요한 기술을 습득하는 중요한 기회가 되기도 한다.[2] 그러나 위기를 기회로 만들기 위해서 상담자는 수많은 중요한 결정을 해야 한다. 첫째,

그 상황에서 외부의 도움을 요청할 필요가 있는지 고려해야 한다. 둘째, 상담자는 자신의 책임범위가 어디까지며 누구와 책임을 나누어야 하는지도 역시 결정해야 한다. 끝으로, 상담자는 위기상황을 해결하는 데 도움이 되는 면접 전략을 사용해야 한다.

위기상황에 대한 대응

신속하고 직접적인 조치를 취해야 하는 실제 응급상황과 여유를 가질 수 있는 위기상황을 구별하는 것은 매우 중요하다. 우리는 이미(제2장에서) 내담자의 생각(ideation), 의지(intertion), 충동성(impulsiveness)(세 가지 I)을 평가함으로써 위험수준을 평가하는 방법에 대해 설명했다. 위험수준을 평가하여 다음과 같은 상태가 발견되면 즉각적인 조치를 위해야 한다.

(1) 자기 스스로 해롭게 하는 현상: 언어적 또는 행동적으로 명백하게 자살하겠다고 밝히는 것 외에도 음주상태에서 고속으로 운전한다거나 자신이 날 수 있을 것이라는 망상적 사고 등의 자기 파괴적일 수 있는 이야기에 대해 주목해야 한다.

(2) 타인에게 해를 끼치는 현상: 이것은 실제행동으로 옮기려는 동기나 타인을 해칠 수 있는 능력을 가진 상태에서 타인을 위협하는 것을 의미한다.

(3) 자기 스스로를 보호할 수 없는 상태: 내담자가 자신이나 자녀들을 보호하지 못하거나 음식, 수면, 개인위생과 같은 기초적인 욕구에 무관심하여 그런 문제를 해결할 능력이 없거나 그러기에는 마음이 혼란스러운 상태에는 개입이 필요하다.[3]

(4) 심리적 외상: 사고, 폭력 또는 심각한 상실과 같은 상황에서는 위기개입이 필요하다. 왜냐하면 이러한 개입을 함으로써 외상 후 스트레스 장애와 같은 증상을 방지할 수 있기 때문이다.

(5) 상담자가 법적으로 보고해야 하는 행위를 내담자가 할 경우: 미국의 경우 대부분의 지역에서는 아동학대나 장애인 및 노인학대가 발견되면 상담자는 반드시 상위 기관에 보고해야 할 의무가 있다. 또한 상담자들은 표적이 되는 대상과 경찰에 알려야 할 의무도 있다. 상담자는 자신에게 부여된 법적 의무를 잘 알고 있어야 하는데, 그 이유는 법적 절차가 지역에 따라 다소 차이가 있기 때문이다.[4]

앞에서 언급한 조건들이 내담자, 상담자 또는 다른 사람들에게 위험을 초래할 정도로 악화될 경우 신속하고 효과적으로 대응할 수 있도록 상담자가 잘 준비되어야 한다. 그리고 상담자는 내담자의 안녕을 증진시킬 뿐 아니라 그들의 기본권리를 보호하는 태도로 대응해야 한다.[5] 이 과제를 효과적으로 수행하기 위해 상담자는 다음과 같은 점을 염두에 두어야 한다.

상담자 자신을 절대로 위험한 상황에 빠뜨리지 마라. 영웅심 때문에 하는 모든 조치는 별 효과가 없을 뿐 아니라 상담자나 상담자를 보호해야 하는 주변 사람들을 위험에 빠뜨리는 경우가 많다.[6] 필자는 다투는 남녀 친구 사이에 끼어들어 경찰이 도착하기 전에 여자 친구를 때리는 남자를 중지시키려고 했던 실수를 범한 적이 있다. 당시 경찰이 개입하기 전까지 위협을 받으며 거의 폭력을 당할 뻔했고, 그 행동 때문에 스스로 더 많은 스트레스를 받은 것은 물론 경찰의 개입 역시 더 어렵게 만들어 버렸다. 따라서 '제1규칙'은 '신체적인 수단을 사용하여 다른 사람을 제지하려고 하지 마라.' 다. 즉, 경찰이나 의료진에게서 도움을 받아라.

(1) 신속한 도움을 받아라: 내담자가 위험한 상황이라면 운에 맡기지 말고 바로 도움을 요청하는 것이 최선이다. 만약 여성 내담자가 장전된 총으로 배우자를 죽여 버리겠다고 위협하면서 당신 사무실에서 나간다면 상담자는 그녀가 제 정신이 돌아오기만 바라면서 공포에 질려 사무실에 앉아 있을 수만은 없다. 상담자는(비록 그 시점에서 슈퍼바이저를 찾을 수 없더라도) 무언가를 해야 한다. 그때는 내담자를 민망하게 하거나, 주제를

바꾸거나, 약속을 어긴다거나 또는 우습게 보일 수도 있다거나 하는 점을 염려할 시점이 아니다. 노련한 상담자의 경험에 의하면 이런 상황에서는 조심하기보다는 실수하는 것이 대체로 더 낫다. 다른 사람의 생명이 위험에 처했다면 다른 것들을 더 중요하게 생각할 수 없다. 적십자에서 따르는 응급처치 요강에서도 위기상황에서 가장 먼저 해야 할 것은 도움을 구하는 것이다. 그 후에 당신 스스로 그를 도와주려고 시도하라.

(2) 상담자 스스로 그 상황을 다룰 수 없다고 인정하기를 두려워하지 마라: 초보 상담자는 그들이 감당할 수 없는 것도 감당하기를 주변에서 기대한다고 종종 생각하곤 한다. 노련한 상담자 대부분은 자신이 감당할 수 없는 것은 하지 못하고, 때때로 무엇을 해야 할지 모르거나 요구되는 것을 할 수 없음을 인정하는 것이 현명한 판단이라는 것을 안다. 예컨대, 소피아는 상담에 오기 전에 자기가 생각하기에 발작 같은 것을 경험했다고 말했고 상담자는 그에 대해 염려가 되었다. 그녀는 몸이 떨렸으며, 쓰러진 것은 기억에 없지만 깨어 보니 바닥에 누워 있었던 것으로 보아 의식을 잃었던 것 같다고 했다. 그녀는 자신의 경험을 설명할 만한 그 어떤 의학적 문제나 약물이나 알코올로 인한 병력은 없다고 했다. 상담 중에는 괜찮아 보였으나, 상담자는 그녀가 상담실에서 나가 자신의 일상생활을 계속해도 되는지를 판단하기 위해 의사의 도움이 필요하다고 생각했다.

분명 이러한 상황은 상담자 스스로 판단할 수 있는 상황이 아니다. 사실 상담자는 자신이 다룰 수 없는 문제를 다루어서는 안 된다는 윤리적 책임을 가지고 있다. 소피아의 경우, 상담자는 적절한 사람에게 자문을 구할 필요가 있다. 하지만 응급조치를 위해 119를 불러야 할 경우도 많다(결국 소피아의 신경학자는 그녀의 발작이 스트레스로 인한 것이라고 판단했다. 하지만 상담자는 이 문제를 심리치료로 접근하기 전에 신경학자의 진단에 대해 의사의 확인을 받는 것이 필수적이다).

상식을 따르라. 상담자의 최선의 판단에 따라 현명하다고 생각되는 조치가 대체로 피해를 줄일 수 있다. 일반적으로 위기상황에 빠진 사람을 보호하는데 그들의 사생활을 가장 덜 침해하는 방법을 사용해야 한다. 다음은 위기상황에서 활용할 수 있는 상식에 근거한 조언들이다.

- 안정된 태도를 유지하라.
- 차근차근 말하라.
- 사람들에게 할 일을 말하기를 두려워하지 마라. 특히 상담자가 그 상황에서 가장 합리적이라고 판단될 때는 더욱 그렇다.
- 흔들리지 마라. 쉽고 간단하며 분명하게 말하라.
- 지나치게 흥분되었거나 도움이 필요할 정도로 심하게 불안해하는 사람들에게 자리를 비켜 달라고 요청하라(그들 자신을 돌볼 수 있도록 다른 곳으로 가게 하라. 그리고 그들이 자신을 돌볼 수 있는 방법을 알려 줘라).
- 스스로 안정을 찾은 사람들에게 구할 도움을 열거하라.
- 폭력적인 행동을 보이는 사람에 대해서 논쟁하거나 위협하지 마라.
- 심호흡을 계속하고 다른 사람에게도 그렇게 하도록 조언하라. 심호흡이 필요한 사람에게는 그것을 실행하도록 하라.
- 자신과 다른 사람에게 현재 상태에서 주어진 정보로 당신이 할 수 있는 최선의 것을 하고 있다는 점을 계속 상기시켜라.
- 지원이 도착할 때까지 도움이 필요한 사람 곁에 계속 머물러 있어라.

위기상황에서 전문적인 역할 유지하기

위기상황에서 상담자의 역할이 항상 분명한 것은 아니다. 위기에 빠져 마음이 괴롭거나 공포에 휩싸인 사람들이 상담자는 그들이 해야 할 말을 분명하게 알고 있고 문제를 고치는 데 필요한 단계를 밟도록 도울 만한 모든 답을 가졌을 것이라 기대하는 것은 그리 놀라운 일이 아니다. 위기상황에서 내담자의 정서적인 욕구와 전문적인 책임 사이에서 절묘하게 균형을 잡아 가장 현명한 판단을 하는 것은 어려운 일이다.

역할에 대해 분명한 기준 가지기

사무실 장면에서 한 사람의 내담자를 대상으로 전문적인 위치를 유지하는 것도 어려운데, 위기상황에서는 내담자 외에도 당황하는 사람이 여럿이나 된다. 이 사람들은 상담자를 수차례 방문한다. 의사는 자신의 환자에게 무엇을 해야 하는지 알고 싶어 하며 경찰은 그 사람을 감옥으로 데려가야 하는지 정신병원으로 데려가야 하는지 알려고 한다. 내담자의 친구나 친척에게는 내담자의 비밀이 그들에게 누설되지 않도록 유념해야 할 뿐 아니라 실제로 상담자가 돕고 있는 내담자인지 친구나 친척인지 알기 어려울 때도 있다.

분명한 태도를 가져라. 전문가로서 우선순위를 정해야 한다면 다음과 같은 순서로 정하는 것이 대체로 통한다.

(1) 기본적인 안전 문제를 최우선으로 하라.
(2) 최선을 다해서 비밀보장에 대한 내담자의 권리를 보호하라.
(3) 적절하다면 다른 사람에게 자문하라.

이 장의 앞부분에 열거된 사례의 각 상황은 상담자의 책무와 그러한 임무를 다해야 하는 대상이 누구인지에 대해 분명히 알아야 하는 중요한 이유들을 보여 준다. 때때로 상황에 따라서 상담자는 내담자와 가까운 사람과 작업을 수행해야 하는 경우도 있다. 예를 들면, 베스와 캐롤의 경우가 그렇다.

> 베스(타이레놀을 병째 복용한 여성)는 필자와 지난 수개월 전에 상담을 했는데, 그녀는 전화로 필자와 이야기 나누기를 원했다. 그녀는 죽고 싶다고 했지만 자신의 룸메이트인 신디와 병원에 가겠노라고 했다. 베스의 행동을 예측하기 어려웠기 때문에 신디와 필자는 의학적 진단을 받기 위해 병원 응급팀이 그녀를 병원으로 옮기는 것이 가장 좋다고 생각했다. 필자는 병원에서

그들을 만나기로 했으며 응급 팀이 도착할 때까지 전화를 계속했다.

캐롤의 남편은 3년 전에 필자와 상담을 했다(그는 고소공포증으로 비행기를 타지 못하는 문제가 있었으며 그의 문제는 6회기 정도의 상담으로 성공적으로 해결됐다). 그는 자신이 처한 위기상황에서 어떻게 해야 할지 필자에게 자문을 구했다. 그 시점은 생명을 위협할지도 모르는 상황이었으며 캐롤을 찾아 총을 제거하기 위해 경찰을 동원해야 했다. 필자의 역할은 그녀의 내담자였던 남편에게 자문하는 것이었지만 캐롤이 미성년자와 성관계를 가진 사실을 필자도 알았기 때문에 아동보호서비스기관에 그 사실을 알려야 한다는 점을 남편에게 말할 필요가 있었다. 그는 상담자가 더 이상 스캔들을 만들지 않고 그 상황을 처리할 수 없다는 점에 대해 매우 화를 냈다. 상담자는 아동보호서비스기관에 연락하는 것은 상담자의 법적인 의무임을 설명했다(이 기회를 빌어 첨언하면, 상담자 자신도 그러한 법이 약자를 보호하기 위해 만들어졌기 때문에 합리적이라고 생각한다는 점을 함께 이야기해 주는 것이 현명하다).

이 사례들은 자문과 심리치료 간의 차이를 확실하게 해 두는 것이 중요함을 보여 준다. 특히 캐롤의 사례는 비밀보장 권리를 보호하는 것은 내담자 경우로 제한되며, 그것도 위험이 현존하거나 분명할 때 또는 법으로 정해졌을 때는 깨질 수 있음을 관련자들에게 알려 주어야 함을 말해 준다.[7]

때때로 상담자의 도움이 필요한 사람에게 정신건강에 대해 자문하는 것도 상담자의 의무다. 예컨대, 앞서 언급한 제프리 또는 내담자가 될 가능성이 많은 조안을 어떻게 도와주어야 하는지 문의하는 경찰에게 자문해 주어야 한다.

제프리는 그의 기괴한 행동과 망상적 사고가 약물 사용 때문에 촉발되었을 가능성에 대해 평가받아야 했다. 그 방에 경찰이 함께 있었을 때 그는 약물 사용을 부인했다. 그러나 필자가 경찰을 내보내고 그에게 다시 질문했을 때 제프리는 "아마 조로프트를 약간 복용한 것 같은데, 잘 모르겠어요."라고 했다. "조로프트를 얼마나 많이요?"라고 묻자 그는 자신은 몰랐으며 경찰에게 이야기하지 말라고 했다. 필자는 그를 가장 잘 도울 수 있는 방법을 알 필요가 있다고 설명해 주었다. 그는 장소나 날짜, 시간 등은 잘 모르겠지만 다른 것은 모두 괜찮다고 했다. 경찰과 필자는 제프리의 약물 복용 검사를 위해 응급실로 이송해야 한다는 점에 동의했다. 그리고 제프리에게 그가 곧 병원으로 이송될 것이라고 설명했지만 구체적인 것은 설명하지 않았다. 왜냐하면 그는 어떤 일이 일어날지 이해할 정도로 정신이 깨어 있지 않았기 때문이었다.

필자는 조앤을 만난 적이 없었기 때문에 그녀가 왜 이메일을 보냈는지 필자에게 무엇을 원하는지 알 수 없었다. 그래서 이메일로 염려가 되며 잘 있는지 궁금하다는 메시지와 함께 필자나 주변 지역 상담센터에 연락하는 방법을 알려 주었다. 밤에 누군가와 의논할 사람이 필요할 때 연락할 수 있는 24시간 비상전화번호도 알려 주었다. 그녀는 상담약속을 위해 전화를 했다. 그녀는 신속한 도움이 필요했으며 24시간 이내에 약속을 잡았다. 만약 그것이 불가능했더라면 아마 그녀를 신속하게 만날 수 있는 다른 사람에게 의뢰했을 것이다.

상담자가 하려는 일에 대해 설명하는 것이 사태를 악화시킬 것 같지만 그렇지 않다면 가능한 한 내담자가 너무 놀라지 않는 방법으로 설명하는 것이 좋다. 만약 상담자가 응급 팀을 부를 계획이라면 내담자에게 그렇다고 설명하는 것이 좋다. 캐롤의 경우 상담자는 그녀의 남편에게 앞으로 어떤 절차를 밟게 될지 설명해야 한다. 상부기관에 제보할 필요성에 대해 그녀의 남편이 화를 냈기 때문에 그의 입장에 공감해 주고 아내가 학생과 했던 일을 보고해야 할 이유를 전달하기 위해 충분한 시간을 가지는 것이 매우 중요하다. 상담자에게 비밀 보장 원칙을 유지하는 것보다 더 중요한 의무는 없기 때문이다.

비밀 보장

경찰, 내담자의 친구, 정신병 환자의 가족 또는 내담자의 안전과 숙식을 제공할 수 있는 사람들에게서 압력이 있을 때 상담자가 누구에게 무엇을 이야기할 수 있는지에 대해 혼동하기 쉽다. 비밀 보장은 상담자의 전문성에서 가장 핵심적인 것이며 관련된 사람들에게 상담자의 의무사항을 분명하게 알려야 한다.

예를 들면, 법적으로 성인인 베스와 제프리는 자신의 부모나 가족에게 연락하지 말 것을 요청했고 상담자는 그들의 권리를 존중해야 했다. 그러나 그들의 위기상황에서 의학적인 측면이 안정된 후에는 다음 단계에 무엇을 해야 할지 계획을 세워야 했다. 상담자는 종합병원의 응급실에 모든 사람을 불러 '사람들로 가득 차게' 할 수는 없다. 그리고 위의 두 사례 모두 일상생활을 할 수 있을 정도로 그들의 상태가 안정된 것은 아니었다. 베스는 여전히 자살하겠다고 위협했고, 제프리 역시 자신이 복용한 약물효과가 사라질 때까지 두고 보아야 했다.

일반적으로 내담자나 다른 사람이 분명한 위험에 처했을 때나 법적인 명령이 있을 때에는 상담자가 내담자에게서 정보 공개에 대한 동의를 받을 필요가 없다.[8] 제프리는 위기관리를 위해 일시적으로 유예보호소라는 기관으로 이송되었다. 그 기관은 그동안 제프리를 도와주던 기관이 아니었기 때문에 이 새로운 기관에 그를 도와주는 전문가들과 제프리에 대한 필요한 정보를 나누는 것은 가능했다.

그러나 모든 위기상황이 생명을 위협하거나 법적으로 정보를 공개해야 하는 것은 아니다. 이러한 상황에서는 가족, 친구, 의사, 경찰, 교사 등 정보를 원하는 모든 사람이 여전히 개입할 수 있고 상황은 복잡해진다. 대부분의 경우 비밀 유지에 대한 내담자의 권리 때문에 특정한 측면에 대한 정보는 공개할 수 없다는 점을 상담자가 시간을 가지고 차근차근 설명하면 대부분 이해하고 지지해 준다. 상담자가 물러설 수 없는 마지막 보루는 생사를 좌우하는 상황이 아니라면 정보 공개에 대한 내담자의 동의 없이는 공개할 수 없다는 점이다.

상담자가 내담자의 룸메이트나 가족, 친한 친구와 이야기를 나누는 것이 내담자에게 좋다고 판단되면 그 점을 내담자에게 설명하고 필요한 이야기를 할 수 있도록 허락을 받아야 한다. 예를 들면, 베스의 사례에서 다음 절차에 대해 신디와 의논하기 위해 베스에게서 정보 공개에 대한 동의를 받으려 했다. 다행히 베스가 이에 대해 동의했다. 정보 공개 동의가 필요한데 일정 양식이 없다면 그냥 작은 종이에라도 다음과 같이 적도록 하라. '(내담자의 이름)은/는 (상담자의 이름)이 (상담자가 논의하고 싶은 내용, 예컨대 베스를 도울 수 있는 방법)에 대해 (정보를 공개할 대상의 이름)과 이야기할 수 있도록 허용합니다.' 그 후 내담자에게 서명을 받아 둔다. 제대로 된 양식에는 나중에라도 동의를 받을 수 있을 것이다.

만약 내담자가 동의서에 서명하지 않는데, 상담자가 판단하기에 친구나 가족이 위기에 대한 자신들의 반응에 도움을 받을 필요가 있으면 다른 상담자를 섭외하여 자문을 구해야 한다. 이렇게 함으로써 다른 사람들에게 필요한 도움을 제공하는 동시에 내담자의 관계를 보호해야 한다.

자신을 위해 자문 구하기

위기상황은 서로 간의 욕구와 소망이 충돌하는 상황이다. 상담자는 이러한 복잡한 상황을 잘 다룰 수 있도록 준비되어야 한다. 대체로 중요한 것을 놓치지 않고 중요한 주제에 적절히 유념하여 처리하며, 최선의 자원을 활용할 수 있도록 동료에게 자문을 구하고 지지를 받는 것이 도움이 된다. 게다가 갈등이 발생했을 때 내담자의 이익을 위해 행동하도록 보장하는 단계와 절차에 대해 기록을 남기는 것도 좋다.

갈등에 휘말렸을 때마다 자문을 구하는 것도 좋지만 지금까지 논의했던 상황처럼 모든 상황이 복잡하고 급박한 것은 아니다. 그보다는 면접기술을 사용해서 위기를 다룰 수 있는 정도로 위기수준을 낮출 수 있는 경우가 더 많다.

위기상황에서의 면접

상담자는 다양한 수준의 상황을 동시에 고려할 수 있어야 한다. 위기만큼이나 이러한 능력이 필요한 경우도 없을 것이다. 이러한 과제를 감당하기가 어려운 이유는 이 같은 전문가로서의 책임은 일반적인 회기에서는 경험할 기회가 거의 없기 때문이다. 우선 상담자는 훨씬 지시적이어야 한다. 왜냐하면 위기상황은 준비되지도 않았고 스스로 내릴 수도 없는 결정을 내려야 하는 시점이기 때문이다. 둘째, 내담자에게 가장 효과적인 해결절차를 찾는 과정에서 상담자 자신의 불안 때문에 중요한 것을 간과하고 지나갈 수 있다는 점을 자각할 필요가 있다. 끝으로 상담자는 내담자나 관련된 다른 사람에 대한 위험을 관리할 수 있도록 경계해야 한다.

이러한 책임이란 염려만 해서는 안 되는 것이며 상담자는 위기를 촉발한 주제나 사건을 확인하고 관련된 감정을 안정시키며 문제의 해결이나 적응적 대응을 촉진하는 전략을 개발하도록 내담자를 도와야 한다(물론 이 모든 일을 하면서 상담자는 안정성을 유지하는 것까지 해야 한다). 이 모든 압박감을 고려하면 위기관리란 도전적이고 스트레스를 주는 일이다. 특히 상담자가 처음 만나는 내담자일 경우는 더욱 그렇다. 다음에서는 위기상황에 있는 내담자를 면접할 때 필요한 기술과 책임사항에 대해 구체적으로 기술할 것이다.

면접의 초점 맞추기

위기상황에서 내담자는 자기조절이 되지 않는다고 느끼며 감정의 홍수에 휘말리는 경우가 많다. 내담자는 그들이 소리치거나 야단법석을 하든지, 아니면 그저 앞뒤가 맞지 않은 말을 중얼거리는 것처럼 느낀다고 말한다. 예컨대, 매트는 자신이 얼마나 힘든지 말할 때, 아버지의 음주벽에 대한 복잡한 설명을 시작하더니 아들의 약물사용과 여자친구인 베키의 거절, 직장에서의 문제 등으로 횡설수설했다. 그리고 조앤은 지난 20여 년간의 결혼생활에 대한 장황한 설명으로 회기를 시작하기도 했다.

요약하면 이 내담자들은 그들의 감정이 무엇인지, 그 상황에서 무엇을 해야 할지 거의 말하지 못했다. 적극적인 지시 없이는 위의 두 내담자 모두 자신들의 고통을 표현하는 데 전 회기를 다 써 버리고 다른 어떤 것도 성취할 수 없을 것 같았다. 그리고 이런 식이라면 이 내담자들은 상담을 마치고 떠날 때도 올 때와 마찬가지로 혼란스럽고 고통스러운 상태로 남아 있을 것이다.

위에 논의한 내담자들을 통제하기 위해 상담자는 부드럽지만 단호할 필요가 있다. 상담자의 태도와 어휘를 통해 왜 상담자가 지시하는 동시에 내담자의 감정에 대해 공감하는지 전달해야 한다. 예를 들면, '저는 당신이 고통받고 있으며 당신은 마음속에 여러 가지 할 이야기가 많다는 것을 알 수 있습니다. 하지만 저는 이 상담에서 당신 스스로를 돌보기 위해 가장 필요한 일이 무엇인지 분명해질 수 있다면 당신에게 큰 도움이 될 것이라 생각합니다.' 이 말은 두 가지 중요한 목표를 달성할 수 있다. 첫째, 내담자를 안심시키면서 필요에 따라서는 때때로 상담자가 말을 가로막거나 지시하거나 구체적인 제안을 할 수도 있다는 점을 전달한다. 둘째, 내담자 자신과 타인의 건강과 안전이 최우선이라는 사실을 내담자에게 분명히 전달한다.

예를 들면, 매트는 잠잘 수도 없었고 먹지도 않았다. 그리고 자살에 대한 그의 공상 때문에 직장생활이나 자녀에 대한 양육이 점점 더 어려워졌다. 상담자는 이러한 위기를 초래한 문제를 공략하기에 앞서 내담자에게 의약품을 복용할 것과 자신의 자살충동을 조절하는 데 모든 주의를 기울이라고 권했다.

물론 제한된 상담시간을 주제로 다룰 수도 있는 회기가 있다. 시간이 제한되었다는 점을 지적함으로써 내담자가 가장 중요한 것에 이야기의 초점을 맞추도록 도울 수도 있다. 예를 들면, 상담자는 '매트, 마음속에 할 말이 많고 복잡할 거라 생각합니다. 우리는 오늘 한 시간 정도밖에 만날 수 없습니다. 그래서 우리는 앞으로 이틀간 당신이 해야 할 일에 초점을 맞추어야 할 것 같습니다. 우선 좀 쉬고 안정을 취한 후에는 당신이 베키를 어떻게 대해야 할지 우리가 더 잘 이야기할 수 있을 것 같습니다.'

내담자가 횡설수설하거나 갑자기 다른 주제를 꺼낼 때 상담자는 지금 하는 과제에 머무르는 것의 중요성을 상기시킬 필요가 있다. 내담자가 주제를 바꾸는 것에 대해 상담자는 다음과 같이 공감적인 태도로 개입할 수 있다. '매트,

왜 당신이 베키에 대해 이야기하려는지 이해할 수 있습니다. 그리고 그녀가 당신에게 얼마나 중요한지도 분명히 알겠어요. 하지만 지금은 당신의 자녀들이 당신과 함께 살고 있는 시점에서 자살하려는 당신의 생각을 다루는 데 초점을 맞추어야 할 것 같습니다.'

상담자가 주도하는 것에 대해 양가적일수록 위기는 악화될 가능성이 높다. 대부분의 내담자는 상담자의 회의, 자신감 결여 등을 바로 알아차리며 결과적으로 더 많이 불안해한다. 예를 들어, 대학원에서 수련생 중 하나인 에이미는 공황장애로 힘들어 하는 존을 위기상담 사례로 만났다. 에이미는 그 위기상황을 완화하기 위해 지시해 줄 필요가 있었지만 그 방법에 확신이 없었다.

한 시간가량 상담한 후, 존은 그 이전보다 더 공포스러워했다. 에이미는 슈퍼바이저인 필자를 찾았고, 우리는 함께 면접을 끝냈다. 필자는 이야기 주제가 무엇인지에 대한 구조를 제공했고, 에이미는 존을 의약품 복용을 위해 의뢰했을 뿐 아니라 그의 공황상태를 조절하는 데 필요한 몇 가지 기법을 가르치는 등 상담을 훌륭히 해냈다. 그녀는 상담에 대한 분명한 통제와 증상을 조절하기 위한 직접적인 개입이 존의 문제를 완화시키는지를 알 수 있었다.

위기상황 이해하기

내담자가 조절할 수 없을 정도로 울고 분노에 압도되며 환청에 시달릴 때, 그들은 왜 그런 일들이 생기는지 알고 싶어 한다. 그들이 경험하는 현상을 이해시키는 일은 그런 현상을 조절하는 첫 번째 단계다. 때때로 내담자의 증상과 그것을 촉발시킨 사건 사이의 관계가 분명하게 보일 때도 있다. 그러나 항상 그렇지는 않다. 많은 내담자는 자신에게 일어나는 일에 압도될 뿐 아니라 자신의 반응에 당황스러워한다.

또한 그들은 주어진 상황에서 자신들이 보이는 반응들을 정상적인 것으로 이해하기 어렵다. 조앤에게 일상생활에서 요구되는 여러 가지 일을 하면서 20여 년간 지속된 결혼생활을 종결하는 상황에서는 대부분의 사람이 압도되어 어쩔 줄 몰라 할 것이라고 설명하자 그녀는 안도감을 느꼈다. 그녀가 자신의 반응이 정상적이면서 이해할 수 있는 것임을 알았을 때 좀 더 편안하게 느낄 수 있었다.

또한 내담자가 '과민한 반응'이라고 지칭하는 것이 사실 내담자의 그간 경험에 비추어 보면 이해할 수 있는 것임을 지적하는 것도 도움이 된다. 예를 들면, 남편의 결별에 대한 조앤의 반응은 과도했지만, 그것은 그녀가 12세였을 때 그녀의 부모가 이혼한 아픈 기억이 있고 자신이 처한 현 상황으로 인해 어린 시절 겪었던 그 경험이 얼마나 고통스러웠는지 생각났기 때문이었다.

내담자의 증상과 그 증상을 촉발시킨 주제나 사건 사이의 관련성에 대해 조명하는 방법에는 여러 가지가 있다. 상담자가 단순히 질문함으로써 내담자에게 자신의 경험이 가진 의미를 이해할 수 있다. 매트의 경우, "당신은 언제부터 그렇게 희망이 없다고 느끼기 시작했습니까?"라고 질문했을 때, 통제할 수 없을 만큼 강한 감정을 촉발시킨 사건이 있었음이 분명해졌다. 그는 울음을 터뜨리며 "어떻게 그녀가 나를 사랑하지 않는지 이해할 수 없어요. 전혀 이해되지 않아요. 그녀가 자기에게 전화하지 말라고 했을 때부터 저는 그녀를 잃는 것 같았어요."라고 말했다. 이를 통해 매트의 위기를 촉발시킨 주요 사건은 베키와의 결별임이 확인되었다.

촉발사건을 확인하거나 이야기해 보는 것도 자주 도움이 된다. 조앤은 그녀의 남편이 떠났다는 사실을 그 누구에게도 이야기하지 않았고, 직장에서 이러한 이야기를 하는 것은 옳지 않다고 여겼다. 또한 그녀의 가족은 그녀에 대해 비판적일 것이라 생각했으며, 그녀의 친구들은 부담을 느낄 것이라고 염려했다. 그래서 모든 것을 자기 혼자 마음속에 담아 두고 있었다. 남편과의 결별을 촉발한 사건에 대해 일단 그녀가 이야기를 시작하면서 그녀는 자신의 반응에 대해 좀 더 확실하게 이해할 수 있었다. 남편의 외도, 일에만 정신을 쏟는 남편, 오랫동안 느꼈던 고립과 무관심에 대해 이야기하면서 그녀는 한숨을 쉬었고 다음과 같이 결론을 내렸다. "제가 얼마나 불행한지 그 누구에게도 이야기해 보지 않았어요. 어쩌면 그가 떠난 것이 잘된 일인지도 몰라요." 결과적으로 그녀의 기분은 더 나아졌고 자신의 반응을 조절할 수 있게 되었다.

왜곡된 사고 교정하기

'저는 결코 울음을 그칠 수 없을 거예요.' '다시는 아무도 저를 사랑하지 않을 거예요.' '전 이러한 고통을 참을 수 없어요.' '저는 쓸모없는 사람이에요. 제 삶 역시 마찬가지예요.' 이것들은 조앤이 세운 왜곡된 가설에 대한 몇 가지 예다. 위기에 처한 동안, 내담자는 사고의 명료성을 잃고 겁을 먹기 때문에 종종 비현실적인 결론으로 비약시킨다. '~ 라면, ~이면 어쩌지.' 라는 생각은 내담자를 압도하고 고통스럽게 한다. 즉, 그가 떠나면 어쩌지, 그녀가 그러지 않으면 어떡하지, 내가 죽으면 어쩌지, 내가 하지 않으면 어찌 될까, 내가 그것을 잃으면 어쩌지, 잠이 들지 않으면 어쩌지라는 것 등이다. 이러한 생각은 이해하기는 쉽지만 여전히 그러한 생각에 도전할 필요가 있다.

내담자가 어리석거나 자신의 사고가 비합리적임을 알지 못해서 그러한 사고를 하는 것은 아니다. 사실, 그들에게는 자신의 생각이 비합리적이라는 자각 자체가 더 많은 좌절을 낳는다. 왜냐하면 그러한 자각이 있었지만 자신의 반응을 바꿀 수는 없었기 때문이다.

종종 내담자는 정보가 부족하기 때문에 이러한 비논리적인 사고에 사로잡힌다. 이러한 사고 유형을 바꾸는 최선의 방법 중 하나는 이혼이나 사랑하는 사람을 잃었을 때 초래될 결과, 혹은 폭력에서 회복되는 과정에 대한 정보를 직접 전하는 것이다.

그러나 상담자는 종종 삶과 개인적인 특질에 근본적 결함이 있는 가설을 밝히기 위해 시간과 에너지를 쏟아 부어야 하는 상황에 직면한다. 앨버트 엘리스(Albert Ellis)는 그러한 비합리적 사고목록을 다음과 같이 제시하고 있다.[9]

- 사람은 그가 속한 공동체 내의 중요한 모든 사람에게서 사랑과 인정을 받아야만 한다.

- 사람은 스스로 가치가 있다고 여기려면 모든 면에서 두루 유능하고, 적합하며, 가능한 한 모든 측면에서 성공해야 한다.
- 사람의 불행은 외부에서 비롯된 것이며, 사람들은 자신의 슬픔이나 어려움을 통제할 힘을 거의 또는 전혀 가지고 있지 않다.
- 우리의 과거사는 현재 행동의 모든 중요한 결정인자며, 만일 어떠한 것이 일단 우리의 삶에 강력한 영향을 끼친다면, 그것은 계속해서 유사한 방식으로 우리 삶에 영향을 끼칠 것이다.
- 인간의 문제에는 변하지 않는 가장 적절하고도 정확한 해결책이 있는데, 만일 그러한 해결책을 찾지 못한다면 그 결과는 파멸이다.
- 어떤 것이 위험하거나 두렵다면 사람은 그것에 대해 심각하게 염려하고 그 일이 일어날 개연성에 대해 생각해야 한다.
- 어떤 사람은 나쁘고 사악하며 혹은 비열하다. 따라서 그들은 그들의 사악함에 대해 처벌과 비난을 엄하게 받아야만 한다.
- 일이 원하는 방향으로 이루어지지 않을 때는 끔찍하고 파멸한다.
- 인생에서 어떠한 난관이나 자기 책임을 직면하기보다는 회피하는 것이 더 쉽다.
- 사람은 타인의 문제나 어려움에 상당히 불편함을 느낄 수밖에 없다.

어떤 내담자는 그들이 처한 위기로 인해 그들의 사고가 혼란스러워진 것 같다는 말에 민감하게 반응한다. 상담자가 이 점을 지적할 경우, 상담자는 그들의 자연스러운 반응을 방해할 개연성이 크다.

매트는 베키가 없으면 살 가치가 없다고 설명했다. 그는 울면서 "그녀가 옳았는지도 몰라요. 그리고 전 이렇게 혼자예요. 그녀가 저에 대한 사랑을 끊을 수 있다는 걸 믿을 수가 없어요. 이젠 그 누구도 그녀가 했던 것처럼 저를 보살펴 주지 않을 거예요. 그리고 제 삶이 이렇게 된 것을 견딜 수가 없어요. 전 인생의 낙오자랍니다."

독자들은 그의 이야기 속에 내포된 많은 비합리적 신념을 발견할 수 있을 것이다. 또한 그가 상당한 혼란과 절망에 빠진 것을 볼 수 있을 것이다. 상담자가 그의 사고방식에 묻어 있는 잘못된 특성을 지적하고 강한 충고를 한다면, 그것은 분명 역효과를 초래할 것이다. 따라서 상담자는 자신의 상황에 대해 그가 가진 생각이 스스로의 삶을 더 비참하게 만들 뿐 아니라 타당하지 않다는 상담자의 생각을 전하면서 동시에 사려 깊은 태도로 공감과 지지를 전달할 필요가 있다.

"매트, 당신은 자신의 상황에 대해 한 가닥의 희망조차 없다고 여기시는가 보군요. 제가 보기에 당신은 혼란스러워하고 당신 자신과 자신의 미래에 대해 현실적으로 평가하지 못하는 것처럼 보입니다. 제가 말하는 것이 이해되시나요?" 이런 반응은 이야기를 꺼내기는 했으나 그 어떤 위로는 되지 못했다.

"물론, 저도 알고 있어요. 하지만 이러한 고통을 견디기보다는 차라리 죽는 편이 더 낫다는 생각을 그만둘 수가 없어요."

"매트, 전 당신이 그 고통을 견딜 수 있도록 도와주고 싶어요. 왜냐하면 당신이 하는 일은 당신에게 별로 도움이 되지 않을 것이기 때문입니다."

"저도 알고 있어요. 그리고 제 아이들에게도 상처를 주고 싶지 않아요. 하지만 견딜 수 없어요."

"우리가 함께 작업하는 동안 당신이 자신을 해치지 않으리라고 약속해 줄 수 있어요?"

"네. 그럴 수 있어요. 비록 제가 죽고 사는 것이 그리 중요한 일은 아니지만……."

"하지만 당신이 죽고 사는 것이 당신 자녀에게는 중요하다는 점을 지적했어요. 자, 지금부터 당신이 할 수 있는 것에 대해 이야기해 봅시다. 베키에 대한 당신의 생각과 느낌에 대해 말하는 것은 오로지 당신을 더 절망적으로 느끼게 만들 것 같네요. 그 문제에 대해서는 나중에 다시 돌아올 수 있을 거예요. 지금 우리는 당신 자신을 보살펴야 할 필요가 있을 것 같아요."

매트의 위기를 다루는 과정에서 보았듯이 상담자는 매트의 관심을 자신의 왜곡되고 무력한 생각에서 벗어나 그가 처한 환경에 맞설 수 있는 구체적인 전략을 세우는 것으로 돌려야 한다.

강한 감정에서 거리 두게 하기

매트의 반응은 위기에 처한 내담자의 전형적인 형태다. 그는 자신의 고통에서 거리를 둘 수 없었다. 내담자가 불시에 큰 상실감, 죄책감, 분노, 혹은 슬픔에 사로잡혔을 때 그들이 다른 것을 고려한다는 것은 어려운 일이다. 그들이 경험하는 감정이나 그들의 반응 수준에 변화가 있는 데는 그럴 만한 이유가 있음을 확인시키는 것이 도움이 된다.[10] 폭풍우가 몰아칠 때의 파도처럼, 위기상황에서 감정은 찾아들었다가 사라지다가 곧 또 다른 풍랑을 만나게 된다. 감정의 파도가 몰아치는 동안 이러한 관점을 유지한다는 것은 매우 어렵다.

이 상황에서 내담자를 진정시킬 수 있는 가장 첫 번째 조치는 내담자가 자신의 감정에 빠지게 굳이 유도하지는 않더라도, 내담자가 그 감정을 경험할 때 허용하고 견디는 것이다. 구체적으로 말하면 어떤 때에는 감정의 정화나 발산이 위로가 되기도 한다. 내담자에게 자신의 감정을 말하게 하는 가장 쉬운 방법은 그들에게 물어보는 것이다. 그리고 상담자가 그의 감정을 이해하고 싶다는 소망을 표현하는 것이 도움이 된다. '전 당신이 어떻게 느끼는지 이해하고 싶습니다. 제가 이해하도록 도와주시겠습니까?

이러한 질문이나 상담자가 알게 된 것을 요약하여 반영함으로써 내담자에게 상담자가 이해한다는 사실을 전달할 수 있다. 그들의 경험을 상담자가 이해한다는 점을 내담자가 모른다면, 내담자는 상담자가 그들을 도와 자신의 감정을 다룬다고 거의 믿지 못할 것이다. 위의 논의에서 분명해졌듯이, 상담자가 문제를 해결하려고 애쓴다면 공감적으로 의사소통하는 일의 중요성을 간과하기 쉽다.

상담자는 가능하면 '그렇게 나쁜 상황은 아니네요.' '다른 사람들은 기분이 더 나빴을 겁니다.' 혹은 '곧 극복할 겁니다.' 와 같은 구태의연한 재확인은 하지 말아야 한다. '걱정하지 마세요.' 혹은 '그렇게 화내면 안 돼요.' '어

쨌든 그녀는 당신에게 그리 좋은 사람은 아닌 것 같군요.'와 같은 다소 교과
서적인 해결책들은 따르기가 어렵기 때문에 내담자를 더 심하게 좌절시킬 뿐
이다. 사실 이러한 종류의 반응은 대체로 당신이 할 수 있는 최악의 것이다.
왜냐하면 이런 반응은 내담자가 얼마나 심한 무력감과 무망감 그리고 고독감
을 느끼는지에 대해 상담자가 이해하지 못했음을 알려 주기 때문이다.

결국 이 모든 고통은 사라지겠지만 해결될 때까지는 다소 힘든 시간이 될
것이라고 함으로써 상담자는 내담자에게 미리 '예방접종' 시키거나 앞으로의
고통에서 보호하는 조치를 취할 수 있다. 또한 상담자는 내담자가 이러한 상
황에서 삶을 배우는 동시에 고통스러운 감정을 견뎌 강인하게 될 수도 있음을
지적할 수 있다.

반면, 내담자가 위기상황에 있을 때 특정 감정에 초점을 두는 것은 역효과
를 초래할 수 있다. 왜냐하면 그러한 감정은 자살충동을 갖게 하거나 손목을
끊거나 다른 사람을 공격하거나 혹은 약물 남용 등의 파괴적인 대처전략을 취
하게 할 수 있기 때문이다. 따라서 고통스러운 감정을 얘기하는 것이 실제로
도움이 되기 위해서는 매우 신중해야 한다. 이러한 상황에서는 오히려 충동적
행동을 촉발시키는 감정을 피하라는 구체적인 지침을 제공하는 것이 더 현명
할 수도 있다. 때때로 이러한 전략을 어떤 내담자는 생소하게 여길 수 있으므
로, 상담자는 내담자가 특정 감정을 표출하지 않는 것이 좋은 이유를 지적하
는 것이 좋다. 상담자는 내담자가 파괴적인 반응을 피하는 구체적인 전략을
세우기 전에 우선 이러한 지침을 수용하는지 주의 깊게 관찰해야 한다.

매트의 사례로 돌아가 보자. 그는 베키에 대해 생각할 때면 더욱 의기소침
해진다. 그런데도 그는 그녀와의 관계에 대한 생각에서 벗어날 수 없다. 사실
매트는 첫 회기 동안 베키에 대해 이야기하면 할수록 자신의 감정이 더 악화
되고 자신의 고통을 끊임없이 이야기함으로써 친구들을 더욱 성가시게 한다
는 것을 깨달았다.

그래서 매트에게 다음과 같이 지적해 주는 것이 도움이 되었다. "당신이 베
키에 대한 당신의 감정을 얘기하여 문제를 개선시킬 수 있다고 생각하는 것

처럼 보이는군요. 궁극적으로는 이러한 것이 도움이 될지도 모르겠지만, 당신의 관계를 얘기하는 것이 사태를 전전시키는 데 그리 큰 도움이 되지 못한다는 것을 깨달았습니다. 실제로 당신 친구들과 이러한 종류의 대화를 하며 스스로 자신감을 깎아내리는 것 같습니다. 왜냐하면 이 때문에 당신은 자살하고 싶은 생각이 들고, 자신에 대해서는 더욱 부정적인 느낌만 들기 때문입니다. 이러한 감정에 몰입하는 것이 당신에게 도움이 안 된다는 것을 이해하시겠어요?"

"예. 그럼 어떻게 하면 그렇게 하지 않을 수 있을까요?"

"당신이 지금까지 시도한 일은 어떤 것들이지요?"

놀랍게도 메트는 이 문제에 대해서는 분명했다. "저는 직장에서 계속 바쁘게 지냅니다. 그래서 저는 하루에 해야 할 일을 모두 기억해 둡니다. 그때에는 제 감정상태가 그리 나쁘지는 않아요. 하지만 그러한 태도가 제 문제를 해결하는 데 도움이 될 것이라는 확신은 없어요."

그가 자신에 대해 어느 정도의 조절력을 가졌음을 알려 주기 위해 다음과 같이 말했다. "이 시점에서 당신이 일상생활에서 기능할 수 있도록 노력하고 있고, 당신이 직장에서 사용하는 전략이 하루를 살아가는 데 도움이 되었다는 점에 우리가 동의할 수 있을까요? 아마도 직장에서 사용하던 전략을 다른 경우에도 시도해 보는 것도 좋은 생각일 것 같습니다."

다행히 매트는 자신에게 이미 효과가 있는 전략을 사용하는 것이 좋다는 논리를 이해할 수 있었다. 여기에서 강조하려는 것은 고통스러운 감정을 이야기하는 것이 내담자에게 도움이 될 것인지에 대해 상담자가 알아 두어야 한다는 점이다. 말하는 것이 오히려 도움이 되지 않는다면, 상담자는 내담자를 도와 그들이 가장 불편해하는 감정을 견디는 데 도움이 될 만한 전략을 찾아보는 것이 좋다. 반면에 말하는 것이 내담자에게 위로와 해결책이 된다면 내담자가 이러한 전략을 사용하도록 돕는 것이 바람직할 것이다.

폭력 행사 위협 다루기

어떤 위기상황은 내담자 혹은 다른 사람을 해칠 만큼 심각한 위협이 있기 때문에 상담자가 더욱 당황하고 두려워할 수 있다. 더욱이 내담자는 이 장의 앞부분에서 논의되었던 절차에 따라 조치를 취할 것이라는 점을 이미 알고 있는 경우도 많다. 예를 들어, 내담자가 폭력적인 생각으로 고통스러워하거나 자신을 해치고 싶은 욕구에 압도되었을 때, 그들은 상담자에게 알리는 것조차 두려워할 것이다. 그들은 종종 상담자가 자신을 병원에 가두어 버릴지도 모른다는 생각에 두려워한다. 반면, 그들 대부분은 상담자가 자신들을 보호하기 위한 조치를 취해 주기 바란다. 여기서 중요한 점은 내담자가 자신의 행동을 스스로 통제할 수 있는 힘이 얼마나 미약한지 깨닫게 하는 것이다.

내담자가 파괴적인 행위를 할지 모르는 상황을 다룰 때마다, 상담자는 내담자와 다른 일반인이 해를 입지 않도록 보호할 의무에 대해 얘기해야 한다. 앞에서 언급했듯이 각각의 주 정부에서는 서로 다른 지침과 요구사항을 제정해 놓고 있다. 그러나 상담자는 폭력과 외상, 그리고 자기 스스로 해를 가하지 못하도록 노력하지 않을 수 없다.[11] 결국 내담자와 대안을 찾아 나갈 때 상담자는 내담자를 보호하는 목표와 다른 사람들을 보호하는 목표를 동시에 달성하도록 해야 한다. 더 나아가, 상담자가 취했던 노력을 기록으로 확실히 남기기 위해 내담자와 다른 사람들에게 필요한 조치와 보호를 위한 적절한 제안들을 해 왔음을 문서로 작성해야 한다.

때때로 자신 또는 타인을 해치고 싶은 충동에 따라 행동하지 않기 위해 내담자와 계약을 맺는 것도 도움이 된다. 계약을 하면 더 쉽고 안전하게 작업할 수 있을 것이라는 점을 강조함으로써 계약의 필요성을 설명한다. "당신이 말한 느낌대로 행동하지 않겠다고 동의할 수 있다면, 우리는 좀 더 자유롭고 편하게 어떤 이야기도 할 수 있을 거예요. (필요하다고 생각되는 적절한 기간) 동안 (당신 자신 또는 프레드)를 해치지 않겠다고 약속할 수 있겠어요?"

그러나 이러한 종류의 약속이 다시는 그런 감정이 재발하지 않으리라 보장하는 것은 아니기 때문에 내담자는 그러한 약속을 지키기 어려워한다면 내담자가 하려는 일에 나름대로 차선책을 가져야 한다. 예컨대, 내담자가 상담자에게 전화를 할 수 있도록 하거나 응급실로 연락을 하거나, 위기전화상담 서비스에 연락을 하거나, 가정폭력을 피하기 위한 쉼터로 가거나 또는 신뢰할 만한 다른 서비스기관에 연락하도록 미리 준비해야 한다.

이런 상황에서 상담자는 그 내담자에 대한 인상과 앞으로 하려는 일에 대해 동료나 슈퍼바이저에게 자문을 구하는 것이 좋다. 상담자가 현재 슈퍼비전을 받는다면 그는 위험에 처하거나 위험한 일을 하거나 또는 자살할 위기에 있는 내담자에 대해 내리는 결정을 슈퍼바이저가 허락하는지 확인할 의무가 있다. 상담자가 자격증을 가졌더라도 자신의 의무사항, 책임, 기관의 지침에 대해 조그만 의심이라도 드는 경우, 동료에게 자문과 조언을 구해야 한다.

요컨대, 내담자가 자신과 타인을 해치지 않기 위해 맺는 계약에는 다음과 같은 사항이 포함되어야 한다.

- 계약시간의 길이(이를테면 2시간, 4일, 6주일). 중요한 점은 어느 정도의 위로와 해소에 필요한 시간이면서 동시에 내담자가 감당할 수 있을 정도의 시간이어야 한다.
- 응급 상황에 필요한 차선책
- 내담자와 상담자가 서명한 동의서
- 논의된 사항과 합의된 사항에 대한 상세한 사례기록
- 결과에 대한 구체적 사항. 만약 내담자가 약속시간에 나타나지 않거나 계약조건들을 이행하지 않음으로써 계약을 위반한다면, 상담자는 응급 서비스 요원이나 관련자들의 안전을 보장하는 데 필요한 다른 사람들에게 연락할 것이라는 사항(이 정보는 문서상에는 남겨서 내담자의 서명을 받을 수도 있고 그렇지 않을 수도 있다. 그러나 이러한 문제에 대해 어떤 논의가 있었는지 상세한 기록이 있어야 한다.)

만약 내담자가 자신이나 다른 사람을 해치지 않겠다는 약속 하기를 주저한다면, 상담자는 위험요소를 제거하거나 최소화할 수 있는 조치를 취해야 한다. 즉, 내담자가 자살할 것이 분명해 보이면 상담자는 내담자를 병원에 입원시켜야 한다. 모든 상담자는 심각한 고통에 빠진 사람들을 돕기 위해 필요한 절차나 그 지역의 시설들을 잘 알아야 한다. 그리고 모든 상담자는 최선이라는 방법에 대해 내담자가 자발적으로 동의하지 않을 경우 상담자가 따라야 할 절차가 무엇인지 잘 알고 있어야 한다. 상담자가 새로운 서비스기관에 가거나 새로운 실습과제를 받을 때, 그들은 위기상황에서 사용하게 될지도 모를 지역 내 서비스 기관과 자원에 대해 알아야 할 전문가적 책무를 지니고 있다.

분석에서 문제 해결로 전환하기

상담자와 내담자가 작업할 문제에 대한 합의가 이루어지면 그 문제를 해결하는 전략을 세우도록 하라. 그리고 문제를 일으킨 촉발사건 및 연관된 감정들을 요약함으로써 상담자는 그 두 가지가 모두 '동일한 장(맥락)'에 있음을 알게 될 것이다. 게다가 이처럼 요약하여 설명함으로써 상담자는 상담면접의 초점을 문제 해결로 옮길 수 있다. '이제 우리는 문제를 해결하기 위해 당신이 해야 할 일을 논의할 시간이 필요할 것 같군요. 그 점에 대해 이야기할 준비가 된 것 같으세요?' 또는 '제 생각에 우리는 무엇 때문에 이 문제가 촉발되었는지, 그리고 당신은 그에 대해 (감정의 내용)을 느끼는지 알게 된 것 같습니다. 하지만 이제 우리는 당신이 상담실에서 나가서 무엇을 할 수 있는지에 초점을 맞출 필요가 있겠어요. 그래도 괜찮겠어요?'

아래에서는 위기상황에 처한 내담자에게 효과적인 방안을 마련할 때 상담자가 기억해야 할 몇 가지 전략을 소개하려 한다.

성공적인 대응전략 찾기   상담자는 내담자가 현재 사용하는 전략 중에서 유용하고 적응적인 것들이 무엇인지 알 필요가 있다. 스스로 보살피거나 보호했던 행동, 그리고 자기수용을 시사하는 행동에 귀를 기울여라. 그리고 상담자가 알게 된 점에 대해서는 분명하게 지적하라. 위기상황에서 내담자는 자기가 했던 일 중에서 잘못된 것에 너무 치중한 나머지 그들이 이미 잘 대처해 왔던 것을 미처 깨닫지 못하는 경우가 많다.

이와 더불어 내담자의 계획은 좀 더 효과적이고 적응적이 되도록 부분적으로 바뀌거나 섬세하게 조율될 필요가 있다. 예를 들어, 조앤은 어떤 무시무시한 일이 벌어질지도 모른다는 두려움에 사로잡혀 밤새 온몸이 굳어 버린 채 앉아 있곤 했다. 상담자는 그녀가 자신 또는 다른 사람을 파멸시키는 그 어떠한 행동도 하지 않은 채 자신의 두려움을 견딜 수 있었던 최소한의 방법에 대해 얘기를 나누었다. 더욱이 상담자가 제안한 것은 아니지만 조앤은 이미 라마즈 수업에서 배웠던 심호흡을 시도했고 실제 그 기법을 사용함으로써 그녀는 잠을 잘 수 있었다. 얼마간의 대화 후에 그녀는 낮에는 이러한 두려움을 전혀 경험하지 않았다는 사실을 깨달았다. 그래서 상담자와 내담자는 이러한 해결책들을 기초로 새롭게 전략을 구성할 수 있었다.

그녀가 낮 시간 동안 적응하는 데 도움이 되었던 몇 가지 전략에 대해 이야기하면서 상담자와 내담자는 음악을 연주하거나 엄마에게 전화함으로써 그녀가 밤마다 하나의 의식처럼 경험했던 마비현상을 막을 수 있었다. 또한 상담자는 조앤이 자신의 정신세계에 있는 라디오의 채널을 바꿀 필요가 있다는 나의 친구이자 동료인 쉴라 윌리엄스(Sheila Williams)의 조언도 따르면 좋겠다는 제안도 했다. 즉, 쉴라의 말은 정신세계에서 다른 방송국으로 채널을 돌리라는 것이다. 자신의 부적절성에 초점을 맞추지 말고, 좀 더 평온하고 위로와 자신감을 주는 채널, 상황이 좋아지게 하는 채널에 맞출 필요가 있다.

많은 내담자는 처음엔 두려워하지만, 결국 그들이 견뎠던 과거의 다른 상황이 있었다는 사실을 잊어버린다. 상담자는 이러한 과거의 경험들을 아는 것이 중요하며, 내담자는 그 상황에서 그들에게 도움이 되었던 일들이 무엇이었는지 떠올릴 필요가 있다. 그래서 이 부분에 대해 확실하게 질문해야 한다.

자신을 돌보게 하기　위기에 처한 내담자는 먹고 자는 것을 잊거나, 스스로 진정시켜야 한다는 사실에 둔감한 것 같다. 상담자는 그들이 그러한 활동에 스스로 책임질 수 있도록 도울 수 있다. 때때로 상담자는 일반적인 '엄마'들이 하는 것처럼 이렇게 말할 수도 있다. '아침에 뭘 먹었는지, 언제 잠자리에 들었는지, 실제로 술에 취하는 게 도움이 된다고 생각하지 않는거지, 그렇지? 더 많이 먹어야 해. 자신도 보살피지 못하면 스스로 제 구실을 할 수 있으리라고 생각할 수는 없지.'

상담자는 자신을 보살피지 못했다고 훈계할 것이 아니라 자신을 제대로 돌보지 못하도록 방해하는 것이 무엇인지 내담자가 이해하도록 도와주어야 한다. 이러한 방법으로 그들에게 자신을 더욱 신뢰하게 하는 데는 많은 인내와 끈기가 필요하다. 예를 들어, 매트는 자신이 '실패자' 이므로 스스로 고통을 겪는 것은 당연할 일이라고 여겼다. 그가 무엇을 했던지 간에 그는 자신을 보살필 책임이 여전히 있음을 상기시켜야 한다.

지지체계 형성하기   내담자는 친구나 가족에게 도움을 청하는 것을 부끄러워하거나 두려워하는 경우가 있다. 그러나 위기상황에 있는 사람들에게는 사회적 지지가 큰 도움이 된다. 상담자는 내담자가 자신의 자원을 가장 효율적으로 활용할 수 있는 방법을 생각하도록 도와주어야 한다. 언제 어머니에게 전화할 계획인지, 수잔과 시간을 얼마나 함께 보낼 수 있는지, 앨런이 실제로 내담자를 안정시키는 데 도움이 되었는지, 내담자의 언니가 내담자를 도와주려고 애쓰는 것 같다든지(누가 내담자를 가장 잘 도울 수 있는지에 대해 상담자 스스로 상식선에서 최대한 합리적으로 평가하여 내담자에게 이야기하라) 등의 때때로 상담자는 아주 구체적인 사항에까지 주의를 기울여야 한다.

실험적 행동을 해 보게 하기   내담자와 함께 브레인스토밍을 하라. 도움이 될 만한 대안들을 생각하고 내담자에게 그러한 행동을 실험적인 태도로 해 보게 격려하라. 만약 그런 대안 중에서 내담자에게 효과가 있는 것을 발견했다면 내담자에게 그 일을 계속하도록 하라. 내담자가 그러한 행동을 통해 지속적으로 성공의 경험을 한 후에, 상담자는 조금 더 어렵고 복잡한 대안행동을 시도할 수 있다. 만약 실험적으로 선택했던 방법이 효과가 없다면 다른 것을 시도해 보라. 요컨대 상담자가 한두 가지 대안적 행동만 사용하는 것이 아니라 도움이 되는 전략을 찾을 때까지 계속해서 대안을 탐색할 것이라는 점을 내담자가 아는 것이 중요하다. 이러한 일은 시간이 걸리며 끌어낼 수 있는 적합한 대안들을 만들어 낸다. 이러한 대안들은 다다익선이라 할 수 있다.

구체적인 계획 세우기   내담자가 괴로워하면 할수록 상담는 더 구체적인 계획들을 세워야 한다. 게다가 상담자는 단기계획을 세움으로써 서서히 나아가야 한다. 다시 말하면, 내담자가 매우 힘들어 할 경우 상담자는 2~24시간의 계획만 세우며, 그 이상 넘지 않도록 해야 한다. 구체적이면서 제한된 시간 내의 계획을 세울 때 유념할 사항들은 다음과 같다.

- 스스로 해치지 않고 어떻게 보호할 것인가?
- 어떻게 휴식을 취할 것인가?
- 언제, 무엇을 먹을 것인가?
- 누구와 함께 있을 수 있는가?
- 주간, 또는 야간 중 언제든 긴급할 때 어디에서 도움을 받을 수 있는가?
- 꼭 해야 하는 일들을 어떻게 할 것인가?
- 고민을 이야기할 시간과 장소를 만들기 위해 무엇을 할 수 있는가. 다시 말하면, 개인적인 자원들을 확보하는 데 필요한 여유를 확보하기 위해 내담자는 어떤 이유를 대면서 직장이나 가족관계에서 해야 할 일들을 잠정적으로 미루어 둘 수 있는가?
- 그들의 정서적인 고통을 어떻게 경감시킬 것인가?
- 내담자가 압도되는 것을 막기 위해 개인적인 욕구와 수행해야 하는 의무 사이의 균형을 어떻게 맞추고 우선순위를 어떻게 배열할 것인가?

상담자가 고안한 계획이 실제로 수행할 만한 것인지에 대해 거듭해서 물어보아야 한다. 상담자는 함께 있는 내담자가 '전 그것을 할 수 없어요.' 라고 말해 주기를 원한다. 따라서 상담자는 다음과 같이 점검해야 한다. '우리는 어떤 것이 당신에게 도움이 될지 찾는 것이 매우 중요합니다. 따라서 우리가 논의하는 계획이 당신에게 도움이 되는지, 아니면 되지 않는지 말해 주기 바랍니다.'

낙관적인 태도 보여 주기　　지금까지(다른 내담자나 다른 위기상황에서) 이런 상황을 다룬 적 있다는 것을 말해 주거나 내담자의 딜레마를 충분히 이해하는 것을 재확인시켜 줌으로써 상담자는 그들의 문제가 결국 해결될 것이라는 희망을 불어넣어야 한다. 해결을 보장하는 듯한 이야기는 피하라. 그러나 자신을 충분히 돌본다면 긍정적인 결과를 낳으리라는 확신은 표현하라.

내담자 상태를 점검할 시점 계획하기　　대체로 고통에 빠졌을 때 사람들은 가까이에서 더 자주 점검해야 한다. 상담자가 이러한 점검을 하기에 가장 적절한 사람이 아니라면 상담자는 내담자가 신뢰할 만한 사람으로서 대안이 될 만한 사람을 찾도록 도와주어야 한다. 그 사람은 내담자에게 다음에 할 일을 챙겨 줄 뿐 아니라 목표를 성취하도록 지속적으로 지지해 줄 수 있는 사람이 좋다. 여기서 점검이란 전화나 10분간의 면담약속 또는 위기상황에서 내담자를 돕고 내담자에게 누군가와 연결되었다는 느낌을 줄 수 있는 것이라면 어떤 것이라도 될 수 있다.

대학원 수련생 중의 한사람인 마리는 위급하다고 해서 만난 스테이시와의 상담에서 이 점을 잊고 있었다. 스테이시는 그녀의 약혼자가 자살했다는 소식을 듣고 심하게 괴로워했다. 마리는 스트레스의 원인을 파악하고 감정을 해소시켰으며 그녀의 슬픔을 다룰 대안을 탐색하는 일을 잘 해냈다. 그러나 마리는 회기 동안 그들이 함께해 온 과정들을 스테이시가 지속하는지 확인할 수 있는 몇 가지 방법을 미리 계획하는 일을 잊고 있었다. 마리는 위기상황에서 만났던 약속 이후의 추후상담을 2주 후에 잡았다. 슈퍼비전 시간에 마리와 필자는 2주 동안 스테이시가 다시 슬픔에 압도될 가능성에 대해 얘기를 나누었다. (보통 6~8주 지속되는) 위기상황에서 더 많이 만난다면 스테이시가 병리적인 증상을 보이거나 심하게는 더 복잡한 문제를 일으킬 가능성을 덜어 줄 것이라는 데 동의했다. 결국 마리는 스테이시에게 전화를 해서 다음 주에 올 수 있는지 물었다. 스테이시는 심리적인 안정을 되찾으면서 그 제안을 받아들였고 마리는 중요한 교훈을 배웠다.

의뢰하기　　상담자는 의학적인 도움의 필요성에 대해서 당연히 유념해야 한다. 많은 약물은 불안, 우울, 수면장애 등에 도움을 준다. 그러나 약물을 사용하는 것에 대해 내담자가 어떻게 받아들이는지를 우선 알아보는 것이 중요하다. 왜냐하면 대부분의 내담자는 그들이 수용할 수 없는 대안들은 따르지 않기 때문이다. 따라서 상담자는 내담자가 약물을 거부하는 것에 대해 이해해 주어야 한다. 어떤 내담자는 약물에 의존하는 것에 대해 두려워하거나, 여생을 약을 먹으면서 지내야 할지도 모른다는 것에 대한 두려움을 종종 표현한다. 다른 내담자는 약물의 부작용에 대해 우려하기도 한다. 또 어떤 사람들은 약을 먹는다는 것이 자신의 허약함을 보여 주는 표시로 여기기 때문에 약을 먹는 것을 주저한다. 그리고 나머지 소수의 사람만이 약을 사용하라는 제안에 대해 크게 의미를 부여하지 않고 그저 고통을 없애 주는 방안으로 받아들인다.

내담자가 약에 저항하는 이유가 무엇이든지 간에 다음과 같이 말해 주는 것은 도움이 된다. '잠에 들지 못하고 불안하기 때문에 당신이 (문제의 이름이나 성격을 말하면서) 이 문제를 효과적으로 다루지 못하고 있다는 점이 분명해 보입니다. 그래서 저는 당신을 진정시켜 당신이 좀 더 분명히 생각할 수 있도록 도와줄 필요가 있어요. 어떻게 생각하세요?' (반응을 기다린다). '약물치료를 고려해 보시겠어요?'

좀 더 심각한 상황에서는 내담자를 병원이나 마약 해독기관 혹은 내담자 보호를 위한 보호시설 등으로 의뢰할 수 있다. 이러한 경우에는 내담자의 관점에 초점을 맞추면서 추천할 만한 근거를 다지는 것이 매우 중요하다. 만일 상담자가 '당신은 골칫거리예요. 그러니 당신을 거리 밖으로 쫓아내야겠어요.'라고 말한다면 결과는 뻔하다. 반면 내담자의 맘을 상하게 할까 봐 주저할 때는 입원이나 보호시설의 수용에 대한 주제를 꺼내기가 어렵다.

내담자의 고통과 괴로움을 완화시킬 수 있는 대안으로는 상담자가 내담자에게 말을 전할 때 가장 안전하다. 예컨대, '당신은 명료하게 생각하지 못하고 잠을 자지 못하고 있어요. 당신은 코카인에서 벗어날 수 없다고 말했어요. 이 상황에서는 병원에 가는 것이 당신이 쉴 수 있고 당신에게 일어나는 일을 이해하며, 당신의 가족이나 친구에게 걱정을 끼치지 않는 최선의 방법인 것 같습니다. 어떻게 생각하세요?' 물론 이렇게 해도 내담자가 거절할 수도 있다. 그럴 때는 내담자의 목표를 반복적으로 일깨우고 자기를 잘 돌보는 일이 이러한 목표를 성취하는 데 가장 효과적인 방법임을 지적해야 한다.

상담자는 할 일에 대해 분명하고도 단호한 태도를 취해야 한다. 만약 아직 위기에 처해 있다고 판단되면 이 장의 처음에 언급했듯이 상담자는 적극적인 행동을 취해야 한다. 만약 경찰을 불러야 한다면 내담자에게 그 사실을 말하라. 또한 슈퍼바이저를 개입시켜야 할 상황이라면 앞으로 일어날 일에 대해 설명하라. 이런 상황에서 내담자가 거절한다면, 상담자는 내담자가 염려하는 부분에서 반영기법을 사용하여 내담자에게 귀 기울이고 있음을 분명히 전달하고 동시에 상담자의 계획을 설명해야 한다. 예를 들어, '존, 병원에 입원하는 것은 당신이 원하는 바가 아니라는 사실을 저도 잘 알고 있어요. 다른 방법으로는 당신이 안전할 수 있을지 확신할 수 없기 때문에 우리는 정신과의사의 평가를 받아야 한다는 점을 이해해 주기 바라요. 그래서 우리는 응급 팀을 불렀습니다. 그 팀은 (실제 그들이 할 일을 지칭하며)을 할 것이며, 당신은 (예상되는 어떤 것을 지칭하며)을 예상할 수 있을 거예요. 그리고 우리는 당신에게 필요한 도움을 받는지 확인함으로써 당신이 스스로 위험한 일을 하지 않도록 할 겁니다.' 라고 말할 수 있다.

질문할 기회 많이 제공하기 그 누구도 혼란스러운 상황에 처하면 집중하는 데 어려움이 있을 것이다. 위기에 처한 내담자는 마음이 엉키고 혼란스러우며 마음의 갈피를 잡지 못하게 된다. 결과적으로 상담자는 그들에게 질문할 수 있는 기회를 충분히 주고, 그들에게 질문이 없는지 물어봄으로써 그들을 도울 수 있다. 다음과 같은 말로 말문을 여는 것이 좋다.

- 혼란스럽다면, 저에게 알려 주세요.
- 이해할 수 있어요?
- 우리가 얘기하는 것이 당신에게 이해가 되나요?
- 우리가 동의한 것에 대해 질문이 있나요?
- 이러한 계획을 끝까지 따를 수 있을 것 같아요?
- 아직도 묻고 싶은 것이 남아 있나요? (이 질문이 가장 중요하다.)

상담자 자신 돌보기

위기에 개입한 후 상담자는 자신을 돌아보는 시간을 가지는 것이 도움이 된다. 이러한 상황은 여러 가지 이유로 인해 상담자에게 걱정스러울 수 있다. 무엇보다 앞으로 어떤 일이 일어날지 알지 못한 채 강력하고 폭발할 듯한 감정에 직면하는 일이란 항상 당황스럽다. 대부분의 상담자는 살 이유가 없다고 느끼는 깊은 우울에 빠진 내담자에게서 영향을 받으며, 동시에 충동 조절을 잘 하지 못하는 무서운 얼굴의 내담자, 마음이 제 구실을 하지 못하는 내담자로 인해 불안해진다. 둘째, 상담자가 한 일이 내담자나 그들과 가까운 사람들에게 영향을 줄 것이며, 그러한 결과는 그들의 삶을 바꾸어 놓을 수 있다는 점때문이다. 마지막으로, 상담자가 내린 결정으로 상담자 자신이 소송을 당하거나 다른 방식으로 해를 입을지도 모른다는 피하고 싶은 걱정거리가 생긴다.

위기상황에서는 경험이 많은 상담자조차도 종종 당황한다. 상담자는 내담자에게 제공하는 조언에 대해 주의를 기울여야 하며, 또한 상담자 자신도 지지와 이해가 필요하므로 비밀 보장을 원칙으로 하면서 깊은 관심을 가지는 동료와 상담에서 일어난 일을 나눌 필요가 있다. 이러한 경험을 통해 상담자는 위기에 처한 내담자를 상담하면서 받은 영향뿐 아니라 상담자 개인의 삶에서 발생한 사건과의 관련성에 대해서도 논의할 수 있다. 그러면 상담자는 그동안 이러한 상황에서 받은 스트레스에서 회복되고 자신을 돌보기 위해 필요한 일에 대한 더 좋은 아이디어를 가질 수 있을 것이다.

주

1) Shelby, J. S., & Tredinnick, M. G. (1995). Crisis intervention with survivors of natural disaster: Lessons from Hurricane Andrew. *Journal of Counseling and Development, 73,* 491-497.

2) Slaikeu, K. (1983). *Crisis intervention: A handbook for practice and research.* Needham Heights, MA: Allyn & Bacon, p. 13.

3) 주 1) 참조.

4) Baker, D. A., & Fulero, S. (1997). Decision handed down: Ohio Supreme Court imposes *Tarasoff* duty on outpatient psychotherapists throughout the state. *Ohio Psychologist, 43*(4), 8-10.

5) American Psychiatric Association. (1994). *Diagnostic and statistical manual of mental disorders* (4th ed.). Washington, DC: Author; American Association for Counseling and Development. (1995). *Code of ethics and standards.* Alexandria, VA: Author; American Psychological Association. (1992). *Ethical principles of psychologists and code of conduct.* Washington, DC: Author.

6) Tryon, G. S. (1986). Abuse of therapists by patients: A national survey. *Professional Psychology: Research and Practice, 24,* 142-152.

7) American Association for Counseling and Development. (1995). *Code of ethics and standards of practice.* Alexandria, VA: Author; American Psychological Association. (1992). *Ethical principles of pspychologists and code of conduct.* Washington, DC: Author.

8) 주 7) 참조.

9) Ellis, A. (1974). *Humanistic psychotherapy.* New York: McGraw-Hill, pp. 152-153.

10) Michenbaum, D. H., & Turk, D. (1976). The cognitive-behavioral management of anxiety, anger, and pain. In P. O. Davidson (Ed.), *The behavioral management of anxiety, depression and pain.* New York; Brunner/Mazel.

11) 주 4) 참조.

제7장

실제적 문제와 윤리적 딜레마: 언제 무엇을 할 것인가

톰은 오후 7시 30분과 밤 10시 30분에 전화를 했고, 새벽 1시에 다시 전화를 했다.

앤은 상담료를 지불하지 않았다.

바이는 당신에게 선물을 가지고 왔다.

상담자가 만난 적도 없는 케빈은 상담자에게 전화를 해서 현재 내담자인 엘렌이 어느 여성과 사랑에 빠졌다고 했다.

대학원 수련생인 마이클은 자신의 내담자인 베키의 사례가 종료되었는데도 별도의 슈퍼비전을 요청했다. 베키가 마이클에게 그들이 '좀 더 이야기'를 할 수 있는지 묻는 이메일을 보내온 것 같았다.

단은 마침내 자신에게 아동에 대한 성적 망상이 있음을 상담자에게 말할 용기를 가지게 되었다. 그때 상담자의 전화가 울렸다. 전화를 건 상담자의 어머니는 단의 아버지가 심장마비 증세로 병원 응급실로 실려 갔음을 알려 주었다.

처음에는 앞에 예시한 상황이 서로 관련이 없는 것처럼 보일 수 있지만 실제로는 상담자에게 공통적인 의미가 있다. 즉, 사람이나 생명과 관련된 주제 때문에 상담계획이 매우 복잡하게 얽힐 수 있다. 만약에 내담자가 상담실에 와서 자신의 문제를 말하고 제한된 회기 내에 자신의 문제를 해결한 후에 상담료를 지불한다면, 그 상담이 얼마나 수월할지 상상해 보라. 상담자가 실수도 없고 상담과 개인적인 책무 사이에 균형을 맞추지 않아도 된다면 더욱 좋을 것이다.

하지만 불행하게도(아니, 더 적절하게 말한다면 다행스럽다 할 수 있을 것이다), 상담자와 내담자 모두 그런 편안한 진공상태에서 살고 있지 않다. 상담자는 앞서 제시한 상황에 너무나 자주 직면하며, 그 결과 자신의 역할, 우선순위의 문제, 윤리적 문제에 대해 의문을 품게 된다.

이런 상황을 방해요소로 가정하기 쉽지만 노련한 상담자는 오히려 이러한 딜레마를 상담에서 중요한 기회로 활용한다. 만약에 상담자가 내담자를 깊이 이해한다면, 내담자의 부적절하고 기괴하며 예상치 못한 요청과 요구에 놀라지 않을 수 있을 것이다. 오히려 상담자는 이러한 것들을 통찰과 자기성찰 그리고 상담에서 진전을 위해 개입할 수 있는 틈새로 활용할 수 있다. 즉, 이러한 사건들은 상담과정에서 이용할 수 있는 가치 있는 자료가 될 것이다. 하지만 우선 상담자는 이처럼 난관으로 보이는 일을 통해 상담관계를 촉진시키고 내담자의 문제에 대해 더 깊은 통찰로 유도하는 촉매로 전환하도록 하는 기술을 개발해야 한다.

무엇보다 먼저 대학원생, 훈련생 또는 한 기관의 객원상담자로서 각 상담자는 이 장에서 논의할 주제를 각자가 속한 기관이 따르는 지침을 숙지해야 한다. 준수해야 할 지침을 명확하게 알고 있어야 상담자는 그 기관에서 따라야 할 절차를 지킬 수 있고 내담자에게 적절하게 정보를 제공할 수 있으며, 그 상황 때문에 상담관계에 영향을 미치는 긴장과 갈등을 다루는 데 도움이 되기 때문이다. 새로운 상담사례를 맡을 때마다 기대되는 절차에 대해 오리엔테이션 회기에서 명확하게 하는 것도 좋다.

이 장에서 이러한 실제적인 문제를 다루는 방법을 제안하지만, 이 제안은 어디까지나 제안에 불과함을 기억해 두어야 한다. 문제를 일으키는 각각의 상황에 대해 정확한 해결책을 마련하기 위해서는 각 상황의 독특성을 깊이 고려해야 한다. 그럼에도 상담자가 몇 가지 대안을 고려할 때 일반적인 방향과 지침을 가진 것은 도움이 될 수 있을 것이다. 필자는 이 장에서 피할 수 없는 난관을 상담에서 한걸음 진전을 위한 디딤돌로 전환시킬 수 있는 몇 가지 아이디어를 제시하려 한다.

회기 사이의 전화통화

회기와 회기 사이에 내담자가 상담자에게 연락을 취하는 방법에는 여러 가지가 있다. 자동응답기, 삐삐, 이메일, 휴대전화, 사무실 전화, 팩스, 비서를 통한 메시지 전달 등을 생각할 수 있다. 가장 중요한 점은 연락이 필요할 때 어떤 경우에, 어떤 식으로 연락을 취하는 것이 적절한 방법인지에 대해 가능한 한 분명하게 미리 밝혀야 한다는 점이다. 이에 관한 내용은 대체로 내담자가 상담동의서를 작성하기 전에 내담자에게 제공되는 상담에 대한 일반적인 정보의 한 부분으로 포함되는 경우가 많다. 또한 자살할 가능성이 있거나 다른 특수한 위기상황에 처한 내담자에게는 타당하고 또 기관의 규정에 맞는 절차에 따라 상담자에게 연락을 취할 수 있는 방법을 제공해야 한다. 게다가 상담자가 연락을 받을 수 없는 경우에도 그들이 연락을 취할 수 있는 대체 가능한 대상과 방법을 가지게 하는 것이 좋다.

상담을 시작할 때, 종종 필자는 회기와 회기 사이에 내담자가 연락하기 원할 때 어떻게 해야 하는지를 다음과 같이 설명하곤 한다. '때때로 당신이 회기와 회기 사이에 저한테 연락할 필요가 있겠지만, 저의 시간을 존중하고 불편하게 하기를 원치 않는다는 것을 압니다. 당신이 제가 전화를 받기에 좋지 않은 시점에 전화를 한다면, 저는 통화가 곤란하다고 말씀드릴 것입니다. 그러고 나서 제가 언제 당신에게 전화할 수 있는지도 알려 드릴 것입니다. 만약에 상황이 정말 급한 경우라면, 제가 당신을 도와줄 수 있도록 당신은 그 상황이 매우 위급하다는 점을 제게 분명하게 설명해야 할 것입니다.'

상담자가 전화통화를 하는 것에도 요금을 청구한다면, 그 부분에서도 분명하게 밝혀야 한다. 만약 요금을 청구한다면, 그 점은 상담을 시작하는 시점에서 분명하게 알려야 한다. 그러한 정보는 대체로 접수면접 양식이나 상담동의서 양식 또는 상담자가 따를 지침과 과정을 설명한 내담자의 권리에 관한 정보양식에 포함되어 있다.

이제는 다음의 상황에서 내담자에게서 걸려온 회기와 회기 사이의 전화를 상담적으로 다루는 방식에 대해서 구체적으로 살펴보도록 하겠다. 몇 가지 상황은 다음과 같다.

수잔은 새벽에 뒷마당에 도둑이 있다고 전화했다.

톰은 아침 7시 30분에 전화를 했다. 왜냐하면 그의 전화를 받기 싫어하는 여성에게 자신이 전화하지 않았다는 것을 상담자에게 확인시키고 싶었기 때문이다.

에밀리는 복사기에 낀 종이를 빼낼 수 없다면서 직장에서 전화를 했다.

데렉은 그의 7세 된 조카를 자신이 성추행했다고 전화했다. 그러고는 말했다. "그는 잠들어 있었어요. 하지만 제가 그 짓을 또다시 했다는 것을 믿을 수가 없어요."

이 밖에도 수많은 예를 들 수 있다. 어려운 점은 회기와 회기 사이에 내담자가 전화를 한 구체적인 상황에서 어떻게 해야 하는지 아는 것이다.

지금 당면한 상황을 다루어라

상담자가 전화를 받을 때 '왜 지금?'인가에 초점을 맞추어야 한다. 대체로 내담자는 설명을 하지만 항상 그렇지는 않다. 대부분의 경우 상담자는 지금 당면한 상황을 다루어야 하는데, 그는 그 상황이 무엇인지 이해하는 것에서 시작한다. 상담자는 다음과 같이 직접적인 질문을 함으로써 내담자에게 가장 급박한 문제에 초점을 맞출 필요가 있다. '수잔, 지금 전화해야겠다고 결정한 직접적인 이유가 무엇인가요?'

상담자는 내담자가 전화한 이유와는 무관하게, 내담자가 상담자와 이야기하고 싶다는 이유만으로 장기상담에서 해야 할 작업을 전화상으로 하거나 또 하나의 회기를 갖는 함정에 빠져서는 안 된다. 대신 상담자는 당면한 상황에서 짤막한 자문을 제공함으로써 현 상태에서 내담자를 안정시키고 당면한 문제를 다룬다는 단기목표에 초점을 맞추어야 한다.

상담자는 내담자가 전화한 직접적인 이유를 분명히 알고 다른 주제들은 상담시간에 논의하도록 방향을 돌림으로써 자문의 초점을 유지할 수 있다. 예를 들면, '톰, 저는 당신이 얼마나 외로운지 이해할 수 있습니다. 그리고 밤을 얼마나 길게 느낄지에 대해서도 이해해요. 그것에 대해서는 다음 상담시간에 이야기할 수 있습니다. 지금은 당신이 오늘 밤 시간을 어떻게 견딜지 결정해야 합니다.'

만약에 내담자가 길게 이야기할 것 같다면 상담자는 다음과 같은 설명으로 한계를 제시할 필요가 있다. '당신이 제기한 문제는 중요하나 우리가 전화로 그것을 다룰 수는 없습니다. 그래서 다음 면접에서 이 문제를 얘기할 필요가 있을 것 같습니다. 내가 왜 이런 제안을 하는지 이해하겠나요?'

이처럼 상담에서 한계선을 정하는 것은 내담자에게 거절당한 것 같은 느낌을 줄 수도 있다. 그러나 상담자는 다음과 같이 말함으로써 내담자가 거절당한 것 같은 느낌을 받지 않도록 할 수 있다. '제 말이 당신의 기분을 상하게 할 수도 있다는 것을 압니다. 지금은 그렇게 느껴지지 않을 수 있지만, 사실 상담은 일정한 원칙을 지켰을 때 가장 도움이 많이 됩니다. 그러한 원칙 중 하나는 이러한 문제는 상담시간에 함께 다루기로 우리가 합의했다는 점입니다.' 또는 '제게는 당신의 말에 올바로 반응하고 당신의 문제를 제대로 해결하는 것이 가장 중요하다는 점을 당신이 이해할 수 있을 겁니다. 우리가 전화로 이야기할 때 제대로 당신을 도울 수가 없습니다.'

당면한 문제를 해결하라

상담자가 일단 전화의 목적을 이해하면, 내담자에게 그것을 재진술해서 상담자가 내담자의 당면 문제를 이해한다는 점을 전해야 한다. 이후에 상담자가 요약한 것에 대해 동의하는지 질문하라. 예를 들면, '당신은 복사기에 종이가 끼었다고 전화를 했습니다. 당신은 울면서 해결 방법을 모르기 때문에 스스로 실패자라고 말하고 있습니다. 그런가요?' 또는 '당신은 뒷마당에 누군가가 있는 것 같다고 했습니다. 하지만 당신은 그들이 당신을 미친 늙은 노인이라고 생각할까 봐 경찰에 전화하는 것을 두려워했습니다. 내가 말하는 것이 맞나요?'

사람들은 어려운 상황에서 종종 명료하게 생각할 수 없다. 상담자는 그들의 현재 상황에 대한 해결책을 생각하도록 내담자에게 질문함으로써 당면한 딜레마를 해결하도록 도울 수 있다.

- 당신은 무엇을 할 수 있을 것 같습니까?
- 누구에게 도움을 청할 수 있습니까?
- 어떻게 하면 당신 스스로 마음을 다른 쪽으로 돌릴 수 있겠습니까?
- 지금부터 몇 시간 동안 자기 자신을 스스로 돌보기 위해 할 수 있는 일이 무엇입니까?

대개 내담자가 힘들어 할수록 더 상세한 계획이 필요하다. 다시 말해, 당신의 내담자가 매우 당황해한다면 그녀가 그 이후 4시간, 이틀 또는 기타 필요한 시간을 지낼 수 있도록 계획을 세운다. 또한 전화는 알코올중독, 폭식증, 이혼에서의 회복 같은 문제를 다루는 데 적절한 방법이 아니다. 그러나 전화는 내담자와 상담자가 현재의 문제를 다루기 위한 실제적인 단계에 대한 브레인스토밍을 할 수 있는 매체는 될 수 있다. 예를 들면, '당신이 어떻게 하면 지금부터 2시간 동안 토하지 않을 수 있겠어요?' '누가 당신과 같이 있을 수 있을까요?' '신은 복사기를 고칠 수 있는 사람을 부를 수 있나요?' 내담자가 자기 스스로 적응적인 답변을 할 수 있도록 상담자는 내담자의 자신감과 자립심을 북돋아 주는 것이 좋다.

예를 들면, '저는 우리가 복사기를 고칠 사람을 부르는 것이 좋겠다고 생각했고, 당신은 빌이 당신에게 비난하지 않을 사람이라고 생각합니다. 에밀리, 이제 그렇게 할 수 있겠어요?' 또는 '데렉, 우리는 여러 가지 일이 필요하다는 사실에 동의했어요. 우리가 동의한 점에 대해 제가 정리해 보겠어요. 당신 사촌의 부모와 아동보호서비스 기관에 연락해야 한다는 점, 당신은 스스로를 보호할 뿐 아니라 당신이 한 일에 대해서도 책임을 져야 한다는 점 등을 확인했어요. 그리고 당신은 내일 당신의 감찰관과 변호사에게 연락을 하기로 했지요. 당신은 제가 아동보호서비스에 연락할 것도 알고 있으리라 생각합니다. 이러한 점들에 우리가 동의했었죠?

당신은 전화를 끊기 전에 몇 가지 질문을 하는 것이 좋다. 좀 장황하더라도 다시 한 번 당신이 동의하는 것을 짧게 이야기하는 것이 좋다. 왜냐하면 내담자는 힘들어하고 당황하기 쉬우므로, 상담자는 그들이 동의하지 않는 점이나 애매한 채로 남아 있는 부분을 명료화시킬 기회를 더 많이 주어야 하기 때문이다.

비밀을 유지하라

내담자에게 관심을 가지고 염려하는 사람들이 여러 종류의 정보를 제공하고 상담자에게 충고하며 심지어 경고하려는 것은 놀라운 일이 아니다. 그들이 내담자에 관해 이야기하려고 상담자에게 전화를 하는 데는 다양한 이유가 있다. 그들은 내담자에 대해 염려하고 또 상담자가 뭔가 해 주길 바랄지도 모른다. 그들은 상담자가 알아야 할 중요한 정보를 자신이 알고 있다고 생각한다.

또한 그들은 이기적인 목적으로 상담자를 조종하거나 상담자의 생활을 침해하려고 할 수도 있다.

그들이 어떤 이유로 전화를 하는지에 상관없이 상담자는 자신의 역할, 의무, 한계 등에 대해 분명한 태도를 취해야 한다. 왜냐하면 대부분의 정보제공자는 상담자의 윤리적인 지침을 고려하지 않기 때문이다. 전화를 건 사람의 의도와 대화할 때의 기본적인 규칙을 명료하게 하는 것부터 시작하라.

먼저 상담자는 내담자가 누구인지를 공개하지 않아야 하는 윤리적인 책임을 분명하게 밝혀야 하는데, 다음과 같은 설명이 도움이 된다. '당신은 상담에서 필요한 비밀 보장 지침에 대해 잘 모를 것입니다. 저는 내담자에 대한 어떤 정보도 공개하지 않을 것입니다. 사실, 저는 당신이 이야기하는 이 사람이 제 내담자인지 아닌지에 대해서조차도 말씀드릴 수가 없습니다.'

내담자가 전화를 한 사람에게 자신이 특정 상담자의 내담자라는 사실을 말했을 수도 있다. 그렇더라도 내담자가 서면으로 동의하고 서명하지 않은 이상 위의 사실에 대해 그렇다고 확인해 주어서는 안 된다. 상담자가 분명하게 밝혀야 하는 또 다른 문제는 상담자가 전화를 한 사람에게서 정보를 얻을 수는 있어도 그것을 누설할 수 없다는 점이다. 따라서 상담자는 다음과 같이 덧붙일 수 있다. '저는 비밀 보장에 대한 내담자의 권리가 법적으로 보호받고 있다는 것을 당신이 이해하리라 생각합니다. 그렇기 때문에 저는 저의 내담자에 대해서 밝힐 수 없습니다. 그러나 당신은 당신이 중요하다고 생각하는 것을 말할 수는 있습니다.'

대부분의 경우에 필자는 전화내용에 대해 내담자에게 알려 줄 것이라는 점을 분명히 전달한다. '당신은 내가 당신이 전화했고, 당신이 말했던 것을 내담자에게 말할 필요가 있다는 것을 알아야 합니다.' 이렇게 말함으로써 상담자는 전화를 했다는 사실과 전화내용에 대해 내담자에게 비밀로 하지 않을 것이라는 점을 알려 준다.

예를 들면, 케빈은 그의 아내인 엘렌이 어떤 여성과 애정관계를 맺고 있다는 자신의 확신을 전하기 위해 전화를 걸어 왔다. 케빈은 부인의 배신에 대해 상담자가 무언가 해 주기를 원했다. 상담자는 아내에 대한 그의 염려와 상담자의 의무에 대해 이야기해야 할 것 같았다.

엘렌이 상담자 자신과 상담을 한다는 사실을 남편에게 말한 점을 이미 상담자가 알고 있기 때문에 상담자는 다음과 같이 설명해 주었다. "케빈, 저는 당신이 걱정하는 것을 이해합니다. 저는 또한 엘렌이 저의 내담자이기 때문에……라는 점을 이해할 수 있기를 바랍니다." 그 이후의 대화는 다음과 같이 이루어졌다.

"저는 선생님이 이것이 얼마나 위험한지를 알려 하지 않는다는 사실이 믿기지 않는군요. 선생님은 그녀가 얼마나 우리 가족을 괴롭히는지 아셔야 해요."

"케빈, 저는 당신이 그런 생각으로 큰 고통을 받는 것을 알고 있습니다. 당신은 이 점에 대해 이야기할 대상이 아님을 이해하셔야 합니다. 저는 지금 당신을 도와줄 수도 없고 엘렌에 대해 밝힐 수도 없기 때문에 곤란합니다. 만약에 이 일이 당신을 정말 괴롭힌다면, 당신이 어떤 도움을 고려해 보았는지 궁금합니다." 그는 내켜하지 않았다. 그래서 상담자는 다음과 같이 말했다.

"글쎄요, 아마 당신은 이 문제에 대해서 당신과 엘렌을 함께 도울 수 있는 누군가를 만날 가능성에 대해서도 생각할 수 있을 겁니다." 이것은 케빈이 받아들일만 했다.

그에게 좀 더 적절한 서비스를 받도록 방향을 전환함으로써 상담자는 비밀을 유지했고, 그가 염려하는 점에 대해 책임 있는 행동을 할 수 있고 격려할 수 있었다고 생각한다.

이런 전화가 언제나 깨끗하게 해결되는 것은 아니다. 필자는 기숙사 사감에게서 다음과 같은 전화를 자주 받는다. '캐롤린이 다시 음식을 토하기 시작했다는 사실을 아세요? 그녀의 룸메이트가 불만을 터뜨리고 있는데, 어떻게 해야 할지 모르겠네요.' 또는 내담자의 부모가 다음과 같이 전화하는 경우도 있다. '마리안의 방에서 자살하겠다는 글을 발견했어요. 어떻게 하죠?' 또는 배우자에게서 '릴리는 조증 환자인 것 같은데, 당신은 어떻게 생각하시나요?' 라는 식의 전화를 받는다. 앞에서도 이야기했듯이 그들이 전화했다는 사실을 내담자에게 알리지 않고 비밀로 하는 것은 대체로 좋지 않다.

여러분이라면 위와 같은 상황에서 어떻게 대응할지 생각해 보기 바란다. 내 경우에는 사감에게 캐롤린에게 그녀가 염려하는 바를 직접 표현하도록 하고, 동시에 사감이 기숙사에 배치된 상담자와 이야기해서 그 상황을 가장 잘 다룰 수 있도록 도움을 받는 것이 좋겠다고 말했다. 마리안의 경우는 즉각적인 행동이 필요하다. 마리안 어머니의 불안을 진정시키고 마리안(그녀는 부모의 동의를 얻어야 하는 미성년자가 아니었다)의 상태를 평가할 필요가 있었기 때문에 필자는 즉각 상담약속을 했고 그녀의 어머니에게 마리안과 상담에 함께 올 것을 요청했다. 이와 유사하게 릴리의 남편에게는 그가 염려하는 점에 대해 아내와 이야기를 나누라고 했다. 그리고 릴리가 상담에 왔을 때 그의 남편이 전화한 사실에 대해 이야기를 나누었다.

상담료 청구 문제

많은 사람이 성적 문제를 구체적으로 밝히는 것보다 금전적 문제 논의를 더 불편해한다는 것은 놀라운 사실이다. 또한 많은 상담자 역시 금전적인 문제에 대해 논의하는 것을 꺼리는데, 그것은 그러한 문제가 자신의 잇속을 차리는 것처럼 보이거나 내담자와의 관계를 단절시킬지도 모른다는 생각 때문이다. 결과적으로 상담자와 내담자 모두 그러한 문제를 솔직하게 논의하는 것을 회피하는 경향이 있다. 그러나 상담료 문제는 그에 따르는 정서적인 반응과 함께 논의 주제가 되어야 한다. '제가 상담료를 청구하는 문제를 이야기함으로써 당신이 당황한 것 같습니다. 그 점에 제가 이해할 수 있도록 저를 도와줄 수 있나요?'

상담을 시작할 때부터 상담료를 청구하는 문제에 대해 확실히 해 두는 것이 최선이다.[1] 상담자는 다음 사항에 분명한 방침을 가지고 있어야 한다.[2]

- 내담자의 불참 회기(대부분의 경우, 내담자의 불참 회기에 대해서는 보험회사에 상담료를 신청할 수 없게 되어 있다. 대부분의 상담전문가는 내담자에게 24시간 이전에 연락해 줄 것을 요청하고 있다. 그렇지 않을 경우 상담자는 불참 회기도 내담자에게 상담료를 청구한다.)
- 전화통화
- 보고서나 편지
- 법정 출두
- 길어진 회기 시간
- 상담료 지불 시기와 방법
- 상담료 인상 시기와 방법
- 소득수준에 따른 상담료 감면 원칙 또는 여타 상담료 감면 기준이나 상황
- 상담료 지불이 늦어지는 상황에서의 절차(예, 이자 부과, 수금회사 혹은 소규모의 청구소송의 활용 문제)

건강보험관리공단 및 기타 보험

상담자는 현재의 보험정책에서 최대한 허용되는 보험금을 받기 위해 해야 할 일을 내담자가 분명히 알게 해야 한다. 내담자는 보험료를 지불하기 전에 상담 보험이 어떻게 처리되고 내담자가 기본적으로 지불해야 하는 기본공제액이 얼마나 되는지 미리 알고 있어야 한다. 대부분 내담자는 상담자 또는 상담자가 속한 기관에 그들이 들고 있는 보험회사에서 필요한 양식을 제시할 것이다. 상담자(또는 상담자의 슈퍼바이저)는 이 양식에 필요한 정보를 기입하고 서명하게 된다.

대부분의 서비스는 관리회사의 승인이 필요하다. 회사의 승인을 받기 위해서는 일정 절차가 필요한데, 구체적인 절차는 회사마다 다르다. 대부분의 경우 내담자가 특정 서비스에 대한 승인요청을 하면, 그 후 회사에서는 상담자에게 연락해서 진단, 증상, 상담계획 등에 대한 구체적인 정보를 구한다. 그렇

게 한 후, 일반적으로 관리회사들은 상담횟수를 승인해 준다. 앞서 언급했듯이 상담자는 상담료 문제를 어떻게 할지 내담자와 솔직하고 풍부한 대화를 해야 하고, 그 내용과 절차를 서면으로 남겨 두는 것이 좋다. 내담자가 규정의 내용을 혼란스러워한다면, 상담을 시작하기 전에 내담자가 가진 질문에 확실하게 대답해야 한다.

상담자와 관리회사들은 점차 정해진 상담횟수에서 서로 견해가 다름을 발견한다. 상담자가 정해진 횟수보다 많은 상담이 필요하다고 생각하면 다음과 같은 점에 대해 생각해 보는 것이 좋다.

- 회사가 회기 추가를 요청하는 과정이 필요한가? 많은 경우가 그렇다. 그렇다면 어떤 절차가 필요한가?
- 그 절차를 따르려면 내담자의 정보를 더 많이 공개해야 하는가?
- 내담자가 회기 추가가 필요하다는 상담자의 생각을 알고 있는가?
- 내담자가 서비스를 더 받기 원하는가?
- 선택할 수 있는 다른 대안은 없는가?
- 내담자가 회기의 추가요청을 원하는가?
- 회기 수 조정 요청 시(보고서를 작성하거나 담당자에게 전화하는 일) 소요되는 시간에 대해서는 누가 지불하는가?

상담에 대한 동의를 얻는 절차의 한 부분으로서 상담자가 보험회사에 공개하는 정보 내용을 내담자가 알고 있는지 확인하는 것은 상담자의 책무다. 예컨대, 56세 된 아를린은 이혼했으며 음식 관련 서비스업체에서 일하고 있었다. 그녀의 회사에서는 직원 복지 차원에서 3회의 상담서비스 비용을 지불했다. 그녀는 회사에 요구만 하면 그러한 서비스를 받을 수 있었다. 만약 그녀가 더 많은 회기를 원한다면 의료보험을 관장하는 기관에 신청할 수 있었다. 1회기가 지난 후, 필자는 아를린이 폭식증이 있으며 학대와 우울증으로 고통받고 있음을 알게 되었다. 우리는 생각할 수 있는 대안을 논의하고 그녀와 애인 사이에서 발생하는 현재의 위기를 다루는 데 사용하였다. 그녀가 처한 상황과 그녀가 받을 수 있는 상담회기의 제안을 고려하여 필자는 그녀가 항우울제를 사용할 수 있는지 그녀의 의사에게 문의할 것을 제안했다.

마지막 회기에서 아를린은 그녀의 의사와 상담했고, 항우울제를 처방받았음을 알려 주었다. 그러나 아를린은 체중 증가를 염려하여 처방을 따르지 않았다. 대신에 그녀는 다이어트 약을 처방하는 것으로 소문난 다른 의사와 상담을 했다. 그녀는 체중을 줄이면 우울을 덜 느끼고, 그 결과 애인이 그녀의 체중을 비난하지 않게 될 것이라고 생각했기 때문에 아를린은 의사가 처방해 준 항우울제 대신 다이어트 약을 복용했다.

마지막 회기 동안 매우 난처했다. 건강관리회사에 회기를 추가로 요청하기 위해 그녀의 진단명과 함께 그녀가 필자와 의사의 항우울제 처방을 이행하지 않는다는 점을 알려 주어야 했다. 아를린은 자신의 섭식장애를 고치기를 원했으나 자신의 직장이 위태로워지는 것을 염려했다.

필자는 우리가 처한 딜레마를 다음과 같이 요약했다.

"아를린, 저는 당신이 체중에 대해 얼마나 절망적으로 느끼는지 이해할 수 있습니다. 우리는 당신의 체중 증가가 그리 위험할 정도는 아니지만 체중 증가에 대한 당신의 두려움 자체가 스스로를 위험에 빠뜨린다는 점을 알고 있습니다."

"저도 알고 있어요. 하지만 나는 혼자서 이 일을 감당할 수가 없어요."

"아를린, 당신은 여기에서 선택을 해야 해요. 당신이나 제가 모두 필요하다고 생각하는 회기추가를 신청하기 위해서는 건강관리회사에 당신의 진단 결과와 상담계획을 알려야 합니다."

"저는 그러한 위험을 감수할 수 없어요. 저의 사장이 저에 대해 알게 될 수도 있어요. 당신이라면 폭식증 환자를 당신의 부엌일을 하게 고용하겠어요?"

아를린의 이러한 상황은 매우 흔히 볼 수 있는 경우다. 상담자는 건강보험 관리공단과 관리회사, 그리고 고용자 조력 프로그램의 한계를 다루어야 하는 입장에 처하곤 한다. 그런 상황에서 상담자는 자신이 가진 대안과 내담자의 필요를 명확하게 알아야 한다. 상담자는 문제를 해결하기 위해 이용 가능한 최선의 방법에 도달하기 위한 노력의 일환으로 주어진 대안에 대해 내담자와 논의해야 한다.

아를린은 그녀가 필요했던 도움을 얻지 못했다. 그녀는 적절한 약물치료 처방과 자문을 받았고, 애인의 행동에 대처할 수 있는 어떤 방법을 배웠다. 하지만 그녀는 그러한 처방과 방법을 따르지 않기로 결정했다. 필자는 그녀가 나의 도움을 받으면서 항우울제 대신 다이어트 약을 복용하기로 한 자신의 잘못된 선택에 직면할 수도 있었다. 하지만 그녀는 건강보험에서 보장하는 범위의 규정 때문에 자신의 직장을 잃을 것을 염려했고, 결국 상담자를 무력하게 한 채 떠났다.

그러나 대부분의 경우 상담자는 관리회사의 제한범위에서 작업할 수 있다. 앞서 논의했던 것처럼 상담자의 목표와 상담계획은 대개 내담자의 보험계약 범위에서 벗어나지 않을 정도로 설정된다. 그러나 특별한 필요성이 있거나 보험계약 범위의 추가가 필요할 정도로 상황이 변할 때, 상담자는 그러한 문제를 내담자와 함께 다루고 내담자의 건강보험관리공단에 함께 요청해야 한다.

서비스 비용

내담자가 취할 수 있는 또 다른 대안은, 상담자가 속한 기관이 허용하는 경우 내담자가 직접 상담료를 지불하게 하는 것이다. 어떤 보험적용 범위가 미치지 못하거나 비밀 보장에 대한 염려 때문에 관리 서비스를 활용하지 않는 것을 선호할 수도 있다.

그런 내담자에게도 역시 상담료가 어느 정도며, 지불 문제를 다루는 방식을 서면으로 작성하여 정확히 알려 주어야 한다. 상담자가 어떤 예외(예, 소득수준에 준한 요금 할인)를 적용할 것이라면, 그것 역시 상담을 시작할 때 명확히 해야 한다. 상담자가 서면동의서나 접수양식에 제시된 규정을 변경하려면, 새로운 계약 내용을 포함하는 양식에 내담자가 서명하게 하는 것이 좋다. 그것은 이혼이나 수감 평가에 대해 요금을 매기는 경우엔 특히 중요하다.

내담자는 그들이 미납한 상담료를 지불하도록 하기 위해 수금업무가 수금대행기관으로 위임되는지의 여부를 알아야 한다. 대부분의 윤리적인 관례에 따르면 연체된 상담의 지불을 위해 그런 도움을 얻는 것이 허용된다. 그러나 그런 서비스들이 요금을 지불하지 않는 내담자를 다루는 과정에서 상담자를 도와줄 수 있지만, 그런 절차가 상담자의 평판에 미칠 영향에 대해서도 민감해야 한다.

오하이오 주 심리학회의 윤리실천 검열위원회에서 얻은 수년간의 경험에 따르면 상담료 지불 문제가 불분명할 때 모든 문제가 야기된다. 상담료 지불 문제는 단순히 좌절되는 정도가 아니라 상담자의 도덕성에 대한 심각한 불만을 초래할 수 있다.

치료적 주제

상담자가 상담료를 중앙에서 관리하는 기관에서 일하는 경우라 하더라도 지불 문제가 어떻게 처리되는지를 알아 두어야 한다. 내담자가 지불 문제에 대해 질문 기회를 주면 좋아하기 때문에 상담자는 질문에 대한 적절한 답을 준비해야 한다. 상담료 지불 문제나 보험 또는 상담료 지불과 관련된 규정에 대해 내담자가 의문사항이 없는지 확인함으로써 상담자가 지불 문제 역시 상담에서 다룰 만한 문제임을 스스로 확인시켜 줄 수 있다.

보험금을 받는 일의 행정적인 측면 이외에도 상담료 문제는 내담자가 가진 다른 문제들과 밀접한 관련이 있는 경우가 많다. 실제로 금전적인 문제는 내담자의 갈등을 드러내는 중요한 영역이다. 한마디로 상담 지불은 책임 있는 행위의 중요한 부분이기 때문에 상담자는 내담자가 상담료를 미납하는 문제에 대해 '무엇이 문제인가요?'라는 질문을 함으로써 논의를 시작할 수 있다. 예컨대 수잔은 자신의 인생에 대해 책임지지 않으려는 문제로 상담실을 방문했다.

"행정실에서 당신이 상담료를 아직 지불하지 않았다는 통지가 왔습니다.

그 부분에 대해서 이야기하고 싶은데 괜찮으신지요?"

그녀는 놀랐다는 듯이 "남편이 지불한 줄 알았어요. 그 일은 남편이 하는 것을 선생님도 알고 계시죠?"

"수잔, 지불 문제는 우리 사이에 맺어진 계약이에요. 당신이 그것을 남편의 책임이라고 생각하는 점이 흥미롭군요."

다문화 사회에서 살고 상담하는 경우, 상담자가 각 하위문화집단이 돈과 지불 문제에 가지는 신념과 관행에 민감해야 한다. 예를 들어, 맨디는 어떤 외래 병동에서 호세를 만났다. 그는 미국에 온 지 얼마 되지 않았기 때문에 상담을 물물교환식으로 하는 것이 부적절하다는 점을 이해하지 못했다.

맨디가 상담료 대신 신선한 계란을 받을 수 없다고 했을 때, 호세는 기분이 상했다. 맨디는 호세의 행위에 사의를 표해야 하고 그러한 행위가 이해할 만하다고 조심스럽게 설명해야 했다. 그녀는 호세가 이해할 수 있는 말로 왜 상담자가 이와 같은 식의 거래를 하지 않으려는지, 이중관계 문제나 각자의 역할을 분명히 하는 일의 중요성 등을 예로 들면서 설명했다. 그녀가 호세의 요구와 문화에 대해 존중하고 민감했기 때문에 그들 간의 상담관계는 한층 돈독해졌다.

상담약속 불이행

내담자가 상담약속을 지키지 않을 때, 상담자는 내담자에게 연락을 하거나 무시하는 것 중 하나를 할 수 있다. 첫 회 상담을 받은 내담자의 40% 정도가 지금 당장 상담받기를 원치 않음을 고려할 때 이 내담자도 그중 하나라고 가정하고, 이때는 내담자가 약속을 하기 위해 상담실로 다시 연락하지 않는 한 무시하는 것이 가장 상식적이다. 만약 내담자가 전화를 했다면 상담자는 상담약속에 나타나지 않은 점을 주제로 삼을 수 있다. '바네사, 지난 시간 우리가 만났을 때 다음 상담을 약속했지요. 하지만 당신은 오지 않았어요. 그 이유에 대해서 이야기해 줄 수 있나요?

만약 내담자가 자신이나 다른 사람에게 위험한 일을 할지 모른다는 생각이 들면, 상담자는 상담을 하자는 첫 계약을 이행하기 위해 최선을 다했다는 사실을 스스로나 다른 사람에게 확인할 수 있게 내담자에게 연락을 취해야 한다. 이러한 경우, 상담자는 상담이 내담자가 선택할 수 있는 여러 가지 대안 중 하나일 뿐이라는 점과 내담자 자신의 문제를 해결하는 데 가장 좋은 방법을 선택하는 것은 당사자라는 점, 그리고 상담자를 그들의 방법 중 하나로 선택할 수도 있고, 그러지 않을 수도 있음을 기억해야 한다.

상담의 방해

대학원생 중 하나인 에이미가 내담자 수잔과 상담을 하고 있을 때, 경찰이 상담실 문을 두드렸다. 에이미는 수잔에게 양해를 구하고 밖으로 나가 경찰과 이야기를 나누었다. 경찰은 에이미에게 수잔의 남자 친구가 지난 밤에 자살을 했으며 조금 전 발견되었다는 말을 전했다(수잔의 룸메이트는 수잔이 지금 상담을 받는다는 사실을 경찰에게 알려 주었고 그래서 경찰이 상담실을 방문했다). 에이미는 깜짝 놀랐지만, 그 경찰을 상담실로 인도했고 경찰은 수잔에게 어젯밤 일어난 일을 설명했다. 에이미는 남자친구의 자살이 수잔의 잘못이 아니라는 점을 이해시킬 수 있었고 이러한 비극적인 사건을 처리하는 방법을 세우도록 수잔을 도와줄 수 있었다.

상담을 방해하는 더 심각한 경우는 특정 내담자나 상담과 무관한 사건들이다. 상담자가 접수직원에게 상담시간을 방해받고 싶지 않다는 이야기를 하고, 상담실 문 앞에 방해하지 말라는 사인을 내걸었을 경우에도 방해받는 경우가 종종 있다. 상담자의 딸이 상담실로 와서 자동차 문이 잠겨 탈 수 없다고 하거나 배우자가 응급실에 가야 한다거나 또는 상담자의 어머니가 텍사스에서 전화를 했거나, 상담자의 비서에게 갑작스럽게 응급상황이 발생하여 비서가 상담 중인 당신에게 허락을 얻는 경우 등이 있다. 그 이유가 무엇이든, 내담자가 얼마나 이해하든지 간에 내담자는 상담실에 앉아 손해 보는 듯한 감정을 느낄 수 있음을 알아야 한다. 극단적인 이유가 아니고서는 상담자가 상담실 밖에서 일에 반응하지 않음을 보여 주는 것이 도움이 된다.

예를 들면, 자신의 성적인 꿈에 대해 얼마나 걱정했는지 말하고 있는 단에게 상담자는 다음과 같이 말했다. "단, 좀 전에 가족 중에 내가 가 봐야 하는 응급상황이 생겼어요. 이번 회기에 대해서는 비용을 지불하지 않아도 좋아요. 그리고 제가 당신에게 전적으로 주의를 기울이고 싶어 한다는 점을 아시면 좋겠습니다. 따라서 가능한 빨리 스케줄을 잡도록 하지요."

상담자의 첫 번째 책무는 가족, 친구 그리고 응급상황에서 주의를 기울여야 하는 다른 내담자다. 만약 상담자가 개인적인 책무에 대해 무시한다면, 상담자는 심리적으로 더 빨리 소진될 것이다. 따라서 상담자는 이 주제를 생산적으로 언급할 수 있다는 확신을 가져야 한다.

상담자의 이런 태도에 내담자가 화를 내거나 상담자의 책무를 이해할 수 없다면, 이것은 심각한 성격장애가 드러난 것일 수도 있다. 경계선, 히스테리, 자기애성 성격장애 등의 진단을 받은 내담자는 상담자의 요구를 참을 수 없을 뿐 아니라 좌절을 견디지 못한다. 시기나 상황이 적절하다면 상담자는 그들의 반응을 그들이 보여 주는 일반적인 행동패턴의 한 예로 활용할 수 있다. 예를 들면, '톰, 제 어머니가 전화한 것에 대해 당신이 화내는 것은 이해해요. 그런데 여기에서 당신의 반응에 우리가 이야기하던 다른 상황에서 당신의 반응과 유사한 것 같군요. 당신은 가까운 사람들이 자신의 요구를 표현할 때 화를 냈던 것 같은데, 당신도 이러한 관련성을 볼 수 있나요?'라고 할 수 있다.

경계 다루기

어떤 영화에서는 상담자가 내담자와 사랑에 빠지는 것을 소재로 삼곤 한다.

그리고 타블로이드판 신문들은 내담자를 성적으로 줄줄이 이용하는 이야기들을 싣는다. 때로는 신문에서도 내담자에게 잘못된 기억을 심어 준 상담자가 고소를 당하는 사건 등을 보도한다. 그리고 토크쇼에서는 '상담자와 사랑에 빠진 내담자들'이라는 제목하에 여러 내담자를 등장시키고, 텔레비전 드라마에서는 내담자 편을 드는 상담자를 그려낸다. 이러한 것들은 상담자의 경계에 대해 많은 혼란을 부추긴다. 그리고 자신의 문제에 깊이 몰입했기 때문에 상담이 효과적으로 수행되는 데 필요한 필요조건에 대해 깊이 생각하지 않는 경향이 있다.

적절한 경계의 본질에 대해서 전문가 사이에 많은 의견 불일치가 있기 때문에 경계를 어떻게 다룰 것이냐에 대해 상담자 간에 논쟁하는 것은 놀랄 만한 일이 아니다. 그럼에도 전문가들은 일반적으로 다음 세 가지 질문에 답을 어떻게 하는지에 따라 상담자의 행위가 결정된다는 점에는 동의한다.[3]

(1) 누구의 필요 때문에 내담자를 만나는가?(내담자? 아니면 상담자인가?)
(2) 이 행위와 교류는 상담의 진전을 방해하는가?
(3) 이 행위와 교류는 내담자를 위험에 빠뜨리는가?

내담자와 어떤 사회적인, 성적인, 경제적인 측면에서 관련됨으로써 상담자는 서로 이익이 상충되는 입장에 놓이게 된다. 이러한 상충은 상담에 중요한 몇 가지 치료적 변인과 밀접하게 관련된다. 예컨대, 상담자의 의견과 인정에 의존하는 내담자의 의존성, 내담자의 행동에 대해 솔직한 피드백을 제공하는 상담자의 능력 등과 상담자의 욕구가 상충되는 경우가 이에 해당된다. 예를 들면, 상담자로서 당신의 증권 중개인이기도 한 내담자에게 그녀의 불안에 대해 염려하고 있다고 말할 수 있는가? 그녀는 그러한 관찰에 대해서 어떻게 평가할 것 같은가? 당신의 염려는 증권시장에 대한 것인가, 아니면 그녀 자신에 대한 것인가?

본질적으로 상담자는 이러한 문제를 개방적이고 솔직하면서도 내담자의 감정을 민감하게 다루어야 할 것이다. 왜냐하면 상담자가 경계의 문제를 적절히 다루지 않을 때는 항상 심각한 오해가 발생하기 때문이다. 더욱이 서로에 대해 가지는 기대와 관련해서 긴장감이 있을 때 논의를 주도해야 하는 것은 상담자의 의무다. 이러한 복잡한 문제를 피하기 위해 지금부터 상담과정을 방해하지 않도록 한계를 정하는 방법들을 살펴보도록 하자.

상담실 외부에서의 사회적 관계

상담자는 내담자와의 교제를 즐기고, 내담자도 상담자를 우정으로 대하는 것을 바랄 수 있지만, 상담시간 동안에 논의되는 주제의 초점을 흐림으로써 상담자의 영향력이 손상된다는 점을 기억해야 한다. 누가 뭐래도 주고 받는 방식의 사회적인 대화에서는 서로 간의 자기개방과 자발적인 반응이 이루어진다. 하지만 이러한 방법은 상담적인 대화에는 적절치 않다. 상담에서 초점은 언제나 내담자에게 있어야 하고 상담자는 상담목표에 접근하기 위해 상담자의 자발적인 반응은 다소 억제해야 한다.

그러나 많은 사회적인 상황이 발생하곤 한다. 예컨대, 내담자는 상담자를 파티에서 만나거나 길거리에서 당신에게 인사할 수도 있다. 또는 종교기관이나 주차장에서 상담자를 만나거나 학부모회의에서 상담자 옆에 우연히 앉을 수도 있다. 내담자는 대체로 당황하거나 그들이 어떻게 상담자를 알고 있는지에 대해 주변 사람들에게 설명하지 않으려고 할 것이다. 대부분의 경우 내담자가 대화를 먼저 시작하거나 상담자를 아는 척하게 하는 것이 현명하다. 그러나 상담자 역시 다음 회기에서 이런 상황에 대해 이야기를 꺼낼 준비를 해 두는 것이 좋다.

중요한 것은 이러한 만남이 불편할 수 있는 상황임을 이해한다는 사실을 지적하는 것이다. 예컨대, '지난 주간 저를 만난 상황에서 어려웠을 것이라는 점을 잘 알고 있습니다. 그러한 상황을 다룰 수 있는 다양한 방법이 있습니다. 예를 들면, 우리가 서로 모르는 체하자고 미리 약속할 수도 있습니다. 또는 그저 간단한 인사만 하고 지나칠 수도 있습니다. 아니면 상담과 관련 없는 사소한 이야기를 간단히 하고 지나갈 수도 있습니다. 어떤 방식이 당신에게 가장 편안할까요? 라고 말할 수 있다.

대부분의 상담자는 특정한 상황에서는 사회적인 초대를 수락해도 괜찮다고 믿는 것이 흥미롭다. 그러나 대부분은 우리가 상담 후에 내담자와 식사하러 가거나, 파티 초대에 응하는 것이 현명하지 못하다는 것에 동의한다.[4] 상담자가 사회적인 초대를 먼저 주선하지 않거나 그러한 초대를 받았을 때 주변 동료들과 의논한다면 우선은 안전할 수 있다. 그러나 모든 상황이 초대의 결과로 발생하는 것은 아니다. 예를 들어, 필자는 어느 여자 골프 모임에서 골프를 친다. 그곳에 내담자 중 두 사람도 참여했다. 그래서 우리는 때때로 함께 골프를 치는 경우도 있다(골프경기에 대해 잘 모르는 독자들을 위해 잠시 설명하면, 골프는 한 번에 약 4시간이나 걸리고 많이 걷고 이야기를 많이 하게 하는 운동이다).

이 상황에서 작은 도시의 특성에 익숙할 뿐 아니라 이런 상황을 다루는 최선의 방법을 알고 성실한 피드백을 할 것 같은 동료에게 자문을 구했다. 두 사례에서, 내담자의 진단을 명확히 하는 일이 가장 먼저 해야 할 일이라는 점에 동의했다. 내담자가 관계문제를 혼란스러워하거나 왜곡할 가능성이 높은 II축의 문제를 가졌다면, 다른 대안을 선택해야 했다. 그러나 (다른 상담자는 진단에 관계없이 골프경기를 하러 갔을지도 모른다. 하지만 필자는 그 상황을 불편해했을 것이다). 이 상황에서 내담자 중 한 사람은 우울로, 다른 사람은 공황장애로 부정기적으로 만나던 사람이었다. 두 사람 모두 '골프 문제'를 처리하는 방법을 확실하게 이야기할 수 있는 사람들이었다.

각각 서로 다른 기회에 필자는 각 내담자에게 "이 상황은 우리 둘 모두에게 불편하군요. 이것을 어떻게 다룰 것인가 상의하는 것이 중요할 것 같습니다." 라고 설명했고 둘 다 동의했다.

계속해서 "제 생각에는 한 팀이 되어 골프를 치는 것은 괜찮을 것 같습니다. 그러나 골프 치는 동안 우리의 대화가 골프 또는 기타 사소한 일에만 국한하는 것이 좋을 것 같습니다. 상담시간에만 당신의 문제를 다루기 바란다는 점을 분명히 하는 것이 좋을 것 같습니다. 이 점에 대해 당신은 어떻게 생각하나요?"

한 명은 필자의 내담자가 되기 전에 대학 캠퍼스 내 경기에서 필자와 함께 골프를 친 적이 있었다. 다른 한 명은 상담 중에 골프경기에 참가하게 되었다. 둘 다 이 문제를 어떻게 할 것인지에 대해 고민했는데, 이 곤란한 상황을 처리하는 방식에 대해 상담자가 먼저 제안하고 대화를 나눌 수 있어서 편안해졌다고 말했다.

우연히 다른 기회에 우리는 같은 조가 되었다. 그러나 필자는 그들이 너무나 편한 마음으로 골프를 즐긴다는 것을 알 수 있었다. 반면에 필자는 평소보다 자기노출을 덜 했고 좀 더 긴장해 있었다. 골프가 재미있는 여가활동이라기보다는 일처럼 느껴졌다. 그러나 내담자는 둘 다 상담의 목표를 달성했고, 상담실 밖에서 했던 상담자와의 경험 때문에 그들은 더 편안하고 안전함을 느끼게 되었다.

꼭 주의해야 할 점은 내담자가 이런 상황을 어떻게 처리할지 모른다는 것이다. 이 사안은 상담자에게 달렸는데, 지침을 제시하고 그것을 지켜야 한다. 다음과 같은 좀 더 복잡한 상황도 있다. 제시는 필자와 커피를 마시러 가고 싶어했다. 그녀는 "상담실은 편하지가 않아요. 너무 형식적인 것 같아서요. 친구처럼 밖에 나가서 만나면 기분도 좋아질 것 같아요."라고 설명했다.

이것은 어떻게 해야 상담이 가장 효과적일 것인가에 대한 정보도 제공했다. "제시, 저는 왜 당신이 더 친근하고 편한 장소에 있고 싶은지 잘 알 수 있어요. 그런데 그것이 왜 좋은 생각이 아닌지 설명해 볼게요. 첫 번째로 우리가 그런 환경이면, 제가 필요한 만큼 당신과 당신의 문제에 집중하는 게 어려워져요. 다음으로, 상담은 우정과는 다르다고 생각해요. 상담은 전문적인 관계예요. 상담은 친구들끼리 하는 방식으로 당신이 보답할 필요가 없는 것을 보장해 주는 관계예요. 상담에서는 당신이 친구관계에서 느끼는 책임 대신 비용을 지불하는 것이고, 전문적인 관계란 당신의 어려움을 이야기할 때 이와 같은 문제에 신경 쓰지 않고 이야기할 수 있도록 안전함과 보호를 제공하는 관계랍니다."

친구관계는 상담과 동일하지 않으며 상담자는 이 두 가지의 차이를 분명하게 알아야 한다. 그렇다고 상담이 친구관계에서 볼 수 있는 친밀한 라포, 존경, 진실성과 같은 특성이 전혀 없다는 의미는 아니다. 그러나 다음과 같은 이유 때문에 상담은 친구관계와 구별된다.

일방적: 관계의 초점은 내담자의 문제와 관심사에 있다.

계약적: 관계의 주요 구조가 분명하게 언급되고 기대, 의무, 역할, 시간 제약, 책임 등이 명확하다.

의도적: 목표지향적인 관계로서 상담은 내담자를 돕기 위한 관계다.

같은 맥락에서, 필자가 친구로 지내는 여성인 캐롤이 그녀의 딸에 대해 조언을 받으려고 전화해 왔다. 그녀는 "여기서 무엇이 적절한 것인지 나는 모르겠어. 상담 약속을 해야 할까?"라고 말했다. 필자 생각에 우리의 관계가 서로 친구로 지속되는 것이 좋고 여러 가지 일을 함께할 기회가 많기 때문에 "캐롤, 우리는 친구로 남는 게 좋을 것 같아. 그래서 나는 점심 때 만나서 너와 얘기하는 게 제일 좋을 것 같은데. 그 상황을 얘기한 후 네가 필요하면 의뢰할 만한 사람을 생각해 보자."라고 말했다. 우리는 점심을 먹으면서 엄마가 된다는 것에 대해 이야기를 나누었고, 그녀가 문제 해결을 위해 좀 더 집중적인 도움이 필요할 것으로 판단하고 의뢰를 했다.

신체적 접촉

내담자가 상담자에게 포옹이나 손을 잡고 싶다고 말하거나, 긴 의자에서 옆에 함께 앉아 주기를 바라는 상황을 생각해 보자. 여기에서 상담자가 반드시 대답해야 하는 질문은 그 행위가 내담자와 성적으로 친밀해지는 위험을 고조시키지 않을지 여부다.[5] 상담자가 '절대 그럴 리 없어요!'라고 크게 답하더라도 내담자는 그렇게 해석하지 않을 수 있다. 그러한 오해 가능성 때문에 상담자는 그 어떤 방식으로도 전문적이고 진실하며 상황에 적절하다고 여기는 것 이상의 그 어떤 종류의 신체적 접촉에 관심이 있다는 메시지를 전하게 해야 한다. 이런 메시지를 전하지 않기 위해서 악수나 아주 가끔 적절할 때의 포옹 또는 등을 두드려 주는 것 이상은 절대 하지 않는 것이 안전하다.

상담자는 항상 여러 가지 기회를 치료적으로 활용할 수 있도록 유의해야 한다. 예컨대, 아론은 그의 아내가 친밀한 관계를 거부한다고 불만을 토로한 후, 상담자에게 안아 달라고 했고 상담자는 그것이 좋은 생각이 아님을 분명히 했다. 그러나 동시에 상담자는 내담자 자체를 거절하지 않도록 유의해야 했다. 그래서 상담자는 다음과 같이 말했다. "아론, 저는 당신이 신체적인 접촉을 얼마나 원하는지 이해할 수 있어요. 하지만 상담자가 왜 그런 접촉을 제공하지 못하는지 이해해 주기 바라요." 그는 그 상황을 이해했다.

좀 더 노골적으로 유혹하는 경우도 있다. 폴은 계속적으로 성적인 꿈을 상담에 가지고 와서 지나치게 상세하게 기술했다. 그 후 그는 "이 꿈이 당신을 흥분시키지 않나요?"라고 물었다.

상담자는 "전 혼란스럽군요. 당신은 왜 이 관계를 성적인 관계로 바꿈으로써 상담을 위태롭게 하나요?"라고 말했다.

그는 다시 "제가 당신을 안으면 안 되나요? 이것은 정말 순수한 거예요."라고 물어왔다.

"폴, 당신은 환상 속에서도 우리의 관계를 성적인 것으로 바꾸어 실제 상담에서 작업하지 않으려고 방어하는 것 같군요. 당신은 당신의 문제를 다루지 않고 있어요. 그래서 지금 왜 이러한 상황이 벌어졌는지 이해하도록 저를 도와줄 수 있나요?" 이러한 방식으로 상담자는 폴의 성적인 요구에 대한 상담자의 반응을 최소화했고, 실제 상담 작업을 피하려고 한다는 그의 중요한 주제에 다시 초점을 맞추었다.

이런 요구를 다룰 때 중요한 점은 내담자가 자신의 문제와 씨름하도록 하는 것이다. 만약 상담자 자신이 내담자의 개인적 욕구를 만족시키는 대상이 되게 허용하면, 내담자에게 자신의 갈등을 적응적으로 해결하는 기회를 주지 못하게 된다.

선 물

정신건강 전문가들은 10달러 이하의 선물은 받을 수 있지만 50달러 이상의 선물을 받는 것은 비윤리적이라는 점에 동의한다. 그들은 또한 내담자에게 선물을 주지 말아야 한다는 점은 분명히 했다.[6] 이러한 것들은 일반적인 행동지침은 될 수 있지만 상담자가 직면하는 다양한 상황을 모두 포괄하지는 못한다. 예를 들면, 어떤 내담자는 직접 만든 쿠키를 가져 오고 화분이나 예술품 또는 장신구를 만들어 오기도 한다. 또 다른 내담자는 재정적 조언을 주거나 메시지를 전달하거나 또는 정원을 가꾸는 일 등의 서비스를 제공하기도 한다. 그러한 선물이나 서비스에 공손하게 감사하며 받아들이고 싶을 수도 있지만, 그게 다가 아닌 경우가 많다.

우선 상담자는 이들의 행위 이면에 있는 동기를 이해해야 한다. 내담자는 어떤 때는 상담자가 보상받을 만한 특별한 일을 했다고 가정한다. 그리고 상담자의 관심에 감사하는 마음을 가지고 상담자가 그들이 제공한 것에 보상받을 만하다는 가정을 쉽게 하는 경우도 있다. 그러나 상담자는 그들이 제공하는 서비스에 대해 이미 상담료를 받았고 만약 그 서비스가 무상으로 주어지는 것이라면 큰 보상을 받으면 안 된다.

상담자가 멋쩍은 상태에 있을 때 내담자가 가진 숨겨진 의도를 파악하지 못할 뿐 아니라 상담에서 치료적으로 활용할 수 있는 개연성에 대해 간과하는 경우가 많다. 감사의 마음 이외의 요소가 개입될 수 있다. 내담자가 일종의 책임을 느끼는 경우, 자신의 상담료를 지불하지 못하는 경우, 문화적인 전통인 경우, 호의를 끌어내려는 시도 또는 다른 주제가 드러난 행위로 볼 수 있다. 중요한 것은 특정한 내담자와의 상담이 이루어지는 맥락에서 선물이 어떤 의미를 가지는지 고려하는 것이 중요하다.

예를 들어, 카알라는 급하게 상담 약속을 한 후 필자의 비서에게도 선물을 주기도 했다. 그리고 그녀가 거식증이 있어서 더 이상 대학의 엄격한 요구와 과제를 해낼 수 없었기 때문에 상담자가 휴학시킨 이후, 천사 모양의 크리스

마스 장식을 상담자에게 선물했다. 그러나 그녀는 항상 뭔가 주면서도 비참함을 느꼈다. 그녀는 진정한 마음으로 주변 사람에게 신경을 써 주는 사람은 자기밖에 없다고 생각했다. 누가 그녀의 기준에 맞출 수 있을 것인가? 남자친구는 그녀를 버렸고 룸메이트는 무관심했다. 친구는 그녀의 도움이 필요했고 그녀에게 돌아오는 것을 기대할 수도 없었다. 카알라는 외로웠고 애정에 굶주렸다.

선물이 내담자의 그러한 부적응적 패턴을 지적하는 치료적 기회가 될 수 있었다. "카알라, 이미 자기가 하는 일에 대해 물질적 보상을 받는 사람에게 왜 선물을 주어야 할 것처럼 느끼는지 제가 이해할 수 있게 도와줄 수 있어요?"

처음에 그녀는 기분이 상한 듯 다음과 같이 대답했다. "제게는 아무도 고마워하는 사람이 없어요. 그 누구도 제가 얼마나 애쓰는지 모르고 있어요."

상담자는 그 말을 잘 이해할 수 없어서 다시 "그 말이 당신이 선물을 주는 것과 어떻게 연결되는지 잘 이해되지 않네요."라고 말했다.

"저는 제가 느낄 수 없는 것을 그들이 느끼기 바라요. 즉, 저는 그 무엇에서도 가치를 느끼지 못한다는 것이 어떤 느낌인지 알아요."

"카알라, 당신은 그런 방식으로는 당신의 고통을 해결하지 못한다는 것을 알고 있나요?"

"당신은 내가 그들을 돕는다고 생각하지 않나요?"

"나는 당신이 내가 일상적으로 하는 일에 선물을 주었을 때 혼란스러웠어요. 그리고 그 의미가 무엇일까 걱정했죠. 당신은 인정에 굶주렸어요."

"나는 인정을 받을 수가 없어요. 누구도 나에게 내가 하는 것처럼 하지 않아요. 누구도 날 돌봐 주지 않아요."

"그래서 당신은 굶는 것과 주는 것으로 당신 자신을 보호하는군요."

카알라는 깊은 숨을 쉬더니 울기 시작하면서 "저는 그게 싫어요."라고 말했다.

물론 이러한 개입으로 그녀의 거식증 증상이 사라지지는 않았지만 작은 진전이라고 할 수 있다. 카알라는 그녀가 선물을 줌으로써 자신의 심리적 어려움을 사라지게 할 수 없다는 점을 알게 되었다. 사실상 그녀의 행위는 그녀에게 더 비참하고 외로우며 독선적인 측면을 유지하게 한다는 점을 알게 되었다.

좀 다른 상황이긴 하지만 바이는 북경에서 구입한 스카프를 가져왔고, 상담자는 그녀의 문화에서는 적절한 선물이라고 이해했다. 상담자는 그 선물을 감사하게 받고 그녀에게 사려 깊은 선물을 줘서 고맙다고 말했다. 그러고 나서 "선물을 주는 중국의 전통은 친절함을 인정하는 좋은 방법이라고 생각합니다. 하지만 여기에서는 그런 식으로 하지 않는답니다. 특히 그들의 서비스로 이미 비용을 받는 전문가에게는 더욱 그렇답니다. 이처럼 두 개의 세계에 사는 것이 당신에게는 어떠한가요?"라고 말했다. 여기서도 역시 선물은 그녀에게 두 개의 문화를 오가는 어색한 느낌을 언급할 수 있는 좋은 기회를 제공했다.

클레어가 필자에게 성탄절 쿠키 한 상자를 사왔을 때 필자는 그것이 그녀가 다른 사람의 비위를 맞추려는 습관의 또 다른 예임을 알았다. 그녀는 57세에 혼자 사는 여성으로 가족은 전혀 없었고 친구도 거의 없었다. 사실 클레어는 원래 그녀의 산부인과 의사가 다른 직장을 위해 그곳을 떠나 매우 화가 났기 때문에 필자를 찾아왔다. 필자는 클레어가 쿠키도 가져왔다는 것을 짐작하고만 있었다. 그러한 행위는 친절했으나 클레어는 관계를 시작하는 그녀의 전략이 얼마나 비효율적인지에 대해 알지 못하고 있었다.

클레어가 필자에게 쿠키를 가져옴으로써 상담에서 변화를 촉진하는 기회를 주었다. 그 선물 자체는 필자에게 윤리적인 문제가 되지는 않았지만(물론 필자는 쿠키를 매우 좋아했다) 그래도 클레어가 거절을 경험하도록 스스로 만들어 가는지 지적할 기회를 제공했다.

"클레어, 저는 쿠키와 그것을 만드는 데 들어간 노력에 대해 감사드립니다. 그러나 당신이 처음 여기에 왔던 상황과 당신이 포스터 박사에게 얼마나 애착을 많이 갖고 있었는지 잘 알고 있습니다. 저는 그와 유사한 일이 여기에서 발생하는 것은 아닌지 궁금합니다."

"저는 그녀 선생님이 쿠키를 좋아하실 거라고 생각했어요."

"클레어, 당신이 쿠키를 가져온 것에 더 이상의 의미가 없을 수도 있다는 점도 압니다. 하지만 저는 당신이 당신과 저 사이에 어떤 일이 일어나는지, 당신이 상담에 오게 된 이유와 얼마나 유사한지 당신이 생각해 보기를 바랍니다."

"제가 이전 의사에게도 쿠키를 만들어 주었기 때문에 그런 말씀을 하시는 거군요."

"당신은 그 의사가 당신에게 중요한 사람이 되는 것에 무방비 상태로 있었어요. 그리고 당신은 그녀가 당신을 여러 환자 중 하나로 취급했을 때 상처를 입었지요. 저는 그러한 일이 여기에서 일어나지 않도록 유의할 필요가 있다고 생각해요."

이 사례는 이와 같은 해석이 얼마나 어렵고 중요한지를 잘 보여 준다. 이 순수한 행위는 동료와 친구관계를 시작할 때 그녀가 얼마나 두려워하는지 충분히 탐색할 수 있는 창을 제공한다. 이와 같은 치료적인 경계선을 유지하며 클레어에게 자신의 문제를 제대로 다룰 수 있는 기회를 제공할 수 있다. 필자는 그녀의 쿠키를 받고 고맙다고 했다. 하지만 더 중요한 것은 클레어가 자신이 진정한 관계에서 어떻게 숨어 있는지 알게 되었다는 점이다.

기타 업무관계

내담자는 이중관계에 내재하는 잠재적 문제들을 이해할 수 없을 것이다. 이혼 시 치과의사는 변호사인 친구에게 자문을 구할 수 있고, 의사는 아들의 선생님을 치료할 수 있으며, 전기 기사는 그의 파트너의 집 배선을 도와줄 수 있다. 상담자의 윤리규정은 혼란스러운 관계를 형성하는 것을 금하나 그러한 상황을 알아차리는 것이 항상 쉬운 일은 아니다.

내담자와 업무관계나 재정적인 거래는 피하는 것이 좋다. 내담자의 금전적 대부를 위해 보증을 서거나 추천서를 쓰거나 또는 다양한 방법으로 상담자의 지위와는 무관한 일을 할 경우, 상담에서 이탈할 뿐 아니라 상황이 잘못되었을 때 상담자를 위험에 빠뜨리기도 한다. 더군다나 내담자에게서 요금 지불

대신 서비스를 받는 것은 비윤리적이다.[7]

작은 마을에 살거나 폐쇄적인 공동체에서 살 경우 이러한 문제는 더 복잡해진다. 예를 들어, 몇 년 동안 필자의 미용사였던 여성이 이혼 문제로 중재를 요청했다. 분명히 이것이 몇 가지 이유에서 좋은 생각은 아닌 것 같았다. 우선 그녀와 관계가 매우 좋았기 때문에 필자가 중재할 경우, 그녀의 남편이 속은 것처럼 느낄 수도 있었다. 둘째, 그녀와 가졌던 일상적인 관계 때문에 그녀에게 직면이 필요할 때 직면하기 어려울 것 같았다. 끝으로, 중재결과가 나빠 그녀를 실망시킬 경우 또 다른 미용사를 찾아야 했다. 이와 같은 '이중관계'를 설명하는 것은 필자가 해야 할 일이었고 그녀는 그러한 설명을 기쁘게 받아들였다.

상담자의 실수

상담자도 실수를 한다. 대부분의 사람은 이중으로 약속을 하거나 상담시간에 늦거나 내담자의 마음을 잘 헤아리지 못한 채 말을 할 수도 있고, 돌아보면 중요하지만 그 당시에는 그러한 점을 무시하기도 하며, 오해 살 만한 행동을 하기도 한다. 상담자가 이 같은 실수를 했을 때는 이러한 점을 내담자에게 잘 설명해야 한다.

우선 가장 중요한 것으로 상담자는 내담자의 입장에서 최선의 이익을 추구한다는 점을 내담자에게 잘 설명하는 것이 필요하다. 따라서 자신이 실수한 것에 스스로 책임을 지도록 해야 한다. 자신의 기분을 상하지 않게 하려고 내담자에게 책임을 돌려서는 안 된다. '이중 약속은 제 잘못이므로 다음 상담시간에는 상담료를 청구하지 않겠습니다. 어떻게 생각하십니까?'라고 말할 수 있을 것이다.

상담자는 내담자가 방어적이거나 지나치게 보호적인 태도를 보이지 않고 진실하게 화를 내거나 혼란스러워하거나 또는 그들의 내면적 반응을 진실하게 경험할 기회를 주기를 바란다.

줄리는 자신의 어머니에게 했던 것처럼 상담자를 받들어 모셨다. 그녀는 그녀의 죄책감을 해결하고 모든 것이 잘될 것이라고 확인시킬 수 있는 위치에 상담자를 올려놓았다. 상담자가 그러한 유아적 패턴이 가지는 파괴적 측면을 반복적으로 지적했지만 실패했다. 그러나 상담자가 상담료 기록과 관련해 실수를 했을 때 그녀는 크게 화를 냈다. 상담자는 실수에 대해 그녀에게 사과했으나 그녀는 나의 실수보다 그녀의 기대에 내가 미치지 못한 것에 더 많은 화를 냈다. 상담자의 실수는 그녀가 상담자에게 기대하던 마술 같은 힘을 가진 위치의 불완전성을 탐색할 아주 좋은 기회를 제공했다.

종결 다루기

이상적인 상담에서 종결은 하나의 사건이라기보다 상담 전 과정에 걸쳐 계속되는 과정이라고 볼 수 있다. 앞에서 언급했듯이 상담은 보험에서 보상하는 범위에 따라 제한이 있기 때문에 더욱 그렇다. 따라서 상담자는 상담 초기부터 종결에 대해 이야기할 필요가 있고 정기적으로 상담자와 내담자가 가진 시간적 제약을 깨우쳐 주어야 한다. 이러한 외부적인 제약과 더불어 종결에 대한 내담자의 준비 정도를 평가하는 데 적용할 만한 네 가지 기준이 있다.[8]

(1) 내담자의 초기 문제나 증상이 감소 또는 제거되었다.
(2) 내담자가 처음의 단계에서 상담이 필요했던 문제와 패턴을 이해하는 데 충분할 정도의 통찰을 했다.
(3) 내담자의 상황을 고려할 때, 내담자의 대처기술이 충분하다.
(4) 내담자가 계획하거나 생산적으로 일할 능력이 증진되었다.

어떤 연구자는 목표를 죽음에 이르는 과정에 비유하기도 하며, 다른 연구자는 목표를 이루거나 치료에 만족하는 긍정적인 측면을 지적하는 것을 최선으로 본다.[9] 종결을 순조롭게 할 가능성을 높이는 다음과 같은 방법들이 있다.

- 회기 수와 기대되는 상담효과를 이야기함으로써 상담 초기부터 종결에 대해 논의하라.
- 상황 전환을 위해 충분한 시간을 갖고 의뢰에 적절한 계획을 세우며, 조기 종결 시 특히 버려진 것 같은 감정이 있을 때 그것에 대해 논의하라. 상담자의 인턴십이 끝나거나 다른 여러 가지 일로 상담목표를 성취하지 못한 상태에서 조기 종결해야 하는 경우가 많다.
- 내담자가 종결하려는 소망에 대해서도 유의하라. 상담자가 반대할 경우 상담관계가 매우 복잡해진다. 결과적으로 내담자의 소망을 존중하는 것이 대체로 좋다.
- 내담자가 그들의 목표에 다가갈수록 상담 회기 기간을 길게 하라. 만약 상담자가 추후면접 기회나 내담자가 습득한 것을 연습하는 기회를 제공할 경우 진전을 보일 개연성이 더 크다.
- 상담관계가 내담자 중심이 되지 않도록 하라. 필요할 때는 상담은 친구나 가족을 대신할 수 있는 것이 아님을 알려라.
- 작별인사를 적응적으로 하는 기회로 활용하라. 즉, 감정을 표현하고 그동안의 진전을 검토하며 적응적인 대처방식을 확인하고 내담자가 독립적으로 자신의 문제를 다룰 수 있는 능력이 있음을 진실한 태도로 확인시켜 주는 것 등을 할 수 있다.
- 일기를 쓰거나, 자기조력 집단에 참여하고 준전문가의 도움을 받거나, 지지적이고 도움을 주는 친구나 가족의 점검 등 자기모니터링 기술과 상담적 효과를 지속할 수 있는 데 도움이 될 만한 적절한 기법을 사용하게 하라.
- 종결은 진전의 하나고, 자립은 가치가 있는 개념임을 강조하라.
- 경제적인 이유로 상담을 중단해야 하는 내담자에게 그들이 적은 비용 또는 무료상담을 받을 수 있는 곳을 알려 줘라. 상담과정의 요약 내용을 보

내거나 전화 자문을 통해 상담을 의뢰하기 위해 필요한 상담기록 및 정
보공개 동의서를 받아라.

• 종결에 대한 상담자의 기대를 명확히 하라. 어떤 상담자는 종결을 완전
한 끝이라고 보는 반면, 어떤 치료자는 내담자에게 필요하다면 되돌아올
수 있게 하기도 한다. 종결이 어떤 방식으로 이루어져야 하는지에 상담
자가 추천하는 방식을 내담자가 명확히 이해하게 하라.

• 내담자의 견해를 들어라. 상담자가 하는 일에 내담자가 어떻게 지각하는
지 상담자는 알아 두어야 한다.

상담의 다른 모든 국면과 마찬가지로, 최선의 의도와 계획을 가졌을 때조차
종결이 언제나 기대했던 것처럼 진행되지는 않는다. 대학원생 중 하나인 마이
클은 엘리시아와 복잡한 상황에 빠지게 되었다. 마이클은 엘리시아가 강박적
으로 손을 씻는 행동과 병균에 대한 염려하는 증상을 도와주려고 했다. 8회기
가 진행된 후(필자가 속한 상담기관에서는 상담회기를 13회기로 제한하고 있다), 마
이클은 상담에 대해 좌절했다. 왜 나는 이 상담에서 진전이 없는 것일까? 그녀
는 매시간 상담을 하러 오지만 그녀는 자신의 문제에 대해서는 전혀 작업하지
않았다. 마이클의 슈퍼바이저였던 필자는 아마도 그녀가 그에게 깊은 인상을
남기려고 했을 거라고 설명하려고 했다. 그러나 미첼은 그것을 상상조차 할
수 없었다.

그녀가 상담받을 수 있는 회기 수는 점점 줄고 상담에서의 진전은 거의 없
었다. 마이클과 필자는 종결에 초점을 두는 것이 필요한 시점이라고 결정했으
며, 그 과정은 교과서에 나온 것처럼 완벽했다. 종결 4회기 전 마이클은 상담
에서 있었던 진전에 대해 검토했다. 그는 종결 이후에 그녀가 구할 수 있는 지
지 자원을 개관했다. 그리고 그는 멋진 마지막 회기를 마무리했는데, 그 회기
에서 그녀는 진전된 측면과 앞으로 계속 작업해야 할 면에 대해 설명했다. 그
후 그들은 작별인사를 했다. 그러나 그것이 이야기의 끝이 아니었다. 종결한
지 3일 후 마이클은 엘리시아로부터 이메일을 받았다.

저는 이 편지를 쓰기 전에 망설였습니다. 그러나 그 후 저는 …… 당신은 결코 모를 것입니다. 저는 당신에게 이 글을 쓰는 것이 윤리적인가에 대해서 염려했습니다. 그래서 이 상황에 대해 대학원생인 제 친구에게 물어보았습니다. 제 친구는 이전에 전문적인 관계에 있던 사람과 사무실 밖에서 만나 이야기하는 것은 아무런 문제가 되지 않으며, 저는 더 이상 내담자가 아니라는 점을 확인시켰습니다. 그녀는 그들이 이런 주제를 수업시간에서도 다루었다고 했습니다.

어쨌든 저는 비공식적인 장소에서 당신을 만날 수 있는지 알고 싶어서 편지를 쓰는 것 같습니다. 당신은 전문가적인 관점에서 저를 도와주셨다고 생각합니다. 그러나 동시에 저는 당신과 이야기하고 또 당신이 해석하거나 다른 주제에 대해 논의하는 것 등이 즐거웠습니다. 저는 당신에 대해 잘 모르기 때문에 이런 것들이 이상해 보일지 모르겠군요.

당신의 답을 기다립니다. 이런 글을 쓰는 저를 '미쳤다'고 생각하지 않기를 바랍니다. 저는 제가 미치지 않았다는 사실을 알고 있으니까요.

마이클은 자신이 그녀의 이런 반응을 자기도 모르게 조장한 것이 아닌지 염려했다. 그는 엘리시아에게 매력을 느끼지 않았다. 사실 마이클은 그녀가 어려웠고 지루했다. 그의 슈퍼바이저인 필자는 그가 그 어떤 부적절한 행동을 했다고 생각하지 않았다. 그러나 그는 엘리시아보다 2~3년 연상이고, 그는 그녀의 이야기를 잘 들어 주었으며 그들은 좋은 상담관계를 발전시켰다. 돌이켜보면 그는 마지막 몇 회기 동안 엘리시아가 화장에 좀 더 신경을 쓰고 옷차림도 말끔했던 점을 지적했다. 좀 더 경험이 많은 상담자라면 본격적인 상담에 대한 저항이나 그녀의 외모에서 나타난 변화가 내담자가 상담자에게 반했기 때문일지 모른다고 짐작할 수 있었을 것이다. 그러한 상황에서 상담자는 그녀의 삶에서 결핍된 것을 돌아보면서 그녀의 감정을 다루어 좀 더 균형 잡힌 상담작업을 할 수 있었을 것이다.

이러한 상황이 발생한 이유와는 상관없이 필자와 상담자는 이러한 사례를 종결하고 실제적 문제, 즉 상담 후 관계에 대한 그녀의 요구 문제를 다룰 방법을 찾아야 했다. 우리는 그녀의 초대에 대해 논의하기 위해 상담약속을 잡자는 내용의 이메일을 보내는 것에서 시작하기로 했다. 이 상담회기에서 마이클은 그녀의 요구를 언급하고 제약(상담실 밖의 관계를 가질 수 없다는 점)에 대해서 강조하며, 동시에 그녀의 관심을 끄는 관계에 대해 주도적으로 행동한 점은 좋았음을 역시 지적해 줘야 했다. 우리는 또한 마이클과 외부에서 관계를 맺으려는 그녀의 소망이 상담에 끼칠 영향에 대해서도 언급하기로 했다.

그 회기는 잘 이루어졌다. 엘리시아는 자신에 대해 이야기하는 것을 배우면서 큰 진전을 보였고(마이클이 생각했던 것보다 더 크게 배웠다), 그녀는 스스로도 그러한 진전을 지속할 수 있을 것이라는 점에서 낙관적이었다. 그녀는 마이클이 자신의 감정을 감수성 있게 다룬 점에 고마움을 표현했다. 그리고 마이클이 중요한 주제를 언급하면서 동시에 종결을 강조했기 때문에 엘리시아와 마이클은 그들 자신과 상담에 대해 중요한 것들을 학습하는 경험을 가질 수 있었다.

마지막 예에서 독자들은 상담에서 부딪치는 문제와 난관들이 미리 예측할 수 있고 정리된 형태로 드러나는 것이 아님을 알 수 있었을 것이다. 대신 상담자는 내담자와 함께 상담을 진행하면서 다양한 측면을 고려하고 균형을 맞추려고 노력해야 한다. 그럼에도 상담활동을 진행할 때 참고할 만한 일반적인 원칙들은 다음과 같다.

- 우선순위를 확립하라. 물론 상담 전문가의 윤리지침은 그 시작을 위한 훌륭한 기반이 될 것이다.
- 상담자가 할 수 있는 것과 할 수 없는 것을 내담자에게 명확히 하라.
- 잘못을 기꺼이 인정하라.
- 내담자의 관점을 표현하기 위한 기회를 그들에게 제공하라.
- 상담자 자신의 감정을 점검하고 적절한 대안에 대한 상담자의 인식을 증가시키기 위해 자문을 구하라.

• 상담자가 한 일과 그것을 한 이유를 기록하되, 그 속에 상담자가 구한 자문과 관련한 내용과 정보를 포함시켜라.

1) Orcutt, M. A. (인쇄 중). Resolving/avoiding financial ethical issues with patients. *Ohio Psychologist*.

2) Handelsman, M. M. Kemper, M. B., Kesson−Craig, P., McLain, J., & Johnsrud, C. (1986). Use, content, and readability of written consent forms for treatment. *Professional Psychology: Research and Practice, 17*, 514−518.

3) Corey, G., Corey, M. S., & Callanan, P. (1993). *Issues and ethics in the helping professionals*. Pacific Grove, CA: Brooks/Cole.

4) Borys, D. S., & Pope, K. S. (1989). Dual relationships between therapist and client: A national study of psychologists, psychiatrists, and social workers. *Professional Psychology: Research and Practice, 20*, 283−293; Pope, K. S., Tabachnick, B., & Keith−Spiegel, P. (1986). Sexual attraction to clients: The human therapist and the (sometimes) inhuman training system. *American Psychologist, 41*, 147−158; Pope, K. S., Tabachnick, B., & Keith−Spiegel, P. (1987). Ethics of practice: The beliefs and behaviors of psychologists as therapists. *American Psychologist, 42*, 9993−1006 Pope, K. S., Tabachnick, B., & Keith−Spiegel, P. (1988). Good and poor practice in psychotherapy: National survey of beliefs of psychologists. *Professional Psychology: Research and Practice, 19*, 547−552.

5) Pope, K. S., Sonne, J. L., & Holroyd, J. (1994). Sexual feelings in psychotherapy: Explorations for therapists and therapists−in−training. Washington, DC: American Psychological Association, p. 180.

6) Borys, D. S., & Pope, K. S. (1989). Dual relationships between therapist and client: A national study of psychologists, psychiatrists, and social workers. *Professional Psychology: Research and Practice, 20*, 283−293; Pope, K. S., Tabachnick, B., & Keith−Spiegel, P. (1987). Ethics of practice: The beliefs and behaviors of psychologists as therapists. *American Psychologist, 42*, 993−1006; Pope, K. S., Tabachnick, B., & Keith−Spiegel, P. (1988). Good and poor practice in psychotherapy: National survey of beliefs of psychologists. *Professional Psychology: Research and Practice, 19*, 547−552.

7) 주 3) 참조.

8) Kleinke, C. L. (1994). *Common principles of psychotherpy*. Pacific Grove, CA: Brooks/Cole, pp. 226-227; Young, M. E. (1992). Counseling methods and techniques: An eclectic approach. Pacific Grove, CA: Brooks/Cole, pp. 306-317.

9) Kleike, C. L. (1994). *Common principles of psychotherapy*. Pacific Grove, CA: Brooks/Cole, pp, 230-231.

10) Kramer, S. A. (1990). *Positive ending in psychotherapy*. San Francisco: Jossey-Bass.

제8장

상담자 자신을 활용하기:
상담에서의 도전

베티가 나의 사무실로 들어서던 날, 157cm에 113kg의 육중한 체구를 가진 그녀의 몸이 잘 다듬어진 신기술 의자로 향하는 순간 나는 역전이에 대해 걱정하고 있음을 알았다.

나는 뚱뚱한 여성에 대해 거부감을 가지고 있다. 나는 그들이 혐오스럽다. 그들이 둔하게 좌우로 뒤뚱거리는 것, 가슴이나 허벅지, 엉덩이, 어깨, 턱, 광대뼈 등 여성의 몸에서 내가 보고 싶어 하는 모든 부분이 살에 파묻혀 버려 윤곽을 찾아볼 수 없는 것들이 혐오스럽다. 그리고 또 나는 그들이 입고 다니는 모양 없고, 헐렁헐렁하고, 드럼통만한 허벅지가 들어갈 것 같은 코끼리 청바지가 싫다.[1]

베티에 대한 얄롬의 개인적 반응에 대한 묘사는 정치적으로나 과학적 측면에서 옳지 않다. 만약 그것이 고삐 풀린 것처럼 개방된다면 위험할 것이고 개방되지 않고 묶인다면 역효과가 날 것이다. 상담자가 베티를 상담하면서 그녀가 성취해야 하는 작업을 하는 데 필요한 안전하고 지지적이며 사려 깊은 환경을 만들기 위해서 이러한 반응을 어떻게 변형시킬지 상상하기 어렵다. 그러나 바로 그것이 얄롬이 한 것이다(그가 이 문제를 어떻게 다루었는지 알고 싶다면, 그의 저서 『사랑의 처형자』를 참고하라).

얄롬은 자신의 솔직한 반응을 잘 알아차렸기 때문에 베티를 효과적으로 상담할 수 있었다. 그는 그러한 반응의 뿌리를 알 수 있었고, 그러한 반응을 언제, 어떻게 치료적으로 다룰지 신중하게 선택할 수 있었다. 상담자 자신의 반응을 활용하는 것이 이 장에서 이야기하고 싶은 기술이다.

상담자가 아무리 노력하더라도 상담자의 성격, 가치, 경험, 믿음, 태도 등은 그 순간 상담자가 내담자에게 반응하는 방식에 영향을 주는 변인이다. 아래에 제시한 것은 삶에 관련된 치료적 사실에 대한 몇 가지 기본적인 가정이다.

- 상담자는 내담자에게 정서적, 인지적, 행동적으로 반응할 것이다.
- 상담자의 반응은 자신의 배경과 현재에 관한 상담자의 인식 결합에 의해 파생된다.
- 올바로 느끼는 방법이 있는 것은 아니지만, 그러한 감정을 표현하기 위해 선택한 방식은 상담자 자신이나 내담자에게 피할 수 없이 어떤 결과를 초래한다.
- 자기 인식이 늘어감에 따라 치료적으로 선택할 수 있는 대안 또한 증가할 것이다.
- 상담자는 끊임없이 변하기 때문에 상담자라는 직업을 가진 동안 자기에 대한 자각의 수준을 높이는 것은 상담자의 책무다.

자신에 대해서 알기

상담자로서 자기에 대한 지식에는 변덕스러운 기분이 상담자가 하는 일에 어떤 영향을 끼치는지 계속적인 자각뿐 아니라 상담자의 변화하지 않는 특성에 관한 인식도 포함된다. 상담자가 이해하고 분석하며 모니터하고 싶은 것의 목록은 끝이 없다. 이에 이 장의 목적을 위해 치료적 경험의 역동에 대한 영향력을 이해하는 데 가장 본질적인 특성에 초점을 맞추도록 하겠다.

상담자의 특성

상담자의 연령, 성별, 인종이 상담의 전반적인 결과와 무관하다는 연구들이 있긴 하지만, 이러한 변인이 상담과정에 영향을 미치지 않는 것은 아니다.[2] 반대로, 전문가들은 이러한 변인이 상담과정에 상당히 영향을 미친다는 것을 알고 있다. 좀 더 구체적으로 말하면, 백인 여성 상담자인 필자가 비슷한 나이의 백인 남성에게 미치는 영향은 20년 정도 어린 인디언계 여성이나 25년이나 위인 흑인 남성에게 미치는 영향과는 다를 것이라는 점을 알고 있다. 상담자 앞에 앉아 있는 내담자에게 상담자가 어떠한 영향을 끼칠지 예상하는 능력이야말로 좋은 치료적 동맹을 맺는 과정에서 필수적인 요소다.

필자의 외모(그리고 나의 외모가 미치는 영향에 대한 나의 투사)조차도 내담자에게 불가피하게 영향을 줄 수 있다. 예를 들면, 폭식증으로 고생하는 젊은 내담자가 필자의 몸집을 어림잡아 평가하는 것에 신경을 쓸 뿐 아니라 그러한 평가에 대해 사적으로 반응한다. 내담자의 눈으로 자신을 돌아볼 때 자신의 살점 하나하나에 관심을 기울인다(또는 내담자가 신경을 쓴다고 투사한다). 그들이 필자의 주름을 보기 싫어하는 것을 알고 분명히 필자의 임신선[역자 주: 임산부 복부에 주름처럼 생기는 자국] 또한 좋아하지 않을 것이다. 이들 중 몇몇 약점은 그들이 볼 수 없다는 것을 알지만 스스로 비난받는 것처럼 느낀다. 내담자가 그들 자신의 '무섭게 찐 허벅지 살', '튀어나온 엉덩이', '부른 배' 등을 이야기할 때 아주 겁에 질린다. 왜냐하면 그들은 아름답고 젊은데 무엇인가 잘못 알고 있기 때문이다. 만약 그들이 자신에 대해 그런 방식으로 생각한다면 필자에 대해서는 뭐라고 생각하겠는가? 상담자가 그들이 원하는 사람이 되지 못할 때 어떻게 그들을 도와줄 수 있는가(물론, 그들도 자신이 원하는 사람이 될 수 없다)? 그러나 다음에서도 설명하겠지만 상담자가 이러한 반응에 대해 인식한다면 내담자를 도울 수 있다.

이와 유사하게 아프리카계 미국 여성 리이나가 인종적인 문제로 상담실을 방문했다. 상담자는 자신의 인종이 그녀에게 중요한 문제가 될 것이라 생각했다. 상담자는 그녀가 자신을 신뢰할 수 있도록 많은 노력을 했다. 그러나 동시에 상담자는 그렇게 열심히 노력하는 것이 오히려 내담자에게 민감하지 못하게 반응하는 것이 될 것임을 알았다. 그래서 상담시간에 그 문제를 꺼냄으로써 자신이 염려하는 바를 다루었다. "리이나, 주제를 백인 여성과 이야기하는 것에 대해 어떻게 느끼나요?"

그녀는 놀란 표정이었다. 그리고 "물어봐 주셔서 감사합니다. 그렇게 말씀하시니 좋네요. 당신이 인종적인 문제일 것 같다고 했을 때, 당신의 반응은 오히려 나를 인정하고 나의 문제를 그럴 수 있다고 타당화시킨 것 같았어요."

"리이나, 당신은 자신의 반응을 믿지 못하고 있었나 보군요. 당신은 제가 말한 것 때문에 당신의 반응이 타당하다고 확인할 수 있었던 것처럼 들리네요. 그것은 제가 백인이라는 사실과 관련이 있나요?"

"당신도 알듯이, 저는 백인의 인정과 확인을 추구하잖아요."

"그렇게 하는 것이 어떤 점에서 도움이 되나요?"

"도움이 안 되지요."

"그것이 당신이 경험한 그 사건―정당한 비행기표를 가졌던 그녀를 비행기에 탑승하지 못하게 한 승무원을 폭행하여, 그녀가 체포되고 중죄인으로 기소된 일―에서 당신이 분노를 촉발시켰던 것과 같은 입장 아닌가요?"

"그래요. 저는 화내는 것이 싫어요. 화를 내지 않으면 좋겠지만 화가 나요."

"저는 당신이 왜 화를 냈는지 알 수 있을 것 같아요. 제가 승객이었다면 승무원이 비행기에 탑승하지 못하게 하지 않았을 것 같아요. 당신이 분노한 것이 제게는 이해가 되네요."

이 대화는 상담자나 내담자에게 모두 특별한 순간이었다. 상담자와 내담자는 그와 같은 불평등 때문에 그녀가 겪었던 고통과 분노를 삼켜야 했던 경험을 서로 이해할 수 있었다. 백인 여성으로서 상담자는 그녀가 경험했던 불쾌감을 경험할 일은 없을 것이다. 동시에 그녀는 더 이상 그렇게 심한 죄책감을 느끼지 않았다. 왜냐하면 그녀는 자신의 분노에 대한 이유를 알게 되었기 때문이다. 다행스럽게도 그녀의 올바른 판단력과 법적인 자문 덕택에 리이나는 기소를 풀고 석사 학위를 마치도록 학교생활을 시작할 수 있었다.

이러한 사례에서 강조할 것은, 상담자 각자는 내담자와 만났을 때 어떤 독특한 특성을 가지고 들어간다는 점이다. 일반적으로 상담자는 연령, 인종, 문화, 성별, 성적 경향성, 가치 등에서 내담자와 다르면 다를수록 상담관계에서 일종의 짐을 지게 된다. 이러한 짐 속에는 상담자의 고정관념, 투사, 가정 등이 들어 있다. 상담자가 자신이 지닌 짐 속에 포함된 '그것들'을 자각하고 있을 때, 상담자는 자각을 통해 이러한 가정에서 초래될 위험에서 내담자를 보호할 수 있다.

사적인 선입견이나 편견을 갖지 않으려고 하는 경향은 상담자가 '정치적으로 적절해야 한다.'는 분위기나 압력에서 오히려 악화된다. 특정한 관점이 부적절하다고 평가될 때 올바르지 않은 느낌(예, 뚱뚱한 사람을 싫어하는 것, 사람이 아플 때 그들이 '아파도 마땅하다.'고 판단하는 것, 장애인을 만났을 때 느껴지는 반발 등)을 가진 상담자 자신을 실제로 인정하기 더 어려워진다. 이러한 관점이 무시되었을 때 그것들은 무력화될 수 없다. 따라서 그것들은 상담에서 발생하는 여러 사건에 영향을 끼친다. 따라서 오히려 수용하기 어려운 선입견을 파헤치는 노력을 더 많이 할 필요가 있다.

앞에서 언급한 정보보다는 덜 중요하지만 그래도 내담자가 상담자와 관계를 형성하는 데 도움이 될 만한 다른 정보도 있다. 예컨대 상담자의 결혼 여부, 성적인 경향성, 상담자가 자녀가 있는지 여부 등에 대한 정보는 상담자의 능력에 대해 내담자를 더 많이 신뢰하게 하는 데 도움이 된다. 자녀를 통제할 수 없는 내담자의 경우에는 부모로서 경험이 많은 상담자를 좀 더 신뢰한다. 즉, 때때로 자신이 누구인지 개방함으로써 상담자는 내담자와 같은 배경을 공유할 수 있고 관계를 촉진할 수 있다. '저도 샌프란시스코에서 자랐답니다.'

'저도 미국 이민 1세랍니다.' '담배를 끊기가 정말 힘들었던 기억이 저도 있습니다.' 등의 이야기를 나눌 수 있다.

상담자의 경험

우리 모두는 각자에게 깊은 영향을 끼친 중요한 사건들, 즉 부모의 우울증, 중독, 성폭행 또는 섭식장애 등을 이야기할 수 있을 것이다. 상담자는 이러한 정보를 내담자와 나누지 않더라도 이러한 경험들은 내담자의 문제를 특별하고 깊이 이해할 수 있을 것이라는 느낌을 갖게 한다. 때때로 이러한 직접적인 지식 또는 경험은 상담자에게 동기를 제공한다. 왜냐하면 그러한 경험을 다른 사람을 돕는 데 활용할 때 상담자가 원래 가졌던 고통에 의미를 더할 수 있기 때문이다. 예를 들면, 성적인 학대에서 생존하면서 경험했던 고통은 그러한 경험이 다른 사람을 돕기 위해 활용된다면 상처가 줄어들 수 있다. 여러 해에 걸쳐 나는 상담자가 그들과 같은 경험을 가진 내담자와 함께 상담하기를 원함을 발견했다.

상담자가 스스로 조심해야 할 것은 이러한 긍정적인 의도로 하는 행동들이다. 앨버트 엘리스(Albert Ellis)는 상담자의 개인적인 경험은 내담자에게 좀 더 긍정적으로 활용될 수 있다고 했다. 그는 자신의 건강 문제를 극복하는 과정에서 습득한 것을 장애인 내담자가 자신의 처지를 푸념하거나 불쌍하게 여기지 않게 하는 데 도움이 된다고 했다. 엘리스는 다음과 같이 말했다. "심각한 장애로 인해 오히려 경험할 수 있는 은혜는 다음과 같은 것이다. 즉, 진심으로 그것을 받아들이고 그것에 대해 푸념하지 않는다면 당신은 레몬을 정말 맛있는 레모네이드로 만들 수 있다[역자 주: 영어에서 lemon은 심각한 결함이라는 뜻을 가지고 있다. lemon을 맛있는 lemonade로 만들 수 있다는 의미는 심각한 결점이라도 그것을 강점으로 활용할 수 있다는 뜻이다]."[3]

개인적인 경험은 동정과 이해를 위한 기본 바탕을 제공한다. 하지만 동일한 경험 때문에 상담자는 왜곡된 방식으로 지각할 수도 있다. 예컨대, 명석한

22세의 대학원 학생이었던 미셸은 자긍심이 낮았고 자신과 동일한 문제를 경험하는 내담자에게 매력을 느꼈다. 사실 그녀는 자신의 석사 논문으로 그 주제를 다루었다.

그녀는 자신의 주제에 대해 사적으로나 전문적으로 많은 것을 알고 있었지만, 그녀는 그 경험이 자신의 지각을 얼마나 왜곡시키는지 자각하지 못했다. 미셸은 자신이나 자신의 결정에 대해 의심하는 안젤라에게 '자긍심 관련 주제'가 있음을 알아차렸다. 또한 프레드가 데이트하기를 원하는 여성에게 말을 붙이지 못하고 있을 때 그가 낮은 자긍심 때문에 고통받고 있음을 알았다. 그리고 그녀는 자긍심이 낮은 제니퍼와 동일시했는데, 그것은 제니퍼의 아버지가 알코올중독이면서 그녀를 버렸고 자긍심이 낮았기 때문이었다.

미셸이 당황스러웠던 점은 내담자가 스스로에게 가졌던 자긍심에 대해서는 보지 못했다는 점이다. 안젤라는 매우 똑똑했고 중요한 문제에 대해 양쪽의 관점을 모두 볼 수 있는 자신을 자랑스럽게 여겼다. 프레드 역시 토론 팀에 속해 출전한 것에 대해 자부심을 가지고 있었다. 제니퍼도 자신의 아버지와 더 이상 연락하지 않겠다고 스스로 결정한 것에 대해 잘했다고 생각하고 있었다. 사실 낮은 자긍심과 무관한 주제들은 오히려 내담자 문제 해결에 도움이 되었다. 미셸의 왜곡된 지각은 상담자의 개인적인 문제가 내담자에 대한 그들의 시각을 바꾸는지를 보여 주고 있다. 미셸의 경우 개인적인 문제 때문에 내담자가 가진 강점을 보지 못했고 결과적으로 상담 방향에 영향을 주었다.

미셸은 개인적으로 상담이나 슈퍼비전을 받음으로써 내담자를 좀 더 포괄적으로 이해할 수 있었다. 그러나 무엇보다 그녀는 자신의 개인적인 경험이 상담에 부정적인 영향을 미친다는 점을 받아들여야 했다.

이와 유사하게 내담자가 상담에서 호소하는 문제가 상담자의 개인적인 오래된 삶의 주제를 다시 자극하기 때문에 상담자의 개인적 경험 때문에 상담자가 취약하게 되기도 한다. 예를 들면, 바버라는 고등학생 시절 섭식장애로 고생했고, 이제는 거식증은 사라졌지만 여전히 체중에 대한 염려가 컸다. 그녀는 자신의 문제를 알고 있었고 스스로 점검할 수 있는 상태로 지내고 있었다.

그러나 그녀가 섭식장애로 고생하는 대학생으로 구성된 집단을 운영하려 할 때 집단 구성원보다 체중을 더 많이 줄이고 싶은 욕구가 생겼다. 그녀는 집단 구성원에게 다른 사람과 경쟁하고 가장 날씬한 사람이 되려는 욕구가 그들의 섭식 문제를 촉발함을 지적할 수 있었지만, 자신이 그러한 경쟁관계에 들어간다는 점은 자각하지 못했다. 집단 구성원이 그녀가 하는 일에 대해 깨닫기 시작했을 때 그들은 매우 불편해했고, 상담자로서 그녀의 영향력은 급격히 감소되었다.

미셸이나 바버라의 경험을 통해서, 내담자가 가진 문제와 상담자의 문제가 서로 얽혀 있을 때 상담자가 자신의 숨겨진 동기를 면밀하게 점검하는 것이 얼마나 중요한지 알 수 있다. 글로리아 슈타이넴(Gloria Steinem)은 이러한 딜레마를 매우 잘 설명했다. 그녀 자신은 상담자가 아니지만 도움을 주는 것에 대한 그녀의 시각은 도움을 주려는 동기를 근본적으로 되돌아보게 한다. 그녀는 다음과 같이 설명했다. "나는 우리가 각자가 배우고 싶은 것을 가르치며, 알고 싶은 것에 대해 글을 쓴다는 무서운 사실을 이해하게 되었다. 나는 자긍심이라는 주제에 이끌렸는데, 다른 사람에게 그것이 필요하기 때문이 아니라 내가 필요하기 때문임을 깨달았다."[4]

상담자 자신의 경험에서 유래되는 긍정적인 동기를 제어하기 위해서 상담자는 자신의 개인적 문제가 상담과정에 영향을 끼치지 않도록 여러 가지 단서에 민감해야 한다. 다음은 상담자가 주의해야 할 단서다.

- 민감한 문제가 이야기될 때 감정에 압도된다.
- 상담자 자신의 문제를 어떻게 다루어야 할지 매우 혼란스럽다.
- 상담자 자신의 경험을 말하고 자신이 발견한 해답을 말해야 할 것처럼 느낀다.
- 상담자의 에너지나 초점이 내담자에서 상담자 자신의 문제나 문제와 관련된 역사적 사건으로 이동한다.
- 동료나 슈퍼바이저가 상담자의 행동이나 지각방식을 염려한다.

상담자의 의견

우리 대부분은 삶, 사랑, 도덕에 관해 개인적인 의견을 가지고 있다. 이처럼 상담자는 내담자나 그들이 하는 일에서도 역시 의견을 갖고 있다. 이 결혼은 이제 끝났다. 그녀는 멋있다. 그가 아이를 하나 더 갖는 것은 바보 같은 짓이다. 그는 개종해서는 안 된다. 그녀가 그에게 돈을 주는 것은 미친 짓이다. 그녀는 당연히 낙태를 해야 (또는 하지 말아야) 한다. 이러한 의견과 가치관은 다음과 같은 반응을 촉발시킨다. '난 당신이 지금 무슨 이야기를 하는지 알고 있다. 나도 그런 경험이 있었거든.' '당신의 감정을 기술할 때면 꼭 내 어머니가 돌아가셨을 때 느꼈던 것과 똑같은 감정인 것 같다.' 또는 '물론 그러나 아무도 당신과 데이트하려고 하지 않지. 당신은 너무 부정적이야!' 이러한 반응은 친구가 자신의 문제를 이야기할 때 우리가 보여 주는 반응이다. 그러면 왜 대부분의 상담자가 자기의 마음을 위와 같이 개방하기를 두려워하는 것일까?

상담자의 불안은 바람직한 이유에 근거한 것이다. 상담은 가치중립적이어야 하며, 상담전문가가 되기 위한 훈련을 받으면서 상담자 자신의 의견이나 가치를 표현하는 것은 상담자의 개인적인 가치와 의견을 내담자에게 강요하는 것과 같다고 배웠기 때문이다. 그러나 상담자가 모든 반응을 중립적으로 하며 상담자가 믿고 있는 것을 드러나지 않게 하는 것은 그렇게 할 수도 없고 그렇게 하지도 않을 것이다. 역설적이게도 상담 관련 연구들은 성공적인 상담에서 내담자가 상담자의 개인적 가치관이나 의견들을 받아들이는 경향이 있음을 밝히고 있다.[5]

이러한 모순을 제쳐 두고라도 상담자가 자신의 가치관이나 의견을 노출하길 꺼리는 이유는 내담자의 '우리가 아니다.' 라는 인식 때문이다. 이와 같은 생각 외에도 상담자가 의미 있게 받아들이는 것이 다른 사람에게는 그렇지 않을 수 있고, 상담자에게 유용한 것이 다른 사람에게는 해가 될 수 있다는 자각 때문에 상담자는 자기 의견을 개진하지 않는다. 게다가 상담자가 자신에 대해서 말하는 것을 꺼리는 중요한 이유 중의 하나는 그 회기 동안 상담의 초점을 내담자나 그들의 문제에 맞추려고 하기 때문이다. 이런 이유 등으로 상담자의 자기노출은 친구 사이에서의 자기노출과는 상당히 다르다. 상담에서 대부분의 자기노출은 상담자가 미리 숙고하고 전문적인 계산에 의해 이루어지지만 친구에게 하는 자기노출은 자발성과 상호관계에 의해 이루어진다. 상담자는 자기노출에 주의하고 계획과 전략을 가져야 한다.

예를 들어, 나의 동료 중 경험 많은 유대인 상담자 하나는 가톨릭교를 믿으면서 동시에 유대인 남자친구를 사귀는 내담자와 상담을 했다. 그는 남자친구가 개종하려고 한다는 내담자의 이야기를 들으면서 염려하는 자신을 발견했다. 그는 내담자에게 '그것이 당신들의 장래에 무엇을 의미하는지 알고 있어요?'라고 말하고 싶었다. 하지만 그는 그러한 자신의 반응이 유대교가 위협당하고 있으며 보호될 필요가 있다는 자신의 깊은 신념에 뿌리를 두고 있음을 자각했다. 다행스럽게도 그는 자신의 그러한 반응이 자신의 종교가 사라지는 것을 막지 못할 뿐 아니라 내담자에게 죄책감을 불어넣는다는 것을 알았다. 그녀의 사고방식을 자신의 사고방식과 같이 만들려는 모습을 자각하면서 그녀가 의견을 표현하지 않는 것과 그녀의 부모가 그들 관계를 인정하지 않을 것이라는 두려움에 사로잡혀 있다는 점에 좀 더 초점을 맞추게 되었다.

상담자의 가치관

상담자 대부분은 대학원에 올 때쯤이면 자신이 누구며 어떻게 행동해야 하는지에 대해 꽤 분명한 생각을 형성한다. 그와 같은 안정감이나 자신감은 상담이론이나 기법을 접하면서 때때로 흔들리기도 한다. 상담은 내담자가 변화하게 돕는 과정에서 상담자 자신의 성품과 타인과의 관계를 형성하는 스타일을 하나의 도구로 삼기 때문에 상담자는 전문적인 지식과 기술들을 자신의 성품 속에 통합시켜야 한다. 상담자는 새로운 기술을 배울 필요성을 자각하고 동시에 슈퍼바이저의 마음에 들기를 원하므로 대부분의 상담자는 자신이 가졌던 대인관계에서의 기술을 버리고 새로운 방식을 배우려고 한다. 그 결과

대학원을 다니면서 자신의 전문적인 기능과 개인적인 기능 사이에 큰 괴리가
생기며 그 격차는 점점 커진다.[6)]

　이 시기의 전문적 발달과정에서 상담자는 내담자 앞에서 어떻게 행동해야
하는지에 대한 새로운 생각과 공식을 접한다. 이러한 새로운 기술을 사용하려
고 할 때 상담자는 부자연스럽고 자신에게 맞지 않는 옷을 입은 것 같으며 상
담방법을 진실하지 못한 것으로 느낀다. 오랜 기간 나는 초보 상담자가 진실
하지 않게 보이기 위해 얼마나 노력하는지 알고 있다. 좀 더 구체적으로 말하
면, 전문가가 되려고 할 때 그들은 '하얀 코트를 입은 남자', 즉 거리를 두고
거만하며 점잖은 이미지에 맞추려는 것을 보았다. 반대로 동정적으로 되려고
하면 그들은 텔레비전에서 자주 묘사되는 약골, 즉 지나치게 비위를 맞추고
훔쳐보는 것에 재미를 느끼며 아첨하는 사람처럼 보인다. 상담자는 자신이 하
는 일에 대한 이미지가 진실해지는 능력을 얼마나 방해하는지 제대로 알아차
릴 수 있을 정도로 개방적이어야 한다.

　상담에서 빠지기 쉬운 이러한 함정을 피하기 위해 상담자는 배운 것과 자신
이 가진 상식 사이의 균형을 맞추어야 한다. 다음은 상담자가 해야 하는 것에
대해 상담자가 공통적으로 가진 잘못된 가정들이다.[7)]

(1) 기법 자체를 위한 기법의 사용: 네모난 못을 둥근 구멍에 끼워 넣으려는 것
　　처럼 어떤 방법, 기술, 전략 등은 특정 내담자에게 효과적이지 않다. 수
　　많은 시간 동안 상담이론과 기법을 배운 후, 그것들을 상담시간에 적용
　　하려는 것은 당연한 현상이다. 그러나 내담자(그리고 상담자 자신이나 슈
　　퍼바이저)가 현기증이 날 정도로 멋진 임상적 전문용어나 복잡한 전략
　　또는 높은 수준의 기법을 사용하려면 문제를 해결하기보다 더 복잡하게
　　만들 수도 있다. 새로운 방법은 좀 더 상황에 맞게 조절되어야 하며, 이
　　전에 통했던 방법은 새로운 내담자에게 맞지 않을 수 있음을 기억해야
　　한다. 상담자는 한 가지 주제나 방법을 강요하기보다는 유연성을 가져
　　야 한다. 부적절하게 내담자를 끌고 가면 내담자는 스스로를 중요하지

않거나 강요당하거나 또는 실험용 돼지처럼 느낄 수도 있다.

(2) 내담자 탓으로 돌리기: 일단 상담에서 어떤 방법이 효과적인지 배우면 상담에서 진전이 없을 때 그런 현상에 내담자가 책임이 있다는 식으로 생각하기 쉽다. 상담자 자신이 어떻게 변화해야 하는지 이해하기보다 상담자는 내담자가 좀 더 빨리 변화되지 않는다고 탓하기 쉽다. 상담자가 자신에 대해 이상화된 이미지를 갖고 있듯이 내담자도 그러한 이미지를 갖고 있다. 특히 그들이 상담자의 이미지에 미치지 못할 때 상담자는 짜증이 나거나 좌절감을 느낄 수 있다. 상담자가 자신의 지루함, 짜증, 좌절 등을 숨기려고 할 때 상담자는 차갑고 무관심한 태도를 보이기 쉽다. 내담자는 이러한 느낌을 거절의 표시로 받아들일 것이다.

(3) 내담자를 빨리 치료하려는 시도: 단기치료와 관련된 대부분의 이론과 기법은 행동을 강조하며, 실제로도 그래야 한다. 더욱이 의료보험이라는 현실의 세계에서는 제한된 시간 내에 문제를 해결하라는 압력이 주어진다. 그러나 내담자가 준비된 수준보다 더 빨리 진행할 때(예, 충고나 미숙한 해결책을 제공하거나 특정 행동을 해 보라고 압력을 가하는 것), 내담자는 상담자가 자신을 이해하지 못한다는 느낌을 피할 수 없을 것이다.

10여 년간의 임상경험 후 대부분의 상담자가 그들 자신의 본 모습과 그들이 배운 것을 통합하게 된다는 사실은 흥미롭다. 이러한 상담자는 개인적인 역할이나 전문적인 역할 모두에서 편안함을 느낀다.[8] 이러한 통합이 이루어지면 몇 가지 이점이 있다. 첫째, 상담자가 통합되면 내담자를 솔직하고 진실하게 만날 수 있다. 왜냐하면 상담자가 있는 그대로의 모습으로 다가가기 때문이다. 둘째, 이러한 통합이 이루어지면 다른 사람을 도우려는 기본적인 동기가 촉진되고 상담자의 도움으로 상담자 자신도 도움을 받는다는 것을 자각하게 된다. 여기서의 도움이란 비단 경제적인 도움뿐 아니라 정서적이면서 개인적인 도움을 포함한다.

어빈 얄롬은 다음과 같이 지적했다. "나는 항상 내가 가진 문제와 동일한 문제로 고생하는 내담자에게 끌린다."[9] 그리고 "나는 내담자가 상담에서 얻는 것보다 더 많은 이익을 상담에서 얻는다. …… 지난 15년이 넘는 기간에 나는 치유자였다. 상담은 나 자신의 이미지 속에 핵심적인 요소로 자리 잡게 되었다. 그러한 요소는 내게 의미, 성실성, 자부심, 능력감이라는 선물을 준다."[10]

역전이

내가 이 장에서 논의했던 자기인식 문제는 그 자체로만 의미가 있는 것이 아니다. 실제 자기인식은 역전이나 마음 속 깊은 곳의 반응을 이해하기 위한 필수요건이다. 대부분의 상담자는 상담하는 동안 내담자에 대한 자신의 반응 때문에 혼란스럽고 불편하며 당황스러운 순간들을 경험했을 것이다. '그녀는 나를 지루하게 한다.' '그의 왕성한 에너지는 정말 매력적이다.' '그의 의존성은 정말 불쌍할 정도다.' '그녀가 내게 아첨하려는 시도 때문에 나는 조종당하는 느낌이 든다.' 대부분의 상담자는 그들이 내담자의 매력에 끌리거나 매혹되거나 뒤로 물러서는 듯한 느낌을 가질 때도 있었을 것이다. 내담자를 지나치게 좋아하거나 과도한 자신 개방이나 감추는 것으로 죄책감을 느낄 때나 또는 근거가 없는 어떤 해석이 튀어나올 때 무엇인가 중요한 일이 발생함을 인식해야 한다.

이러한 현상을 이해하려는 노력은 그 역사가 오래되었다. 프로이트는 내담자만 초기 경험이나 판타지, 투사 등의 전의식 속에 저장된 자료의 영향으로 상담자에게 반응하는 것이 아니라 상담자 역시 그들의 무의식적인 자료의 영향을 받아 반응함을 분명히 밝혔다. 그러한 자료가 무의식적인 것이든 전의식적인 것이든 프로이트는 기억할 수 없는 어떤 것들이 내담자에 대한 상담자의 반응을 통해 표현된다는 점을 이해하고 있었다.[11] 마치 나무뿌리처럼 이러한 반응은 표면 밑에서 대체로 관찰할 수 없으며 동시에 표면에 드러나는 다른 모든 반응의 기초를 제공한다.

상담자의 이론적 접근과 무관하게 상담자 대부분은 자신의 모든 반응─긍정적이든 부정적이든, 강렬하든 작든, 잠시 지나가는 반응이든 만성적인 반응이든─은 역전이를 일으킨다는 사실을 이해하는 것이 현명하다. 궁극적으로 상담자 모두는 자기이해를 두 가지 방식으로 활용한다. 첫째, 이 정보는 상담이라는 힘든 일을 하면서 경험하는 스트레스에서 자신을 보호하는 데 사용할 수 있다. 이 측면은 나중에 좀 더 구체적으로 논의하겠다. 그러나 두 번째지만 역전이를 이해하는 중요한 목적에 대해서는 우선 다루려고 한다. 그것은 역전이는 내담자의 목표를 달성하기 위한 목적으로 사용한다는 점이다.

성취하려는 것 알기

상담 장면에서 발생하는 역동에 대해 상담자 스스로 책임을 지려고 한다면, 상담자는 내담자와 실제로 작업하면서 동시에 자신의 역전이 반응에서도 민감하게 알아야 한다. 아래 제시한 것은 내담자가 제시한 것 이상의 어떤 것에 대해 상담자가 반응한다는 것을 알려 주는 단서들이다.[12]

- 내담자에게 과도하게 보호적이다.
- 지나치게 요구하는 태도로 반응한다.
- 내담자의 화에 위협당하는 느낌이 든다.
- 내담자를 거부한다.
- 화나고, 짜증나고, 성가시다.
- 내담자에게서 지속적인 강화와 승인을 추구한다.
- 내담자에게서 상담자 자신의 모습을 발견한다.
- 내담자에게 성적이거나 낭만적인 감정을 발전시킨다.
- 강제로 충고한다.
- 내담자와 사회적인 관계를 추구한다.
- 내담자의 선택에 지나치게 신경을 쓴다.

   대부분의 숙련된 상담자는 다음과 같은 반응 중 몇 가지를 경험하지 않고서
한 시간 동안의 상담을 하는 것은 어렵다는 점을 안다. '당신은 나를 지루하
게 합니다.'라는 반응은 수년간 우울증으로 고생했던 글로리아라는 한 40세
주부가 자신의 고통을 설명할 때 느꼈던 것이다. 글로리아는 약물 복용과 자
신의 삶을 개선하려는 몇 가지 계획을 실행하면서 상당 수준 개선되었지만,
그녀는 자신의 남편인 프랭크에 대해 지나치게 많은 불만을 토로했다. 필자가
느꼈던 지루함이나 짜증은 그녀의 남편에 대해서 스스로 아무것도 도울 수 없
다(실제 그녀의 남편은 상담실을 찾아오지 않았다)는 상황에서 유발된 역전이 반
응이라고 생각했다. 그러나 내담자와의 상호작용에 개입된 역동을 면밀히 분
석한 결과, 그녀가 필자에게 동정을 얻기 위해 남편에 대한 불만을 토로한다
는 더 중요한 사실을 확신할 수 있었다.

   "프랭크는 저에게 전혀 이야기를 하지 않아요. 그는 저를 사랑한다고 여러
번 말하지만 제 이야기는 듣지 않아요. 저는 아무것도 (그 회기에서 나온 어떤
것, 예컨대 자신을 돌볼 수 없다, 직장을 가질 수 없다, 재미를 느낄 수 없다, 흥미로운
일을 할 수가 없다 등) 할 수 없어요. 왜냐하면 저는 항상 프랭크가 원하는 것을
하니까요."

   그녀는 이러한 평계가 필요했다. 왜냐하면 스스로의 행동계획을 세우는 것
이 그녀에게 얼마나 두려운 일인지 직면하기 어려웠기 때문이다. 글로리아는
비판적인 가정에서 자랐으며 자신에게 가장 좋은 방식으로 결정하는 생활방
식을 배우지 못했다.

   이러한 상황에서 다음과 같이 해석할 수도 있었다. "당신은 평계를 대거나
남편을 비난함으로써 당신의 책임을 피하는 방법을 배운 것 같네요." 그러나
글로리아와 필자와의 상담관계가 충분히 강했기 때문에, 이 정보를 전달하는
좀 더 강력한 방법은 필자의 반응을 개방하고 그와 함께 이러한 개방이 왜 필
요했는지 함께 설명하는 것이라고 생각했다.

   "저는 당신이 남편에 대해 불만을 토로할 때 주의 깊게 듣기가 참 어려웠어
요. 왜냐하면 당신이 불만을 토로하니까 당신이나 내가 전혀 무력한 사람이

되어 버리는 것 같았거든요. 당신이나 내가 당신의 불만스러운 사항에 대해 아무것도 할 수 없잖아요. 개인적으로 프랭크에 대한 이야기가 상담을 어느 방향으로 인도할지 모르는 상황에서 프랭크에 대해 이야기를 나누려고 하니 무척 좌절되네요. 당신 생각은 어떤가요?"

처음에 글로리아는 마음이 상했다. "저는 프랭크에 대해 이야기를 나눌 사람이 아무도 없어요."

필자는 그때 '그거야 당연하지. 다른 사람들도 나와 똑같이 느꼈을 테니까.' 라고 생각했다. 이러한 즉각적인 생각을 좀 더 부드럽게 바꾸어서 다음과 같이 이야기했다. "글로리아, 당신이 남편에 대해 이야기할 때, 당신의 친구들 역시 비슷한 무력감을 느끼지 않았을까 생각되는데요." 이런 개입을 통해 그녀가 얼마나 관심과 관여를 원하는지 심층적인 탐색이 이루어지기 시작했다. 그녀와의 관계에서 겪은 경험을 활용함으로써 다른 사람과의 관계에서 좀 더 적응적인 전략을 개발하도록 도울 수 있었다.

상담자는 자신의 반응이 글로리아의 사례에서처럼 내담자와의 상호작용에서 파생되는 것인지 아닌지 분명하게 알아야 한다. 예를 들면, 글로리아에게 느꼈던 지루함이 내가 충분히 자지 못했거나 다른 문제에 몰입하느라 발생했던 거라면 다른 종류의 개입전략을 사용해야 했을 것이다. 따라서 상담자는 자신의 반응을 지속적으로 점검하고 검토해야 하며, 그렇게 함으로써 내담자의 목표를 달성하는 데 활용해야 한다.

인종적 차이에 대한 민감성 유지하기

역전이 반응은 인종 문제와 인종 간의 긴장감과도 관련이 있다. 상담자는 서로 다른 인종집단 사이에서 한 집단이 다른 집단에 비해 특정 주제에 특히 민감하다는 점을 자각하고 그 점에 민감하게 존중해야 한다. 예를 들면, 백인은 돈 문제 노출은 매우 꺼리지만 성관계에 대한 이야기는 괜찮다고 생각한다. 아프리카계 미국인은 돈에 대해 이야기할 수는 있지만 성관계는 말하지 않는다. 아시아계 미국인은 가족 문제 논의는 곧 가족에 대한 배신이라고 생각하며 히스패닉계 내담자는 이러한 경험을 나누는 것이 매우 중요하다고 생각한다. 상담자가 사적이라고 간주되는 영역에 발을 들여놓을 때에는 자신도 모르는 사이 내담자와 거리를 둘 수 있다.

내담자와 상담자 간 인종적인 차이가 있을 때에는 언제나 일정 수준의 의심이 상담관계에 영향을 줄 것이라고 가정하는 것이 현명하다. 백인이 상담자일 경우 아프리카계 미국인은 자기를 더 많이 개방하는 경향이 있다는 연구결과도 있다.[13] 아프리카계 미국인으로서 20년 이상 상담자로 일한 필자의 동료 쉴라 윌리엄스(Sheila Williams)는 그 같은 연구결과에 대해 다음과 같이 설명했다. "아프리카계 미국인 내담자의 경우 상담자가 자신에 대해 노출하는 것이 상담자의 훈련이나 교육에 대한 정보보다 훨씬 더 도움이 된다. 그들은 상담자를 믿을 만한 이유가 있는지 알고 싶어 하며, 인간으로서 상담자가 어떤 사람인지 알게 됨으로써 그가 얼마나 관심을 가지고 도와주려 하는지 그리고 수용적일 수 있는지를 평가하는 경향이 있다."

쉴라와 함께 대학원생들을 데리고 상담기관에서 훈련생과 인턴십 수련을 함께하면서 그들이 인종 문제에 대한 자신의 역전이 반응에 대해 논의하게 하였다. 우리는 수련시간에 인종 문제, 편견, 선입견 등의 문제를 논의할 수 있게 하는 것만으로도 수련생들이 그러한 문제를 내담자와 이야기하기에 좀 더 편안해함을 알 수 있었다.

자기노출에 대한 결정 내리기

지금까지 논의했던 여러 예나 상황은 상담자가 역전이 반응 중에서 무엇을 노출할 것인지 결정하는 일이 매우 중요함을 강조하고 있다. 상담자는 무엇을 노출하고 노출하지 않을 것인지에 대한 문지기 역할을 한다. 이러한 역할에 대해 한스 스트럽과 그의 동료들은 적절한 시간에 적절한 방법으로 내담자에 대한 자신의 감정과 반응을 내담자와 나눌 중요한 정보로 활용하라고 했다.[14]

이런 경우 중요한 질문은 '무엇이 적절하며 무엇이 적절하지 않은가?' '이러한 정보를 어떻게 전하는 것이 가장 좋은 방법인가?' 등이 될 것이다.

역전이 반응을 개방할 것인지의 여부를 결정할 때 가장 중요한 기준은 그것이 내담자의 이익을 위해서 개방하는 것이 되어야 할 것이라는 점이다. 그러나 그러한 기준 역시 이러한 중요한 조건을 어떻게 만족시키는가에 대해서는 불분명하다. 이제부터 역전이 반응을 내담자에게 개방하는 방법과 시점에 대해 논의하려고 한다.

상담자의 동기와 기대를 고려하라　　역전이 반응을 노출하려고 할 때마다 상담자는 자신의 동기를 면밀히 검토해야 한다.

- 나는 이러한 자기노출이 내담자에게 어떻게 도움이 되는지 분명하게 말할 수 있는가?
- 나는 그 이유를 동료들이나 슈퍼바이저에게 설명할 수 있는가?
- 이런 개방을 할 정도로 상담관계가 충분히 강한가?
- 이러한 자기개방을 촉진하는 다른 감정이 숨어 있는가?
- 나는 이 내담자에게 (나의 시간을 허비하는 점이나 상담료를 내지 않는 점, 나를 지루하게 한다는 점 또는 상담자가 무능력함을 보여 준다는 점 때문에) 화가 나 있지는 않은가?

만약 상담자가 위의 질문에 만족스럽게 답할 수 있다면 상담자는 자기만족을 위한 자기노출을 피할 수 있다. 다른 식으로 말하면 '상담 진전에 도움이 안 되는 자료는 표현하지 마라.' 라고 할 수 있을 것이다.

걸러지지 않은 역전이 반응은 대부분 비생산적이라고 가정하는 것이 좋다. 이러한 반응은 대부분 내담자가 이야기하는 것과 무관하거나 좋지 않은 결과를 초래한다. 내담자에게 '당신과 결혼하는 것은 공포영화 같을 거예요.' '당신의 목소리는 제 신경을 거슬리게 합니다.' 또는 '당신의 섭식 문제에 대해 이야기하는 것은 이제 질립니다.' 등의 반응은 도움이 안 될 것이다. 이와 유사하게 칭찬하는 역전이 반응, 즉 '그녀는 아름다운 눈을 가지고 있어요.' '그는 아주 재미있습니다.' '그녀가 내게 감사할 때 저는 아주 기분이 좋지요.' 와 같은 반응 역시 그러한 점을 지적하는 상담자의 의도나 동기에 대해 혼란스럽거나 의심스러울 때 도움이 안 된다.

　내담자는 상담자가 얼마나 개방하는 것이 좋은지에 대해 같은 생각을 할 수도 있지만 그렇지 않을 수도 있다. 내담자의 기대를 확인하는 방법 중 하나는 직접 묻는 것이다. '당신 생각에 유용하다면, 암과 관련된 제 개인적인 경험을 이야기해 드릴 수도 있습니다.' 또는 '당신이 화를 낼 때 그것 때문에 제가 받은 영향에 대해 이야기해 드릴 수도 있습니다. 그것이 도움이 되겠습니까?' 이와 같은 맥락에서 상담자가 자신의 개인적인 경험 중 일부를 내담자에게 이야기하기로 마음먹었다면, 이야기한 후 다음과 같이 반응하는 것이 좋을 것이다. '조금 전에 제가 이야기한 것에 대해 당신이 어떻게 생각하는지 궁금합니다.' '제 경험을 당신에게 이야기한 후, 당신이 그 이야기를 당신의 경험과 어떻게 관련지을지 궁금합니다.' 또는 '제가 조금 전에 제 반응에 대해 이야기한 것이 당신에게 어떤 영향을 끼치는지요?' 등의 질문으로 탐색하는 과정이 필요하다.

　시점을 고려하라　　당연히 내담자가 피드백을 수용할 수 있는 시점을 잘 선택해야 한다. 내담자가 피드백을 요청하더라도 그것을 내담자가 상담자의 마음속에 있는 이야기를 듣고 싶다는 요청으로 받아들일 수는 없다. 그러나 일반적으로 내담자가 자신에게 의문을 가지기 시작하면, 그것은 상담자에게 무엇인가 새로운 것을 들을 준비가 되었다는 표시로 간주할 수 있다. 예를 들면, 내담자가 '그녀가 내게 왜 그런 식으로 반응하는지 모르겠어요.' 또는 '저는 왜 다른 사람들과 가까이 지낼 수 없는지 모르겠어요.' 라고 말한다면, 그것은 상담자가 이야기할 수 있는 시점이 된 것으로 볼 수 있다.

　초점을 내담자에게 지속적으로 맞추어라　　불행하게도 상담자 중에는 자신이 어떤 문제나 장애를 극복한 방법에 대해 지나치게 많이 이야기하려는 사람들이 있다. 나의 내담자 중 한 사람은 이전의 상담자가 지나치게 자신을 개방하면서 상담회기의 반 정도를 자신의 결혼생활에 대해 이야기했다고 말하면서, 동시에 그러한 자기노출은 거의 도움이 되지 않았다고 했다. 하지만 대부분의 내담자는 그러한 상담자의 자기 탐닉적 행동에 직면하기를 두려워하며, 결과적으로 상담 전체를 포기하거나 다른 상담자를 찾아간다. 이러한 상황 때문에 상담자는 자기노출에 대해 상담자와 내담자가 가진 기대 간의 괴리에 유념해야 할 뿐 아니라, 그러한 괴리에 대해서 논의해야 하는 책임은 상담자에게 있다는 점을 분명히 알아야 한다. 상담자가 개인적인 경험, 일화, 배운 것 등을 노출하고 싶을 때는 이러한 정보가 내담자에게 도움이 될 것인지 분명하게 알아야 한다. 따라서 내담자에게 질문해야 한다.

상담자 자신의 문제를 이야기하는 일을 조심해야 하는 또 다른 이유는 내담자가 상담자에게 상담자 자신의 이야기를 하게 만든 것은 곧 그들 스스로는 자신의 문제를 더 이상 생각하지 않고 자유롭게 되려고 하는 시도가 성공했음을 의미한다. 어떤 내담자는 상담자에게 개인적인 정보나 의견을 구함으로써 치료적인 작업은 피하려고 한다. 예를 들면, '당신은 이전에 낙태해 본 경험이 있나요?' '선생님의 남편은 무엇에 대해 화를 내나요?' '선생님은 제가 뚱뚱하다고 생각하지 않으세요?' '애정을 숨기는 것이 잘못되었다고 생각하지 않으세요?' 등의 질문이 이에 해당한다.

상담자는 이러한 질문에 대답하기보다 내담자가 가진 원래의 동기를 탐색하는 것이 더 좋다. 그 방법으로는 명확하게 보이는 점을 지적하는 것이다. 예를 들면, '왜 제 의견을 들으시려고 하는지 궁금하네요. 당신이 (그것이 무엇이든 간에 무엇무엇에 대해) 스스로의 판단을 신뢰할 수 없다는 의미인가요?' 또는 '제가 어떻게 생각하는지 말하기 전에 당신이 생각하는 것 (또는 당신의 경험)을 알고 싶습니다.' 이 같은 전략은 두 가지 목표를 성취하도록 해 준다. 첫째, 상담자는 자기노출에 대한 서로 다른 기대를 적절히 다룰 수 있다. 둘째, 내담자와 상담자는 내담자의 문제로 초점을 맞추고 방향을 전환시킬 수 있다.

이전 경험보다는 현재의 사적 경험을 노출하라   사람들은 '지금–여기'에서 일어나는 경험에 솔직하게 반응할 때 친밀해진다. 이것은 상담자의 경우 인지적·정서적으로 내담자와 함께하며 내담자의 '현재' 경험을 자각하고 진실하게 반응하는 것을 의미한다. 상담자가 이 같은 방식으로 반응할 때 내담자는 그들에게 가장 중요한 문제에 대해 상담자가 이해하려는 의도가 있다고 느낀다. 더욱이 상담자가 내담자에 대한 솔직한 반응을 드러낼 때 상담자는 내담자가 상담자에게 반응하는 방식을 보여 줄 수 있고 모델이 될 수도 있다.

연구에 의하면 내담자들은 자기가 관여된 노출(사적인 의견이나 상담에서 발생하는 일에 대한 즉각적 반응)이 거리가 있고 관여되지 않은 노출(인적 사항이나 역사적 정보에 대한 노출)보다 훨씬 도움이 된다.[15] 따라서 내담자가 자신의 감정을 자각하지 못할 때 상담자는 내담자 자신의 반응을 좀 더 깊이 생각해 보도록 격려하는 차원에서 자기노출을 할 수도 있다. 예를 들면, '당신이 그렇게 하면, 저는 마치 당신이 저에게서 거리를 두려는 것처럼 느껴집니다.' 또는 '그렇게 하면 제가 화가 납니다. 저의 이런 반응이 당신에게 어떤 영향을 끼치는지요?'

상담자가 어떤 생각을 하는지에 대해 무관심한 내담자는 거의 없다. 내담자는 특히 상담자가 자신에 대해 어떤 생각을 하고 있는지 매우 궁금해한다. '그는 내가 결혼하는 것이 실수라고 생각하는 것일까?' '그녀는 내가 미쳤다고 생각할까?' '그는 나를 좋아할까?' '그녀는 내 문제 때문에 완전히 질려 버린 것일까?' 상황이 어떻든 내담자는 상담자의 반응을 자신에 대해 좀 더 잘 이해하도록 돕는 것으로 받아들인다. 상담자의 반응은 중요한 기준이 된다. 그들의 관점이나 결정이 올바른지에 대한 현실 검증을 하도록 돕는 기준으로 삼는다.

그러나 상담자는 사적인 의견과 전문적인 의견을 구별할 책무가 있다. 예를 들면, 나는 개인적으로는 여성이 섭식장애를 일으키기보다 차라리 과체중으로 지내는 편이 더 낫다(나의 개인적인 의견). 그러나 나는 그 의견에 대해 과학적인 근거가 없다. 따라서 만약 내가 이러한 의견을 내담자에게 제시한다면,

이것은 나의 개인적인 의견일 뿐임―그래서 전문적인 결론이 아님―을 밝힐 책무가 있다. 한편 만약 우울증을 경험하는 대부분의 사람이 약을 먹고 상담을 하면 도움이 된다는 의견을 제시할 때는, 이것이 나의 개인적인 의견이기도 하지만 전문적인 의견이기도 하다고 말할 수 있다.

지지적이 되어라   내담자 대부분 지지하고 격려하는 형태의 자기노출에 대해 긍정적으로 반응한다. '저는 여러 가지를 열심히 시도하려는 사람과 함께 작업하는 것을 좋아합니다.' '이것을 다시 해 보는 것은 저에게 매우 좌절감을 느끼게 합니다. 그러니 이런 어려움을 직접 겪는 당신은 정말 어려울 것 같습니다.' '당신의 이야기는 듣기에 수월합니다. 당신이 구체적으로 말해 줄 때 저는 당신을 이해하기 쉽거든요. 사실, 이러한 방식의 자기노출은 내담자의 동기를 높여 준다. 특히 내담자가 사용하는 전략들이 효과적이라고 인정해 주면 더욱 그렇다. 상담자의 반응이 '저는 이것을 당신에게 이야기하는데, 그 이유는 당신을 돕고 싶기 때문입니다.' 라는 메시지를 함께 전할 때 내담자는 긍정적으로 반응하는 경향이 있다.

지지적이지 않은 무엇인가를 노출해야 하는 경우, 상담자는 매우 조심해야 한다. 상담자는 자신의 그 어떤 반응도 내담자의 상담목표를 성취하려는 소망에서 나온 것이지 개인적인 기분이나 소망 또는 판단에서 나오는 것이 아님을 분명히 해 두어야 한다. 결과적으로 상담자가 자기노출 반응을 할 때 그렇게 하는 이유(또는 동기)를 함께 이야기하는 것이 도움이 된다. 예컨대, '저는 (무엇무엇)이 제게 (이러이러한 영향)을 주고 있음을 발견했습니다. 그리고 제가 이 이야기를 하는 것은 이것으로 당신이 (무엇인가를) 이해하는 데 도움이 되기를 바라기 때문입니다.' 좀 더 구체적으로 말하면, 숀에게 그가 소리를 높이면 내가 두려움을 느낀다는 이야기를 하고 싶을 때, "숀, 저는 당신이 소리를 높일 때 제 자신이 두려움을 느낀다는 것을 알게 되었어요. 당신은 여자들에게 무서움을 느끼게 하고 싶지 않다고 말하곤 했지요. 그런데 당신이 소리를 지르면, 당신이 싫어하는 아내의 반응을 오히려 더 증가시키게 될 것 같아요. 어떻게 생각해요?"라고 말했다.

내담자에게 반응할 수 있는 기회를 충분히 주어라 상담자가 말한 것에 반응할 기회를 충분히 주면 상담자가 내담자의 기분을 상하게 할 가능성은 줄어든다. 상담자는 내담자에게서 직접적인 피드백을 받기가 매우 어렵다는 점을 기억하고, 내담자가 반응할 기회를 최대한 주도록 노력해야 한다. 때때로 자기노출 반응을 다음과 같은 말과 함께 하면 도움이 된다. '저는 당신의 반응을 올바로 이해하고 싶다는 점을 다시 한 번 말씀드리고 싶습니다.' 또는 '제가 여기에서 잘못 알고 있으면 바로잡아 주세요.' 또는 '제가 좀 전에 말한 것에 대해 당신이 어떤 느낌이 드는지 말씀해 주시면 좋겠습니다.' 동시에 상담자는 내담자의 반응을 가늠할 수 있는 다른 실마리, 즉 내담자가 주제를 바꾸거나 고개를 돌리거나 또는 눈물을 흘리는 등의 행동을 주의 깊게 관찰해야 한다.

상담자의 책무는 여기에서 끝나지 않는다. 왜냐하면 상담자가 미처 표현하지 않은 반응 역시 상담시간에 발생하는 일에 영향을 미치기 때문이다. 상담자가 정말 양심적으로 자신의 반응을 조절할 수 있더라도 상담자는 여전히 자신의 역전이가 의도와는 상관없이 일어나지 않는지 지속적이고도 면밀히 검토해야 한다.

파괴적인 반응의 조절

지금까지 보았듯이, 상담에서 효과적인 작업을 위해서는 상담자는 비생산적인 자신의 반응을 민감하고 지적이며 기술적으로 조절하는 방법을 찾아야 한다. 내담자에게서 감사와 인정을 구하는 것 또는 분노와 외로움 그리고 좌절 등은 매우 인간적인 반응이다. 그러나 그러한 반응은 상담에서 문제를 초래할 가능성이 있는 반응이기도 하다. 따라서 상담자가 자신의 역전이나 충동에 따라 행동하지 않기 위해서 자신의 행동과 동기에 대한 면밀한 검토와 자기에 대한 이해가 필수적이다.

이 시점에서 누가 미친 것인가

나는 '과연 여기에서 누가 내담자인 것일까?'라는 의문을 가질 때가 종종 있다. 나는 조용하게 반응한다(그러나 나는 불안하다), 나는 무엇인가 위로가 되는 말을 하고 있다(그러나 나는 '이번엔 정말 당신이 일을 망쳤다.'고 생각한다), 또는 나는 내담자의 말을 듣고 슬퍼졌다(하지만 눈물을 삼킨다). 특정한 반응을 노출하지 않기로 결정함으로써 상담자는 실제 자신이 느끼는 것과는 불일치한 방법으로 반응하며, 이러한 반응 때문에 상담자는 서로 상반되는 목적을 추구하는 것 같다. 우리는 앞에서 라포를 형성하기 위해서 상담자의 진실성과 일치성이 중요하다고 했다. 그러나 상담자의 진실한 반응이 해가 될 때 상담자는 자신이 생각하는 것을 말하지 않을 뿐 아니라 힌트조차 주지 않도록 해야 한다.

이러한 감정에 의해 행동하는 것이 내담자가 하는 작업의 초점을 바꾸고 내담자의 주의를 상담자에게 돌리게 하며, 결과적으로 상담의 진전을 방해한다면 상담자는 전적으로 솔직하지 않아야 한다. 그러나 이런 방식으로 자신을 조절하는 것은 매우 어려우며 상담자에게 스트레스를 준다. 따라서 상담자는 다음과 같은 일을 해야 한다.

(1) 상담에서의 상호작용에 미치는 상담자의 영향력에 책임을 져라: 지나치게 많은 일과, 사적인 관계에서의 문제, 심지어 지루함 등은 역전이 반응을 일으키는 요소가 될 수 있다. 상담자는 이와 같은 취약한 부분을 스스로 평가하고 점검할 전문적인 책무가 있으며, 그러한 취약점들이 상담과정에 영향을 미치는 것에 책임을 져야 한다. 즉, 상담자는 실수를 인정하고 위기상황에서는 쉬어야 하며, 개인적으로 적절한 지지자원을 스스로 확

보해야 한다.

(2) 분명한 한계를 유지하라: 상담에서 경계선은 내담자만 보호하는 것이 아니라 상담자도 보호한다. 따라서 상담자가 기관의 실무지침이나 전문적 윤리규정을 준수한다면 상담자는 사회적 관계에서 발생할 수 있는 모호함에 휘말리지 않을 수 있다. 예를 들면, 게임이나 음모, 유혹, 열정, 충동적 행동, 개인적 욕구의 만족 또는 다른 사람을 회유하는 것 등이 있다.

(3) 적절하게 표현할 기회를 찾아라: 신뢰할 만한 동료나 슈퍼바이저 또는 상담자의 개인적 상담자는 상담자가 무엇을 하고 있는지, 그리고 그러한 행동이 내담자에게 어떤 영향을 미치는지 등을 상담자가 정리하도록 도와줄 수 있다. 슈퍼바이저나 교육자들은 학생들에게 예상할 수 있는 반응을 미리 알게 하여 학생들을 도울 수 있다. 이와 더불어 상담자의 행동에 대해 상담자의 사적인 상담자와 함께 정리해 보는 일은 아마도 '상담자가 가르치는 것을 실제로 해 보는' 최상의 방법이 될 것이다.

이와 같은 지침을 정신건강 전문가의 전문적 책무로 간주하는 것이 현명하다. 치과의사나 법률가, 목수 등도 개인적인 어려움이나 직무와 관련된 스트레스의 영향을 받는다. 그러나 상담자는 고도의 민감성으로 자신의 감정을 이해하고 면밀히 검토해야 하는 부가적인 책임을 지고 있다.

상담자는 무엇에 취약한가

상담자의 일이라는 것이 정서적으로 깊이 관여되고 사적인 특성을 가졌기 때문에, 상담을 하다 보면 상담자가 이전에 가졌던 상처가 다시 자극되거나 새로운 상처는 치유되지 않을 수 있다. 한스 스트럽에 의하면 "내담자는—여기에서도 무의식적으로—상담자의 약점을 파헤치고 침해하려는 충동을 느낀다." [16] 상담자가 자신의 반응을 면밀히 검토해야 하는 주된 이유가 자신을 돌보기 위해서라는 점은 말할 나위 없이 분명하다. 상담자는 대학원 시절에 주변에서 오는 모든 압력에서 소진되지 않을까 염려했다. 그러나 그 후 오랜 상담경험을 통해 변화란 정말로 점진적이라는 사실도 발견했다. 대부분의 상담자는 다음과 같은 유형의 경험을 기억할 수 있을 것이다.

베스는 "나의 내담자는 마약을 복용한다는 이야기를 했고, 나의 어머니가 코카인 주사를 맞는 것을 보았다. 나는 내가 그 모습을 보았다는 것 때문에 엄마가 수치스러워할까 봐 엄마를 수치심에서 보호하려고 했던 것을 기억한다. 바로 그런 것—비록 그런 마음이 적절할지 아닐지 모르지만—이 내가 내담자에게 느끼는 마음이다. 나는 내담자가 그러한 행동 때문에 부끄러워할까 봐—마치 어머니에게 한 것처럼—차라리 그 행동이 얼마나 흉한 일인지 알아채지 못하게 하고 싶은 마음이 든다. 나는 내담자와 상담한 후 집에 가서 울었다. 나는 이 문제를 어떻게 다루어야 할지 모르겠네."

에릭은 다음과 같이 매우 분석적으로 설명했다. "나는 나의 아버지를 기억한다. 나는 그를 사랑했고, 그가 나에게 관심을 가져 주어서 그저 생존해 주기를 바랐다. 하지만 그는 그러지 않았고, 그럴 수도 없었다. 그는 내가 9세 때 약물을 과용했다. 그러나 그때는 죽지 않았다. 그 자살시도 이후, 나는 언제나 그가 우울해질까 봐 두려웠고 그것을 고쳐 보려고 했다. 그러나 그는 또다시 자살을 시도했고, 결국 죽었다. 내가 나이가 들어서도 나는 분노와 사랑 사이에서 꽉 끼어 있는 느낌이다. 그러한 감정은 내가 우울한 내담자의 이야기를 들을 때 너무 절실하게 다가온다."

앤은 길고 지친 하루를 보낸 후 나의 사무실을 찾아 자리에 앉았다. 그녀는 울음을 터뜨리면서 다음과 같이 말했다. "이런 내담자는 나를 너무 슬프게 만들어요. 하지만 저는 너무 당황스럽고 수치스러워요. 저는 제가 제 사무실에서 울었다는 것을 믿을 수 없어요."

상담자는 내담자에 대한 애정과 다른 사람을 도우려는 욕구가 있기 때문에 내담자의 고통에 깊이 영향을 받을 수밖에 없는 취약한 위치에 있다. 대부분의 상담자는 감정을 자극하는 상황에서 이와 같은 이차적인 외상 후 스트레스를 경험한다. 상담자가 자신의 문제를 통제하는 상황에서조차 그들은 내담자의 문제가 상담자의 오랜 갈등에 다시 불을 붙이지 않을 것이라는 것을 보장할 수 없다.

베스, 에릭, 앤 모두 그들 자신의 문제 때문에 감정적으로 압도되었다. 그들의 슈퍼바이저였던 필자는 그들이 내담자에게 주의를 기울이고 있었을 당시에는 그들의 문제를 잘 다루었다고 생각한다. 하지만 그들은 모두 그들의 고통을 자신의 문제로 돌보아야 할 필요가 있는 신호로 받아들였다.

베스는 중독자를 대상으로 하는 상담이 그녀에게는 너무 무겁다고 생각했다. 그녀는 자신의 관심사를 예방 프로그램을 운영하는 건강심리학 쪽으로 전환했다. 그 일은 그녀에게 스트레스를 덜 주었으며 보상은 더 많았다. 그리고 그녀가 스스로 어머니의 중독 문제에 대처하기 위해 사용했던 전략—요가, 운동, 건강한 생활방식을 운영하는 것 등—을 다른 사람에게도 가르쳤다.

한편, 에릭은 우울한 사람들과 계속 상담하기를 원했다. 그는 이 문제가 가정의 문제와 매우 밀접하다는 점을 자각하고 개인적으로 상담을 받으면서 그가 아버지의 자살로 인해 계속 고통을 겪었다는 사실을 이해하는 하나의 거울로 삼았다. 그 결과 그는 자신의 일과 그가 도울 수 있는 내담자에게 좀 더 에너지를 집중할 수 있었다.

때때로 비정상적인 상황에서의 감정적인 반응은 오히려 정상적인 반응일 때가 있다. 앤이 나의 사무실을 찾아왔을 때 그는 마음이 혼란스러웠다. 눈물을 흘리지 않으려고 애를 쓰면서 그녀는 "저는 이 문제를 다룰 수 있어야 해요. 저는 성적인 학대를 받은 여성과 여러 시간 동안 이야기를 나눈 후, 집에 가서는 마치 아무 일도 없는 듯이 남편에게 이야기를 건네는 제 생활을 참을수 없어요. 이 일로 괴로워하지 않아야 한다는 것도 알지만, 괴로워요." 앤은 내담자의 일로 감정이 자극되었으며, 그녀의 반응에 죄책감을 느꼈다. 그녀는 이러한 일들이 그녀의 전문적인 발달에 어떤 의미가 있는 것은 아닐까 두려웠다.

필자의 첫 번째 반응은, '앤, 여기에선 네가 건강한 사람이다. 너는 공포스러운 정보를 접했을 때 두려워했다. 나는 더 이상 그런 느낌을 갖지 않는다.

나는 내담자를 임상적 관계에서 만난다. 무슨 일이 있는지, 상담자가 어떻게 고칠 수 있는지, 다음엔 어떤 일이 일어나야 하는지 등에만 관심을 가진다. 그 이후 집에 가서 편안안 마음으로 여러 가지 복잡한 생각을 하지 않고 지낸다.' 등이었다. 필자는 스스로에게 의아해졌다.

흥미로운 것은 우리 둘 다 자신을 의심하고 있었다는 점이다. 이 같은 문제의 논의를 통해 우리는 중요한 것을 배웠다. 필자는 그동안 내담자의 진솔한 감정상태에 빠지지 않고 잊기 쉬웠다는 점을 알게 되었다. 앤은 현재 시점과 내담자를 돕기 위해서 할 수 있는 일에 몰두함으로써 내담자와 정서적인 거리를 둘 수 있었다는 점을 깨달았다. 그녀는 남편과 긴밀한 관계를 유지하고 스스로를 보호할 수 있었고, 내담자에게는 그들 자신의 고통을 대처해 나가도록 도울 수 있었다. 나는 내담자와 정서적으로 관여하는 것과 자신을 보호하는 것 사이에서 균형을 잡기 위해 계속 애쓰고 있었다.

관계, 인정 그리고 주목에 대한 상담자의 욕구를 내담자에게 부정적인 영향을 주지 않을 정도로 만족시키는 방법에 대해 분명하게 알기는 정말 어렵다. 상담자라는 전문직에서 상담자의 정서적인 어려움을 극복하는 데 가장 효과적인 해독제는 애착, 발달, 애정, 건강을 유지하는 전체적인 일상생활이라는 점은 말할 나위도 없다. 상담자가 스트레스에 잘 대처할수록 상담에서 내담자의 욕구를 더 잘 다루고 만족시킬 수 있다.

아래에 기술된 것들은 전통적으로 상담자가 정서적으로 어려움을 겪고 있다고 경고하는 신호다.[17]

- 긴장감 증가
- 충분한 수면에도 계속되는 피로감
- 짜증
- 우울
- 지루함
- 가족이나 친구와 거리를 둠

- 즐거운 활동에 관심을 잃음
- 내담자를 향한 공격성
- 성적으로 행동화하려는 충동
- 실패했다는 느낌
- 약물 사용 증가

상담자가 정서적으로 어려움을 겪는 것은 그들이 평소 힘들 때 보여 주는 특성에서 잘 알 수 있다. 예를 들면, 자녀에게 소리를 치는 것, 장시간 일하는 것, 지칠 때까지 쇼핑하는 것, 컴퓨터로 밤새 장기 두는 것, 과식하는 것, 지나치게 장거리를 달리는 것 등이 이에 해당한다. 이런 모든 문제는 어떤 일을 지나치게 많이 하거나 다른 일을 소홀히 하는 형태를 띤다.

정서적인 소진은 정신건강 전문가들이 가장 많이 호소하는 문제다.[18] 이러한 전문가적 문제에 빠지지 않도록 상담자는 자신이 평상심을 유지하는 데 도움이 되는 것이 무엇인지 스스로 알고 있어야 한다. 도움이 되는 것에는 자신이 만나기 즐거워하는 내담자의 유형, 가장 흥미를 느끼는 영역, 일하기를 바라거나 해야 하는 시간의 양, 자신의 경험을 함께 나눌 수 있는 동료들이 포함된다. 여기에서 중요한 것은 상담자는 주어진 일을 성취하면서 동시에 지치지 않도록 자신의 일상생활을 효과적으로 조절할 수 있을 만큼 자신을 제대로 알아야 한다는 점이다. 그리고 상담자의 욕구가 시간에 따라 변화하는 만큼 자신을 지속적으로 돌아보아야 한다.

상담자가 고통스러운 감정, 거슬리는 행동, 위기상황에서 겪는 긴장감 등을 견딜 때 받는 스트레스를 다스리기 위해 방어기제를 개발하면 상담을 좀 더 자연스럽게 할 수 있다. 그럼에도 대부분의 상담자는 다음과 같은 질문을 계속하게 된다.

- 내담자에게 부정적인 영향을 끼치지 않으면서 상담자 자신의 관계, 인정, 관심에 대한 욕구를 어떻게 만족시킬 수 있는가?
- 사람들의 삶에 변화를 일으키려는 상담자의 열정과 소망 때문에 오히려

내담자의 고통에 지나치게 민감해지는 위치에 빠지게 될 때 상담자는 그런 상황을 어떻게 다룰 것인가?

- 상담자 생각엔 이미 잠잠해진 개인적인 주제가 동일한 문제를 경험하는 내담자로 인해 다시 자극되었을 때 상담자는 무엇을 해야 하는가?
- 상담자 자신의 문제가(상담자의 전문적 경력의 발달과정 중 어느 시점에서) 불거져 상담자가 집중할 수 없을 때 어떻게 해야 하는가?

성적으로 이끌림

지금까지 논의했던 모든 역전이에서 가장 대중적인 관심을 모으는 것 중 하나는 상담자가 내담자에게 성적으로 끌리는 문제다. 불행하게도 대중문화 속에서 이러한 문제는 낭만적으로 묘사되는데, 그러한 행동이 수용될 수 있을 뿐만 아니라 바람직한 것처럼 기술된다. 예를 들어, '사랑과 추억(Prince Of Tides)' [역자 주: 1991년 개봉한 영화로 바버라 스트라이샌드, 닉 놀테 주연]을 보자. 이 영화에서 정신과 의사는 내담자의 오빠와 성 관계를 맺는데, 의사는(처음엔 사무실에서, 저녁식사 시간에 그리고 마지막으로는 침실에서)그의 사적인 문제에 의논상대도 되어 준다.

대부분의 상담자는 내담자(이전 내담자든 그들의 가까운 친척이든)와 그 어떤 성적인 관계도 맺을 수 없다는 윤리적 규범에 동의하지만, 성적으로 끌리는 문제를 적절하게 처리하는 문제는 상담자에게 중요한 문제다. 상담자도 인간이며, 때때로 내담자에게 매력을 느낄 수 있다.

이 문제와 관련해 가장 어려운 점은 상담자가 이것이 내담자에게 해를 끼칠 가능성이 크다는 사실을 자각할 뿐 아니라, 그러한 자각 때문에 느끼는 불안과 싸워야 하는 위치라는 사실이다. 90%에 가까운 상담자가 종종 내담자에게 성적으로 끌리는 경험을 했다고 인정했고 그들은 또한 그러한 자신의 감정을 불편하다고 느꼈다. 그리고 그중 3분의 2가량은 그렇게 끌리는 마음 때문에 죄책감마저 느끼고 있었다.[19] 이러한 느낌을 자각함으로써 유발되는 수치심, 불편함, 어색함 등이 문제를 복잡하게 만든다. 이러한 감정이 상담장면에서 자주 발견되고, 그것이 상담을 파괴적으로 이끌 수 있는데도 대부분의 대학원 프로그램에서 이러한 상황을 다루는 방법에 대한 훈련은 거의 없는 실정이다.[20]

왜냐하면 상담자가 이러한 문제를 내놓고 이야기할 수 있는 출구가 없으며, 성적인 감정을 가지는 것을 금지함으로써 상담자가 취약한 감정에 따라 행동하지 않게 되었다고 가정하기 때문이다. 내담자인 그렉의 경우를 살펴보자. 유명한 대학에서 받은 박사학위, 미국심리학회의 인증기관에서 받은 인턴십, 그리고 10년 동안의 임상경험 등을 통해 그렉은 그의 내담자인 리사에게 성적으로 이끌리는 느낌을 스스로 관리할 수 있을 만큼의 지식과 슈퍼비전 그리고 경험을 얻을 수 있어야 했다. 그러나 실제로 그러한 학위와 훈련들은 그렉에게 그러한 능력을 키워 주지 못했다.

그렉은 웃으며 자신의 상황을 다음과 같이 설명했다. "리사는 저를 원했어요. 그녀는 나를 만지고 싶고 내가 필요하다고 했어요. 내게 자신을 안아 달라고 했는데, 그 후에 일어난 일이란 제가 사무실 문 앞에서 바지를 내린 채 서 있었어요. 어떻게 그런 일이 일어났는지 저도 이해할 수 없어요."

그렉이 보였던 첫 번째 반응은 자신에게 잘못이 없다는 것이었다. 그는 자신을 필요로 하고 자신에게 요구한 내담자에게 유혹당한 피해자라고 생각했다(자신의 욕구를 만족시키기 위해 내담자의 동기를 왜곡한 그렉의 행동에서 나타난) 자기애적 특성을 그렉이 자각하지 못한 점은 매우 치명적이고 위험했다.

그렉에게 가장 취약했던 점은 자신의 바람과 소망을 리사에게 투사했던 것이었다. 그녀가 울었을 때, 그는 그녀의 손을 잡았다. 그녀가 자신이 외롭다고 했을 때, 그는 그녀의 전화를 받아 주었다. 그녀가 애정이 필요하다고 했을 때, 그는 그녀를 안아 주었다. 그는 자신의 역전이 반응을 다음과 같이 부적절하게 개방함으로써 사태를 악화시켰다. "당신이 내게 웃었을 때, 저는 아주 행복했습니다." 그리고 "당신이 치마를 입었을 때, 당신의 애인이 된다는 것이 어떤 것일까라는 생각이 들었습니다.”

그는 자신의 개방이 리사의 마음속 깊이 자리 잡은 그에 대한 열망을 이해하는 데 도움을 주려고 한 시도라고 합리화했다. 자신의 투사를 개방함으로써 그는 내담자의 유혹적인 행동을 조장했다. 그 후 그녀가 자신의 행동에 대해 반응할 때, 그는 그것을 리사의 탓으로 돌리고 독선적인 태도로 그녀에게 화를 냈다. 유혹에 대해 그가 보였던 반응은 자신의 성격적 취약함, 그가 알아채지 못한 끌리는 마음 그리고 내담자에 대한 그의 부적절한 행위로 인해 초래되었다.

그렉이 그 문제로 고소를 당하고 그 결과 그는 상담을 받아야 했는데, 고소 사건이나 상담이 있기 전엔 무엇 때문에 내담자와 자신 그리고 그의 가족들이 피해를 입을 수 있는지 그가 깨닫게 하기가 어려웠다. 하지만 상담을 하면서 그렉은 자신의 외로움, 고독 그리고 그가 내담자에게 끌렸다는 점을 이해할 수 있었다. 그는 자신이 힘 있고 성적 매력이 있으며 도움이 되는 사람으로 보이고 싶은 자신의 욕구를 점점 더 이해할 수 있게 되었다. 그는 비록 어렵게 깨닫긴 했지만, 자신이 깨닫지 못했던 그런 감정이 현상을 왜곡해서 지각하게 하는 강력한 원인이 된다는 점도 알게 되었다. 가장 불행한 점은 리사가 그의 병리에 말려 들었고, 그 결과 치명적인 상처를 입었다는 점이다.

상담자가 (그렉의 경우처럼) 자신의 해결되지 않은 문제 때문에 취약해졌을 때, 그러한 갈등은 내담자의 문제와 얽혀 버린다. 자신의 애착 욕구를 만족시키기 위해 내담자를 이용하면 상담자는 객관성을 잃게 될 뿐 아니라 내담자는 상담자보다 상담관계에서 더 강한 위치에 자리 잡게 된다. 상담자가 내담자에게 끌림으로써 내담자가 더 강한 위치를 점하게 되면 다음과 같은 결과가 발생할 가능성이 많다.

(1) 상담자가 내담자의 문제를 과소평가한다: 상담자가 내담자의 매력에 이끌릴 때, 내담자를 ‘아름답다’라고 지각하려는 경향 때문에 내담자가 처음 상담에 오게 된 이유나 문제를 보지 못한다. 그 결과 내담자는 제대

로 이해되지 못하거나 심각하게 다루어지지 않을 수 있다.

(2) 상담자가 내담자의 무력함을 왜곡한다: 상담자가 내담자의 매력에 강하게 이끌릴수록 상담자는 자신을 내담자의 삶에서 중요한 축의 역할을 하는 사람으로 보고 싶어 한다. 내담자에게 '보호자' 또는 '구원자' 역할을 함으로써 내담자를 독립적인 사람으로 기능하게 하기보다 의존성을 조장할 수 있다. 더욱이 내담자를 약하고 상처받기 쉬운 어린아이로 지각함으로써 상담자의 부적절한 행동을 합리화시키며 상담자와 내담자의 의존성 문제를 악화시킬 수 있다.[21]

(3) 상담자가 내담자에게서 거리를 둔다: 상담자가 내담자의 성적인 매력에 이끌려 겪는 죄책감을 스스로 다루는 한 가지 방법은 내담자를 무시하거나 거리를 두는 것이다. 내담자에게 이끌리는 느낌은 일종의 부조화를 경험하도록 하기 때문에 상담자는 자신이 이끌린다는 것을 감추려는 노력의 일환으로 내담자에게 거리를 두거나 차갑게 대한다. 상담자가 내담자에게 이끌리는 마음 때문에 상담자로서 내담자에게 가질 수 있는 온정과 돌보는 마음을 지나치게 감출 때, 내담자는 차가운 환경 속에 내버려지거나 밀쳐지거나 중요하지 않거나 무시되는 느낌을 경험하게 된다. 상담자가 상담관계에 대한 내담자의 욕구보다 자신의 안정에 대한 욕구에 반응할 때, 상담자는 적절한 상담을 하지 못하게 된다.

(4) 상담자가 자신의 취약함을 부적절하게 다루게 된다: 상담자는 성차와 이끌림에 관련된 문화적 금지사항에 큰 영향을 받는다. 남성, 여성 모두 성적으로 끌릴 때 약해지기 마련이다. 일반적으로 우리는 어떤 사람에게 이끌릴 때, 그러한 관계의 상보성을 증가시키는 방식으로 행동하기 쉽다. 남성이 지배적일 때는 매력적으로 보이지만, 여성의 경우에는 덜 매력적인 특성이 되기 때문에 그들이 서로 다른 성에 끌릴 때 여성과 남성이 서로 다르게 행동할 가능성이 높아진다.[22] 여성 내담자에게 마음이 끌린 남성 상담자는 자신의 마음이 이끌림으로써 생긴 자신의 '무력감'을 상담회기나 내담자를 지배하려고 애씀으로써 해결하려고 할 수 있다. 반

면, 여성 상담자의 경우는 같은 상황에서 오히려 더욱 공손하고, 수줍어
하고, 덜 주장적일 가능성이 있다. 흥미로운 점은 이러한 점을 대학생들
에게 질문했을 때, 반대로 응답하는 학생들이 있긴 했다. 하지만 내담자
에게 이끌리는 감정이 그들의 집중력과 행동에 영향을 준다는 것 자체
에는 모두 동의했다. 상담자가 같은 성에게 성적으로 이끌릴 때, 동성애
에 대한 터부로 이끌리는 감정을 인정하는 것이 더욱 어려울 것이다. 더
욱이 내담자가 바깥으로 자신의 동성애를 드러내려고 노력할 때, 상담
자는 거부되는 동성애의 감정을 깨달을 것이다.

(5) 상담자가 자신의 감정을 투사한다: 상담자가 내담자에게 이끌릴 때, 이러한
감정에 대한 반응을 기대하는 것은 당연하다. 만약 상담자도 상처받기
쉽고 불안정하다면, 이끌림에 대한 원래의 감정은 (묻히고 거부되며 억압
되어) 의식되지 못하고 대상에게 투사될 것이다. 실제로 성적인 충동에
이끌려 행동화하는 상담자 대부분은 자신의 성적 정체성에 회의하며 그
결과를 자주 망각하고 내담자가 유혹적인 행동을 했다고 비난하거나
'그 상황을 거부할 수 없었던' 상황으로 만듦으로써 자신의 행동을 합
리화한다.[23] 만약 내담자가 매혹적으로 행동하더라도 상담자가 같은 방
식으로 반응하는 것이 정당화될 수 없다. 더욱이 대부분의 성적인 이끌
림이 아무것도 없는 무에서 생길 수 없다는 것을 고려하면 내담자가 상
담자에게 매력적으로 보일 때 상담자 자신이 그러한 상황을 초래한 점
은 없는지 돌아보는 것이 현명하다.

(6) 내담자에게 이끌리는 감정을 상담자가 노출한다: 전문가들은 내담자에 대한
이끌리는 감정을 노출하는 것을 피한다. 왜냐하면 그러한 노출이 치료
에 도움이 안 될 것이라는 증거가 분명하게 있기 때문이다.[24] 그러나 성
적인 느낌이 상호적인 것이라는 확신이 들더라도 이러한 노출은 상담의
초점을 실제적인 관계로 옮기기 때문에 상담의 진전을 더디게 한다.

같은 맥락에서, 별로 문제되지 않을 것이라고 간과하기 쉬운 행동들을 피하

는 것 또한 중요하다. 예컨대 손을 잡거나 포옹, 성적이지 않은 접촉, 회기의 시간을 늘림, 잡담하느라 대기실에서 서성이는 등의 행동은 피하는 것이 좋다. 상담자가 어떻게 이러한 상황을 합리화하는지 다음 사례에서 살펴보자.

> 베라는 나를 필요로 해요. 그녀는 이야기를 나눌 사람이 아무도 없어요. 그녀가 자신의 고통을 설명하려면 시간이 더 필요하기 때문에 상담시간을 늘렸어요.

> 그레첸은 부끄러움을 잘 탑니다. 그래서 상담실 밖에서 점심을 먹으며 이야기 나누는 것이 도움이 될 것 같습니다.

> 피터는 재미있어요. 그래서 상담을 종결한 후에 그를 계속 만날 수 있으면 좋겠어요.

> 로라는 남자들이 그녀를 섹시하다고 평가할 것이라는 점을 알아야 해요.

이 사례의 내담자의 상담자는 모두 상담에서 지켜야 할 정상적인 경계를 넘어서고 있다. 그러나 앞에서도 언급했듯이 이러한 경계선은 상담자를 보호하며 상담작업이 이루어지는 조건을 조성해 준다. 상담자 자신이 그러한 반응에 대해 자신은 그런 경계를 넘지 않을 것이고 적응이 되었다고 생각할 때, 이러한 감정은 더욱 미묘한 형태를 띠기도 한다. 경고신호를 알아차리고 왜곡이 일어나지 않는지 항상 조심하는 일은 상담자 자신과 내담자를 보호할 수 있는 일로서 아주 먼 길이다. 상담자의 첫 번째 책무는 상담자가 내담자에게 이끌리는 마음과 경고신호를 알아차리는 것이다.[25]

- 특정한 내담자와 상담시간을 더 갖고 싶어 한다.
- 내담자가 앞에 있을 때 그 내담자가 힘이 있거나 매력이 있다고 느낀다.
- 내담자와 함께 있으면 즐거움을 더 많이 느낀다.
- 성적인 내용이 담긴 이야기를 즐긴다.
- 에로틱한 방식으로 그 내담자에 대한 공상에 지속적으로 빠진다.
- 다른 사람과 성적으로 개입될 때 그 내담자에 대해 생각하게 된다.

- 내담자가 앞에 있을 때 성적으로 흥분된다.
- 내담자 앞에서 약해지는 느낌이다. 혹은 인정받기를 원한다.
- 다른 이들에게 불만족스럽다. 당신의 삶에서 다른 사람들보다 그 내담자 때문에 기분이 좋아진다.
- 개인적인 관계에서 불만족과 문제를 다룰 수 없게 된다.
- '만약 내가 그녀와 좀 더 가깝게 개입된다면, 그 내담자를 진정으로 도울 수 있을 것 같다. 내가 정말 그녀를 제대로 평가하고 지지하며 즐겁게 해 주고 제대로 안내할 수 있을 것 같다.' 는 감정이 느껴진다.
- 당신만이 도움을 줄 수 있는 유일한 사람이라는 느낌이 든다.
- 그 내담자를 생각하면 걱정이 되고 죄의식이 든다.
- 성적인 관계로 전환함으로써 초래될 피해에 대해서 거부하게 된다.

여기에서의 목적은 이끌리는 마음을 없애는 것이 아니다. 그렇게 할 필요도 없고, 그렇게 할 수도 없다. 상담자가 이러한 이끌림에 대해 해야 할 일은 다른 역전이 반응과 마찬가지로, 이러한 정상적이고 인간적인 반응들을 내담자에게 도움이 되도록 제대로 다루는 것이다. 내담자에게 이끌리는 문제에서 상담을 친밀하고 개인적인 관계로 만드는 바로 그 점이 성적인 매력에 대한 전조라는 점을 기억할 필요가 있다. 매력, 지지, 유머, 이해, 공감, 진실성, 호기심 등이 그런 요소다.[26] 상담자가 이끌리는 어떤 사람과 함께할 때 느끼는 에너지와 열정을 활용하고, 동시에 그러한 이끌림 때문에 초래될 여러 가지 비상담적인 행동에서 상담자와 내담자를 보호하는 방법은 각각 독특한 상황의 구체적인 측면에서 동료 상담자 또는 신뢰할 만한 슈퍼바이저에게 조언을 구하는 것이다.

상담자 모두가 자신의 가장 좋은 선생님이 될 수 있는 잠재력을 갖고 있다. 만약 상담자가 자신의 반응이 무엇을 의미하는지를 알고 자신의 반응을 읽는

것을 학습할 수 있다면, 내담자의 진전과 자신의 전문적인 발전을 촉진하는 행동을 인식할 수 있을 것이다. 상담자 자신이 올바른 방향으로 나아가고 있는지 알 수 있는 가장 중요한 방법은 슈퍼비전을 받는 것이다. 이제까지 논의했던 기술들을 세련되게 하기 위해 다음 장에서는 이러한 관계를 어떻게 활용할 것인지에 대한 주제로 넘어가도록 하겠다.

주

1) Yalom, I. D. (1989). Love's executioner and other tales of psychotherapy. New York: Basic Books, pp. 87–88.

2) Beutler, L. E., Machado, P. P., & Neufeldt, S. A. (1994). Therapist variables. In A. E. Bergin & S. L. Garfield (Eds.), *Handbook of psychotherapy and behavior change* (4th ed.). New York: Wiley, p. 258.

3) Ellis, A. (1997). Using rational emotive behavior therapy techniques to cope with disability. *Professional Psychology: Research and Practice, 28,* 17–22.

4) Steinem, G. (1992). Revolution from within: A book of self–esteem. Boston: Little, Brown, p. 6.

5) 주 2), p. 242 참조.

6) Skovholt, T. M., & Ronnestad, M. H. (1992). Themes in therapist and counselor development. *Journal of Counseling and Development, 70,* 505–515.

7) Kleinke, C. L. (1994). *Common principles of psychotherapy.* Pacific Grove, CA: Brooks/Cole, pp. 75–76.

8) 주 6) 참조.

9) 주 1), pp. 196–197 참조.

10) Yalom, I. D. (1974). *Every day gets a little closer.* New York: Basic Books, p. 230.

11) Sifneos, P. (1979). *Short–term dynamic psychotherpay: Evaluation and technique.* New York: Plenum Press.

12) Corey, G., Corey, M. S., & Callanan, P. (1988). *Professional and ethical issues in counseling and psychotherapy* (3rd ed.). Pacific Grove, CA: Brooks/Cole, pp. 50–22.

13) Watkins, C. E. (1990). The effects of counselors self disclosure: A research review. *Counseling Psychologist, 18*, 477–500.

14) Strupp, H. H. (1992). The future of psychodynamic psychotherapy. *Psychotherapy, 29*, 21–27.

15) 주 5), p. 257 참조.

16) Strupp, H. H., & Binder, J. L. (1984). *Psychotherapy in a new key*. New York: Basic Books, p. 150.

17) Coster, J. S., & Schwebel, M. (1997). Well functioning in professional psychologists. *Professional Psychology: Research and Practice, 28*, 5–13.

18) Mahonoey, M. J. (1997). Psychotherapists' personal problems and self care patterns. *Professional Psychology: Research and Practice, 28*, pp. 14–16.

19) Pope, K. S. (1990). Therapist–patient sexual involvement: A review of the research. *Clinical Psychology Review, 10*, 477–490.

20) Pope, K. S., Keith–Spiegel, P., & Tabachnick, B. (1986). Sexual attraction to clients. *American Psychologist, 41*, 147–158.

21) Corey, M. S., & Corey, G. (1989). *Becoming a helper*. Pacific Grove, CA: Brooks/Cole.

22) Sandella, E. K. (1987). Dominance of heterosexual attraction. *Journal of Personality and Social Psychology, 52*, 730–738.

23) Schoener, G. R. (1989). Filing complaints against therapists who sexually exploit clients. In G. R. Schoener, J. H. Milgram, J. C. Gonsiorek, E. T. Leupker, & R. M. Conroe(Eds.), *Psychotherapists' sexual involvement with clients: Intervention and prevention* (pp. 313–343). Minneapolis: Walks–In Counseling Center.

24) Edelwich, J., & Brodsky, A. (1991). *Sexual dilemmas for the helping professional* (rev. ed.). New York: Brunner/Mazel; Pope, K. S., Keith–Spiegel, P., & Tabachnick, B. (1986). Sexual attraction to clients. American Psychologist, 41, 147–158.

25) Gill–Wigal, J., & Heaton, J. A. (1996). Managing sexual attraction in the therapeutic relationship. *Directions in Clinical and Counseling Psychology, 6*, 3–14.

26) 주 25) 참조.

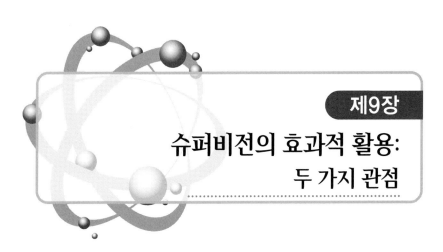

제9장

슈퍼비전의 효과적 활용: 두 가지 관점

　이 책을 통해서 지금까지 우리는 기본적인 상담기술들을 다루었다. 이 기술은 실습할 기회가 없다면 이 책이나 다른 책을 읽기만 해서는 배울 수 없다. 그리고 그 실습도 상담을 많이 경험한 다른 사람이 피드백해 주지 않으면 그다지 도움이 되지 않는다. 우리 중 많은 사람은 앞으로 자신의 경력에서 슈퍼바이저와 수련생의 역할을 하게 될 것이다. 따라서 우리는 양쪽의 입장, 즉 슈퍼비전을 제공하는 입장과 받는 입장에서 슈퍼비전 과정을 효과적으로 활용할 수 있는 방법을 알아 두어야 한다.

　슈퍼비전을 위한 많은 모델이 있고, 각 모델은 각각 그 초점이 약간씩 다르다. 어떤 모델은 가르치는 기술을 강조하고 다른 모델은 전이를 강조한다. 또 어떤 모델은 가족체계를 탐색하며 다른 모델은 개입이나 효과에 대해 주로 다룬다. 이 각각의 과제를 수행하는 방법 역시 다양하다. 어떤 슈퍼바이저들은 가르치며, 어떤 이들은 소위 '치료' 처럼 슈퍼비전을 진행한다. 또 어떤 이들은 역할연습을 하며 다른 이들은 상담에 참여하고 시범을 보여 주며 또 어떤 이들은 관찰한 후 설명해 준다. 슈퍼바이저의 이론적 접근이나 특정한 슈퍼비전 방법을 습득했는지에 상관없이 대부분의 슈퍼바이저는 절충적인 입장을 취하며 그들의 상담실제에 적합하고 그들의 면허에 명시된 접근방법에 맞는 방식을 따른다.[1] 대부분의 슈퍼바이저는 마치 부모에게 배운 대로 자식을 가르치듯 수련생을 가르친다. 즉, 일반적으로 상담자는 받은 대로 해 주는 경향이 있는데, 자신이 좋아했던 것을 해 주며 가장 위협적이라고 느꼈던 것은 피한다.

수련생이 되는 방법에 대한 모델 정보는 그리 많지 않다. 수련생이 슈퍼바이저를 선택하는 경우는 거의 없으며 방법 역시 선택할 수 없다. 따라서 상담 전문가로 성장하는 초기에 이 과정을 어떻게 자신에게 맞게 만들어 갈지 생각하지 않는 것은 전혀 놀라운 일이 아니다. 그와는 반대로 팔짱을 낀 채 수련생 자신이 해야 할 일이 무엇인지 예상만 하면서, 그러한 예상이 결국 운좋게 좋은 결과를 낳기를 바라고만 있어야 한다. 그렇더라도 상담자가 수련생의 위치에 있든 반대로 슈퍼바이저의 위치에 있든지 간에 슈퍼비전이 자신의 개인적 필요를 충족시키도록 만들 수 있는 방법은 다양하다. 이 장의 대부분은 각각의 입장에서 슈퍼비전을 성공적으로 만드는 방법에 초점을 둘 것이다. 그러나 우선 피해야 하는 것이 무엇인지를 잘 보여 주는 실례를 들고자 한다. 슈퍼바이저든 수련생이든 다음과 같은 상황에 빠지기를 원치 않을 것이다.

린다를 처음 만났을 때, 그녀가 왜 외로움과 소외감을 느끼는지 이해할 수 있었다. 그녀는 32세였고 우체국 직원이라는 안정된 직장을 가졌지만 지난 8년 동안 자주 그녀를 찾아온 우울증세 때문에 그녀는 우정을 유지하려는 욕구나 친밀한 관계를 형성할 능력을 잃었다. 그녀는 자신이 겪는 우울증 때문에 자신이 경험했던 일들을 두려워하고 있었다(이 일은 1970년 초에 발생했다. 그래서 그 당시만 해도 지금 사용할 수 있는 약물이 없었다). 그녀의 이야기를 잘 듣고 공감한 후, 그 사례를 슈퍼바이저에게 들고 갔다.

슈퍼바이저는 필자가 지나치게 소극적이었고 충분히 직면하지 않았다고 했다. 따라서 내담자에게 좀 더 주장적이 되기를 거부하는 경향에 대한 탐색이 필요하다고 했다. 그때 혼란스러움을 느꼈다. 그 누구도 필자에게 소극적이라는 말을 한 적이 없었기 때문이다. 오히려 그 반대였다. 그 당시 지나치게 직설적이라는 피드백을 받곤 했다. 그러나 슈퍼바이저가 옳았을 것이다. 왜냐하면 필자는 실제로 그녀(슈퍼바이저) 앞에서 소극적이었음을 느꼈기 때문이다. 따라서 그녀에게 뭔가 근거가 없는 것 같다는 이야기를 하지 않는 대신 그녀가 원하는 사람이 되려고 노력했다.

슈퍼바이저가 제안한 것을 린다에게 말했을 때, 그녀는 울음을 터뜨렸다. "당신은 자신의 문제를 만들고 있어요. 당신이 뭔가를 스스로 하지 않으면 저는 당신을 도울 수 없어요." 그 당시에 이 말이 뭔가 잘못된 말이라고 생각했지만, 어쨌든 그렇게 말했다. 린다는 더 위축되었고, 그녀가 위축된 것에도 직면했다. 결국 그녀는 더 이상 상담실을 찾아오지 않았지만 이해가 되었다. 필자 또한 이미 알고 있지만 하지 못하는 것을 말해 주기를 바라지는 않을 것이다. 그러나 이러한 필자의 생각을 슈퍼바이저에게 말하지 않았다. 그 대신 그녀가 원했던 것을 했다. 슈퍼바이저는 필자가 좀 더 자신의 생각을 표현하고 직면할 필요가 있다고 좀 더 확신하게 되었으리라 생각한다(그녀는 옳았다. 그러나 필자는 내담자가 아니라 그녀에게 직면할 필요가 있었다).

이 경험은 여러 가지 측면에서 중요한 것을 가르쳐 준다. 이 사례는 우리가 잘못에서 배우려고만 한다면 나쁜 경험도 유용할 수 있음을 보여 준다. 실제로 필자는 '내면의' 슈퍼바이저와 '내면화된' 슈퍼바이저의 차이가 무엇인지 배웠다.[2] 필자 내면의 슈퍼바이저는 현재 돌아가는 상황에 대한 필자의 생각인 반면, 내면화된 슈퍼바이저는 외부의 슈퍼바이저가 원한다고 필자가 생각하는 것을 의미한다(어떤 때는 그것이 실제 외부의 슈퍼바이저가 원하는 것과 일치할 수도 있지만 어떤 때는 자신이 왜곡해서 받아들이는 것일 수도 있다). 내면의 슈퍼바이저와 내면화된 슈퍼바이저가 원하는 것이 서로 갈등을 일으킬 때 상담은 매우 혼란스럽다.

예를 들면, 린다와의 상담에서 필자 내면의 슈퍼바이저는 내면화된 슈퍼바이저와 다투었고, 그런 다툼은 머릿속에서 다음과 같이 들렸다.

내면화된 슈퍼바이저는 '소리를 높여 봐. 린다에게 뭔가를 하라고 해 줘.

내 말대로 그냥 해 봐!

다른 한편에서 내면의 슈퍼바이저는 다음과 같이 반응했다. '안 돼. 아니야! 린다는 열심히 노력하고 있어. 린다는 무엇을 해야 할지 알고 있어. 그녀는 격려가 필요해.'

다른 한곳에서는 '겁쟁이, ○○ 박사가 너더러 줏대도 없다고 한 것이 그럴만하네.'라는 소리도 들렸다.

이것은 필자 내면의 슈퍼바이저를 방어적으로 만들 뿐이었다. '○○ 박사가 뭘 알겠어. 결국 그녀는 린다 얘기를 듣지 않을 텐데. ○○ 박사는 나를 자기와 비슷하게 만들려고 할 텐데.' 이러한 논쟁이 린다와 했던 여러 차례의 상담회기 동안 모양만 달리해서 계속되고 있었다.

그러는 중에 필자는 린다의 이야기를 듣지 않았다. 상담자가 자신과 싸우면서 동시에 내담자에게 경청할 수 있는 방법은 없다. 필자는 슈퍼바이저의 관점을 중요하게 받아들였고 슈퍼바이저를 기쁘게 해 주고 싶었다. 필자가 그녀의 제안을 받아들이기 어렵다고 말하지 않았기 때문에 우리의 슈퍼비전 회기는 생산적이지 못했다. 더욱이 필자가 내담자에게 주의를 기울이기에는 머릿속에서 일어나는 갈등에 몰입했기 때문에 상담에서 발생하는 일, 마음속에 떠오르는 생각 등을 기술할 수 없었다. 지금 돌이켜보면 슈퍼바이저가 필자의 상담에 내렸던 결정이 놀라운 것이 아니다. 우리의 상호작용을 돌아볼 때, 필자의 주장이 부족하다는 슈퍼바이저의 추측은 충분히 근거가 있었다. 필자가 마음속에 있는 것을 말할 수 없었을 때 (또는 말하지 않을 때) 그 느낌이 얼마나 근거 없다고 느꼈는지 알고 있다.

이러한 불행한 경험은 슈퍼바이저와 수련생의 관계에서 분명한 의사소통의 중요성을 말해 준다. 다행스러운 사실은 필자가 경험했던 대부분의 슈퍼비전은 앞의 예와는 정반대였다는 점이다. 슈퍼바이저와 수련생이 서로 공감적이고 존경하며 진실한 방식으로 대한다면 슈퍼비전 관계는 두 사람 모두의 전문적 발달에 도움이 될 것이다. 중요한 점은 슈퍼바이저와 수련생은—상담을 생산적으로 하기 위해서뿐 아니라 슈퍼비전을 성공적으로 하기 위해—각자가 담당해야 하는 중요한 역할이 있다는 점이다. 이와 같은 전문적인 기회를 어떻게 활용할 수 있는지 살펴보도록 하자.

수련생 입장에서 슈퍼비전 최대한 활용하기

이 책의 시작 부분에서 우리는 내담자를 더 잘 이해하기 위한 관찰기술과 평가기술이 얼마나 중요한지 논의했다. 슈퍼비전 과정에 대한 참여 관찰자로서 우리는 효과적인 슈퍼비전이 되려면 무엇이 필요한지 알기 위해 동일한 기술을 사용할 것이다. 앞에 제시한 사례로 다시 돌아가면, 필자의 행동이 슈퍼바이저의 반응을 촉발시켰다는 것이 분명하다. 필자의 의견은 전혀 이야기하지 않고 그녀가 원하는 것에 맞추려고 할 때 무엇인가 잘못된 것을 시도하는 것처럼 느꼈다. 그러나 필자는 이러한 갈등을 슈퍼바이저에게 표현한 적이 없다. 슈퍼바이저의 반응이 필자를 더욱 위축되게 만들었을 때 발생한 자기충족예언이 결국 필자에 대한 슈퍼바이저의 첫인상을 더욱 강하게 할 뿐이었다. 그러다가 결국 그 상황에서 일어나는 일에 대해 토의할 기회를 놓치게되었다.

많은 수련생은 필자가 ○○ 박사에게 반응했던 것처럼 행동하며, 그들의 생각을 슈퍼바이저가 물어보기를 기다린다. 분명한 것은 그것이 그 당시의 실수였다면 항상 그것은 실수다. 슈퍼비전을 유용하게 활용하려면 수련생들은 적극적인 역할을 해야 한다.

당신의 슈퍼바이저를 파악하라

슈퍼바이저는 수련생의 순응 정도를 평가할 뿐 아니라 기대하는 수준도 있기 때문에 수련생은 슈퍼바이저가 원하는 것을 해야 할 처지에 있다. 그러나 슈퍼비전이 시작되기 전 수련생은 그들의 슈퍼바이저가 수련생에게 유연한

태도를 취할 것이라고 기대도 하지만 그가 어떤 식으로 슈퍼비전을 진행하는
지 파악하는 것이 현명할 것이다. 슈퍼바이저를 자극하는 것, 짜증나게 하는
것, 그가 가진 기대 등을 파악함으로써 수련생들은 그 슈퍼바이저와 작업하는
가장 효과적인 방법을 발견할 개연성이 크다. 따라서 다음과 같은 질문을 슈
퍼바이저에게 해 보는 것도 좋다.

- 당신은 어떤 식으로 슈퍼비전을 진행합니까?
- 당신이 함께 일하기 좋은 학생의 유형은 어떤 것인가요? 어떻게 했으면
  좋을지 말해 줄 수 있나요?
- 당신을 신경 쓰이게 하는 상황이나 학생들의 예를 들어 줄 수 있나요?
- 당신과 슈퍼비전을 잘 하려면 준비해야 할 것은 무엇인가요?
- 사례와 관련해서 어떤 종류의 정보를 제공하기를 바라나요?
- 녹음테이프나 비디오테이프 또는 축어록 준비를 바라나요?
- 당신은 제 사례기록을 보기 원하나요?
- 응급상황에서 당신에게 어떻게 연락하면 되나요? '중간 정도'의 응급상
  황에서는?
- 제가 당신의 의견과 달리 생각할 때 그것들을 제가 어떻게 처리하기를
  바라나요?

이와 같은 질문들은 수련생이 원하는 것을 이야기하기보다 슈퍼바이저의
이야기를 잘 들음으로써 해결될 수 있다. 위와 같은 질문을 슈퍼바이저가 하
는 경우에도 어떤 제안을 하기 전에 깊이 생각하는 것이 좋다. 수련생의 입장
에서 자신의 슈퍼바이저가 바라는 방식과 수련생이 원하는 것을 잘 통합할 수
있다면 슈퍼비전에서 더 많은 이익을 얻을 수 있을 것이다.

수련생이 어떤 방식으로 평가되는지 알아 두어라

수련생이 평가되는 방식을 아는 것은 중요하다. 어떤 슈퍼바이저는 이 과정

을 분명하게 이야기하지만 대부분은 거의 이야기하지 않는다. 이 점도 역시 진행하면서 분명해지기를 바라서는 안 된다. 실제 슈퍼비전이 시작되기 전에 무엇이 기대되는지 아는 것이 항상 더 낫다. 그러나 어떻게 평가될지 수련생이 질문하지 않는다는 것은 매우 놀라운 일이다. 수련생이 평가될 방식에 대해 분명하게 이해하기 위해 할 수 있는 일들은 다음과 같다.

- 모든 평가양식을 보게 해 달라고 요구하라. 어떤 때는 한 가지 이상의 양식—하나는 자격증 위원회로 보낼 것과 다른 하나는 학교로 보낼 것—이 있을 수도 있다. 그 양식의 구체적인 내용이 무엇인지 확인함으로써 수련생은 자신의 상담이 평가되는 기준을 알 수 있을 것이다.
- 평가결과를 누구에게 보낼지 확인하라(자격증 위원회, 인턴십 슈퍼바이저, 학교의 전공주임 등). 평가결과가 어떻게 활용될지 미리 아는 것도 도움이 된다. 예를 들면, 평가결과가 강좌성적의 일부분이 되는지, 추천서 내용에 포함되는지, 또는 개인 경력파일의 일부로 포함되는지 등을 아는 것이 좋다.
- 슈퍼바이저가 평가결과를 누구에게 보내며 수련생의 어떤 정보가 보내지는지 확인하라(이것은 슈퍼바이저 역시 다른 상위 슈퍼바이저에게 슈퍼비전에 대한 훈련을 받을 경우—이런 관계는 실습 초기에는 자주 경험한다—더욱더 중요하다).
- 슈퍼바이저는 회기의 어떤 정보를 보관하는지 확인하라.
- 차후에 수련생에 관한 기록이나 수련생의 상담결과 기록을 열람할 수 있는지의 여부를 확인하라.
- 수련생 자신, 내담자, 상담관련 기록과 관련하여 어떤 정보가 외부에 비밀이며 어떤 정보가 공개되는지 확인하라.

재차 언급하지만, 이러한 문제에서 언쟁은 현명하지 못한 행동이다. 오히려 이러한 주제에 대해 슈퍼바이저의 말을 잘 경청할 때 수련생은 슈퍼비전을 잘 받는 방법을 선택할 수 있는 최선의 위치에 설 수 있다.

기본적인 요구사항을 충족하라

수료증, 자격증 또는 인턴십을 위한 기본적인 요구사항에는 내담자를 만난 시간과 직접적인 슈퍼비전 시간 등이 대부분 포함된다. 수련생은 그들이 현재 하는 일이나 실습경험이 학위나 자격증, 수료증 또는 수련생이 가려는 곳의 필수요건을 만족시키는지 항상 확인하는 것이 좋다. 많은 인턴십 기관이나 실습기관은 서비스를 제공하는 기관 자체의 필요 때문에 슈퍼비전을 제공한다. 그런데 그러한 슈퍼비전이 수련생의 필요에 맞을 수도 있고 그렇지 않을 수도 있다. 따라서 인준주체나 학회, 학사 행정기관 또는 자격증 위원회의 기준에 맞는지 재차 확인해 두어야 한다. 다음과 같은 사항을 확인하라.

- 필요한 시간
- 자격요건을 만족시키기 위한 경험의 유형
- 슈퍼바이저가 가져야 할 자격요건
- 수련생이 슈퍼비전 이전에 충족시켜야 할 요건
- 일할 때 수련생이 사용할 수 있는 직책명(상담조교, 카운슬링 인턴 등)
- 수련생이 학점을 받기 위해 자신이나 슈퍼바이저가 기록해야 하는 서류

사전에 시험해 보라

대부분의 관계에서와 마찬가지로 수련생은 무엇이 안전하고 안전하지 않은지 평가해야 할 시간이 필요하다. 같은 슈퍼바이저에게 슈퍼비전을 받았던 다른 사람과 이야기를 나누는 것도 좋지만, 각각의 관계가 독특하다는 것 그리고 지나치게 추측을 많이 하지 않고 접근하는 것이 좋을 것이라는 생각 역시 현명하다.

수련생 자신이 지나친 노출로 되돌릴 수 없는 상황에 한꺼번에 뛰어들기 전에, 너무 위협적이지 않은 주제나 상황을 활용하여 슈퍼바이저와의 관계를 시험해 보는 것이 도움이 될 것이다. 예를 들어, 샐리가 아버지의 알코올중독에

대한 자신의 반응 때문에 알코올중독인 내담자에게 어떤 영향을 미치게 될지 이야기를 시작한다면, 그 정도는 안전한 이야기가 될 것이다. '저는 음주문제를 가진 내담자와 이야기를 하면 불안해요. 그러한 일이 상담실에서 발생할 때 제가 어떻게 해야 하는지 제가 알 수 있도록 도와주시겠어요?' 사적인 정보보다 현재 상담에서 발생하는 딜레마에 이야기의 초점을 맞춤으로써 수련생들은 덜 위험할 수 있다.

물론 슈퍼바이저와의 관계란 각 수련생마다 달라질 수 있는 문제다. 한 수련생에게 이상적인 슈퍼바이저가 다른 수련생에게는 최악의 슈퍼바이저가 될 수 있다. 다행스러운 것은 대부분의 수련생은 다양한 유형의 슈퍼바이저와 함께 작업할 기회가 많다는 점이다. 새로운 슈퍼바이저에게 지도를 받기 시작할 때 수련생이 슈퍼바이저의 수용성, 민감성, 안전성 등을 짐작할 수 있는 징후들이 있다.

- 개인적인 딜레마나 실수 등을 인정할 의향이 있다.
- 슈퍼비전을 상담으로 전환시키지 않을 거라는 점이 분명한 것 같다.
- 수련생의 반응에 대해 관심을 가지고 있다.
- 수련생의 감정에 대해 질문을 한다.
- 평가적이지 않은 것 같다.
- 유용한 피드백을 준다.
- 경청하려고 하는 것 같다.
- 수련생이 하는 염려에 잘 반응해 준다.

수련생이 슈퍼바이저와의 관계에서 안전한 위치를 확보했다는 어느 정도의 확신이 없다면, 슈퍼바이저가 알아야 할 사항에 대해 알리지 않는 실수를 범하지 않는 한 동료 간의 슈퍼비전이나 추가적인 자문을 통해 지지를 받는 것이 최선이다. 동료에게서 얻을 수 있는 이러한 추가적인 지지를 통해 수련생은 자신이 우려하는 어떻게 슈퍼바이저에게 접근해야 할지에 대한 도움을 얻을 수 있을 것이다.

준비를 갖추어라

슈퍼비전을 하기 전에 슈퍼바이저와 가질 회기에 대해 미리 생각하라. 슈퍼바이저가 원하는 것을 할 준비가 되었는지 확인하고 만약 준비가 되지 않았다면 핑계를 대지 말고, 그 대신 사과하라.

그러나 수련생 자신에게 가장 도움이 될 만한 것이 무엇인지 생각해 두고 수련생이 다루고 싶은 것의 목록을 만드는 것도 고려해 보라. 수련생이 자신이 다루고 싶은 것이 분명할수록 그러한 욕구를 성취하기 위해 주장적이 될 개연성이 더 크다. 다음에 제시되는 각 절에서는 몇 가지 고려할 수 있는 주제들에 대해 논의하려 한다.

상담계획의 수립 상담 초기에는 대부분의 상담자가 선택할 수 있는 수많은 대안 중에서 어떤 것이 가장 효과적인 전략이 될지 확신할 수 없다. 대안들을 조직하는 것, 주의를 기울일 영역을 결정하는 것, 의뢰할 것인지에 대해 결정하는 것, 이 모든 것은 슈퍼바이저가 자신이 관찰한 것을 기초로 제언들이 함께 주어질 때 효율적으로 할 수 있다. 상담에서 수련생은 진퇴양난의 상황에 빠지는 경우가 많다. 상담이 더 이상 진전되지 않을 때, 대안적인 제언들은 수련생의 사고를 새로운 방향에서 촉진하는 새로운 전환기가 될 수 있다. 슈퍼비전을 받는 상담자인 수련생은 내담자와의 관계에서 발생한 일을 가장 잘 알 수 있는 사람이기 때문에 상담에서 염려되는 상황에 관해 다룰 주제를 직접 제기하는 것이 좋다. 직접적인 질문을 함으로써 슈퍼바이저에게 문제가 되는 영역에 대해 주의를 기울이게 할 수 있다. 예컨대, '제가 어떻게 종결에 대해 이야기를 시작할 수 있나요?' '제가 그녀의 아들이 겪고 있는 알코올중독에 대해 이야기를 꺼내야 하나요?' '당신은 제가 이완기법을 시도해야 한다고 생각하나요?'

이해한 내용의 명료화 상담자가 심리학 이론을 배워야 하는 가장 중요한 이유 중 하나는 그러한 이론이 내담자의 사고, 감정, 행동에 대한 설명체계를 제공하기 때문이다. 상담사례는 특정한 관점에서 개념화될 때 효과적으로 접근할 수 있다. 대상관계이론적 접근, 문제해결적 접근 또는 다른 이론적 접근이든 상관없이 대부분의 기법은 상담자가 그 전략의 이론적 기초에 대해 분명하게 알고 있을 때 효과를 볼 수 있다.

상담자는 내담자가 자신의 감정을 이해할 수 있을 때 진전을 보인다는 점을 알고 있다. 수년간의 연구를 통해 상담자는 그들이 하는 작업의 이론적 핵심에 대해 무언가를 알고 있다. 그러나 상담자는 상담회기 중에 관찰되는 현상을 이해하지 못해 혼란스러워하는 경우도 있다. 상담은 상담자가 이론을 행동적인 용어로 전환시킬 수 있을 때 더 생산적이다. 슈퍼비전은 이런 점에서 이론을 행위로 전환하는 방법을 이해할 수 있는 이상적인 기회다.

지지 구하기   상담을 한다는 것은 때때로 외롭고 좌절이 많은 일이다. 특히 상담을 처음 시작할 때 상담자는 많은 불안정감과 자기에 대한 회의에 빠지곤 한다.

슈퍼바이저는 수련생들이 수많은 실수에 대해 지적받는 것이 얼마나 힘든 일인지를 잊기 쉽다. 수련생 스스로는 비판에 대해 열려 있는 마음을 가지는 것이 성장을 위한 최선의 길임을 계속 일깨울 수 있다. 그러나 때때로 방어적이거나 위축되지 않기, 논쟁적이지 않기가 매우 어렵다. 그럴 때에는 슈퍼바이저에게 지금 자신이 어떤 경험을 하고 있는지 알려 주어야 한다. 슈퍼바이저와 함께 있을 때 극단적으로 나가기보다('나는 두렵다. 나는 형편없는 상담자다.') 자신이 염려하는 부분을 개방하는 것이 좋다. '저는 마지막 회기가 어떻게 진행되었는지 걱정이 돼요. 당신이 제 회기를 들으면서 그래도 괜찮은 부분을 지적해 줄 수 있을까요?' '저는 진행된 상담 때문에 기가 죽었어요. 제가 이 상담을 잘 이해할 수 있도록 도와줄 수 있어요?' 또는 '이런 식의 느낌을 가지는 사람은 저 밖에 없는 것 같아요. 선생님도 이런 일을 겪으셨어요?'

전이 다루기   슈퍼비전은 전이 문제를 다루기에 가장 좋은 곳이다. 그러나 상황이 안전하지 않다고 느끼면 이러한 전이 문제를 다루는 것은 그리 편안한 경험은 아닐 것이다. 슈퍼비전에 대한 기대나 평가과정에 대한 논의로 슈퍼바이저를 신뢰할 만한지 아직 분명하지 않다면, 수련생은 자신을 보호할 수 있는 다른 안전한 방안을 찾는 것이 현명하다. 다음과 같은 질문을 하는 것이 도움이 될 것이다. '나는 ○○ 씨와 회기 중에 경험했던 감정을 말하고 싶습니다. 저는 당신의 반응을 듣고 싶습니다. 괜찮겠는지요?'

내담자에 대한 역전이에 관해 심도 있는 논의를 하고 싶을 수도 있다. 그러나 슈퍼바이저가 행동적인 목표에만 관심을 가진다면 그러한 논의를 하지 않는 것이 좋을 것이다. 이와 유사하게 슈퍼바이저가 개인적인 반응을 공개하도록 격려하면서 그러한 관찰을 통해 얻은 자료를 부정적인 평가의 근거로 사용하려는 것처럼 보일 수도 있다. 수련생 자신이 지나치게 취약하게 느끼는 부분의 자료 노출을 꺼리는 것은 상식적으로 이해할 만한 일이다.

슈퍼비전은 내담자나 그들의 상황에 대한 수련생의 사적인 반응이 상담과정에 어떤 영향을 끼치는지 수련생들에게 확인시키는 데 활용될 수 있다. 슈퍼비전 전에 그 회기에서 논의하고 싶은 주제를 미리 생각하는 것이 좋다. 그렇게 하여 개인적인 주제를 불필요하게 노출하지 않을 수 있다. 즉, 슈퍼비전을 개인적인 문제를 해결하는 자리로 만들지 않을 수 있다. 오히려 슈퍼비전에서는 내담자의 진전을 위해 상담자 자신과 자신의 반응을 어떻게 활용하는지에 초점을 맞추는 것이 좋다.

상담자의 역전이 반응이 사적인 경우가 많기 때문에('저는 수잔과의 관계에서 뭔가 부적절감을 느끼고 제이슨에게서는 조종되는 것 같으며, 카일라에게는 매혹되는 것 같다.' 등) 상담자는 자신의 이러한 감정이 객관적으로 평가할 위치에 있지 않다는 점을 자각해야 한다. 슈퍼바이저는 상담자가 내담자에게 할 이야기와 작업에 대해 상담자에게 알려 줄 수 있는 좋은 위치에 있다. 따라서 상담에서 해야 할 일에 대한 제언과 함께 상담자 자신의 의견과 관찰한 것들을 이야기하는 것에서 시작하라('제가 너무 슬프면서도 화가 나는 것을 보면 제이슨이 자신에 대해 염려하도록 하기 위해 이런 가슴 아픈 이야기를 하지 않았나 생각합니다. 제 생각에는 카일라와는 사소한 주변 사정 이야기를 하지 않는 것이 좋을 것 같아요.'). 이와 동시에 상담자는 상담실에서 일어나는 일에 대해 좀 더 다른 방식으로 해석하는 것에도 마음을 열고 있는 것이 좋다. 상담자는 질문('왜 나는 수잔의 이야기를 들으면 집중하지 못하고 마음이 왔다갔다하는 것일까?')과 코멘트를 함으로써 슈퍼바이저가 현실적인 피드백을 할 수 있는 자리를 마련할 수도 있다.

윤리적인 딜레마 다루기　　대체로 윤리적인 딜레마는 슈퍼바이저와 함께 논의하는 것이 가장 좋다. 슈퍼바이저는 상담이 효과적이어야 한다는 전문가로서의 책무를 가지기 때문에 수련생은 상담시간에 제기되는 모든 윤리적 문제를 슈퍼바이저에게 알릴 의무가 있다. 예를 들면, 수련생은 경고사인이 될 만한 것(내 내담자는 아내를 쏴 죽이고 싶어 한다. 그리고 그는 총을 가지고 있다), 이익의 충돌(내 내담자인 수잔은 내가 목요일에 가르치는 요가강습에 등록하기를 원한다), 부적절한 행위(존은 회기 마지막에 내가 자기를 안아 주기를 원한다. 나는 몇 번 안아 주었지만, 이제는 그것이 부적절한 것으로 느껴진다. 나는 어떻게 해야 하는가) 또는 역할의 혼란(내 내담자는 내가 슈퍼비전을 받는 사실을 모른다. 나는 접수면접을 한 상담자가 벌써 설명한 줄 알았는데, 그러지 않았다. 이제는 어떻게 해야 하나) 등과 관련된 상황을 슈퍼바이저에게 알려야 한다.

시범, 실례 또는 참여할 기회를 요구하라

대부분의 사람은 자신의 경험을 이야기할 뿐 아니라 그들이 어떻게 잘했는지 보여 주기를 원하는 경향이 있다. 실례, 시범 그리고 참여하는 기회 등은 슈퍼바이저가 전달하려는 것을 명료화하는 데 도움을 준다. 슈퍼비전은 상담자들이 독립적으로 사례를 다루는 자격을 갖기 전에 연습할 수 있는 좋은 기회다. 상담자가 배우려는 바로 그것을 다른 사람이 시범을 보인다면, 상담자들은 효과적으로 배울 수 있을 것이다.

위급한 경우에도 약속을 할 수 있는지에 대해 슈퍼바이저에게 문의하라. 접수면접이나 평가회기, 부부상담에서의 개입, 감옥에서의 면접—슈퍼바이저가 하는 것 중 수련생이 배우고 싶은 것—에 참여하고 싶다고 요청하라. 직접 참여하고 싶다고 함으로써 수련생은 자신의 주도성을 보여 줄 수도 있고, 직접적인 경험을 하는 효과적인 방법이다.

질문하라

슈퍼바이저가 하는 이야기가 이해되지 않으면 분명하게 설명해 달라고 요구하는 태도가 필요하다. '죄송합니다. 잘 이해되지 않는데요. 다시 한 번 말씀해 주시겠어요?' 슈퍼바이저가 인내심이 없는 것 같으면, '다시 말씀하시는 것이 힘드신 것을 잘 알겠습니다. 하지만 제가 잘 이해하지 못하는 것 같아서요.' 또는 '시간이 없는 것 같은데, 다른 시간을 약속할 수 있을까요?' 그 어떤 질문도 중요하지 않은 것이 없다는 점을 기억하라.

사실 큰 혼란을 야기하는 것은 작은 것인 경우가 많다. 때때로 혼란스러운 지점이 곧 슈퍼바이저에게 명료하게 이해할 수 있게 도움을 요청해야 하는 부분이기도 하다. "여기에서 무언가 잘 이해되지 않는 것이 있습니다. (필요한 내용을) 이해할 수 있도록 도와주시겠어요?"

자신의 의견을 표현하라

아주 초기부터라도 슈퍼바이저의 방법과 기술을 있는 그대로 수동적으로 받아들이지 않는 것이 필요하다. 상담자는 실수를 원치 않기 때문에 주저하나 그러면 상담자는 자신 고유의 내면적 슈퍼바이저를 개발시킬 기회를 잃는다. 자신이 스스로 관찰하고 통찰하며 끌리는 것에 기초하여 개입할 정도로 용감해지는 그 순간 상담자는 자신의 고유한 스타일을 개발할 수 있다. 이 방법보다는 저 방법을 선택한 이유를 스스로 명료하게 말할 수 있고, 사례가 개념화된 방식이 모호할 때 그것을 명료화할 수 있다. 또한 대안을 조심스럽게 제안할 수 있다면, 상담자는 스스로 전문적인 이해를 깊이 하는 것일 뿐 아니라 슈퍼바이저가 말하는 모든 것을 그대로 받아들이고 매달리는 오류를 덜 범할 것이다. 자신이 이해하는 사례를 말하면서 동시에 그 말에 피드백을 요청한다면 슈퍼바이저는 그것을 실마리로 삼아 수련생의 이해수준에 맞추어 다시 피드백을 할 수 있다.

존중하는 태도로 의견이 다름을 표현하라

수련생이 슈퍼바이저의 의견에 동의하지 않더라도 결국 슈퍼바이저가 최종 결론을 내릴 것이라는 점을 알아야 한다. 그렇다고 해서 수련생이 모든 저항을 포기하라는 의미는 아니다. 사실 수련생 자신의 목소리를 내는 것이 현명하다. 수련생은 다음과 같은 방식으로 자신의 의견을 피력할 수 있다. '선생님이 (슈퍼바이저의 관점을 요약하면서) 생각하시는 것 같습니다. 그러나 저는 (이러이러한 방식으로) 이해하고 있습니다. 저는 제가 혼란스럽지 않도록 이 상황을 어떻게 다루어야 할지 알고 싶습니다.' 또는 '저는 염려가 됩니다. 저는 그러한 방식으로 말할 것 같지 않습니다.' 슈퍼바이저가 알지 못하는 것을 수련생이 알고 있을 때, 다음과 같이 말할 수 있다. '저는 (이러이러하다고) 배웠습니다. 그것이 선생님의 관점하고 어떻게 일치하는지요?

슈퍼비전 중에 일어났던 일을 되돌아보라

슈퍼비전이 끝난 후, 수련생이 말하지 않은 것을 다시 생각해 보는 것이 좋다.

- 당신은 배울 필요가 있는 것을 배우고 있는가?
- 만약 ~했다면 당신은 무엇이라고 말할 수 있었는가?
- 당신이 논의하고 싶지 않은 어떤 것이 있었는가?

• 당신은 왜 그러한 저항을 느꼈는지 알고 있는가?

상담자는 무엇인가 배울 것이 있기 때문에 슈퍼비전을 받고 있다는 사실을 기억해야 한다. 상담자가 하는 실수야말로 전문적 성장의 기회라는 점을 깊이 인식할 때 제시되는 비판과 대안에 마음을 열기가 쉽다. 자신에게 학습의 기회라는 공간을 허용하는 태도는 상담이라는 작업이 완벽성을 추구할 수 없다는 것을 수용할 때 가질 수 있다. 상담은 단 하나의 방식으로만 하는 것이 아니라 대안적인 방법이 있고, 때로는 그러한 대안이 더 효과적인 경우도 있다. 상담자가 좀 더 많이 배우려는 소망과 자신을 좀 더 생산적으로 활용하고 싶은 열망 그리고 내담자의 문제가 개선되도록 돕고 싶은 소망을 깊이 신뢰한다면 비판이란 그것들을 위해 지불해야 하는 작은 비용일 뿐이다. 스스로 방어적이지 않은 태도로 그러한 피드백에 열린 마음을 가진 좀 더 많은 기술을 개발할 수 있는 최고의 길이다.

슈퍼비전 제공하기

수많은 정신건강 전문가는 경력이나 경험이 부족한 사람들을 책임져야 할 위치에 서게 된다.[3] 슈퍼비전을 제공해야 할 책무를 이해함으로써 슈퍼바이저는 자신들의 동료를 돕는 과정에 좀 더 민감한 태도로 임할 수 있게 된다. 이러한 관계는 좌절하고 화나게 하며 혼란스럽지만 동시에 지적으로 자극이 되며 때로는 즐길 만하고 대부분의 경우 보상이 된다. 따라서 슈퍼바이저가 됨으로써 얻을 수 있는 것에 가치를 둘 만하다.

이미 언급했듯이 슈퍼비전의 목적은 수련생들을 지도하는 것이다. 극복해야 할 한 가지 장애물은 슈퍼비전을 받아야 할 필요 속에 내재되어 있다. 그들이 원하든 원치 않든 수련생들에게는 경험 많은 사람들에게서 들어야 하는 과제가 주어진다. "젊은이에게 그들이 삶의 진리라는 것들을 말하면서 젊은이의 손과 발을 묶어 두기를 원하지 않는 나이 든 사람들은 거의 없다. 하지만 불행하게도 젊은이는 나이 든 이들의 이야기를 듣지 않는다."[4] 캐롤린 헤일 브런의 이 이야기는 교사들이 더 쉽게 이해할 수 있는 이야기이긴 하지만, 이러한 고전적인 딜레마는 슈퍼바이저들이 가슴 깊이 새겨야 할 것이기도 하다. 우리의 아이디어를 그들이 받아들이도록 하려면 어떻게 해야 하는가?

슈퍼비전을 안전한 장면으로 만들어라

수련생은 대체로 불안해하며 그들의 기술에 대해 염려할 뿐 아니라 슈퍼바이저의 평가를 두려워한다. 그리고 경험이 적을수록 그들의 단순함과 기술의 결여를 드러내는 다양한 상황을 겪을 가능성이 크다. 기대할 것이라고는 그런 것밖에 없다. 슈퍼바이저가 해야 할 어려운 일 중 하나는 상담에서 내담자가 수련생을 통해 충분히 도움을 받을 수 있도록 피드백을 제공하는 동시에 수련생이 그러한 피드백을 잘 받아들일 수 있도록 안전한 분위기를 만들어야 한다는 점이다. 슈퍼비전 맥락에서 이 두 가지 일을 수행할 수 있는 방법에 대해 생각해 보자.

보통의 사람들이 모두 그렇듯이, 학생들이 속으로 어려움을 겪으면서도 그것을 그대로 말하기를 주저하는 것은 아마도 슈퍼바이저가 겪는 가장 큰 어려움일 것이다. 다음과 같은 종류의 생각을 밝히는 데 두려움을 느끼지 않는 학생은 거의 없을 것이다.

- 나는 내가 상담을 할 수 없을 것 같다.
- 나는 섭식장애자를 보면 어쩔 줄 모르겠다.
- 만약 나 자신의 성정체성이 혼란스럽다면 나는 내담자에게 무엇이라고 말할 수 있겠는가?
- 나는 아프리카계 미국인과 중요한 일에 대해 말해 본 적이 전혀 없다.
- 나는 이해하지 못하겠다.

- 나는 당신이 방금 하라고 했던 대로 따라 할 수 없을 것 같다.

이러한 반응을 사적으로 인지한다는 것과 다른 사람에게 이런 정보를 전달할 때의 위험을 감수할 정도로 안전감을 느낀다는 것은 별개의 문제다. 특히 정보를 전달할 다른 사람이 상담의 효율성에 책임을 지고 자신을 평가할 힘을 가졌을 뿐 아니라 자신의 전문적 영역에서 앞길을 좌우하는 사람일 때에는 더욱 그렇다. 그럼에도 슈퍼비전의 관계는 의심, 실수, 불안정감 등을 개방하는데 따르는 위험이 최소화되었을 때야 비로소 제대로 꽃을 피울 수 있다.

새로운 기술을 습득하는 데 도움이 되는 환경을 조성하기 위해 다음과 같은 점을 분명하게 해 두어야 한다.

- 우리는 모두 실수를 한다(나는 당신이 상상할 수 있는 것보다 훨씬 많은 실수를 했다).
- 그 누구도 완벽하지 않다(나도 완벽하지 않으며 당신에게서도 완벽성을 기대하지 않는다).
- 부적절함을 숨기기보다 드러내는 것이 더 낫다.
- 격렬한 반응을 보이는 것은 자연스러운 일이다.
- 나는 당신의 생각에 관심이 있다.
- 나는 모든 '정답'을 가지지 않았다. 단지 경험이 좀 더 있을 뿐이다.
- 나의 의견에 동의하지 않는 것은 괜찮다. 그러나 내가 상담에 책임을 져야 하므로 결국 우리는 두 사람 모두 동의할 수 있는 어떤 결론을 내려야 할 것이다.

필수적으로 해야 할 사항을 점검하라

각 기관이나 주마다 어떤 슈퍼비전이 얼마만큼 필요한지에 대한 규정이 있다. 게다가 특화된 슈퍼비전을 요구하는 많은 상담 형태, 예를 들어 결혼 및 가족치료, 의학, 약물 남용 등이 있다. 이처럼 자격증이나 수료증을 받기 위해 충족해야 하는 경험의 종류와 수준이 정해졌으며 특수한 기관, 대학원 그리고 인턴십 기관에서 필수적으로 요구하는 사항들이 있다.

슈퍼바이저와 수련생 모두는 그들의 전문적인 요건을 이행할 의무가 있다. 역설적이지만 어떤 때에는 각 사람이 충족해야 할 요건이 다른 사람과 병행하지 않는 경우도 있다. 그런데도 슈퍼바이저는 기관이나 자신의 자격이 요구하는 사항을 따라야 한다. 예를 들면, 오하이오 주에서 슈퍼비전을 제공하는 심리학자는 규정상 4명 이상의 수련생을 받지 못하며 수련생이 내담자를 만나는 시간의 5% 이상의 시간을 면대면 슈퍼비전에 할애해야 한다.[5]

모든 기관이 슈퍼비전에 대해 동일한 정책을 가진 것은 아니다. 어떤 기관은 20시간의 상담에 대해 3시간의 개인 슈퍼비전을 요구하지만, 다른 기관은 그렇지 않을 수 있다. 어떤 가족상담기관은 매번 이루어지는 상담을 반투명 거울 뒤에서 관찰하도록 요구하기도 한다. 슈퍼바이저의 의무는 수련생들에게 개발해야 할 기술을 가르치기 위해 충분한 시간과 적절한 방법을 사용하는 것이다.

책임을 받아들여라

슈퍼비전의 기본적인 특징은 슈퍼비전 상황에서 무엇이 발생하든 슈퍼바이저가 전적으로 책임을 진다는 점이다. 결론부터 말하면, 슈퍼바이저는 다음과 같은 세 가지 질문에 답해야 한다.

- 이 훈련방식이 사례에 적절한가?
- 수련생은 적절한 준비를 했는가?
- 슈퍼바이저와 수련생은 함께 작업하기에 적절한가?

수련생이 사례를 다룰 수 있는지를 아는 것이 슈퍼바이저의 의무이기 때문에 슈퍼바이저는 내담자에 대해 수련생이 말하는 것 이상을 알고 있어야 한다. 대부분의 주 자격관리위원회는 슈퍼바이저가 내담자의 욕구가 무엇이고,

수련생이 필요한 것을 다룰 수 있는지에 대한 지식을 직접적으로 얻을 수 있도록 내담자를 직접 만나거나, 초기 평가 자료를 검토하고 테이프로 기록된 면접을 개관하도록 약정하고 있다. 훈련 중인 수련생이 내담자와 상담을 성공적으로 이끌게 하는 것은 슈퍼바이저의 책임이므로, 다음과 같은 점들에 대해 수련생의 준비도를 평가할 필요가 있다.

- 이전에 적절한 경험을 가졌는가?
- 무엇을 해야 하는지를 알고 있는가(이론적 지식과 필요한 과업에 대한 분명한 이해)?
- 수련생은 상담에서 일어나는 일을 모니터하기 위해 슈퍼바이저가 함께 방에 있는 것을 좋아하는가?
- 수련생은 배워야 할 것에 대해 슈퍼바이저가 시범 보이는 것을 좋아하는가?
- 수련생들이 '나는 못하겠어. 어떻게 하지?'라고 느끼는 상황을 다루는 방법을 아는가?

대부분의 경우 경험이 적을수록 더 지시적인 슈퍼비전을 요구한다고 가정하는 것이 좋다. 결과적으로, 얼마나 많은 슈퍼비전이 필요한가에 대한 결정은 슈퍼바이저가 활용할 수 있는 시간의 양과 효율적으로 쓰는 방법에 의해 좌우된다.

수련생은 슈퍼바이저의 지시를 따를 것으로 기대된다. 슈퍼바이저는 수련생이 슈퍼바이저 전문가로서 들어야 하는 손해배상보험 문제는 물론, 슈퍼바이저의 자격과 명성이 함께 걸렸다는 점을 스스로 알고 있다는 믿음으로 슈퍼비전을 한다. 슈퍼바이저는 '감시인'이 될 책무가 있기 때문에 그들은 수련생 가까이에서 그들과 계속 협조하며 작업할 수 있어야 한다.

필자는 동료 중 하나인 조이스를 힘들게 만들었던 사례를 기억한다. 그녀에게는 엘리사라는 수련생이 있었는데, 내담자와 성관계를 맺고 말았다. 내담자는 엘리사와 조이스 그리고 그녀가 고용되었던 기관을 동시에 고소했다. 조이스는 결국 무혐의로 풀려났지만 엘리사가 상담실에서 있었던 일에 대한 중요한 정보를 의도적으로 숨기고 있다는 점을 확인하기까지는 길고 긴 법적 절차가 있었다. 다행스럽게도 조이스는 엘리사와 했던 슈퍼비전 기록을 보관하고 있었다. 그 결과 그녀는 엘리사가 내담자에게 느낀 매력에 관련된 주제를 탐색했고, 엘리사는 자신의 감정뿐 아니라 그 어떠한 부적절한 행위도 부정했다는 증거를 확보할 수 있었다. 결국 배심원들은 조이스는 처벌하지 않기로 했다. 그러나 이 사건은 고소와 관련되었던 모든 사람, 즉 상담기관, 운영위원회, 상담자, 슈퍼바이저에게 고통스러운 기억이 되었다.

엘리사가 속이고 있는 상황에서 자신을 보호하기 위해 할 수 있는 방안을 찾기는 무척 어렵다. 그러나 수련생이 적절한 절차에 따라 행동하리라는 것을 신뢰하기 어려운 상황에서는 학생을 받아들여서는 안 될 책무도 있다. 훈련과정 중인 슈퍼바이저의 경우에는 수련생을 선택하지도 못하고 그저 받을 수밖에 없다. 이러한 점은 많은 상담기관이나 훈련기관에서도 마찬가지다. 그렇더라도 슈퍼바이저가 함께 작업하기 어렵다고 생각되는 사람들까지 지도해야 한다고 가정해서는 안 될 것이다.

기록을 보관하라

조이스의 사례는 슈퍼비전 중에 발생한 일을 상세하게 기록할 필요성을 보여 준다. 조이스가 엘리사와 가졌던 슈퍼비전 시간의 상세한 기록을 보관했던 점은 매우 다행스러운 일이었다. 이러한 기록이 없었다면 근거 없이 말다툼만 될 뻔한 사례였다. 동시에 이 사건은 학생들 역시 슈퍼비전 시간에 있었던 일을 기록하고 보관하는 것이 좋다는 점을 일깨워 준다.

그러나 대부분의 자격증 관련 법규는 기록보관의 일차적 책임은 슈퍼바이저에게 있다고 규정하고 있다. 그리고 주 정부나 자격증 유형에 따라 차이는 있지만 이러한 기록에는 다음과 같은 사항이 포함되어야 한다.

- 슈퍼비전에 동의한 사항(내담자를 만나는 시간, 책무, 슈퍼비전 시간, 비밀보장의 규칙이 적용되지 않는 경우 등을 포함한 기타 사항)
- 슈퍼비전을 한 날짜
- 슈퍼비전에 대한 기록
- 논의된 구체적인 내담자나 사례 기록

이러한 기록들은 일반적으로 5년간 보관해야 하며 주정부 내 관련 부서에서 요청할 경우 제시해야 한다.

내담자에게 슈퍼비전 사실을 알려라

슈퍼바이저는 특정 사례가 슈퍼비전을 받는다는 사실을 내담자에게 알려줄 일차적 책무가 있다. 대부분의 주에서는 이러한 정보가 문서화되어 있으며, 다음과 같은 사항을 포함한다.

- 제공되는 서비스에 대한 간략한 정보
- 슈퍼바이저의 이름
- 상담비용과 그 비용이 슈퍼바이저의 이름으로 청구될 것이라는 점
- 슈퍼바이저와 수련생의 이름 및 사무실 주소
- 전문적 관계의 범위와 내담자가 원할 경우 슈퍼바이저를 만날 수 있는지 여부에 대한 진술
- 슈퍼바이저, 수련생, 내담자의 서명

비밀 보장 문제를 다뤄라

모든 슈퍼비전 관계에 내재할 수밖에 없는 갈등 중 하나는 내담자가 모든 것을 공개해야 할 필요성과 수련생이 말하거나 행동하는 것을 평가해야 하는 슈퍼바이저의 책무 사이의 갈등이다. 수련생은 상담과 관련된 정보를 개방하

고 그 결과 부정적 평가를 받을 수도 있다. 평가기록을 남기기 위해서 슈퍼바이저는 수련생의 개인적 정보를 드러내야 할 경우도 있다. 이러한 딜레마 때문에 훈련과정에서의 비밀보장은 제한적일 수밖에 없고, 어떤 정보는 비밀이 보장될 수 있다. 그러나 자격증 위원회나 인턴십 슈퍼바이저 또는 다른 교육기관 행정가에게 정보가 공개될 시점에 이르면 어떤 정보가 보호되고 어떤 정보가 보호되지 않는지 슈퍼바이저나 수련생 그 누구에게도 분명치 않다.[6]

마치 이러한 딜레마가 없는 것처럼 관계를 형성한다면, 그것은 확실하게 오해를 유발하게 된다. 그보다는 이런 문제를 정면으로 다루는 것이 훨씬 낫다. 슈퍼바이저는 공개해야 할 정보, 공개하면 좋을 정보, 당장은 공개할 필요가 없는 정보 등이 무엇인지 분명하게 이해해야 한다. 예를 들면, 내담자의 위기 상황, 상담과 관련된 윤리적 문제, 상담을 할 수 없을 것 같은 수련생의 느낌 등은 반드시 알려야 한다.

기대되는 바를 분명하게 제시했는데도 대부분의 수련생은 내담자에 대한 비밀 보장 원칙이 슈퍼바이저와 수련생 간에는 적용되지 않는다는 점을 잊은 채 사적인 정보를 노출하는 경우가 많다. 만약 수련생의 정보가 비밀로 보장될 수 없거나 평가의 일부로 포함되어야 한다면, 그러한 점에서는 수련생에게 일종의 경고로 알리는 것이 관례다.

예를 들면, 애널리는 슈퍼비전 시간에 자신이 우울증으로 고생하는데, 약물은 효과가 없어 상담을 받으려 한다고 말했다. 필자는 그녀와 그녀의 내담자가 염려되었다. 그녀는 자신의 훈련과정에 주어진 과제를 완수하고 싶어 했으나 집중하기 어려웠고, 내담자의 문제가 그녀에게 지나치게 스트레스를 주었기 때문에 필자는 주어진 과제를 완수할 정서적 준비가 되지 않았다는 사실을 알려야 했다. 몇 번에 걸친 논의 끝에 우리는 애널리가 직접 자신의 학과에 이러한 사실을 알리도록 해야 한다는 점에 동의했다. 대부분의 수련생은 그들의 훈련과 직장의 선택과정에 자신들을 개입시키는 것을 긍정적으로 평가한다. 그럼에도 슈퍼바이저는 수련생이 상담을 제대로 할 수 없을 때 결정적인 역할을 할 책임이 있다는 사실을 알아야 한다.

슈퍼비전 능력을 개발하라

슈퍼바이저의 일차적 과업은 수련생의 상담기술을 발달시키는 것이다. 다음은 수련생을 도울 때 참고할 만한 사항들이다.

(1) 현재 가지고 있는 기술들을 개발하라: 이미 있는 기술을 더 개발하는 것이 실수를 잡아내는 것보다 더 생산적이다. 슈퍼바이저는 수련생들이 하는 일 중 효과적인 것이 무엇인지 스스로 이해하도록 도와야 한다. 수련생들이 어떤 기술을 보여 주고 통찰력 있게 관찰을 하며, 훌륭한 상담관계를 형성하고 효과적인 면접을 하며 복잡한 상황을 효율적으로 다룰 때마다 슈퍼바이저는 자신이 관찰한 것을 전달하고 어떤 증거로 그러한 결론을 도출하게 되었는지를 상세히 알려야 한다. 이러한 관찰과 조언을 함으로써 슈퍼바이저는 수련생의 자신감을 고양시킬 뿐 아니라 상담에 긍정적인 평가를 내릴 때 사용하는 준거가 무엇인지 그들에게 알릴 수 있다.

(2) 수련생이 습득해야 하는 것에 대해 분명한 태도를 취하라: 슈퍼비전 과정에서 중요한 측면 중 하나는 수련생의 기술수준을 평가하는 능력이다. 수련생이 상담에 대해 이미 알고 있는 것이 무엇인지를 평가해야 하지만, 그것과 함께 다음에 습득해야 할 기술이 무엇인지도 평가해야 한다. 예를 들어, 초기에 학생들은 효과적인 경청에 집중해야 한다. 그 후 그들은 사례관리에 초점을 맞추었을 때 많은 도움을 얻는다. 그것도 지나면 그들은 세밀한 면접기술을 습득함으로써 크게 도움이 되는 것 같다. 가르치려는 구체적인 기술이 무엇인지 분명하게 하면 수련생들이 그들의 주의를 어디에 기울여야 하는지 분명하게 아는 데 도움이 된다. 배워야 할 기술과 새로운 기술을 배우는 방법에 대해 슈퍼바이저와 수련생이 동의한다면 수련생들은 새로운 도전을 하는 데 적극적인 태도를 취할 것이다.

(3) **직접적으로 말하라:** 슈퍼바이저는 수련생에게는 스스로 보지 못하는 점들이 있다고 가정해야 한다. 그들이 달리 할 수 있는 일에 대해 분명하게 기술하면서 대안을 제시하는 것이 도움된다. 피할 수는 없겠지만 수련생들이 '저런, 그건 너무 형편없다!' 또는 '나라면 이렇게 말했을 텐데…….' 라는 반응에 접한다면 좌절감을 느낄 것이다. 슈퍼바이저들은 수련생들에게 그들 나름대로 개발하는 데 기초가 되는 분명한 아이디어를 제공함으로써 그들을 도울 수 있다. 예를 들면, 슈퍼바이저는 다음과 같은 방법을 시도할 수 있다. "그녀의 음주벽이 결혼생활에서 문제를 야기한다는 점을 알려 줄 방법을 찾아야 한다는 점에서 우리가 동의한 것 같은데, 학생 같으면 어떻게 할 수 있을 것 같아?" 수련생이 아이디어를 제시한 후, 슈퍼바이저는 그 방법을 좀 더 세련화하기 위해 다음과 같이 말할 수 있다. '좋아요. 일단 그렇게 시작하는 것은 좋을 것 같아. 내담자가 이미 자신에게 도움이 될 만한 기술을 가졌다는 점이 낙관적이라는 것을 동시에 표현하는 것은 어떨까?

(4) **다문화적 상황을 다루는 능력을 개발하라:** 미국 내 문화는 계속해서 다양해지고 있다. 미국인의 25%는 스스로 소수민족에 속한다고 규정한다. "2056년에 이르면 미국 내 주민들은 자신들이 아프리카, 아시아, 히스패닉, 태평양 군도, 아라비아인의 후손이지만 유럽인의 후손은 아니라고 할 것이다."[7] 수련생들에게는 다양한 집단에 속한 사람들을 대상으로 서비스를 제공할 수 있는 기술을 개발하는 것이 필수일 것이다. 그러나 슈퍼바이저들이 준비되지 않았다면 그들에게 충분히 기술을 개발시킬 수 없을 것이다. 다양한 문화에 민감성을 유지하는 것은 슈퍼비전 과정의 일부로서 특별한 주의를 기울여야 하는 지속적인 과정이다. 다양한 문화적 배경을 가진 슈퍼바이저와 함께 일하는 것은 필수적이다. 슈퍼바이저가 문화적으로 다양성이 없는 직원으로 구성된 기관에서 일하고 있다면 슈퍼바이저는 수련생에게 소수민족 사람과 상호 작용할 수 있는 기회를 추가적으로 가지게 해야 할 것이다. 그렇게 함으로써 그들이 개

발한 상담기술에 다른 문화권의 사람들에 대한 올바른 이해가 배여 있
도록 해야 한다.

(5) 독립적인 사고를 격려하라: 상담하는 방법을 조언함으로써 수련생을 도울
수 있다는 점에서는 의심할 여지가 없다. 그러나 수련생이 배워야 할 것
은 스스로 피드백을 주는 방법이다. 슈퍼바이저 자신이라면 어떻게 할
지를 알려 주면 수련생들이 감탄하겠지만 스스로 그렇게 할 수는 없다.
슈퍼바이저는 수련생들이 어떻게 하면 더 잘 말하거나 행동할 수 있는
지 스스로 결정할 수 있기를 바랄 것이다. 이런 방법 중 하나는 테이프
를 듣거나 축어록을 보면서 중요한 부분에 멈춘 후 '네가 여기에서 이런
얘기했을 때 내담자가 어떤 느낌이었을지 생각해 볼 수 있어?' 또는 '이
문제에 대해 다른 식으로 접근할 방법을 생각해 볼 수 있어?' 또는 '나
는 ~를 시도해 볼 수 있을 것 같은데. 이와 유사한 방법으로 네 식에 맞
게 반응해 볼 수 있을까?' 등의 질문을 하는 것이 효과적이다.

의견 차이를 효율적으로 다루어라

슈퍼비전에서 의견의 불일치는 이 관계에 내재된 힘의 구조 때문에 어쩔 수
없이 발생한다. 그러나 슈퍼비전의 목적이 수련생을 슈퍼바이저의 복제품으
로 만드는 것이 아니기 때문에 이러한 불일치를 건설적으로 활용할 수 있어야
한다. 수련생이 내담자에게 하는 모든 일의 최종 책임은 슈퍼바이저에게 있긴
하지만 슈퍼바이저가 모든 해답을 가졌다거나 수련생의 아이디어는 가치가
없다는 인상을 주지 않기를 바란다. 만약 그렇다면 그것은 수련생의 내면적
슈퍼바이저와 실제 슈퍼바이저가 불일치하는 결과를 초래한다. 때로는 수련
생이 내담자에게 더 좋은 생각을 가질 수 있다는 점을 현실로 인정해야 할 때
가 있다.

따라서 슈퍼바이저와 수련생은 수련생이 실행할 수 있는 전략을 개발하기
위해 둘이서 여러 가지 제안과 반론을 교환하면서 협조적으로 작업하기 위해

최선의 노력을 다해야 한다. 물론 이 말의 의미는 그 누구도 전적으로 옳아 이기거나 전적으로 지는 관계란 없다는 의미다. 그 대신 슈퍼바이저와 수련생은 적용할 수 있는 대안을 함께 찾으며 그러한 대안들 중에서 최선의 것을 선택한다.

수련생을 착취하지 마라

전문상담자들을 위한 윤리규정에 의하면 슈퍼바이저는 자신과 수련생 사이 힘의 불균형을 분명하게 인식하고 수련생들을 착취할 가능성에 대해 논의할 책임이 있다.[8] 무엇보다 분명한 것은 슈퍼바이저가 수련생과 성적인 관계를 가지지 않는 것은 슈퍼바이저의 의무사항이라는 점이다. 오래전 이 점은 정신건강전문가를 훈련시키는 대학원 프로그램에서 매우 심각한 문제였다. 1979년에 수행된 한 연구는 당시 여자 대학원생 네 명 중 한 명은 슈퍼바이저나 교수와 성관계에 연루되었다고 보고했다.[9] 또한 '착취방지규정'에는 교수나 슈퍼바이저가 슈퍼비전을 해 주는 대가로 수련생에게 낮은 임금을 주면서 일을 시키거나 적절한 학점을 주지 않으면서 연구를 시키는 방식으로 이익을 취하는 문제에 대해서도 다루고 있다.

좋지 않게 끝나는 사적인 관계는 특히 고통스럽다. 궁극적으로 슈퍼바이저는 그들을 경탄의 눈으로 바라보고 더 많은 만남을 바라는 수련생의 열망을 자신의 이익을 위해 이용할 수 있는 지위에 있다. 어떤 대학원생들은 슈퍼바이저가 자신에게 더 많은 시간을 투자하고 경청하며 위로하고 때로는 신체적으로 접촉할 때 유혹되는 것 같은 감정을 경험할 수 있다. 이러한 학생들이 슈퍼바이저가 제공할 수 있는 것 이상의 어떤 것을 요구할 때(예, 사랑한다는 말, 더 많은 시간, 특별한 호의, 좋은 평가, 지속적인 관계 등), 슈퍼바이저는 한계를 정하면서 뒤로 물러설 수 있다.

일반적으로 이러한 거절은 학생들이 받아들이거나 다루기 매우 어렵다. 특히 상처를 받기 쉬운 여학생에게는 더욱 그렇다. 이러한 난관에 빠진 내담자를 필자가 만났을 때, 그들은 그들의 마음이 끌리는 경험에 대해 매우 혼란스러워했다. 처음에는 자신들 느낌에 대해 죄책감을 느꼈으나 그들이 바라던 것을 잃게 되었다는 점을 슬퍼했으며 유혹된 것 같이 분노하다가 마지막에 슈퍼바이저가 한계를 긋자 배신감을 느꼈다.

슈퍼바이저가 견책당하는 일은 거의 없다. 왜냐하면 학생들은 돌아올 반향이 너무 두려워서 이러한 문제를 상부에 보고하지 않기 때문이다. 그리고 슈퍼바이저는 수련생들이 그러한 일로 화가 났다는 사실을 전혀 알지 못하는 경우가 많다. 그런데도 슈퍼바이저는 (수련생이 성관계를 제의하지 않은 상태에서) 성적인 문제로 수련생을 괴롭히지 말아야 할 뿐 아니라 성관계를 제의받은 경우에도 슈퍼비전이 진행되는 기간에는 그러한 관계를 하지 않을 궁극적인 책임이 있다.

상충되는 역할을 피하라

내담자가 자신의 역전이를 더 잘 이해하고 심리적인 문제를 개선하며 좀 더 적응적인 상호작용 방식을 발전시키고 개인적인 문제를 해결하기 위해서 상담이나 심리치료가 필요하다면, 슈퍼바이저가 아닌 다른 사람이 그러한 도움을 주어야 한다. 두 개의 역할을 동시에 하면 이권이 충돌하는 상황이 발생하게 된다. 이에 관련된 규정에 따르면 상담자의 역할을 하면서 내담자의 전문적인 일을 평가하거나 직장 상사의 위치에 있어서는 안 된다. 대부분의 훈련기관에서는 이전에 상담을 받았던 상담자에게 슈퍼비전을 받는 것조차 허용하지 않는다.

심리적인 문제를 가진 전문가를 슈퍼비전 하는 일은 더 복잡하다.[10] 필자는 8장에서 내담자와 성관계를 맺었던 그렉에 대해 논의했다. 그는 미네아폴리스에서 성적인 착취문제를 다룬 경험이 있는 심리학자에게서 그의 심리적인 측면에 대해 정밀검사를 받았다. 이 심리학자는 그렉이 상담을 계속하되 일정 기간의 슈퍼비전에 참여해야 한다는 소견을 제시했다(이 사건은 1980년 초에 발생했다. 하지만 지금은 정신건강전문가가 한 번이라도 이러한 금지사항을 어겼을 경우 그의 자격증은 영원히 박탈당한다는 사실을 알아야 한다[11]). 독자들이 기억하듯이 필자는 그렉을 비밀보장의 원칙하에 상담해 주었다.

그러나 슈퍼비전을 받는 것은 또 다른 문제였다. 어떤 심리학자도 그의 슈퍼바이저가 되는 위험을 감수하려고 하지 않았다. 그에게 슈퍼비전을 함으로써 감수해야 할 위험이 너무 컸다. 그리고 슈퍼비전을 자원했던 소수의 심리학자가 있었지만, 이번에는 보험회사가 그렉에게 슈퍼비전을 제공하려는 심리학자들을 만류했다. 더욱이 그의 내담자에게도 그렉이 슈퍼비전 하에 있다는 점을 알려야 했다.

이러한 복잡한 문제들 때문에 몇몇 사람은 심리적인 문제가 있는 정신건강 전문가들이나 슈퍼비전을 지속적으로 받아야 하는 전문가들은 동일한 서비스를 받기는 하지만 그들에게 슈퍼비전을 제공하는 슈퍼바이저를 '슈퍼바이저' 보다 '모니터'라고 불러야 한다는 제안을 하기도 했다.[12] 다른 사람들은 이러한 제안을 문제의 핵심을 비껴 가는 것으로 간주하기도 했다. 이렇든 저렇든 이 문제는 슈퍼비전이 필요하고 인준을 받으려는 정신건강 전문가들에게는 큰 도전이다.

미국 각 주의 전문가 관리기관에서는 알코올중독, 극심한 스트레스 또는 상담을 잘못된 방향으로 이끌 수 있는 문제를 가진 전문가들에게 슈퍼비전을 제공하는 어려움을 떠맡기 시작했다.

이러한 딜레마가 있지만 슈퍼비전을 제공하는 것은 전문가가 되는 과정에서 학습을 촉진하는 훌륭한 방법이다. 우리는 다양한 수준의 훈련과 경험을 가진 사람들과 아이디어를 교환함으로써 많은 이익을 얻는다. 다음에서도 논의되겠지만, 슈퍼비전 관계에서 배울 수 있는 것들은 동료들과의 전문적인 접촉을 통해서도 얻을 수 있다.

동료 슈퍼비전

전문가들은 피드백과 자문 그리고 서로 다른 관점에서 배울 기회를 지속적으로 가져야 한다. 상담자들이 대학원 과정에 있든 또는 기관에 소속되었든 (슈퍼비전을 받아야 하는 경우와 받지 않아도 되는 경우를 모두 포함하여) 상담자들의 동료는 상담자 자신의 전문적인 발달을 촉진하고 개인적인 위로를 얻을 수 있는 훌륭한 자원이다. 집단상담을 하든 개인상담을 하든 동료 전문가에게 자문을 구하는 것은 동등한 관계에서 이루어지며 따라서 평가라는 압력에서 자유롭다.

이러한 슈퍼비전 방식이 전통적으로 자격증 취득을 위한 필수요건을 대신할 수는 없지만, 동료들은 더 깊은 두려움과 수치스러운 실수들 그리고 깊은 역전이 반응을 탐색하는 기회를 제공한다. 예를 들면, 다음과 같다.

알란은 실수로 사무실에서 내담자의 파일을 꺼냈다가 잃어버리고 말았다. 그는 슈퍼바이저에게 말하기 두려웠지만 다른 사람이 그것을 찾게 될까 더 두려워했다. 그는 "내가 대학원에서 쫓겨나면 어떻게 하지? 내가 그런 실수를 했다는 것을 믿을 수 없어. 넌 내가 어떻게 해야 할 것 같으니?"라고 하면서 걱정했다.

수는 남편이 자신을 떠날까 봐 너무 두렵다는 내담자의 이야기를 들으며, 자신의 결혼생활에서 겪는 문제에 대한 생각을 떨칠 수가 없었다. 그녀는 '난 무엇을 해야 할지 모르겠어. 아마 상담이 필요할지도 몰라. 그러면 이 문제가 좋아질지도 모르지. 내가 내 자신의 결혼생활에 대해 지나치게 생각하지 않을 수 있으면 좋겠어. 네 생각엔 내가 상담을 받아야 할까?' 라는 의문을 가졌다.

상담회기 중에 정전이 되었다. 이때 제니퍼의 머릿속에는 다음과 같은 생각으로 가득 찼다. "이건 뭐야? 난 이 내담자에게 (여자) 너무 마음이 끌리고 있어. 나는 이것이 경계를 넘었다는 것을 알아. 그러나 이것은 너무 신기해. 나는 괜찮게 상담하고 있었어. 우리는 정전에 대해 웃으며 이야기를 나누었지. 그리고 약 10분 뒤 다시 원래 하던 이야기로 돌아왔어. 그러나 내 심장은 두근거리는데 내가 그렇게 아무 일도 없었던 것처럼 이야기할 수 있다는 것을 믿을 수 없었어. 네 생각에는 그녀가 알아챘을 것 같아? 그러지 않기를 바라는데."

맥스의 18세 된 내담자는 그가 14세인 자신의 친구와 성적인 관계를 맺게 되었다고 말했다. 맥스는 당황스러워 했다. "내가 이 사실을 보고해야 하나?"

이러한 딜레마를 겪은 상담자는 다음에 밟아야 할 절차를 알기 위해 안전한 상태에서 의논할 대상이 필요하다. 상담자들은 편안한 상대를 선택하는 것도 중요하지만 두려워하지 않고 자신의 생각에 도전할 만한 사람을 선택해야 한다. 즉, 정서적인 지지와 정직한 피드백 사이의 균형을 맞추어야 한다. 만약 상담자가 자신을 비판하지 않는 사람을 선택하면 상담자는 아무것도 배울 수 없을 것이다. 반면, 상담자가 방어적으로 될 만한 사람을 선택하면 상담자가 전적으로 솔직하게 자신의 어려움을 이야기하지 못할 것이다. 선택 가능한 대안들을 두고 비교해서 상담자가 개인적으로 가지고 있는 인지적·정서적·윤리적인 맹점을 깨우칠 수 있는 사람, 즉 상담자가 상처를 쉽게 입는 부분을 알고, 자존심이 상했을 때 상담자를 격려하는 데 동원할 자원이 무엇인지 잘 알며, 상담자가 가장 필요할 때 늦은 시간에라도 정서적인 지지를 제공할 수 있는 사람에게 도움을 청하는 것이 좋을 것이다.

많은 상담자는 집단슈퍼비전도 도움이 된다고 생각한다. 지도자가 없는 슈퍼비전 프로그램을 만들 때 고려할 수 있는 몇 가지 모형이 있다.[13] 첫 단계는 구성원들을 뽑는 것이다. 다음과 같은 사항을 고려할 때 성공할 확률이 높다.

- 모든 참여자 구성원으로서 해야 할 최소한의 책무에 대해 동의할 의향이 있다.
- 집단은 구성원이 모두 참여할 수 있을 정도로 충분히 작다(4~6명).
- 구성원들은 누가 포함될 것인지에 대해 동의하고 있다.
- 구성원들은 사전에 비밀보장의 원칙에 동의하고 있다.
- 모든 구성원은 비슷한 수준의 경험을 가지며 유사한 관심사를 갖고 있다.

- 구성원은 의사결정방식에 대해 미리 결정해 둔다(만장일치 또는 투표).
- 구성원들은 모임이 지속되는 기간을 정한다.
- 구성원들은 사전에 주제와 논의방식에 대해 동의하고 있다.
- 구성원들은 건설적 피드백 지침을 개관하고 논의하며 동의하고 있다.

이러한 집단의 일반적인 방식은 한 구성원이 한 가지 주제나 사례를 선택하거나 윤리적인 딜레마나 역전이 주제(또는 이들의 조합)를 나눔으로써 한 회기를 주도한다. 각 주제 발표자가 읽을거리를 미리 제시하거나 질문거리를 가져오거나 또는 논의할 문제를 좁혀 옴으로써 그 회기의 구조를 주도하도록 하는 것이 편하다. 이러한 상황은 일 대 일 자문처럼 친밀한 관계는 되지 않겠지만 다양한 의견과 반응에 접하여 배울 수 있다는 장점이 있다.

대부분의 이러한 집단은 집단원들의 신뢰가 쌓여 가면 잘 운영되는 편이다. 이러한 집단은 비공식적이고 구성원들은 이미 서로 아는 경우가 많기 때문에 참여자들은 논의가 어떤 방식으로 흘러가는지 이야기하지 않는 경우가 많다. 결과적으로 그때그때의 분위기에 따라서 기본적인 지침이 사라지는 경우도 있다. 이러한 함정에 빠지지 않도록 주제에 대한 논의를 하기 전에 일반적인 지침에 대해 구성원들이 명확히 동의하는 것이 좋다. 기본적인 지침에는 다음과 같이 피해야 할 주의사항이 포함된다.

- 기관의 규정에 대해 불평하는 것
- 한 사람이 다음과 같이 의견을 주도하는 것. 예컨대, '당신은 이러이러하게 해야 했어!' 라고 말하는 것
- 과거에 할 수 있었던 일에 초점을 맞추는 것보다는 다음과 같이 미래에 초점을 두는 것이 좋다. '이제 나는 무엇을 할 것인가?
- 솔직한 피드백을 주기에는 너무 안전하게 분위기를 만드는 것
- 주제를 바꾸거나 초점을 전환하는 것

　상담자는 다른 사람의 이야기를 경청하고 자신이 생각하는 것을 말하며 느끼는 것을 표현할 때 서로에게 많은 것을 알려 줄 수 있다. 상담이란 것은 비밀 보장에 대한 요구나 구체적인 상담목표를 성취하기 위해 작업해야 한다는 책무성 때문에 외롭고 고독한 작업이 될 수 있다. 그런데도 이러한 과제는 상담자들이 서로 마음을 나눌 수 있을 때 훨씬 풍부한 경험으로 변화될 수 있다. 상담자의 초기 슈퍼비전 경험은 동료 간에 발전시키고 싶은 동등한 관계의 기반을 제공한다.

주

1) Watkins, E. C. (1995). Psychotherapy supervision in the 19900s: Some observations and reflections. *American Journal of Psychotherapy, 49*, 568−581.

2) Casement, M. A. (1997). Toward autonomy: Some thoughts on psychoanalytic supervision. In M. H. Rock (Ed.), *Psychodynamic supervision*. Northvale, NJ: Aronson, p. 266.

3) Norcross, J. C., Prochaska, J. O., & Farber, J. A. (1993). Psychologists conducting psychotherapy: New findings and historical comparisons on the psychotherapy division membership. *Psychotherapy, 30*, 692−697.

4) Heilbrun, C. G. (1997). The last gift of time: Life beyond sixty. New York: Dial, p. 158.

5) State Board of Psychology. (1996). *Ohio psychology law*. Columbus, OH: Author, p. 29.

6) Kottler, J. A., & Hazler, R. J. (1997). *What you never learned in graduate school*. New York: Norton, p. 209.

7) Atkinson, D. R., & Thompson, C. E. (1992). Racial, ethnic, and cultural variables in counseling. In S. D. Brown & R. W. Lent (Eds.), *Handbook of counseling psychology* (2nd ed., pp. 349−382). New York: Wiley.

8) American Counseling Association. (April, 1995). Code of ethics and standards of practice, F.1.

9) Pope, K. S., Levenson, H., & Schover, L. (1979). Sexual intimacy in psychology training: Results and implications of a national survey. *American Psychologist, 34*,

682-689.

10) Rodger, D. (1994, May-June). Warning alert concerning supervision of licensed colleagues. *Ohio Psychologist, 40*, 608.

11) Pope, K. S., Sonne, J. L., & Holroyd, J. (1993). *Sexual feelings in psychotherapy.* Washington, DC: American Psychological Association.

12) 주 10) 참조.

13) Borders, D. (1991). A systematic approach to peer group supervision. *Journal of Counseling and Development, 69*, 248-252; Marks, J. L., & Hixon, D. F. (1986, September). Training agency staff through peer group supervision, *Social Casework*, pp. 418-423; Greenberg, S. L., Lewis, G. J., & Johnson, M. (1985). Peer consultation groups for private practitioners. *Professional Psychology: Research and Practice, 16*, 437-447; Wendorf, D. J., Wendorf, R. J., & Bond, D. (1985). Growth behind the mirror: The family therapy consortium's group process. *Journal of Marital and Family Therapy, 11*, 245-255.

끝맺는 글

정신건강 서비스를 제공하는 일은 변화를 지속하는 도전적인 직업이다. 지금 임상 실제에서 요구하는 것은 20년 전과는 판이하게 다르다. 상담 실제에 지침을 제공하는 이론에서 재정적인 문제에 이르기까지 모든 것이 변화했고 앞으로도 많은 부분이 계속해서 변화할 것이다. 그럼에도 다음의 몇 가지 기본적인 사항은 여전히 유효하다.

- 상담자는 내담자와 작업할 만한 상담관계를 형성하는 데 주의를 기울여야 한다.
- 상담자는 상담비용이 제공되는 출처와 밀접하게 교류해야 한다.
- 다양한 집단과 문화에 상담자는 민감성을 유지해야 한다.
- 상담자는 상담서비스를 제공할 때 필요한 강한 집중력을 유지하기 위해 자신을 돌볼 줄도 알아야 한다.
- 상담자는 자신의 부족함과 문제에 의해 내담자가 피해를 입지 않도록 내담자를 보호해야 한다.
- 상담자는 전문적인 성장과 개인적인 지지를 확보할 수 있는 사람들과 동

등하면서도 강한 유대관계를 형성해야 한다.

이 책은 이와 같은 기본적인 상담기술을 실제에 적용하기 위한 몇 가지 기본적인 제안을 했다. 필자는 이 책의 독자들이 기본적으로 도움이 되는 이 같은 기술을 자신의 독특한 스타일과 성품에 통합하여 더 효율적인 기술로 개발할 수 있기를 바란다. 상담적으로 된다는 것은 전문가로서의 발전과정에서 일생 동안 계속해야 하는 과정이다. 전문가 자격을 지속하기 위한 요건이나 전문기관들은 지금까지 논의한 기본적인 기술을 지속적으로 확장시키는 데 도움이 될 만한 풍부한 기회를 제공한다. 그리고 전문가 윤리규정을 준수함으로써 상담을 모든 사람에게 안전하게 제공할 수 있다.

그리고 상담 실제에는 많은 변화가 있지만 상담자의 일에 대한 보상은 언제나 있다. 상담은 내담자를 돕기도 하지만 상담자 스스로도 돕는다. 상담자는 학습한다. 상담자는 인생이라는 극장의 맨 앞자리에 앉아 있는 사람들이다. 또한 그들은 삶의 가장 내밀한 부분에서 직접적인 학습을 하는 특권을 누리는 사람들이기도 하다. 내담자가 회복되고 고통이 줄어들 때 그들은 상담자에게 감사를 표하고, 상담료까지 지불한다. 상담자는 이 일을 즐기는 동시에 더욱 성장하여 번창하기를 바란다.

찾아보기

저자 소개

진 알브론다 히튼(Jeanne Albronda Heaton)

오하이오 대학의 상담 및 심리서비스 센터에서 25년간 상담을 하며 정신건강 전문가의 발전과 교육에 헌신해 왔다. 위기전환상담을 위한 준전문가 훈련이라는 주제로 석사 학위를 받은 후 현재 심리학과에서 강의를 하고 있으며, 오하이오 주 아덴에 있는 자신의 사설상담실에서 인턴십과 수련생 제도를 통해 상담학과와 심리학과 대학원생들을 훈련시키고 있다. 또한 아덴 카운티의 법원 조정자이자 상담적 접근을 활용하는 양육기관인 마일스톤 위원회의 프로그램 주임이며, 윤리적 상담을 위한 동료평가위원회의 일원이기도 하다.

역자 소개

김창대

서울대학교 사범대학 교육학과에서 학사 및 석사 학위를, Columbia University의 Teachers College 상담심리학과에서 석사 및 박사 학위를 받았다. 한국청소년상담원 상담교수와 계명대학교 사범대학 교육학과 교수를 역임한 후 현재 서울대학교 사범대학 교육학과 교수로 재직 중이다. 한국가족상담센터 공동대표로 심리상담과 상담실 운영에 참여하고 있으며, 최근에는 애착이론과 대상관계이론에 관심을 가지고 개인 연구와 상담실제에 임하고 있다. 저서로 카운슬링의 원리(교육과학사, 1999), 학교상담과 생활지도(학지사, 2000), 특수아동상담(학지사, 2002) 등이 있으며, 역서로 결혼예비상담(도서출판 두란노, 1996), 상호작용중심 집단상담(시그마프레스, 2004), 치료의 선물(시그마프레스, 2005) 등이 있다.

상담 및 심리치료의 기본기법

2006년 1월 31일 1판 1쇄 발행
2024년 6월 20일 1판 16쇄 발행

지은이 • Jeanne Albronda Heaton
옮긴이 • 김 창 대
펴낸이 • 김 진 환
펴낸곳 • (주) **학지사**

04031 서울특별시 마포구 양화로 15길 20 마인드월드빌딩 5층

대표전화 • 02) 330-5114   팩스 • 02) 324-2345

등록번호 • 제313-2006-000265호

홈페이지 • http://www.hakjisa.co.kr
인스타그램 • https://www.instagram.com/hakjisabook

ISBN 978-89-5891-231-6 93180

정가 **16,000원**

출판미디어기업 **학지사**

간호보건의학출판 **학지사메디컬** www.hakjisamd.co.kr
심리검사연구소 **인싸이트** www.inpsyt.co.kr
학술논문서비스 **뉴논문** www.newnonmun.com
원격교육연수원 **카운피아** www.counpia.com
대학교재전자책플랫폼 **캠퍼스북** www.campusbook.co.kr